Mission: Startup

Christoph Warmer · Sören Weber

Mission: Startup

Gründer in Deutschland schildern ihren Weg von der Idee zum Unternehmen

Springer Gabler

Christoph Warmer
Stuttgart, Deutschland

Sören Weber
Düsseldorf, Deutschland

ISBN 978-3-658-06652-9   ISBN 978-3-658-06653-6 (eBook)
DOI 10.1007/978-3-658-06653-6

Die Deutsche Nationalbibliothek verzeichnet diese Publikation in der Deutschen Nationalbibliografie; detaillierte bibliografische Daten sind im Internet über http://dnb.d-nb.de abrufbar.

Springer Gabler
© Springer Fachmedien Wiesbaden 2014

Lektorat: Eva-Maria Fürst
Illustrationen: Julian Jülich
Covergestaltung: deblik Berlin

Gedruckt auf säurefreiem und chlorfrei gebleichtem Papier

Springer Gabler ist eine Marke von Springer DE. Springer DE ist Teil der Fachverlagsgruppe Springer Science+Business Media
www.springer-gabler.de

Vorwort

Facebook, Dropbox, Twitter – wer kennt sie nicht, die jungen Unternehmen aus Silicon Valley mit smarten Gründern und explodierenden Wachstumszahlen. Auch in Deutschland sind international erfolgreiche Startups wie myTaxi, Delivery Hero oder 6Wunderkinder entstanden. Die Unternehmensberatung McKinsey schätzt, dass allein Tech-Startups bis 2020 rund 100.000 Arbeitsplätze in Deutschland schaffen könnten.

Startups, das sind junge Unternehmen auf der Suche nach einem nachhaltigen und skalierbaren Geschäftsmodell. Auf ihrem Weg brechen sie Industrie Paradigmen, entwickeln und testen neuartige Produkte und müssen dabei mit vielfältigen Ungewissheiten umgehen. Ihre hohe Innovationskraft und klare Wachstumsorientierung unterscheidet sie von klassischen Gründungen[1]. Auch wenn der Fokus meist auf den technologiebasierten Startups liegt, sind sie in allen Branchen zu finden. So wurden beispielsweise in Deutschland erfolgreiche Food-Startups wie fritz-kola, mymuesli, Vapiano oder Produkt-Startups wie ergobag oder Bora gegründet. 2013 sind rund 5.000 Startups in Deutschland aktiv, schätzt der Bundesverband Deutsche Startups.

Genug Inspiration und Vorbilder für angehende Gründer in Deutschland? Wir glauben nein. Schauen wir uns Gründer aus den USA an: Steve Jobs, Elon Musk, Mark Zuckerberg – allesamt Persönlichkeiten, die eng mit ihren Unternehmen verbunden sind und weltweit die Gründerszene inspirieren. Auf Startup-Konferenzen hören wir immer wieder: Wir brauchen mehr Gründervorbilder in Deutschland. Ihre Wege sind enger an der Lebenswirklichkeit deutscher Gründer und zeigen, dass auch in Deutschland erfolgreich internationale Startups aufgebaut werden können. Mit diesem Buch wollen wir zu dieser Perspektive beitragen.

Das Potenzial für neue Gründer ist groß, immerhin sehen knapp 50 Prozent der 18- bis 64-Jährigen Deutschen bzw. rund 25 Millionen Deutsche in der Unternehmensgründung eine attraktive berufliche Perspektive, so der Global Entrepreneurship Monitor 2013. Auch wenn vermutlich nicht alle der 25 Millionen ein skalierbares Startup im Sinn haben, erscheinen uns 5.000 Startups eher wenig.

Allerdings: gemäß dem Startup Genome Report[2] scheitern 90 Prozent der Startups. Wir haben uns daher gefragt: wie wird aus einer ersten Geschäftsidee ein florierendes Unternehmen? Um Antworten zu finden, sind wir quer durch Deutschland gereist und haben uns mit Gründern zum Gespräch getroffen. Im Interview zeichnen wir ihre persönliche Gründungsgeschichte nach – inklusive ihrer Rückschläge, Wendepunkte und Erfolge. Die Inhalte gehen dabei weit über Kurzinterviews in den einschlägigen Medien hinaus. Sie zeigen die großen Entwicklungsstränge wie beispielsweise Teamaufbau, Kundengewinnung oder Finanzierungsrunden über Jahre hinweg auf. Beleuchtet werden aber auch prägende Ereignisse, um tiefe Einblicke in das Denken und Handeln der Unternehmer zu geben. Die Gründer erzählen, wie sie Hindernisse gemeistert haben, was

---

sie heute anders machen würden und wie sich ihr persönliches Leben mit dem Startup verändert hat. Damit halten wir Erfahrungen aus vielen Jahren Gründung fest. Angehende Unternehmer können davon lernen und bessere Entscheidungen für das eigene Vorhaben treffen. Ein Großteil der Gründungsliteratur beschränkt sich auf Beispiele aus den USA. Eine vergleichbare Sammlung von Erfolgsgeschichten in Deutschland ist uns nicht bekannt. Wir haben daher bewusst den Fokus auf Startups in Deutschland gelegt, um die Spezifika von Gründungen in Deutschland hervorzuheben und deutsche Vorbilder vorzustellen.

Bei der Auswahl der Startups war es uns wichtig ein möglichst breites Bild zu geben. So haben wir mit Gründern aus unterschiedlichen Branchen gesprochen, wie Technologie, Food oder Dienstleistungen. Mit Gründern, die direkt von der Uni oder aus einer Berufstätigkeit heraus gestartet sind. Zudem haben wir uns Startups in unterschiedlichen Entwicklungsstadien angeschaut, beispielsweise in einer frühen Phase, während der Suche nach dem optimalen Geschäftsmodell und Produktkonzept oder in einer späteren Phase mit Fokus auf die Skalierung. Die Auswahl ist natürlich nur einen Ausschnitt der vielfältigen Gründungen, bietet aber einen einzigartigen Querschnitt der aktuellen Startup-Welt in Deutschland.

Wir wurden oft gefragt: Wie lautet nun die Formel zum erfolgreichen Unternehmensaufbau? Leidenschaft für die Idee, ein passendes Team, Neugier Neues zu testen, aber auch eine gewisse Hartnäckigkeit oder Projektmanagement Fähigkeiten tauchen immer wieder auf. Eine allgemeingültige Antwort zu geben oder eine Liste mit Erfolgsfaktoren abzuleiten ist nicht unser Ziel. Stattdessen sollen die Stories einladen, selbst auf die Suche nach interessanten Einsichten für das eigene Gründungsvorhaben zu gehen. Und ganz nebenbei sind es spannende Geschichten interessanter Persönlichkeiten. In diesem Sinne wünschen wir Spaß beim Lesen und viel Erfolg für das eigene Startup.

Christoph & Sören

Feedback

Dies ist die erste Auflage von Mission: Startup. Wir sehen dieses Buch als ein Produkt, das sich durch „Kunden-Feedback" kontinuierlich verbessert. Daher würden wir uns sehr über euer Feedback freuen: Was gefällt euch? Was sollen wir verändern? Wo konntet ihr etwas lernen? Welche Fragen würdet Ihr stellen? Welche Passagen waren unverständlich oder sollten gestrichen werden? Welche weiteren Startups haben lehrreiche und spannende Geschichten, die ihr gerne lesen würdet?

Rückmeldungen gerne unter: feedback@missionstartup.com

Inhalt

6Wunderkinder
Christian Reber

Die Aufgaben der Welt organisieren

Am 10. August 2010 schuf Christian Reber gemeinsam mit fünf Mitstreitern die 6Wunderkinder. Die Idee der Gründer: Angetrieben von den schlechten Erfahrungen, die sie als Inhaber einer Webagentur mit Projektmanagement-Tools gemacht hatten, beschlossen sie, das Aufgabenmanagement für Business- und Privatangelegenheiten zu revolutionieren. Der erste Schritt, die Aufgabenmanagement-App „Wunderlist", wurde ein fulminanter Erfolg – nach 275 Tagen hatten sie bereits 1 000 000 Nutzer. Wunderlist ist jedoch nur ein kleiner Ausschnitt einer größeren Vision von einem neuartigen Working Network. Was Dropbox für Dateien und Evernote für Notizen ist, wollen die 6Wunderkinder für Aufgaben werden. Parallel zu Wunderlist entwickelte die Gründertruppe deshalb das Produkt „Wunderkit" – eine plattformübergreifende Software, die Menschen, Teams, Firmen und Vereinen dabei helfen soll, sich und ihre Aufgaben zu organisieren. Entwickler sollen die Möglichkeit bekommen, die Plattform um eigene Apps zu erweitern. Die Entwicklung von Wunderkit erwies sich jedoch als sehr komplex – und scheiterte. Seitdem konzentrieren sich die 6Wunderkinder auf Wunderlist. Die Fokussierung auf Wunderlist hatte noch einen weiteren guten Grund: den immensen Erfolg dieser Idee. Mitte 2014 nutzten mehr als 8 000 000 aktive User die App. An der großen Vision eines umfassenden Working Networks halten die 6Wunderkinder aber weiter fest, nur der Weg dahin hat sich geändert. Zu den Investoren der 6Wunderkinder zählen unter anderen Frank Thelen, Skype-Mitgründer Niklas Zennström sowie Sequoia Capital – die einst in Steve Jobs investierten. Im Januar 2014 wurde Christian Reber vom Wirtschaftsmagazin *Forbes* als einziger Deutscher in die Liste von 30 jungen Pionieren im Technologiebereich gewählt.

Christian, wie ist die Idee für die 6Wunderkinder entstanden?
Seit ich zwölf Jahre alt bin, habe ich mir Programmiersprachen angeeignet und Software entwickelt. Ich bin also schon immer Entwickler gewesen. Mein erstes größeres Projekt war 2007 der Musikdienst Mucelli – ein Experiment. Basierend auf der YouTube-API habe ich ein Interface entwickelt, um Playlists von YouTube-Videos zu erstellen. Dieses Feature gab es damals bei YouTube nicht. Man konnte die koreanischen, japanischen oder russischen Charts anhören, sprich: andere Musik entdecken. Ich habe das Ding live gestellt und hatte nach einem Monat 200 000 Nutzer. Eigentlich hatte ich die Seite nur gebaut, um die Programmiersprache Flex zu lernen, aber dann wollte mir ein deutscher Investor das Portal abkaufen, um daraus ein Unternehmen zu machen – auf den Fidschi-Inseln. Ich habe abgewunken, denn auf einen solchen Schritt hatte ich keine Lust. Für mich war das Ganze nur ein technisches Experiment und kein Unternehmen, meine Karrierepläne waren andere. Also habe ich das Projekt schlicht verkauft. Kurze Zeit später habe ich damit begonnen, ein Team aufzubauen, um gemeinsam etwas zu

starten. Wir haben überlegt, was wir machen könnten und haben schließlich 2008 die Webagentur „Innovatics" gegründet. Damit haben wir uns zunächst dafür entschieden, für andere Startups und Unternehmen zu arbeiten, um Erfahrung im Design und bei der Webentwicklung zu sammeln. Wir hatten coole Projekte – und haben sehr viel gelernt. Unsere Devise: „Work to learn, not to earn."

Was hast du in dieser Zeit gelernt?

.... Mit dem Auf und Ab im Business umzugehen. Es gab Phasen hoher Profitabilität, aber auch wirtschaftlich schwierige Phasen. Wir lernten, wie man Kunden gewinnt, aber mussten auch durch die Momente durch, wenn man sie wieder verliert. Wir haben Projekte erfolgreich gemanagt und erlebt, wie andere gegen die Wand gefahren wurden. Wir haben Entwickler und Designer rekrutiert und uns später wieder von ihnen trennen müssen. Am wichtigsten bei all diesen Erfahrungen war, zu lernen, mit dem Scheitern umzugehen. Das ist eine Grundlage jedes Technologieunternehmens. Mit jedem Fehlschlag wirst du widerstandfähiger und belastbarer. Und solange man an seine Sache glaubt, findet man immer wieder die nötige Energie, um weiterzumachen. Unser Ziel war es, irgendwann aus der Agentur heraus ein Tech-Startup zu starten. Und genauso haben wir es auch gemacht. In den Agenturjahren haben wir viele Projekte gesteuert und organisiert. Wir haben alle möglichen Tools eingesetzt, aber keines hat uns überzeugt. Sie waren optisch nicht ansprechend, teuer, langsam und schlecht in den Workflow integriert. Wir kamen auf die Idee, ein Produkt zu bauen, um Businessprojekte zu steuern. Aber nicht nur das, es sollte auch private Angelegenheiten wie eine Hausrenovierung oder einen Umzug organisieren können. Es handelt sich schließlich bei allen um Projekte – um nichts anderes. Allerdings wendet kaum jemand sein Business-Projektmanagementsystem im Privaten an. Unsere Vision hieß „The Working Network". Wir dachten dabei an etwas wie Facebook für den professionellen Gebrauch. Geschäftsleute und Privatpersonen sollten bei uns untereinander Events und Projekte organisieren.

Wie fiel der Startschuss für die 6Wunderkinder?

Uns fehlten die Mittel zur Umsetzung der Vision. Ich habe eine Nachricht via Xing verschickt: „Who's with me creating the next innovative web app?" Frank Thelen, ihn hatte ich einige Monate zuvor auf einem Tech-Event kennengelernt, antwortete innerhalb weniger Minuten und wollte mehr wissen. Bereits Tage später waren er und sein Partner, Marc Sieberger, bei uns in Berlin. Wir zeigten ihnen unseren Prototypen – eine reine Web-App basierend auf der Skriptsprache PHP – und präsentierten ein paar Designkonzepte. Nach ein paar Stunden und einem gemeinsamen Mittagessen entschieden die beiden, über ihre Gesellschaft e42 in unsere Idee zu investieren. Gemeinsam haben wir die Produkt-Roadmap entwickelt und die Umsetzung gestartet und gemeinsam haben wir unseren Prototypen in die Cross-Platform Productivity App „Wunderlist" gewandelt. Mit ihrem Investment konnten wir die Version 1.0 von Wunderlist für Mac und Windows bauen. In dieser Phase waren wir immer noch jung und unerfahren. Wir wussten, dass wir erst einmal beweisen mussten, dass wir in der Lage sind, echte Software zu entwickeln. Darum haben wir beschlossen, zunächst lediglich Wunderlist zu kreieren, was nur einen kleinen Ausschnitt der Working-Network-Vision ausmachte. Wunderlist war unser Minimal Viable Product (MVP). Das ist die einfachste Möglichkeit, das zentrale Problem zu lösen – in unserem Fall: Leuten zu helfen, ihr privates und berufliches Leben zu organisieren. Wir haben nur vier, fünf Wochen gebraucht, um Wunderlist zu entwickeln, haben die Plattform veröffentlicht und wahnsinnig schnell User Traction gewonnen. Boom! Der Erfolg kam buchstäblich über Nacht.

Es gab bereits viele Produkte in diesem Bereich. Was unterscheidet euch von anderen Anbietern?

Wunderlist ist das mit Abstand einfachste Produkt. Alle anderen sind sperriger, komplexer, teurer und unübersichtlicher. Auch technisch waren wir voraus: Wir waren die erste To-do-App mit dem Sync über mehrere Plattformen. Es ist wirklich kompliziert, eine solche Anwendung stabil, zuverlässig und skalierbar zu entwickeln. Jeder Mensch hat Dateien, Notizen und Aufgaben. Wenn man sich die Entwicklung auf dem Softwaremarkt anschaut, ist viel passiert. Dropbox hat es ermöglicht, Dateien zu synchronisieren, zu teilen und überall verfügbar zu haben. Vorher gab es schon einige andere File-Sharing-Tools, aber kein Tool war so einfach wie Dropbox zu benutzen. Deshalb hat sich Dropbox durchgesetzt und ist heute ein milliardenschweres Unternehmen. Für den normalen Nutzer ist wenig Innovation zu sehen, aber wenn du dir das Produkt als Techniker anschaust, ist es sehr innovativ. Ähnlich hat es Evernote mit Notizen gemacht. Nun gehen wir eben die Aufgaben an. Wir ermöglichen es, Listen ganz einfach miteinander zu teilen und sich so zu organisieren – unabhängig von dem Endgerät, das benutzt wird. Und: Der grundsätzliche Unterschied zwischen unserem Produkt und allen anderen Produkten ist, dass wir Business und Personal Use vereinen. Das ist unser Alleinstellungsmerkmal.

Wer sind denn die anderen Wunderkinder und wie habt ihr euch gefunden?

Eigentlich war ich der einzige Gründer. Aber Frank Thelen und Marc Sieberger haben mir geraten, Mitgründer zu suchen, weil es einfach unwahrscheinlich ist, dass Investoren einen jungen Einzelgründer finanzieren. Ich hatte zu dieser Zeit ja schon mein Team in der Agentur und habe mir dort einfach die besten fünf Leute herausgepickt und sie zu Mitgründern gemacht. Es sind keine Co-Gründer im traditionellen Sinne, sondern eher Mitstreiter mit interessanten Paketen. Einer hat einen Technologiefokus, der nächste einen Marketingfokus, Nummer drei ist rein auf klassische Businessaufgaben konzentriert, Nummer vier auf die Finanzen und schließlich gibt es noch einen Kopf für das Design. Gemeinsam decken wir die notwendigen Kompetenzen ab – und ich hatte mein Gründerteam beisammen.

19. August 2011: 1 000 000 User nutzen eure App Wunderlist, die erst 275 Tage alt ist. So schnell wuchs früher nicht einmal Twitter. Wie groß war euer Marketingbudget?

Null Euro.

Worauf führst du dann den fulminanten Erfolg zurück?

Wunderlist ist kostenlos. Allein damit wird es schon interessant für den Massenmarkt. Die User probieren gerne kostenfreie Produkte aus. Wenn eine App 39 Euro kostet, fasst sie keiner an. Dazu war unsere Cross-Platform Sync auf allen Endgeräten verfügbar, das ist ein immenser Vorteil. Und unser extrem einfaches, schönes Interface hat natürlich auch eine zentrale Rolle gespielt. Außerdem: Wir waren das erste Unternehmen, das „Backgrounds" eingesetzt hat, wenn man jetzt mal Betriebssysteme außen vor lässt. Es ist eigentlich ein ganz simples Feature, aber weil bis dato niemand so etwas gesehen hatte, hat es unheimlich viel Traction erzeugt. Ich selbst habe übrigens einen Katzen-Background in Wunderlist und nutze das Produkt selbst intensiv. Und dann wurde die Geschichte zu einer Art Selbstläufer. Unser Produkt vertreibt sich, weil Nutzer damit zufrieden sind und es anderen weiterempfehlen. Das Prinzip von Wunderlist ist ja schließlich, Listen zu teilen. Und um eine Liste zu teilen, musst du jemanden dazu einladen und ihn überzeugen, Wunderlist zu nutzen. Kurz nach dem Launch haben wir entschieden, mobile Apps zu bauen – für iPhone, Android, Blackberry und Windows Phone. Damit haben wir natürlich unsere Reichweite nochmals erhöht.

Was habt ihr sonst noch gemacht, außer euch auf ein gutes Produkt zu verlassen?
Wir haben eine einzigartige Marke …

… sich 6Wunderkinder zu nennen, ist schon ein Statement.
Wir wollten einen Namen, der unsere Wurzeln repräsentiert und hatten immer das Ziel, ein globales Unternehmen aufzubauen. Die Marke sollte weltweit funktionieren. Eigentlich wollten wir uns „Wunderkinder" nennen. Aber das hat uns die Industrie- und Handelskammer verboten, weil der Name zu allgemein sei. Ich hoffe, das ändert sich noch einmal. Ich würde die Firma gerne in „Wunderkinder" umbenennen. Wenn du dir einen so aggressiven Namen gibst, ziehst du auch die Presse an. Zudem hatten wir zu Beginn eine extrem aggressive PR-Strategie. Wir haben jedes Interview gemacht und sehr viele wohldurchdachte Storys veröffentlicht. Beispielsweise haben wir nicht lediglich gesagt: „Wunderlist hat eine Million User", sondern: „Holy Cow, we are Millionairs – well in Terms of Users." Wir haben erklärt, dass wir schneller gewachsen sind als Twitter, Evernote und Foursquare. Unser Storytelling hat super funktioniert.

Im Sommer 2011 bloggst du auf dem 6Wunderkinder: „Berlin Founders stand up! – The anti copycat revolution starts now". Im Post kritisierst du, dass die Berliner Startup-Szene lange eine Ökosystem für Copycats war. Dagegen hältst du, dass der Computer in Berlin erfunden wurde und nennst eine Reihe Berliner Gründer als Vorbilder für die Anti Copycat Revolution. Der Beitrag hat massive Reaktionen in der Szene hervorgerufen. Was war da los?
Das war eine persönliche Geschichte von mir, die leider bei vielen falsch angekommen ist. Ich bin Softwareentwickler. Wenn ich von anderen Menschen Code klaue, fühle ich mich schlecht. Ich bin der Meinung, dass es in unserer Industrie, unter Entwicklern, aber auch Designern, ein No-Go sein sollte, gegenseitig Ideen zu klauen. Klar, du kannst dich inspirieren lassen, du kannst ein Konzept nehmen und es verbessern. Aber man nimmt keine Idee, programmiert sie nach und sagt: „Das ist meine!" Als wir gegründet haben, gab es in Berlin extrem viele Copycats. Das hat mich als Entwickler genervt und daraus habe ich auch keinen Hehl gemacht. Gleichzeitig habe ich nie verstanden, warum wir in Deutschland so viele Talente im Ingenieurwesen und dem Maschinenbau haben, aber nicht in der Lage sind, ein neues Google oder Microsoft zu bauen. Die besagte Story sollte eigentlich bestärken, motivieren. Ich wollte mich darin nicht über Copykids beschweren, sondern viel mehr zelebrieren, dass es in Berlin inzwischen viele innovative, vielversprechende Unternehmen wie zum Beispiel Soundclouds, Research Gate oder Wooga gibt. Leider haben einige die Geschichte in den falschen Hals bekommen und sie als eine Art „Nestbeschmutzerei" aufgefasst.

Hast du Tipps, worauf es bei erfolgreicher PR-Arbeit ankommt?
Zunächst: Wir haben in Deutschland brillante Unternehmen. Aber viele deutsche Startups können schlicht kein Marketing. Dabei ist es notwendig, dass Startups bei der PR den gleichen Drive an den Tag legen wie bei der Produktentwicklung. Denn: „Wer wird am Ende gewinnen? Es ist derjenige, der die beste Geschichte erzählt." Das ist eine Aussage von Steve Jobs, die ich nur unterschreiben kann. Eines der wenigen Beispiele für gute PR-Arbeit in Deutschland ist Amen. Die haben ein brillantes Storytelling hinbekommen, ähnlich gut wie es amerikanischen Startups gelingt, die Marketing und Storytelling im Blut haben. Für einige Startups ist es wohl das primäre Ziel, einen Techcrunch-Artikel zu platzieren. Dafür wird dann eine PR-Agentur rekrutiert und der gelingt dies oder eben nicht. Aber eine externe Agentur kann nur das Presse-Netzwerk liefern, damit die Story multipliziert werden kann. Die spannende Story muss schon das Startup selbst entwickeln.

Wie habt ihr euch finanziert?

Wir hatten 100.000 Euro Angelfunding von e42. Das hat zunächst gereicht. Wir konnten Wunderlist ohne zusätzliches *Venture Capital* realisieren. Wir hatten zehn Mitarbeiter und haben so die App für iPhone und iPad sowie die Apps für Mac und Windows gebaut. Wir haben richtig Gas gegeben. Unsere Angels sitzen in Köln und haben schon mehrmals mit dem High-Tech Gründerfond zusammengearbeitet. Durch sie sind wir miteinander in Kontakt gekommen und haben uns dort vorgestellt. Und es hat funktioniert. Ich muss zugeben, dass wir sehr unerfahren waren. Wir haben kein traditionelles Fundraising gemacht und die Idee 20 Investoren vorgestellt.

Wie habt ihr den High-Tech Gründerfond überzeugt?

Wir sind nach Bonn gefahren –schwitzend bei 40 Grad im Anzug – und haben uns in der Komiteesitzung vorgestellt. Wir konnten Wunderlist als Erfolgsgeschichte präsentieren, hatten den Beleg, dass unsere Idee funktioniert. Bei den meisten war die Reaktion: „Okay, müssen wir machen." Mit Wunderkit wurde es ein bisschen komplizierter. Mit dieser Idee waren wir erst dabei, zu definieren, was Wunderkit eigentlich ist und wie es in zehn Jahren aussehen soll. Es war von uns als plattformübergreifende Software geplant, die Menschen, Teams, Firmen und Vereinen dabei helfen soll, sich und ihre Aufgaben zu organisieren. Dritte Entwickler sollten die Plattform um eigene Software ergänzen können. Wir haben Wunderkit aber nicht als Projektmanagement-software präsentiert, weil wir wussten, dass beim Wort „Projektmanagement" alle abschalten. Stattdessen haben wir es als App-Plattform für das Working Network präsentiert. Ganz ehrlich, wir wussten damals schon, dass es relativ schwierig wird, so etwas zu entwickeln, wollten es aber genau so bauen. Wir haben den High-Tech Gründerfond überzeugt und eine halbe Million Venture Capital bekommen.

Wofür habt ihr das Geld eingesetzt?

Wir haben einzelne kleinere Aufgaben teilweise outgesourct. Zum Beispiel haben wir die erste Android-App von Wunderlist extern entwickeln lassen. Technologiewissen in einem Technologie-Startup abzugeben, war ein Fehler. Als wir die Android-Entwicklung selbst übernommen haben, mussten wir nämlich noch einmal von vorne anfangen. Außerdem haben wir das Kapital benutzt, um Leute einzustellen und Wunderkit zu bauen. Später haben wir noch T-Venture dazu geholt, weil wir noch mehr Kapital dafür brauchten.

Wie habt ihr T-Venture überzeugt?

Für T-Venture hatten wir eine sehr präzise Story. Wir haben gesagt, dass wir das Projektma-nagement revolutionieren und ein Tool für den Massenmarkt bauen wollen. Unsere Argumente waren die vielen Prototypen, das talentierte Team, der Fokus auf das Design. Dass wir unsere Pro-dukte zuerst designen und dann erst entwickeln, ist eine Besonderheit. Wir konnten also schon die Screens von Wunderkit präsentieren und ihnen zeigen, wie das Ganze aussehen soll, obwohl wir noch keine Zeile Code geschrieben hatten.

Hattet ihr damals schon eine Monetarisierungsstrategie?

Ja, wir haben von Stunde eins an gewusst, wie wir Geld verdienen wollen, und zwar mit Monthly Subscriptions, wie bei Software-as-a–Service üblich. Dabei rechnest du dein Produkt pro Monat pro User ab. Der Plan war von Beginn an, Wunderlist als kostenfreies Vorzeige-Experiment zu starten und später Wunderkit als Subscription Model anzubieten.

Eine zentrale Frage für viele Startups ist: VC oder Bootstrapping? Gängige Kritikpunkte an VC sind der hohe Reporting-Aufwand oder die Fremdbestimmung bei strategischen Entscheidungen. Warum hast du dich für VC entschieden?

Wir hatten keine Alternative zu VC. Es war klar, dass wir zur Umsetzung unserer Vision ein umfassendes Backend und mehrere Apps parallel entwickeln mussten. Außerdem wollten wir ein größeres Team, um schneller voranzukommen. Die Manpower dafür kostet natürlich. Über Bootstrapping hätten wir diese personelle Aufstockung nicht finanzieren können. Zudem sank durch VC natürlich unser unternehmerisches Risiko. Einen hohen Reporting-Aufwand sehe ich bei VC übrigens nicht. Damit verbringen wir die wenigste Zeit. Viel entscheidender ist, dass VCs neben dem Kapital auch ein enormes Knowhow in die Startups bringen. Unsere erfahrenen Partner helfen uns dabei, die richtigen Entscheidungen zu treffen. Das ist ein enormer Vorteil.

2011 ist dein Team auf 25 Mitarbeiter angewachsen. Wo waren die Herausforderungen beim Aufbau?

Die größte Herausforderung war mit Sicherheit, nicht die falschen Leute zu rekrutieren.

Woran erkennst du, dass die richtigen Leute vor dir sitzen?

Diese Frage ist nicht leicht zu beantworten. Anfangs bekam ich oft den Ratschlag: „Hire A people." Wobei ich keine Ahnung hatte, was das konkret bedeuten sollte. Ich ging davon aus, dass es sich schlicht um sehr gute Leute handelt, die es im Markt natürlich gibt. Aber als junger, unerfahrener Gründer wirst du diese herausragenden Individuen kaum bekommen. Stattdessen habe ich auf Leidenschaft, Energie und – vor allem – Entwicklungspotenzial gesetzt. Wenn ich Absolventen interviewt habe, versuchte ich zu prognostizieren, wie schnell sie ihre zugedachte Rolle verstehen werden, wie sie sich weiterentwickeln wollen und ob sie mit dem rasanten Wachstum unseres Startups mitgehen könnten. Für mich war es immens wichtig, dass sie erfolgshungrig waren.

Wie findest du diese Mitarbeiter?

Letztendlich hatte ich ein recht einfache Strategie: Ich habe Wunderlist-User rekrutiert, um Wunderlist zu bauen. Sicher die Hälfte unserer Mitarbeiter hat so den Weg zu uns gefunden. Für die Suche haben wir Newsletter versendet oder über unsere Social-Media-Kanäle kommuniziert, dass wir neue Entwickler brauchen. Auf jede ausgeschriebene Stelle folgten 150 bis 200 Bewerbungen. Es war also selten eine Herausforderung, Kandidaten zu finden. Bei einer solch großen Auswahl kann man relativ schnell filtern, welche Bewerber wirklich erfahren und gut sind. Später beim Interview geht es dann darum, die richtigen Fragen zu stellen. Idealerweise ist das Team in den Rekrutierungsprozess eingebunden. Es kann oft gut abschätzen, wer passt. Es geht bei Einstellungen auch oft um die Frage, welche Leute mit welchen Fähigkeiten in welcher Phase gebraucht werden. Wenn man eine Invader-App baut, wird das nicht mit einem Entwickler funktionieren, der das noch nie gemacht hat. Er muss die entsprechende Erfahrung mitbringen. Gleiches gilt natürlich für die anderen Bereiche im Unternehmen. Allerdings muss man auch sagen, dass sich Fehler in der Anfangsphase nur schwer vermeiden lassen. Auch ich hatte schon die falschen Mitarbeiter zum falschen Zeitpunkt. Ein Beispiel: Wenn du deine Strategie veränderst und daraufhin merkst, dass zwei statt zehn Marketingleuten ausreichen, ist das kein gutes Gefühl. Es liegt nicht an den Leuten, sondern daran, dass du Fehler in der Planung gemacht hast. Aber du musst reagieren. Jemanden zu entlassen, ist eine der schwierigsten Aufgaben, die du als Gründer zu bewältigen hast. Es war ein großer und schwerer Schritt für mich, zu lernen, sich von Mitarbeitern zu trennen, denn mein Team liegt mir sehr am Herzen. Aber Entlassungsgründe gibt es nun einmal viele. Vielleicht passt die Person nicht ins Team, sie ist nicht gut genug, oder die Kosten müssen einfach gesenkt werden. Einige Betroffene weinen oder werden wütend. Das muss man aushalten können. Bei der Entlassung von Mitarbeitern gut zu sein, bedeutet, dass man sich nach dem Gespräch noch in die Augen schauen kann. Mein Tipp: Bei Personalentscheidungen nicht lange zögern und eigene Fehler schnell korrigieren. Gerade wenn das Unternehmen schnell wächst, sollte man darauf achten, das Team immer objektiv zu beurteilen. Die Qualität des Teams ist entscheidend, nicht die pure Größe.

Wie hast du dein Team aufgebaut?

Ein Unternehmen von zehn zu 20 zu 30 zu 40 Mitarbeitern zu skalieren, ist keine leichte Aufgabe. Es gibt viele Unternehmen, die sagen, dass sie keine Struktur haben. Das kann ich mir kaum vorstellen. Jedes Unternehmen hat eine Struktur, also Leute, die Entscheidungen treffen. Und um eine funktionierende Struktur zu haben, musst du die richtigen Leute an die richtigen Positionen setzen. Ich habe sehr viel über die Organisationsstrukturen von Apple, Facebook und Microsoft sowie Strukturaufbau im Allgemeinen gelesen. Mein Managementteam habe ich dann einfach analog zum Management von Apple aufgebaut. Das heißt: Ich habe mir meinen Wozniak geholt – das ist Chad Fowler. Er ist Amerikaner, extrem erfahren, ein riesen Technologietalent und kennt jeden zweiten Rails Developer in der Welt. Genau so einen Typen wollte ich haben. Für meinen *Chief Financial Officer* (CFO) Steffen Kiedel, einen ehemaligen Berater von Roland Berger, war Tom Cook das Vorbild. Steffen ist ein sehr zahlenverliebter Controller, der komplett anders tickt als ich. Er ist Finanzmann durch und durch, ich bin total detailverliebt bei Design und Entwicklung. Aber auch hier habe ich in Benedikt Lehnert einen erfahrenen Chief Design Officer – meinen Jony Ive – gefunden. Er hat umfassende Erfahrung im Design von Hardware- und Softwareprodukten. So habe ich mein Team entwickelt. Unterhalb des Managementteams gibt es bei uns noch eine Ebene, um Struktur zu schaffen: die Leads. Wir haben beispielsweise ein sechsköpfiges Web-Team. Der Lead steuert das Team, kontrolliert es und verteilt Aufgaben. Die richtigen Leute für diese besonderen Positionen zu finden, ist eine große Herausforderung. Am Anfang habe ich die Leute befördert, die am lautesten waren und sich am besten präsentieren konnten. Heute läuft das anders. Ich bewerte Fähigkeiten und Einsatzbereitschaft. Ein Kandidat muss mir zeigen, dass er den Job auch wirklich will. Und das nicht nur, weil es mehr Geld gibt.

Große Gehälter waren am Anfang ja sicher nicht drin. Wie hast du Leute motiviert, zu dir zu kommen und bei dir zu bleiben?

Alle Mitarbeiter besitzen Anteile an der Firma – jeder Einzelne. Das ist meiner Meinung nach eine Grundvoraussetzung, um Leute wirklich an ein Unternehmen zu binden. Zumal wir anfangs alle nur 2.000 Euro im Monat verdient haben. Das war unser Grundgehalt und für alle gleich. Ich habe in Jobgesprächen immer erklärt, dass bei uns jenseits dieser Summe nichts zu machen ist. Wer mehr haben wollte, durfte nicht zu uns kommen. Diese deutliche Haltung war mit Sicherheit ein entscheidender Punkt. Es entsteht ein extremes Fairnessverständnis. Und jeder begreift, dass wir nicht für 2.000 Euro arbeiten, sondern für unsere Mission. Wir hatten nur 100.000 Euro Investment und wollten uns darauf konzentrieren, die Firma für einige Monate zum Laufen zu bringen und Software zu bauen. Jedem war das bewusst, denn alle wichtigen Fakten wurden von mir offen kommuniziert. Dann kam der erste Chief Technology Officer (CTO). Er wollte 4.500 Euro haben. Ich habe auch das offen ins Team kommuniziert: „Wir würden gerne den CTO rekrutieren, er kostet 4.500 Euro im Monat. Das ist ziemlich teuer für uns. Wir wollen es trotzdem gerne machen. Was haltet ihr davon?". Das Team hat sich klar geäußert: Wenn der CTO eine entsprechende Leistung zeigen und das Unternehmen voranbringen könne, sei die Einstellung okay. Transparenz und Offenheit sind beim Thema Gehalt extrem wichtig.

Industrieunternehmen können höhere Gehälter bezahlen. Fürchtest du diese finanzstarke Konkurrenz?

Es gab mit Sicherheit einige Leute bei uns, die in der Industrie das Doppelte bekommen hätten. Und das wussten sie auch. Aber inzwischen haben wir eine Millionenfinanzierung im Hintergrund und konnten alle Gehaltsstrukturen anheben. Unsere Mitarbeiter besitzen auch mehr Anteile als zu Anfang. Da hat sich also schon einiges getan. Ich denke, für den Großteil ist es mittlerweile wirklich schwer, einen besseren Job zu finden. Einen, der besser bezahlt ist, aber auch inhaltlich mehr bietet. Unsere Entwickler sind wahnsinnig stolz darauf, dass sie Wunderlist bauen. Sie sind mit Herzblut dabei. Wir schicken unsere Mitarbeiter viel zu Konferenzen wie Google IO. Wer bei solchen Events vier Mal am Tag angesprochen wird „Wow, du baust Wunderlist, das ist ja der Hammer!", der kommt extrem motiviert zurück. Jeder weiß, dass das Produkt, an dem er arbeitet und wofür er seine Zeit aufbringt, auch ankommt. Das motiviert uns alle.

Im November 2011 konntest du Atomico als Investor gewinnen. Wie kam es dazu?

Als wir im Juni 2011 mit T-Venture gesprochen haben, haben wir auch mit Atomico Gespräche geführt. Atomico ist ein sehr aggressiver Geldgeber, sie investieren nur in Unternehmen, die weltweit die Nummer eins werden wollen. T-Venture ist dagegen ein Investor, der sehr sicherheitsbedacht ist, sehr strategisch agiert und ruhiger an Vorhaben herangeht. Ich hatte damals das Gefühl, dass wir mit T-Venture auf der sicheren Seite sind. Mir war klar, dass uns Atomico später nicht wieder unterstützen würde, sollten wir nicht sofort gute Ergebnisse liefern. Ein internationaler Player wie sie verliert schnell das Interesse, wenn nicht alles perfekt läuft. Doch dann kam Atomico noch einmal auf uns zu. Wir haben diskutiert und sie sind eingestiegen.

Wie lief dieses Gespräch ab?

Der Investmentmanager sagte: „Ich suche ein wahnsinnig geiles Unternehmen. Ich hab mir drei herausgepickt, ihr seid eines davon. Was macht ihr denn eigentlich? Wo wollt ihr hin? Erkläre mir das mal ..." Dann habe ich alles erklärt – und unser Produktfokus und die unternehmerische Herangehensweise haben ihn überzeugt. Mit Skype-Gründer Niklas Zennström hat Atomico einen Partner an Bord, der ein Produkt gebaut hat, das ebenfalls cross-platform funktioniert, kostenfrei ist und extrem viele Nutzer hat. Er konnte sehr viel Erfahrung an uns weitergeben. Auch von meiner Seite war natürlich ein extrem großes Interesse da, von ihm zu profitieren. Deshalb haben wir uns zusammengetan.

Wie bringt sich Niklas konkret ein?

Einmal gab es den Fall, dass jemand 6Wunderkinder verlassen wollte. Niklas rief ihn an und machte ihm klar, dass er sich diese Entscheidung wirklich gut überlegen solle. Er sähe bei uns viel Potenzial und glaube an eine große Zukunft des Unternehmens. Genau dafür ist ein Investor da. Er hilft uns auch, wenn Überlegungen in die falsche Richtung gehen. Es gibt Tage, da sitzt man im Büro und grübelt vor sich hin. Wenn man dann zum Hörer greifen und einen solch gigantischen Investor anrufen kann, der hilft, deine Gedanken zu sortieren, ist das schon eine ziemlich gute Sache. Nach einem Gespräch kann es durchaus sein, dass du realisierst, dass du dich bei deinen Überlegungen getäuscht hast. Niklas gibt uns außerdem konkrete Ratschläge zum Bau der Software und zur Gestaltung des Product Feels.

Was waren seine Ratschläge?

„Go for World Domination!" Es war Niklas, der mir erklärt hat, was wir da eigentlich tun. Er ist zu uns nach Berlin gekommen und hat gesagt: „Was ihr da macht, ist ein gigantisches Ding.

WORLD DOMINATION

Wenn ihr das weltweit ausrollt, was ihr ja schon längst getan habt, dann müsst ihr darauf achten, euch schnell zu internationalisieren und die Produkte schnell zu übersetzen. Ihr müsst euch weltweit groß rausbringen – Dominate the World!" Diese klaren Ansagen waren für mich ein Wahnsinnsding, weil es meinen Fokus total verändert hat. Wenn ich diese Denke vor Wunderkit gehabt hätte, hätte ich Wunderkit wahrscheinlich nie gebaut. Denn die Grundüberlegung ist nun: Alles was ich tue, in was ich 100 Prozent meiner Energie investiere, muss etwas sein, das weltweit erfolgreich sein kann. Macht es da wirklich Sinn, einen Button unten links in Wunderlist einzubauen? Muss ich dann gerade jetzt wirklich Wunderkit bauen? Oder ist das primäre Ziel, Wunderlist zu einem weltweit erfolgreichen Produkt zu machen?

Atomico hat 4,2 Millionen US-Dollar in euch investiert. Welche Ziele waren daran geknüpft?
Es gab keine auf Papier definierten Ziele oder Meilensteine, die beispielsweise lauteten, dass bis zu Tag X die Nutzerzahlen verdoppelt sein müssten. Wir hatten ja schließlich einen klaren Plan. Wir wollten Wunderlist zu einem Produkt mit mehr als 100 Millionen Usern machen und weltweit den Markt dominieren. Und das so schnell wie möglich, aber basierend auf einer auch mittelfristig stabilen Organisation, ohne dass die Leute ausbrennen oder unnötig Kapital verheizt wird.

Wie häufig trifft sich das Managementteam von 6Wunderkinder mit den Investoren?
Grundsätzlich alle sechs bis zwölf Wochen. Es kommt immer darauf an, wie wir performen und ob gerade große Entscheidungen anstehen. Während des Launches von Wunderkit haben wir uns alle sechs Wochen getroffen. In einer Phase, wo es nicht ständig Neuigkeiten gibt und die Zahlen gut aussehen, gibt es weniger Boardmeetings. Dennoch stehen wir täglich in Kontakt mit den Investoren, vor allem wegen der Finanzierungsstrategie. Bei Boardmeetings geht es dann darum, die wirklich schwierigen Entscheidungen zu treffen.

Kannst du ein Beispiel nennen?
Anfang des Jahres 2013 ging es um die Frage, ob wir Wunderlist weiter als Free Product weiterentwickeln und so versuchen, die 100-Millionen-User-Grenze zu knacken. Oder ob wir darauf abzielen, schnell zu monetarisieren, um zu demonstrieren, dass wir ein profitables Unternehmen aufbauen können. Das Managementteam hat diese beiden Strategien ausgearbeitet, die Vor- und Nachteile dargelegt und eine Empfehlung ausgesprochen. Wir hielten die Monetarisierung für absolut realistisch und wollten sie angehen, bei Dropbox hatte sie ja auch funktioniert. Wir hatten damals bereits fast fünf Millionen User und eine ziemlich aktive Nutzerbase. Das Urteil der Investoren war ebenfalls eindeutig: „Ja, macht Sinn, sehen wir auch so."

Im Februar 2012 wurde die Beta von Wunderkit veröffentlicht. Wie lief der Launch ab?
Wir hatten mit unserer zweijährigen, aggressiven Marketingstrategie viel Erwartungsdruck aufgebaut – auch auf uns selbst. Die Neugier war immens. Jeder hat erwartet, dass in Berlin das nächste Facebook entsteht. Und wenn du diese Erwartungshaltung nicht erfüllst, was zu 99,99 Prozent wahrscheinlich ist, ist das nicht gerade toll.

Ihr hattet sehr schnell 100 000 Anfragen für Beta-Accounts. Das klingt zunächst vielversprechend ...
Ja, und wir hatten auch recht schnell 500 000 registrierte User – aber keiner blieb. Der Grund dafür war schlechte Qualität. Wunderkit war extrem buggy. Im Prinzip war es eine reine Web-App mit angebauter iPhone-App. Wunderlist dagegen war eine echte Cross-Plattform-Technologie. Uns war der Fokus verlorengegangen, weil wir zwei Produkte parallel entwickelt haben. Produkt und Launch waren das Resultat von monatelangem Missmanagement. Das so drastisch zu benennen, ist hart, aber so war es. Es war mein Fehler, nicht zu sagen, dass wir uns besser nur

auf eine Sache fokussieren sollten. Und nun standen wir vor der Frage: Konzentrieren wir uns auf die 500 000 Registrationen von Wunderkit oder die drei Millionen aktiven User der Wunderlist.

Wann habt ihr die Entscheidung getroffen, Wunderkit einzustellen?

Einen Monat nach dem Launch. Das Team hat aber schon viel früher gewusst, dass wir uns refokussieren müssen. Alle im Team waren unzufrieden, weil sie sich gedacht haben: „Hey, Wunderlist funktioniert doch, warum machen wir da nicht weiter und bauen stattdessen Wunderkit?"

Gab es einen Schlüsselmoment, an dem du gesagt hast: Jetzt ziehe ich den Stecker bei Wunderkit?

Nein, wir haben vier Wochen herumdiskutiert und ich habe mich sehr gegen das Ende gewehrt. Aber unsere Investoren und das Managementteam haben vorgeschlagen, dass wir uns auf Wunderlist konzentrieren sollten. Irgendwann habe ich eingelenkt und es auch verstanden. Mir wurde klar, dass diese Entscheidung eigentlich schon viel früher hätte fallen müssen. Aber es hat bei mir eben seine Zeit gedauert. Wir haben unsere Entscheidung in diesem Moment nicht veröffentlicht, sondern die Entwicklung von Wunderkit leise eingestellt. Bei der weiteren Entwicklung von Wunderlist hatte ich als Gründer nun einen ziemlich einfachen Job. Ich musste nur sagen, lasst uns an Wunderlist ansetzen, und jeder hatte sofort eine Idee, was er machen musste. Das Rad hat sich relativ einfach wieder gedreht. Drei Monate lang haben wir ruhig vor uns hingearbeitet und Wunderlist 2 gebaut. Wunderlist 1 war auf Titanium aufgebaut. Das ist eine Cross-Platform-Technologie, um Apps für unterschiedliche mobile Endgeräte zu bauen. Für den Anfang war das okay, aber wir hatten die Limits von Titanium erreicht. Daher haben wir auf die native Entwicklung für alle Plattformen umgestellt. Das war ein wahnsinniger Aufwand, aber nötig, um die Qualität hoch zu halten. Dafür haben wir auch einen neuen Cloud Sync Service erstellt. Auf dieser Grundlage konnten wir im Vier-bis-acht-Wochenrhythmus neue Features releasen. Am Produkt selbst haben wir auch einiges verändert; es vereinfacht und neue Funktionen eingebaut, auf die viele Nutzer gewartet haben: beispielsweise wiederkehrende Aufgaben, Erinnerungen oder Teilaufgaben, alles verpackt in einer vollständig überarbeiteten intuitiven Benutzeroberfläche. Als wir dann irgendwann verkündet haben, dass wir Wunderkit nicht mehr weiterentwickeln, war das natürlich eine Riesenstory. Doch nach einem halben Jahr kamen wir mit Wunderlist 2 heraus, einem qualitativ sehr hochwertigen Produkt. Dann wurde es wieder ruhiger.

Ist die Vision der 6Wunderkinder damit gescheitert?

Unsere Vision ist, die Aufgaben der Welt zu organisieren. Daran halten wir fest, wenn auch der Ansatz mit Wunderkit gescheitert ist. Wir wollen immer noch ein Massenmarktprodukt bauen, wir wollen immer noch Teams organisieren, wir wollen immer noch ein Produkt anbieten, das sowohl privat als auch beruflich nutzbar ist. Diese Pläne können wir mit Wunderlist genauso umsetzen wie mit Wunderkit. Wir fügen Wunderlist nun sukzessive die Funktionen hinzu, die wir bei Wunderkit hatten.

Wie haben die Nutzer reagiert?

Klar, wir haben zunächst viele Nutzer, Vertrauen und Reputation verloren. Ich habe über die Entscheidung gebloggt, um transparent zu sein. Das hat viel Anerkennung gebracht, weil uns die User verstanden und gesehen haben, dass wir seriös arbeiten und uns wirklich Gedanken machen. Ein besonderes Merkmal unseres Marktes ist, dass Leute dein Produkt immer wieder ausprobieren. Und Wunderlist2 ist besser geworden.

Iteration

Wir hatten die Vision, die Aufgaben der Welt zu organisieren. Daran halten wir fest, wenn auch der Ansatz mit Wunderkit gescheitert ist.

Das Jahr 2012 blieb ereignisreich: Es gab eine neue Finanzierung, der High-Tech Gründerfond ist ausgestiegen, Early Bird eingestiegen. Inwiefern berühren euch solche Wechsel?

Und das Investment war ein Secundary, Early Bird hat den High-Tech Gründerfond herausgekauft. Das heißt, der High-Tech Gründerfond hat unser Unternehmen nicht verlassen, sondern einen sauberen Exit gemacht. Und es war sicher einer der besten Exits ihrer Geschichte. Für uns als Gründer hat ein solcher Wechsel keinen Effekt, weil er finanziell keine negativen Auswirkungen hat. In diesem Fall trat sogar das Gegenteil ein: Early Bird hat noch zusätzlich investiert. Sie haben die Anteile vom High-Tech Gründerfond bekommen und haben oben drauf noch eine Primary-Investition in das Unternehmen gesteckt. Es waren noch einmal eine Million Euro. Wir haben das damals aber nicht kommuniziert, um nicht wieder einen Hype loszutreten.

Der nächste Hype kam dann doch: Sequoia Capital, die Unternehmen wie Google, Dropbox oder Evernote finanzierten, haben 19 Millionen US-Dollar in 6Wunderkinder investiert. Ihr wurdet angeblich mit 65 Millionen US-Dollar bewertet. Wie hast du diesen renommierten Investor gewonnen?

Nachdem Atomico bei uns eingestiegen war, bekamen wir eine Mail von Sequoia. Im Betreff stand: „Sequoia loves you." Das war natürlich der Wahnsinn. Aber wir haben uns für die Anfangsphase bewusst für Investoren aus Europa entschieden, denn kürzere Wege vereinfachen die Zusammenarbeit. Wir konnten dann aber schnell zeigen, dass unser Produkt funktioniert, erzielten Umsatz und wuchsen. Nun ging es darum, Partner zu finden, die schon mehrfach Unternehmen wie unseres von fünf Millionen auf mehr als 100 Millionen Nutzer skaliert oder schon einmal Unternehmen an die Börse gebracht hatten. Wir standen seit der Mail zwar immer in Kontakt mit Sequoia, aber haben bei 40 VC in London, New York und San Francisco gepitched. Wir hatten uns darauf akribisch vorbereitet und das Timing war genau abgestimmt, damit die Zahlen stimmen. Am Ende hatten die meisten VCs Interesse, bei uns zu investieren.

Warum wurde es Sequoia Capital?

Wir haben uns für Sequoia entschieden, weil wir von ihrer Erfahrung vom Aufbau von Dropbox und Evernote profitieren können. Sequoia kennt die Herausforderungen, die auf uns zukommen. Sowohl technologisch bei der Cross-Plattform-Synchronisation, als auch bei der Skalierung auf mehr als 100 Millionen User. Die Geschäftsmodelle und Zielgruppen der drei Angebote sind ähnlich, adressieren aber unterschiedliche Kundenprobleme. Kurz gesagt: Dropbox, Evernote und Wunderlist ergänzen sich sehr gut. Ich kann mir gut vorstellen, dass die drei Plattformen irgendwann tief miteinander verbunden sein werden. Ein weiterer Punkt ist natürlich, dass wir von der Investorenlegende Michael Moritz, der schon in Steve Jobs investierte und nun in unserem Board sitzt, viel lernen. Und es öffnet die eine oder andere Tür. So wurden wir uns schnell einig. Vom Pitch bis zum Termsheet hat es nur wenige Tage gedauert. Das war im Herbst 2013.

Wie wollt ihr das Geld investieren?

Wir investieren in Wachstum. Aktuell kommen etwa 30 Prozent unserer User aus den USA – diese Präsenz möchten wir ausbauen. Gleichzeitig wollen wir neue Märkte gewinnen. Unser Ziel ist klar: Wir möchten die 100-Millionen-User-Grenze knacken. Der größte Kostenblock sind die Personalkosten. Dorthin fließt der größte Teil der Investitionen. Und wir investieren in den Bau von Wunderlist 3.

Wunderlist 3 – was wird sich ändern?

Wunderlist soll noch einfacher, eleganter und flüssiger werden. Wir planen nur wenige neue Funktionen und konzentrieren uns darauf, das aktuelle Produkt massiv zu verbessern. Eine

WORK HARD, TAKE RISKS — AND ALWAYS BE NICE TO PEOPLE

zentrale Veränderung bei Wunderlist 2 war die Umstellung auf die native App-Entwicklung. Bei Wunderlist 3 werden wir Grundlegendes im Backend optimieren und beispielsweise einige Sync-Probleme lösen. Damit schaffen wir die Basis für die nächsten zehn Jahre, sehr skalierbar und flexibel. Wir können dann im Monatsrhythmus neue Funktionen live schalten oder von der Plattform nehmen. Zudem planen wir eine API. Es wird ein erneuter Kraftakt. Ich kann jedem Gründer nur raten, von Beginn an eine solide Basis zu legen.

Wo geht es langfristig hin? Ist ein Börsengang das Ziel?

Nein, nicht mehr unbedingt. Ich möchte, dass die Firma lange existiert. Seit der ersten Minute will ich, dass in Deutschland neben SAP ein Technologie-Startup existiert, das internationales Renommee besitzt. Wir wollen ein beeindruckendes Unternehmen sein, mit weltweit erfolgreichen Produkten, einem überzeugenden Design und Engineering „Made in Germany". Das ist eine wahnsinnig spannende Herausforderung. Wenn es mit 6Wunderkindern langfristig nicht klappen sollte, würde ich es auf einem anderen Weg noch einmal versuchen. Dann aber wahrscheinlich noch größer und noch lauter. Wir brauchen in Deutschland endlich ein Engineering-Startup als Vorbild. Mit Sicherheit haben wir sehr smarte Gründer, sehr smarte Entwickler, aber uns fehlt noch ein Facebook, Google oder Apple. Und genau darauf habe ich Bock.

Eine gängige Meinung ist, dass nicht aus jedem Gründer ein *Chief Executive Officer* (CEO) wird. Wie denkst du darüber?

Ich unterscheide zwischen Gründern und Managern. Ein Gründer prägt die Vision, die Kultur und die Arbeitsethik. Er benötigt andere Fähigkeiten als ein Manager. Die zentrale Aufgabe eines Managers ist es, Entscheidungen zu treffen. Er muss die Geschäftsstrategie definieren, Leute rekrutieren und Teams aufbauen. Er muss Mitarbeiter motivieren, Ziele setzen und messen, Partnerschaften etablieren, sich um die Finanzen kümmern und vieles mehr. Diese Fähigkeiten muss man erst einmal entwickeln. Darum ist es nicht verwunderlich, dass viele Gründer im Laufe der Zeit einen CEO oder Chief Operations Officer (COO) einstellen. Gründer sind für mich Macher, Manager und Denker. Anfangs wollte ich kein CEO werden. Ich war ein Entwickler und meine Leidenschaft galt dem Bau von Wunderlist, der Gestaltung des Produkts und der Marketingstrategie. Ich war an jedem Detail beteiligt. Es war deshalb kein leichter Schritt, sich aus der inhaltlichen Arbeit herauszunehmen und auf die Managerseite zu fokussieren. Hin und wieder hatte ich überlegt, einen COO einzustellen. Aber dann habe ich mich doch dafür entschieden, ein erfahrenes Managementteam um mich herum aufzubauen. Damit konnte ich meinen Mangel an Erfahrung ausgleichen. Diese Entscheidung hat für mich sehr gut funktioniert. Heute konzentriere ich mich vor allem auf Zieldefinitionen, Prozesse, Business Development und andere strategische Bereiche. Ich bin aber auch immer noch ein Mitglied des Produktteams, auch wenn ich für diese Arbeit leider nur ein paar Stunden pro Woche aufwenden kann. Ich denke, dass mein Transformationsprozess hin zum CEO bis heute noch nicht abgeschlossen ist. Ich bin eben ein Hands-on-Manager mit Liebe zum Detail. Hin und wieder verfalle ich ins Micro-Management, und das bringt uns nicht zwingend voran.

Der Faktor Team wird häufig als Eckpfeiler einer erfolgreichen Gründung genannt. Wie sieht für dich ein ideales Gründerteam für eine Tech-Startup aus?

Ich empfehle ein Team aus vier Personen mit dem Fokus Produkt, Entwicklung, Marketing und Finanzen. Die Produktperson muss die Leidenschaft für das Produkt mitbringen, und das sowohl auf der strategischen Ebene als auch im Detail. Sie sollte in der Lage sein, Designer zu rekrutieren, um die Produktentwicklung zu verbessern. Und immer danach streben, jedes noch so kleine Produktdetail verbessern zu wollen. Idealerweise hat die Person schon Erfahrung mit der

Entwicklung unterschiedlicher Produkte gemacht und versteht auch die technische Umsetzung. Ein herausragender Entwickler ist von zentraler Bedeutung. Idealerweise sollte er bereits Erfahrung als CTO mitbringen. Er muss es seinerseits verstehen, Entwickler zu rekrutieren, eine skalierbare Architektur zu definieren, eine Entwicklerkultur aufzubauen und er muss verstehen, welche Anforderungen ein Produkt im Live-Betrieb hat. Eine Marketing-erfahrene Person wird häufig vergessen, ist aber meiner Meinung nach ebenfalls notwendig. Auf dieser Position muss man eine Marke definieren und aufbauen können, die – je nach Ausrichtung – global funktioniert. Neben den nötigen Fähigkeiten für den Teamaufbau geht es in diesem Bereich vor allem um das Beherrschen des mitreißenden Storytellings, um neue Kunden zu gewinnen und bestehende Kontakte zu halten. Und natürlich benötigt man ein Mastermind für die Finanzen. Wenn man diese Funktion besetzt, wird das Risiko reduziert, Fehler in finanziellen Angelegenheiten zu machen, beispielsweise unvorteilhafte zu akzeptieren. Ich würde nie wieder ein Startup ohne solch eine Person gründen. Aus diesem Pool von Leuten sollte eine Person die Führung übernehmen. Selbstverständlich kann man ein Unternehmen auch ohne eine definierte Führungsperson aufbauen, aber ich halte es für sinnvoll, wenn eine Person finale Entscheidungen treffen kann. Damit wird die Entwicklungsgeschwindigkeit des Startups hoch gehalten. Bei der Aufteilung der Anteile sollte man fair sein. Und alle sollten die gleiche Energie und Zeit in das Startup investieren. Es ist ratsam, bereits früh an die potenziellen ersten Mitarbeiter zu denken, und es ist gängig, sie auch am finanziellen Erfolg des Startups zu beteiligen. Hier würde ich immer auf angemessene Vesting-Regeln achten.

Welche Tipps hast du noch für Gründer?

Als Gründer sollte man sich als Sportler sehen. Das heißt: Du trainierst regelmäßig und hast immer Spaß daran. Leidenschaft ist deine Motivation, dein Ziel ist die Teilnahme an einem Marathon. Darauf bereitest du dich vor. Es ist ein langer Weg, eine Aufgabe. Wenn du mit einem solchen Mindset an ein Startup herangehst, ist das deutlich gesünder für dich, körperlich und mental. Ich habe den Eindruck, dass viele Gründer versuchen, zu sprinten, und das über Jahre hinweg. Und dann sind sie nach wenigen Jahren erschöpft. Auch bei mir war das der Fall. Einmal musste ich ins Krankenhaus und dachte schon, es sei ein Herzinfarkt. Dabei war zum Glück nur ein Nerv eingeklemmt. Aber mir ist klar geworden, dass ich umfalle, wenn ich so weitermache. Heute versuche ich mich als Champions-League-Trainer zu sehen. Ich verfolge tatsächlich Trainerkonzepte: wie Trainer ihre Teams aufbauen, wie Spieler gefördert werden oder wie man sich wieder von ihnen trennt, wenn es nicht mehr passt. Ich finde es faszinierend, langfristig an Sachen heranzugehen.

Du vergleichst das Gründen mit Sport. Wie muss ich heute trainieren, um morgen ein erfolgreicher Gründer zu sein?

Sei erst einmal Sportler, bevor du anfängst, Trainer zu werden. Es mag sicherlich Ausnahmen geben, aber mir hätte es geholfen, vorher in einem Startup zu arbeiten. Wäre ich vor meiner Gründung bei Apple, Google, Facebook oder einem anderen erfolgreichen Startup gewesen, wäre das sicher eine brillante, nützliche Erfahrung geworden. An einer Erfolgsgeschichte beteiligt zu sein, bringt außerdem Reputation. Diese hilft dir wiederum, Geld von Investoren zu akquirieren. Aber hier sind wir dann wieder beim Punkt: In Deutschland fehlen einfach die Möglichkeiten …

… du meinst, es fehlen große, erfolgreiche Startups?

Genau. Aus unserer Firma sind inzwischen schon viele Gründer hervorgegangen. Sie haben an Wunderlist und Wunderkit mitgearbeitet und danach ein eigenes Startup hochgezogen. Bei uns

Anteile

... nach der ersten Finanzierungsrunde

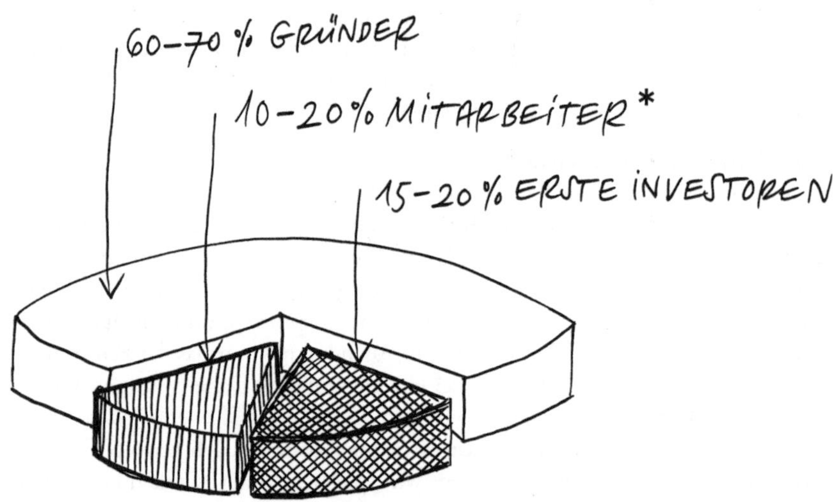

* Sei großzügig mit Anteilen für deine Mitarbeiter. Sie sind der wichtigste Bestandteil des Startups. Allerdings sollte man keine Anteile ohne klare Vesting Regeln abgeben.

haben sie gelernt, wie man Software baut, wie man ein Team managt und welche täglichen Herausforderungen in einem Startup anstehen …

… also mit den Standardsituationen umzugehen …

… und mit den Ausnahmesituationen. Die sind noch viel wichtiger.

Christian, herzlichen Dank für das Gespräch!

Literaturtipps von Christian Reber

Kiyosaki, Robert (2011); *Rich Dad, Poor Dad;* Plata Publishing

Article by Christian Reber:

15 steps to launch your own startup in Europe

1. Dream big and start small

2. Work to learn, not to earn

3. Join the community and meet founders

4. Find the right location

5. Identify good and bad ideas, early

6. Understand trends and markets

7. Think like an athlete – Define your mission

8. Prepare to fail, 95% do

9. Find the right co-founders and advisors

10. Raise your first round of money, or bootstrap your company

11. Learn how to hire and maintain your company culture

12. Prepare yourself to become a manager

13. Find advisors and mentors to build your business

14. Be ready for constant change

15. Work hard and be nice to people

Full article on: www.christianreber.com

Dunstabzug von unten, statt von oben

Das Schreiner-Gen liegt Willi Bruckbauer im Blut. Seit acht Generationen wird in seiner Familie gewerkelt. Dass auch er in dieselbe Kerbe schlagen wird, stand nie zur Debatte. Zum handwerklichen Geschick des Schreinermeisters und Küchenexperten gesellten sich wirtschaftliches Denken und eine ordentliche Portion Experimentierfreude. Denn: Als ihm seine Kunden immer und immer wieder ihr Leid über sperrige und laute Dunstabzüge klagten, machte sich der Rosenheimer ans Werk. Er entwarf einen Dunstabzug – von unten. 2006, nach gerade einmal neun Monaten Entwicklungszeit, waren die ersten Systeme fertig. Nur ein viertel Jahr später waren die ersten 300 Kochfeldabzüge abverkauft.

Bruckbauer vertreibt seine innovative Idee unter der Marke BORA – diesen Namen trägt auch der stärkste Fallwind der Erde. Er ist so stark, dass er Segelboote zwingt, im Hafen zu bleiben. Kein anderer Name drückte besser aus, mit welcher Kraft seine Innovation Kochdünste nach unten zieht. Gepaart mit einer schlichten, aber schlagkräftigen Vertriebsidee eroberte BORA von den bayerischen Alpen aus sukzessive den deutschsprachigen Raum – und die Welt. Seit 2012 gibt es sogar eine eigene Gesellschaft in Australien. Im Jahr 2010 erhielt Bruckbauer den Deutschen Gründerpreis, 2012 folgte der renommierte red dot product design award. Und die Liste der Preise ist damit nicht vollständig.

BORA ist eine Erfolgsgeschichte durch und durch. Den innovativen Dunstabzug gibt es inzwischen in drei Ausführungen. Anfangs entwickelte und vermarktete Bruckbauer sein Produkt in einer One-Man-Show. Heute sagt er: Das Team ist wichtiger als ich.

Erfinder und Unternehmer – Ihr Kindheitstraum?

Ich stamme aus einer Schreinerfamilie. Mein Vater, Großvater und auch die Urgroßväter waren selbstständige Schreinermeister und hießen alle Willi Bruckbauer – und das seit acht Generationen. Mein Bruder führt den Betrieb des Vaters weiter und auch ich hatte nie einen Plan B.

Nach der Realschule absolvierte ich eine Schreinerlehre, besuchte die Meisterschule und belegte einen Crashkurs zur Betriebswirtschaft im Handwerk an der Handelskammer in München. Danach war die Zeit reif, ich wollte selbstständig etwas anpacken, aber mein Vater war noch zu jung, um mir seinen Betrieb zu übergeben. So startete ich 1996 in der väterlichen Schreinerei ein Planungsbüro für Küchen und Innenausbau. Da die Nachfrage nach individuellen Konzepten sehr stark wuchs, gründete ich im Jahr 2000 das „Werkhaus" – ein Kompetenzzentrum für exklusiven Innenausbau. 18 Unternehmen bieten hier vom exklusiven Bodenbelag über Bäder und Öfen bis hin zu individuell gestalteten Küchen alles für den perfekten Innenausbau. Wir ergänzen uns und das ist unser Erfolgsrezept.

Wie sind sie auf die Idee für BORA gekommen?

Ich sehe keine Probleme, sondern suche Lösungen – immer und überall. So war es auch bei BORA. Täglich hörte ich von den Kunden im Werkhaus: „Ich brauche einen Dunstabzug in der Küche, aber keine sperrige, laute Abzugshaube."

Ich probierte bestehende Alternativen aus und notierte ihre Schwachpunkte. In die Decke eingebaute Abzugshauben schaffen es nicht, den Dampf abzuziehen – da musste es doch eine bessere Alternative geben, dachte ich mir. Das ließ mich nicht mehr los. Wenn der Weg nach oben nicht funktioniert, dann eben nach unten, unter die Kochplatten. Aber diese Ansätze waren entweder viel zu laut, hatten keine Leistung, waren umständlich zu reinigen oder schlossen nicht flächenbündig mit den Kochfeldern ab. Diese Schwachstellen nahm ich mir Punkt für Punkt vor und suchte Lösungen. Beispielsweise gestaltete ich den Abzugskanal so, dass keine Wirbel entstehen. Dadurch konnte ein kleinerer Motor eingesetzt werden, der leiser ist, weniger Platz benötigt und zudem energieeffizient arbeitet.

Im ersten Schritt habe ich dann gemeinsam mit meinem Schwiegervater einen Teil des Abzugssystems aus dickem Karton gebaut – nur mit Schere und Klebstoff – und mit einem Abzugsmotor experimentiert. Beispielsweise veränderten wir die Größe des Einzugsschlitzes, um die optimale Strömungsgeschwindigkeit zu finden. Als wir das Idealmaß hatten, wurden unterschiedliche Prototypen aus Blech gefertigt – mal größer, mal kleiner oder mit verschiedenen Winkeln im Luftkanal. Mit einem freiberuflichen Konstrukteur haben wir dann die Konstruktionen dafür erstellt, und die ersten 300 Systeme fertigte ein Jungunternehmer, der sich kurz zuvor in Rosenheim selbstständig gemacht hatte. Nach neun Monaten Entwicklungszeit waren wir bereits lieferfähig.

Wie ist der Name BORA entstanden?

Der Dunstabzug nach unten funktioniert deshalb, weil die Kochdünste mit einem Meter pro Sekunde aufsteigen, wir aber mit vier Metern pro Sekunde die Luft nach unten absaugen. Die entstehende Querströmung zieht die Kochdünste nach unten. Dieses starke Prinzip sollte sich auch im Namen wiederfinden. Ich erstellte eine Ideenliste: Aircheck, Airflow oder Downdraftsystem und kam im Zuge der Namensrecherche dann auf Winde: Passat, Vento, BORA. Der Name BORA gefiel mir sofort und passt perfekt: BORA ist der stärkste Fallwind der Erde. Er stürzt sich durch die Karsttäler Kroatiens hinab bis an die Küste und auf das Meer. Er ist so stark, dass er mitunter Segelboote zwingt, im Hafen zu bleiben.

Glücklicherweise war der Name „BORA" für Küchen und Dunstabzüge noch nicht geschützt. Allerdings hielt VW bereits Namensrechte und es gab ein paar Überschneidungen, für die wir aber eine einvernehmliche Mitbenutzerregelung gefunden haben. Wir dürfen den Namen BORA in Küchen und für Dunstabzüge nutzen, und VW verwendet ihn für Autos und Lüftermotoren im Auto.

Wie haben Sie den ersten Kunden gefunden?

Die erste Anlage verkaufte ich nach Nordhorn. Ich traf den Kunden und erzählte ihm von BORA. Er war spontan begeistert und kam zu mir nach Rosenheim, wo er sofort zwei Anlagen bestellte. Aber entscheidend für den Vertrieb ist das Händlernetz. Die ersten 20 Händler kamen über mein persönliches Netzwerk. Ein tragfähiges Händlernetz aufzubauen, bedeutet viel Arbeit, mit zunehmender Händlerdichte entsteht dann ein Dominoeffekt. Kunden lassen sich beim Kauf einer Küche meist von mehreren Küchenplanern beraten. Zu Beginn unserer Tätigkeit entstand die Nachfrage auch durch gezielte Erkundigungen der Endkunden nach BORA beim Küchenhändler. Der Markt war auf unsere Innovation angesprungen. Die Küchenplaner, die bislang noch nichts von uns gehört hatten, riefen bei uns an und wollten ebenfalls gelistet werden.

In intensiven Schulungen wurden die Händler dann mit dem Produkt vertraut gemacht und konnten fortan ihren Kunden BORA bei der Küchenplanung empfehlen und verkaufen.

Den Dominoeffekt haben wir in Hamburg beispielsweise gezielt eingesetzt. Wir boten einem Hamburger Küchenplaner an, Neukunden für ihn zu gewinnen, wenn er im Gegenzug zu unserer Schulung kommt und unsere Kochfeldabzüge anbietet. Wir filterten Kunden für ihn heraus, die in Hamburg nach Dunstabzügen suchten und leiteten sie an den Küchenplaner weiter. Der Dominoeffekt setzte ein. Plötzlich bekamen wir Anrufe von Hamburger Küchenplanern, die ebenfalls gelistet werden wollten. So erschlossen wir Hamburg und bauten peu à peu die Vertriebsstruktur aus.

Warum haben Sie direkt auch einen Vertrieb in Holland aufgebaut?

Ja, das war verrückt. Auf der westfälischen Möbelmesse MOW im September 2007 in Bielefeld stellten wir zum ersten Mal BORA aus. Das Interesse war enorm. Zu einer Gruppe holländischer Küchenhändler gehörte ein junger Mann, mit dem sich ein angeregtes Gespräch entwickelte. Abends läutete mein Handy: „Ich möchte für BORA arbeiten!" schlug er vor. Ich sagte: „Sehr gerne, allerdings kann ich zur Zeit leider kein fixes Gehalt anbieten, die Substanz haben wir nicht, aber ich kann variabel bezahlen." Der holländische Handelsvertreter war einverstanden und arbeitet bis heute überaus erfolgreich bei uns. Der zweite Außendienst-Mitarbeiter kam für Baden-Württemberg, dann folgten Bayern und Österreich und so kam eines zum anderen.

Wie lange dauerte es, bis die ersten 300 Kochfeldabzüge verkauft waren?

Ungefähr ein Vierteljahr. Anfangs dauerte die Fertigung länger als der Verkauf. Ich musste die Produktion auf die enorme Nachfrage einstellen und wechselte auf eine breitere Produktionsplattform, die auch für andere namhafte Firmen fertigt. Ein vorbildliches Qualitätsmanagement mit einer geprüften Fertigungsstraße und Fotodokumentation für jedes gefertigte Stück ist sichergestellt. Produktion und Versand erfolgen durch unseren Produktionspartner und wir übernehmen Entwicklung, Marketing und Vertrieb.

Wie haben Sie das Team aufgebaut?

Anfangs übernahm ich alle Aufgaben, aber es wurde schnell recht viel. Die erste Mitarbeiterin war meine Sekretärin, die mich auch heute noch hervorragend unterstützt. Dann kam ein Mitarbeiter für den Innendienst dazu, während ich weiter Vertrieb und Marketing übernahm. Es folgten vier oder fünf Mitarbeiter im Team, das aber noch ohne formale Strukturen funktionierte. Jeder kam einfach zu mir und fragte, wenn er etwas brauchte. Schon bald war mir klar, dass es so mittelfristig nicht weitergehen kann.

Wie haben Sie die Teamstruktur verändert?

Ich wollte vier Stabstellen: Innendienst, Marketing, Vertrieb und Technik, von denen alle gestalten dürfen und sollen. Wenn der Vertriebsleiter zu mir kommt und sagt: „Willi, für die nächste Messe haben wir uns etwas Tolles ausgedacht", gebe ich ihm gerne meine Einschätzung, aber die Umsatzverantwortung trägt er. Es ist wie in der Familie, auch Kinder brauchen Leitplanken. Leitplanken müssen die Richtung vorgeben, aber auch genügend Freiraum lassen. Das Kind muss verstehen: „Wenn du diese Linie überschreitest, gibt es Sanktionen". Als Vater muss ich das überwachen, dann können sich Kind und Familie entwickeln. Genauso brauchen Mitarbeiter Freiräume und Leitplanken, dann funktioniert die Firma. Inzwischen ist das Team wichtiger als ich.

Wie finden Sie die passenden Mitarbeiter für Ihr Team?

Wir sind in der Region bekannt dafür, sehr jungen Mitarbeitern eine Chance zu geben. Günter Eizenhammer beispielsweise stammt aus einem Nachbarort und war noch keine 25 Jahre

Dominoeffekt im Vertrieb

BORA GEWINNT HÄNDLER

HÄNDLER BERÄT KUNDEN

KUNDE FRAGT BEI HÄNDLERN NACH

... NEHMEN BORA INS SORTIMENT

alt, als er zu mir kam. Heute ist er mein wichtigster Mann im Hintergrund, leitet den Innendienst und hat volle Prokura. Hier im Raum Rosenheim ist die Arbeitslosigkeit sehr niedrig, es herrscht quasi Vollbeschäftigung. Da ist es schwierig, neue, qualifizierte Mitarbeiter zu finden. Man muss jemanden finden, der mehr erreichen und sich verändern möchte. Häufig sind es Empfehlungen anderer Mitarbeiter.

BORA Professional war die erste Produktlinie. Ende 2009 kam mit BORA Classic, eine zweite, auf den Markt. Welche Überlegungen führten Sie zu dieser Entscheidung?

BORA Professional ist auf höchste Ansprüche an Funktion und Design ausgerichtet. Immer wieder hörten wir von unseren Händlern, dass wir doch auch eine günstigere Version anbieten sollten. Für mich war die Frage: Wenn ich mit BORA Classic eine zweite, günstigere Produktlinie bringe, kauft dann noch einer BORA Professional? Ich kam zu dem Schluss, dass „BORA Professional" nicht darunter leiden, sondern eher davon profitieren würde, weil wir unsere Markenbekanntheit steigern. Das war eine wichtige Entscheidung und ich holte mir Rat bei Hansgeorg Derks, dem ehemaligen Geschäftsführer von Bulthaup und unserem heutigen Berater für Marketing und Vertriebsmanagement. Er schaute sich unser Konzept an und nach einem halben Tag hat er gesagt: „Der Unterschied zwischen BORA Classic und BORA Professional ist so groß, dass man den Preisunterschied glaubhaft argumentieren kann. So wird es ein Erfolg." Und so kam es dann auch. Unser Ziel war es, innerhalb von drei Jahren den Umsatz von BORA Professional zu steigern und gleichzeitig mit Classic denselben Umsatz zu erreichen. Bereits nach einem Jahr hatten wir das Ziel erreicht und das Wachstum steigert sich von Jahr zu Jahr. Auch für die Zukunft hoffen wir, dass unsere Innovationsführerschaft im Markt weiterhin Anerkennung im In- und Ausland findet.

Haben Sie einen Mentor?

Ich hatte zwei Mentoren. Der eine war Professor Klaus Fischer, von Fischer Dübel. Ich traf ihn bei einer Veranstaltung zum deutschen Gründerpreis, den wir 2010 gewonnen haben. Er hat seinen Stab von internationalen Vertriebsmitarbeitern sowie einen Patentanwalt für Beratung zur Verfügung gestellt. Eine sehr wichtige Stütze ist zudem mein Berater Hansgeorg Derks, der mit uns unter anderem die Vertriebsstruktur aufbaut. Ich bin Schreinermeister und kann von seinen langjährigen Erfahrungen im Management profitieren. Hansgeorg Derks strukturiert Projekte, führt die Mitarbeiter ein und übergibt klare Aufgaben an das Team.

Wie erfolgte die Internationalisierung?

Zunächst waren wir im deutschsprachigen Raum und Holland aktiv. Seit 2011 treiben wir die Internationalisierung voran. Dabei gehen wir zweigleisig vor: In Deutschland, Österreich, Holland, Belgien, Polen, Tschechien, Slowakei und Australien haben wir eigene Mitarbeiter. In Australien sind wir sogar mit einer eigenen Gesellschaft vertreten. In Italien, Frankreich, Großbritannien,Norwegen, Finnland und Russland arbeiten wir mit Importeuren zusammen. Das war ein wesentlicher Entwicklungsschritt.

… Sie habe eine eigene Gesellschaft in Australien? Wie kam es dazu?

Markus Ostermeier, ein Mitarbeiter, den ich sehr schätze, hat für einige Zeit in Australien gelebt. Nachdem er bereits zwei Jahre bei mir gearbeitet hatte, kam er 2011 zu mir und sagte, dass er nach Australien auswandern und dabei BORA in Australien einführen möchte. Ich antwortete ihm, dazu bräuchte ich zuerst ein überzeugendes Konzept und eine Bewertung des Marktpotenzials. Seine Ideen haben mich dann wirklich beeindruckt und ich gab ihm mein OK. Im März 2012 ging er nach Australien. Die erste Investition war ein Multivan, damit er das Produkt bei den Händlern vorführen konnte. Schon nach einem Jahr schickte er regelmäßig Aufträge. Er

Liquiditätsfalle

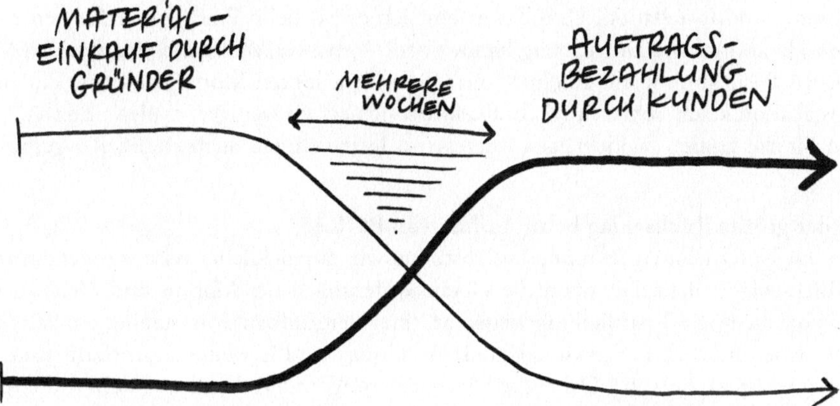

Der Gründer hat zwar Aufträge, aber kein Geld, um das notwendige Material zu kaufen. Zwischen Materialeinkauf und Auftragsbezahlung durch den Kunden können Wochen liegen. Das Geld muss der Unternehmer vorstrecken. Auch wenn die Aufträge stark anwachsen, kann der Unternehmer in Liquiditätsprobleme geraten.

macht einen Bombenjob und ich kann mich auf ihn hundertprozentig verlassen. Verlässlichkeit ist eine Tugend, die hier in der Region verbreitet ist und das schätze ich an meinen Mitarbeitern sehr.

Auf BORA Classic folgte Anfang 2013 BORA Basic. Warum?

BORA Professional ist das absolute High-End-Produkt und kommt deshalb nur für 0,5 Prozent aller verbauten Küchen infrage – die absolute Spitze der Pyramide. BORA Classic ist preisgünstiger und schon für vier Prozent der geplanten Küchen relevant. Mit BORA Basic kommen wir für elf Prozent aller Küchen in die Auswahl. Hier ist es uns gelungen, ein kompaktes System zu einem attraktiven Preis zu schaffen.

… warum?

Der Kochfeldabzug BORA Basic wird direkt in ein Kochfeld eingebaut und ist sehr einfach in der Planung und Installation. Und das macht sich direkt beim Preis positiv für den Kunden bemerkbar. Herkömmliche Dunstabzugshauben benötigen zwei Mann und vier Stunden Montagezeit. BORA Basic kommt mit einem Mann und zehn Minuten Montagezeit aus. Zudem sind bei der Installation kaum Fehler möglich. Dadurch müssen wir weniger schulen und werden deshalb auch für die großen Möbelhäuser interessant. Jetzt nehmen auch sie BORA gerne in die Hand.

Was war der größte Rückschlag beim Aufbau von BORA?

Wenn ein Unternehmen so schnell wächst, wie wir es glücklicherweise momentan tun, so bleiben Rückschläge nicht aus, denn die Herausforderungen der Märkte sind nicht zu unterschätzen. Vor allem die Erschließung neuer Märkte, der Aufbau von etablierten Vertriebskanälen geht dabei nicht ohne Schwierigkeiten vonstatten. Und je weiter sie entfernt sind, umso anspruchsvoller ist die Aufgabe. Dabei die Diversifizierung und Verbesserung der Produkte sowie den Abstand zu Nachahmern nicht aus den Augen zu verlieren, hält uns auf Trab. Wer wächst, braucht ein starkes Team. Jeder muss mit seiner Aufgabe mitwachsen, sonst schwächt er die Gesamtentwicklung.

Was haben Sie geändert?

Mittlerweile beschäftigen wir allein sechs Personen in der Produktentwicklung, um den enormen technologischen Anforderungen, die der Markt, aber vor allem auch wir selbst an unsere Produkte stellen, gerecht zu werden.

Wie schützen Sie sich vor Wettbewerbern?

Ich habe direkt nach der Erfindung ein Patent angemeldet. Wir schützen uns mit Patenten sowie Geschmacks- und Gebrauchsmustern. Aktuell haben wir neun Patente angemeldet. Und wir versuchen immer, schneller als der Wettbewerb zu sein.

Haben Sie Ihr Patent schon einmal geltend machen müssen?

Eigentlich gab es nichts Dramatisches. Einmal wurde BORA Classic kopiert. Zum Glück war es ein deutsches Unternehmen. Wir telefonierten, das Unternehmen entschuldigte sich und änderte das Produkt sofort.

Wie haben Sie den Aufbau von BORA finanziert?

Mir wurde oft empfohlen, einen externen Investor zu suchen. Ich habe das aber immer abgelehnt, denn ohne einen Investor kann ich freier agieren, die Entscheidungswege sind kürzer und ich muss keine Bilanz diskutieren. Wir konnten auch ohne Investor jährlich unsere Größe verdoppeln – bereits das sechste Jahr in Folge.

NICHT DIE GROßEN FRESSEN DIE KLEINEN, SONDERN DIE SCHNELLEN FRESSEN DIE LANGSAMEN.

Finanzierten Sie den Aufbau aus der Geschäftstätigkeit heraus?

Mit dem Werkhaus konnte ich mir ein finanzielles Polster schaffen und so BORA ein Darlehen geben. Damit konnten wir die erste Entwicklung finanzieren. Wir sind ein junges, gesundes, aber kein substanzstarkes Unternehmen. An Substanz zu gewinnen, ist in Deutschland schwierig: Vom Gewinn muss man ja die Hälfte an den Staat abführen und auch der Lagerbestand will finanziert werden. Da muss man auch aufpassen, nicht in die Liquiditätsfalle zu geraten…

… was ist die Liquiditätsfalle?

Der Gründer hat zwar Aufträge, aber kein Geld, um das notwendige Material zu kaufen. Zwischen Materialeinkauf und Auftragsbezahlung durch den Kunden können Wochen liegen. Das Geld muss der Unternehmer vorstrecken. Auch wenn die Aufträge stark anwachsen, kann der Unternehmer in Liquiditätsprobleme geraten.

Unternehmer zu sein, ist meist kein Nine-to-five-Job. Wie ist es bei Ihnen?

Ich habe immer gesagt, wenn ich das Büro verlasse, dann ist Freizeit. Das war meist zwischen 20 Uhr und 24 Uhr – fünf Tage die Woche und samstags um 16.00 Uhr. Vor zwei Jahren habe ich das geändert und arbeite nun mittwochs von zu Hause aus. Ich nehme keine Termine an, sondern ich widme mich Kreativem oder arbeite an der Vision. Am ersten Mittwoch, den ich zu Hause verbrachte, entstand BORA Basic. Aber ich nehme mir auch die Freiheit und gehe in der Mittagszeit zwei Stunden Radfahren.

Welche Fähigkeiten und Eigenschaften muss ein Gründer mitbringen?

Ein gesunder Menschenverstand ist wichtig. Und ich glaube, es ist wichtig, dass Gründer nicht in Größenwahn verfallen. Darum sollte man nicht in Marktanteilen denken. Das mag für die Großkonzerne funktionieren, junge Unternehmen laufen jedoch Gefahr, sich gnadenlos zu überschätzen. Jedes Jahr werden in Europa 8,5 Millionen Küchen verkauft. Ein Marktanteil von einem Prozent entspräche für BORA 250 Millionen Euro Umsatz. Ein Prozent hört sich so klein an, ist aber für uns nicht erreichbar. Darum sollten wir realistisch planen. Ich überlege mir: Wieviel Handelspartner passen überhaupt zu uns, schätze den Anteil der Studios für BORA realistisch ein und verzichte im Zweifel auf Umsatz, wenn der Partner nicht zu uns passt.

Ich sehe häufig Gründer mit „Me-too"-Produkten. An der einen oder anderen Stelle zeigen sie Unterschiede, aber nichts Grundlegendes. Das ist ein Versäumnis, denn nur einzigartige Produkte haben keine Konkurrenz. 99,9 Prozent aller Dunstabzüge kommen von oben. Wir brauchen beispielsweise keine großen Marketingbudgets, um einen *Unique Value Proposition* (USP) „herbei zu kommunizieren". Ein Produkt funktioniert, wenn ich dem Kunden etwas Neues zeige, und er sagt: „Ja, logisch!" Das tun wir mit unseren BORA-Produkten.

Gründer sollten sich auch auf das Essenzielle konzentrieren. BORA produziert Kochfeldabzugssysteme mit den dazugehörigen Bausteinen wie Lüfter und Kochfeld – sonst nichts. Wer sich konzentriert, wächst, wer sich verzettelt, stürzt. Nicht die Großen fressen die Kleinen, sondern die Schnellen fressen die Langsamen. Konzentration bringt Geschwindigkeit.

Wer sich selbstbewusst, mit Durchhaltevermögen und dem passenden Produkt auf eine Nische spezialisiert, wird zwingend erfolgreich sein.

Herr Bruckbauer, herzlichen Dank für das Gespräch.

Literaturtipps von Willi Bruckbauer

Altmann, Christian (2002); *Kunden kaufen nur von Siegern;* Moderne Industrie
Friedrich, Kerstin (2007); *Erfolgreich durch Spezialisierung;* Redline Verlag

Gründerteam: Tobias Wilken, Philipp Strube, Thomas Ruland (von links)

Führender Cloud Infrastructure Service Anbieter

Philipp Strube hat zusammen mit Thomas Ruland und Tobias Wilken im Jahr 2009 cloudControl gegründet. Bei ihrem ersten Startup hatten Philipp und Tobias das Problem, dass Entwicklern die richtigen Tools fehlten, um Applikationen für die Cloud zu entwickeln. So sind sie auf die Idee gekommen, mit cloudControl eine Cloud-Hosting-/Platform-as-a-Service-Lösung anzubieten.

cloudControl erlaubt es Webentwicklern, schneller Webseiten und Anwendungen zu entwickeln. Dafür stellt cloudControl den Entwicklern eine Plattform zur Verfügung, auf der die notwendige Software läuft, um ihre Webseiten oder Webanwendungen zu betreiben. cloudControl bietet den Entwicklern eine vorkonfigurierte Umgebung, in welcher sie sofort loslegen können und sich nicht mehr um Setup, Konfiguration oder Wartung der Server kümmern müssen.

In welcher Situation hast du dich vor der Gründung befunden und wie ist die Idee zu cloud-Control entstanden?

Ich habe Jura studiert. Irgendwann habe ich zusammen mit Tobias ein kleines Web-2.0-Projekt begonnen, der Name war „MyPeak". Dabei handelte es sich um eine Seite, auf der man Wettbewerbe mit Fotos oder Videos veranstalten konnte. Es ging darum, wer beispielsweise das schönste Bild oder Video von einem Sonnenuntergang gemacht hat. Man konnte sehr einfach zwei YouTube-Videos verlinken und die Leute konnten abstimmen, welches von beiden besser war. Wir sind an diese Idee wie typische „Techies" herangegangen, haben ein Feature nach dem anderen gebaut. Noch ein Feature, noch eines und jedes Mal dachten wir, dass es das nun ist. Wir hatten extrem viel Zeit in die Infrastruktur investiert. Irgendwann haben wir dann realisiert, dass es sich nicht lohnt. Wir wussten: Wenn wir weitermachen wollen, sollten wir zumindest versuchen, die Zeit zu sparen, die wir in die Infrastruktur stecken. Wir haben dann angefangen, uns umzusehen, was wir alternativ zum Selbstbetrieb der Server machen könnten. Es gab damals die Google App Engine für Python. Unsere Software war aber in Java, deshalb ging das nicht. Wir haben uns einige weitere Anbieter angeschaut, aber sie waren nicht wirklich gut. Dann haben wir darüber nachgedacht, so etwas wie Google App Engine zu bauen. Und damit hat es angefangen. Wir wussten damals noch nicht, dass das Platform-as-a-Service (PaaS) heißen wird und auch nicht, wie sich alles entwickeln würde. Uns war damals auch nicht bekannt, dass das neben Google auch schon andere machen. Wir sind relativ blauäugig an die Sache herangegangen. Tobias wohnte im Zimmer nebenan. Er war schnell dabei, als ich ihm sagte, dass wir anders an die Sache herangehen müssten. Der Name cloudControl stand relativ früh fest, den hatte ich mir überlegt.

Wolltest du schon immer eine eigene Firma gründen? Du hättest mit deinem Studium ja sicher auch andere Möglichkeiten gehabt.

Ich habe mein Studium nicht fertig gemacht. Tobias seines übrigens auch nicht. Er ist sogar noch eingeschrieben und muss nur noch seine Diplomarbeit in Informatik schreiben. Die Scheine bis zum ersten Staatsexamen in Jura habe ich alle gemacht. Im Repetitorium habe ich dann aber beschlossen, die Firma genau zu diesem Zeitpunkt zu gründen, da ich dachte, dass es sonst zu spät sei. Meiner Meinung nach war es die richtige Entscheidung. Ich glaube, ich könnte das Jurastudium nicht wieder aufnehmen.

Hat dich die Idee so fasziniert und war dein Glaube daran so stark, dass du irgendwann zu dem Punkt gekommen bist, dass du es einfach machen musstest?

Als ich angefangen habe, an der cloudControl-Idee zu arbeiten und mich entschied, das Studium dafür abzubrechen, war meine Motivation enorm hoch. Es hat mich angespornt, den ganzen Tag an der Idee sehr hart zu arbeiten. Diese Motivation hatte ich im Studium einfach nicht. Ich kannte das Wort „Unternehmer", aber es war bis dato nicht zwingend, dass es das ist, was ich den Rest meines Lebens machen möchte. Aber an irgendeinem Punkt habe ich realisiert, wie viele Leute ein Internetunternehmen gründen. Und dann habe ich mir gesagt: Das kann ich auch! Es gab eine zweite Erkenntnis: Zu meinem Jurastudium gehörte ein festes Praktikum. Über meinen Vater bekam ich ein Jurapraktikum im Arbeitsrecht vermittelt, drei Monate dauerte es. Das Praktikum war in Ordnung, aber ich hatte dennoch ein Aha-Erlebnis. An meinem letzten Tag war der Partner, der mich betreut hatte, nicht da. Bei meiner Verabschiedung sagte einer der anderen Anwälte, dass ich mich wieder melden könne, wenn meine Noten gut seien. Wenn nicht, solle ich es lieber lassen. Er meinte das nicht böse, es ist eben das Prinzip, nach dem die großen Kanzleien funktionieren. Ohne gute Noten geht nichts. Es wurde nur mit Prädikat eingestellt. Ende der Diskussion. Mir wurde in diesem Moment klar, dass ich mich nicht bis ans Ende meines Lebens so einem System unterordnen möchte. Es mag sein, dass mir dieses Verhalten nicht besonders liegt. Im Scherz habe ich dann immer gesagt, dass man nur im eigenen Unternehmen sein eigener Chef sein kann. Demnach könne man sich auch aussuchen, was für einen Titel man haben will. Ganz so ist es im Endeffekt natürlich nicht. Sobald Investoren mit an Bord sind, hat man immer wieder jemanden über sich und muss sich einigen. Aber ich hatte damals einfach das Gefühl, dass das Unternehmertum etwas für mich ist und ich auf diesem Weg schöne Ideen ausprobieren kann.

Wie hast du dich mit Deinem Partner Tobias am Anfang organisatorisch aufgestellt?

Tobias und ich waren der Meinung, dass es nicht gut ist, wenn wir, zwei eher technisch versierte Typen, alleine gründen. Also haben wir noch Thomas – jemanden mit einem Business-Hintergrund – ins Team geholt. Drei Leute sind meiner Meinung nach das perfekte Gründerteam. Wenn man sich mal in den Haaren liegt, ist immer jemand da, der vermitteln kann. Bei zwei Gründern prallen auch zwei Meinungen aufeinander und dann ist es immer schwierig, eine Lösung zu finden. Außerdem fanden wir einen Kollegen mit Business-Hintergrund wichtig, damit wir uns voll auf das Produkt konzentrieren konnten. Bei einem Startup fallen extrem viele administrative Aufgaben an. Und es hilft einfach nicht, wenn die Leute, die das Produkt bauen oder den Prototyp entwickeln, Zeit dafür verschwenden. Das soll den Business-Leuten gegenüber nicht abwertend klingen. Aber es ist einfach extrem wichtig, dass sich jeder auf seine Stärken konzentriert. Und es ist definitiv ein Punkt, bei dem auch ein nichttechnischer Mitgründer relativ früh viel Mehrwert stiften kann. Ich habe bei uns im Team den Chief-Executive-Officer(CEO)-Titel, d. h. ich bin derjenige, der das Produkt vorantreibt. Am Anfang habe ich auch mit programmiert, aber das mache ich mittlerweile nicht mehr. Außerdem bin ich derjenige, der am euphorischsten und sehr begeisternd mit potenziellen Kunden oder Partnern spricht. Investoren überzeugen war auch immer meine Aufgabe. Thomas macht dafür alles, was mit Zahlen und Prozessen zu tun hat. Tobias fokussiert sich mittlerweile primär darauf, wie Dinge umgesetzt werden können und sorgt dafür, dass die Architektur und auch die Teams stimmen. Wir haben ja mittlerweile zwei Teams à vier Personen, die entwickeln.

Die Teams bekommen eine Story vorgestellt, an der sie arbeiten sollen und Tobi schaut, ob es so umgesetzt wird, wie er es sich vorstellt. Damit kommt das gesamte Produkt sozusagen aus einer Hand. Mein Job ist es, Grundideen einzubringen. Ich stoße an, in welche Richtung wir uns bewegen, weise auf Features hin, die spannend sein könnten. Es sind Produkt-Features oder es geht um Usability. Dinge, bei denen ich denke, dass sie uns Vorteile am Markt verschaffen könnten. Features, die Verbesserungen oder Optimierungen sind, kommen häufig von Tobias. Er hat den Einblick ins System und sieht im alltäglichen Betrieb, wenn Schwachstellen auftreten und Dinge nicht so laufen wie sie sollten. Wir hatten am Anfang Problem damit unsere Storys zeitnah fertigzustellen. Es hat eigentlich nie geklappt wie es sollte. Seit einem Jahr haben wir deshalb Peter Elsayeh im Team. Er sorgt als Head of Development dafür, dass die Teams immer genau wissen, an was sie arbeiten müssen, und dass sie nicht abdriften und an anderen Dingen arbeiten. Die Arbeit ist nun sehr zielgerichtet und es klappt sehr gut.

Wie genau funktioniert dieses zielgerichtete Vorgehen? Wie schafft ihr es, den Fokus zu implementieren?

Wir nutzen Kanban, ein Vorgehensmodell zur Softwareentwicklung. Außerdem haben wir auch die Scrum-Methode getestet, aber Scrum hat für uns nicht funktioniert. Wir wollten uns nicht mit den starren Regeln abfinden, die Scrum hat. Bei Kanban kann man wesentlich leichter Anpassungen vornehmen. Außerdem tut sich Scrum schwer mit Unterbrechungen. Kanban gewährleistet, dass wir nicht nur ein Stück Software entwickeln können, sondern sie auch 24/7 betreiben. Dabei gibt es regelmäßig Unterbrechungen. Am Anfang geht immer mal wieder etwas kaputt und dann muss man reagieren können. Das war bei Scrum immer schwierig. Peter schaut sich genau an, was funktioniert und was nicht. Er spricht mit den Leuten und versucht, den Prozess weiterzuentwickeln. Viele Sachen machen wir ähnlich wie andere Leute, andere Sachen machen wir unter Umständen gar nicht. Und ich denke, wir machen einige Dinge, die in anderen Teams nicht funktionieren – aber bei uns.

Kannst du die Grundzüge von Kanban kurz umreißen?

Wir haben zwei Teams und einen Backlog, in dem die sogenannten Stories enthalten sind. Die Stories werden von einem Team übernommen, welches sie dann in einzelne Tasks herunterbricht. Danach kommt das Team wieder zu uns und erklärt, was es verstanden hat. Pro Story versuchen wir, die Komplexität zu schätzen und entscheiden danach, was wir machen und was nicht. Wir wollen keine Zeit verschwenden. Unser Richtwert ist, dass eine Story eine Teamwoche sein sollte.

Sobald das Team an einer Story arbeitet, gibt es jeden Morgen ein Standup mit allen Teams. Jeder sagt, woran er am Vortag gearbeitet hat und was heute bei ihm ansteht. Wenn es Schwierigkeiten gibt, werden diese auch benannt. Wir machen nicht gerne große Planungen, erwarten nicht, dass Dinge an fixen Daten fertig sind. Manchmal sagen die Leute in den Teams zwar, dass es gut wäre, eine Deadline zu haben. Gelegentlich setzten wir sie auch, aber grundsätzlich arbeiten wir ohne Deadlines. Wenn allerdings ein Kunde ein Anliegen hat, beispielsweise weil irgendetwas kaputt gegangen ist, sagen wir ihm meistens auch, dass es bis zu einem gewissen Zeitpunkt fertig ist. Diese Deadline wird auch intern kommuniziert. Dann wissen unsere Leute, dass sie in den Tagen vorher vielleicht noch einige Stunden dranhängen müssen.

Kanban zur Softwareentwicklung

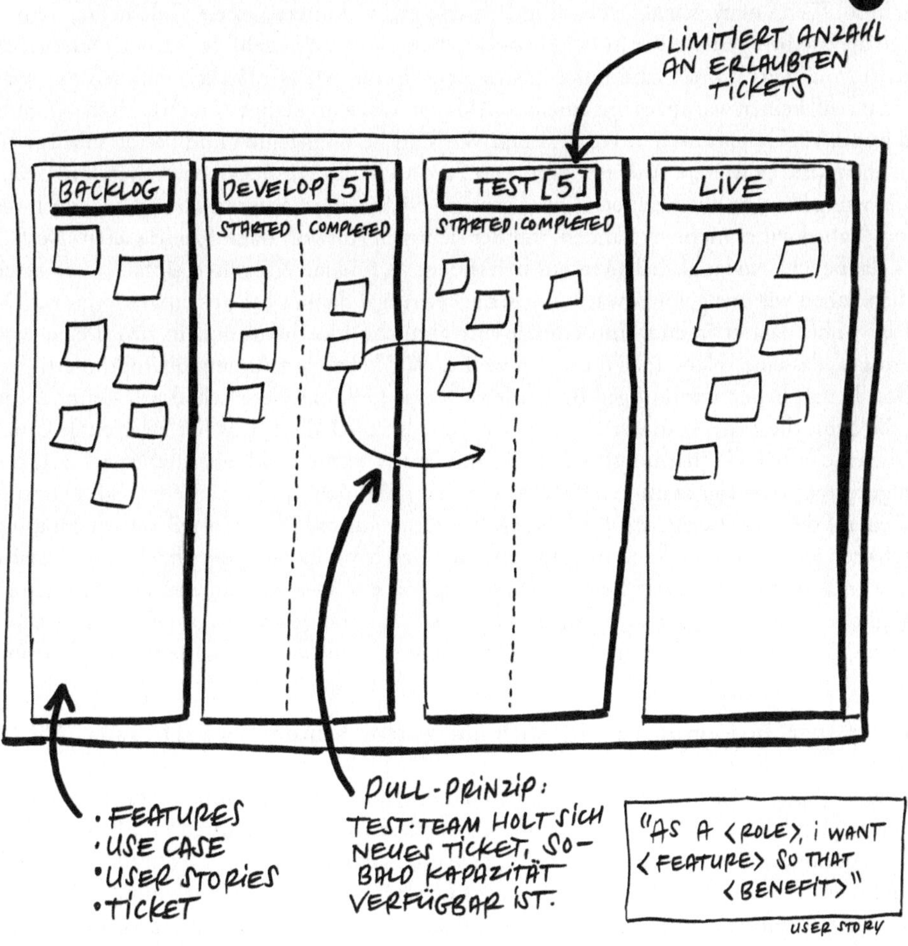

Wenden wir den Blick nach außen: Ihr wart auf externes Kapital angewiesen. Wie seid ihr an euren ersten Business Angel gekommen?

Unser erster Angel war Thomas' ehemaliger Chef von der UBS. Die UBS war kurz vor der Finanzkrise an irgendeinem großen Börsengang dran, der abgesagt wurde. Darüber kam es wohl zu einigen Entlassungen. Bei einem Wiedersehen zum Abendessen gab es die typischen Gespräche, wer gerade was macht. Thomas hat erzählt, dass er mit zwei ehemaligen Schulkollegen ein Tech-Startup gegründet hat. Daraufhin sagte sein Ex-Chef: „Klingt spannend. Ich möchte investieren." Und so kamen wir zu unserem ersten Angel. Das Ganze hat allerdings seine Zeit gedauert. Das erste Investment haben wir 2010 bekommen, vorher haben wir vergeblich versucht, Investoren zu überzeugen. Bei Erfolgsgeschichten hört es sich im Nachhinein immer so an, als ob alles wie am Schnürchen geklappt hätte. Meistens ist das aber nicht so. Wenn man es mal geschafft hat, ist das eine viel interessantere Geschichte, darüber schreiben die Medien gerne. Aber in Wirklichkeit gibt es vorher eine sehr, sehr lange Durststrecke und es wird meistens immer schlimmer, bis zu dem Punkt, wo es plötzlich wirklich gut wird. Manchmal weiß keiner, warum es mit einem Mal klappt. Ganz oft klappt es auch einfach gar nicht. Und so war das auch bei unserem Fundraising. Wir sind herumgelaufen und hatten mittlerweile auch gesehen, dass es weitere Anbieter gibt. Das Feedback, das wir bekamen, lautete oft: „Naja, billiges Hosting braucht doch keiner. Gibt es genug." Nicht zuletzt aufgrund unserer mangelnden Erfahrung haben wir es nicht verstanden, mit der richtigen Antwort darauf zu reagieren. Deshalb hat es – glaube ich – so lange gedauert, ein Investment zu finden. Wir waren einfach unerfahren.

Natürlich haben wir uns gefragt, warum unser erster Angel damals bei uns eingestiegen ist. Der Grund ist wohl, dass er irgendwann einmal eine ähnliche Idee hatte und in uns dreien wohl ein Team sah, das eine solche Idee umsetzen wollte. Wir haben am Anfang überoptimiert. Statt einer Gesellschaft haben wir fünf gegründet. Jeweils eine Holding-Gesellschaft pro Gründer und Angel, die dann die Anteile an der eigentlichen Gesellschaft halten. Das hat zwar dank Unternehmergesellschaft (UG) (haftungsbeschränkt) nur relativ wenig Geld, aber dafür viel Zeit und Nerven gekostet. Man sagt ja immer, dass man bei Technik nicht überoptimieren soll. Dies trifft wohl auch auf die Gesellschaftsstruktur zu, ob der vermeintliche Steuervorteil solcher Holding-Gesellschaften jemals eintritt, kann man nicht wissen. Ich kann nicht sagen, ob ich es nochmal so machen würde. Auch unser erster Beteiligungsvertrag war ein Riesendokument, 1 000 Regeln für alles Mögliche standen darin. Dann kamen die Investoren, und wir haben ohnehin einen neuen bekommen. Dass das so läuft, wusste ich damals nicht. Gerade am Anfang lernt man kontinuierlich dazu.

Neben dem Angel Investment habt ihr euch um weiteres Venture Capital bemüht. Wie lief das ab?

Wir haben zunächst alle Connections, die wir hatten, „angezapft", und uns überall Intros geben lassen, nach Möglichkeit zwei. Und dann bin ich durch die Gegend gefahren und habe gepitcht – auch in London, aber da haben wir es nicht geschafft. Meistens kam das Feedback, dass wir ein zu unerfahrenes Team seien und die Investoren aus London aufgrund der Entfernung nicht genug Mehrwert bieten könnten. Viele hatten auch Bedenken, weil ihrer Ansicht nach das Cloud-Thema von den USA dominiert werden würde, und sie sich scheinbar nicht so recht herangetraut haben. Im Endeffekt haben die Investoren wohl mit ihrer Erfahrung unsere Unerfahrenheit „gerochen" und im Zusammenhang mit dem technisch anspruchsvollen Thema lieber Abstand gehalten. Wir konnten schon ganz zu Beginn Philipp Möhring von Seedcamp für uns gewinnen. Er ist einer meiner Freunde aus der Zeit in Köln und hat zum damaligen Zeitpunkt für DuMont Ventures gearbeitet. Er hat ganz zu Anfang Anteile bekommen und war als unser Berater mit dabei. Ihn zu überzeugen, war nicht schwer. Als ich ihm erzählte, was wir vorhaben, sagte er, dass es eine großartige Idee sei, die wir umsetzen sollten. Über einen Freund von ihm, der in Berlin bei einem Venture Capitalist (CV) arbeitet, die viel Cleantech- und Medtech-Sachen machen, wurde ich auch dort zum Pitchen eingeladen. Sie sagten danach, dass die Idee zwar gut klinge, aber für sie zu softwarelastig sei. Aber sie empfohlen uns die Investitionsbank Berlin, mit der sie schon viele Investments gemacht hätten, und die fänden unsere Idee sicher gut. Die Investitionsbank Berlin hat zwei Arme: IBB Kreativ und Technologie. In den beiden Fonds ist hauptsächlich EU-Geld zum Investieren. Für den Technologie-Arm trifft in erster Linie Clemens Kabel die Investmententscheidung – und Clemens Kabel ist Informatiker. Es war also das erste Mal, dass jemand bei einem Pitch so richtig verstanden hat, was wir von ihm wollen mit unserem extrem technischen Produkt. Das war natürlich gut für uns, und noch dazu fand er unsere Idee sehr spannend. Er hat dann auch relativ früh gesagt, dass sie sich vorstellen könnten, das Investment zu machen. Allerdings kann die IBB nur mit einem privatwirtschaftlichen Partner investieren und noch dazu gab es gesonderte Regeln bei staatlichem Geld. Die IBB hat einen weiteren VC Creathor Ventures vorgeschlagen, im Speziellen Christian Stein, der jetzt auch unser Investment Manager ist. Er hatte uns zuvor schon mal bei einem Seedcamp-Event in Berlin pitchen sehen. Damals, im Gespräch, sagte er noch schnell: „Nein, viel zu früh, sucht euch erst einmal einen Angel. Nach dem IBB Intro circa zwei Jahre später rief er mich erneut an und beglückwünschte uns, dass wir schon so weit gekommen wären. Ja, und danach ging alles ziemlich schnell mit dem Investment. Man muss wissen: Bei einem Investor heißt das erste Nein nicht unbedingt dauerhaft nein. Und: Meistens pitcht man bei den VC-Gesellschaften einen der Partner, der das Investment dann im Kreis der anderen Partner vorstellt. Dann funktioniert es ein bisschen so wie in einer Kanzlei. Der Partner muss die Sache vor den anderen Partnern durchsetzen. Und unter Umständen schafft er das vielleicht nicht, obwohl er selbst den Deal hätte machen wollen. Aber weil das eben Gremienentscheidungen sind, ist das so. Mal klappt es, mal klappt es nicht. Und bei uns hatte es diesmal eben geklappt. Die Zusammenarbeit ist bis heute sehr gut.

Wie genau funktioniert die Zusammenarbeit zwischen euch und den VCs? Gibt es konkrete Zielvorgaben? Und: Welche Rolle spielt Umsatz?

Es gibt feste Zielvorgaben – und Tranchen, die am Anfang der Ziele nach ausgezahlt werden. Als *Key Performance Indicator* (KPI) hatten wir fast immer Umsatz mit drin. Im Nachhinein, würde ich das aus Gründersicht aber versuchen zu vermeiden – vor allem so früh. Das ist eine große Debatte. Es gibt viele dieser vermeintlich „gehypten" Berliner Startups, die für viel Visibilität sorgen, auch für die gesamte Berliner Szene. Ein Beispiel ist die Empfehlungsplattform Amen, die in der Berliner Szene vor dem Start sehr gehypt wurde. Den hohen Erwartungen konnte sie aber nicht gerecht werden und wurde mittlerweile von tape.tv übernommen. Daraufhin wurden die Gründer eher belächelt, da ist viel Spott und Häme dabei. Leider ist ein solches Verhalten in Deutschland üblich – was ich persönlich nicht gut finde. Die Lehre, die nun aus solchen Geschichten oft vermeintlich gezogen wird, ist, früh Umsätze zu machen, doch ich denke, so pauschal kann man das nicht sagen. Es kommt darauf an, was man bauen will. Gerade bei Startups, die wie wir an Entwickler verkaufen, ist die Herausforderung, das Produkt überhaupt erst einmal zu entwickeln und zu bauen. Und ich bin nicht der Meinung, dass man ein solches Produkt bauen kann, wenn man von Anfang an Umsätze erzielen muss. Das ist einfach unmöglich. Ich würde deshalb auch sagen, dass wir zu früh Umsätze gemacht haben. Wir konnten relativ früh einen großen Kunden gewinnen. Das ist natürlich auf der einen Seite gut. Allerdings haben wir dann zum einen verschiedene Dinge, die unsere Technik noch nicht leisten konnte, manuell für ihn gemacht. Aus dieser Mühle wieder herauszukommen, ist extrem schwierig. Noch dazu hat der Einfluss dieses großen Kunden dazu geführt, dass verschiedene Wege, die wir mit der Technologie hätten gehen können, nur in eine bestimmte Richtung gegangen

Erfolgs- geschichten

Bei Erfolgsgeschichten hört es sich im Nachhinein immer so an, als ob alles wie am Schnürchen geklappt hat. Meistens ist das aber nicht so.

wurden. Es war die Richtung, die primär für diesen Kunden gut war, aber nicht zwangsläufig auch für zukünftige Kunden. Aber genau das wäre natürlich auch mehr in unserem Interesse gewesen. Wenn man das nun erzählt, klingt es natürlich irgendwie seltsam, immerhin hatten wir ja einen Großkunden mit viel Geld. Aber: Man muss auch einmal nein sagen. Dieser kluge Ratschlag stimmt tatsächlich. Im Nachhinein denke ich wirklich, es wäre für uns besser gewesen, bei den ersten VC-Runden keine Umsätze, anstatt geringe Umsätze gehabt zu haben. Oft erreicht man nicht das Wachstum, was man hätte erreichen müssen. Und dann verfehlt man auch mal seinen Meilenstein. Ich frage mich übrigens immer, ob es überhaupt jemanden gibt, der seine Meilensteine immer erreicht. Sicher ist: Bei dem Thema ist nichts in Stein gemeißelt. Man muss sich offen darüber unterhalten und meistens, das ist etwas, was man den Investoren anrechnen muss, pochen sie nicht auf die Ziele, so nach dem Motto: „Ihr habt das Ziel nicht erreicht, also gibt es kein Geld." Man unterhält sich vernünftig und versucht, zu verstehen, warum es nicht geklappt hat. Danach versucht man für die Zukunft gemeinsam daraus zu lernen. Man sitzt am Ende ja im gleichen Boot. Für Startups empfehle ich, zu versuchen, keine Ziele aufgezwungen zu bekommen, die einen zu sehr in eine bestimmte Richtung zwängen. Man weiß nie, was zwischen jetzt und dem Ziel passieren kann. Unter Umständen zeigt sich, dass man die völlig falsche Richtung eingeschlagen hat. Aber man ist dann gezwungen, trotzdem in diese Richtung zu laufen, um das Ziel zu erreichen. Umso jünger ein Startup ist, desto mehr Unbekannte. Deshalb sollte man sich vor solchen Zielen vor allem am Anfang schützen. Auch hier gilt: Wenn man ein gutes Verhältnis zu seinen Investoren hat, kann man sich im Optimalfall noch einmal darüber unterhalten, ob das Ziel nicht doch das falsche war. Ziele können übrigens auch kleinere Dinge sein. Der erste Meilenstein mit unserem Business Angel war, dass wir ein Büro gefunden haben.

Was ist eure Strategie, Kunden zu gewinnen?

Gerade am Anfang ist es für ein Startup, das an Entwickler verkauft, ganz wichtig, darauf zu achten, wie genau die Anwender das Produkt nutzen und welche Eigenschaften zu wirklich aktiven Nutzern führen. Das Platform-as-a-Service-Thema ist für viele Entwickler völlig neu, es wird viel ausprobiert. Unsere Strategie ist: Wir machen das Produkt so einfach wie möglich. Derjenige, der es ausprobiert, hat dadurch schnell ein Erfolgserlebnis und sieht, wie gut unser Angebot ist. Wenn er dann irgendwann ein Projekt hat, bei dem er mehr Leistung als kostenlos inklusive und/oder Support benötigt, fängt er an, für unseren Service zu zahlen.

Wie habt ihr sichergestellt, dass die unterschiedlichen Anforderungen der Entwickler abgebildet werden? Habt ihr euer Produkt direkt in Zusammenarbeit mit den Entwicklern weiterentwickelt?

Wir wollten unbedingt ein offenes System bauen, das die Leute nicht zwingt, ihre Arbeitsweise an unsere Plattform anzupassen. Wir sind live gegangen und haben gewartet, ob die Leute genauso damit zurechtkommen, wie wir uns das vorgestellt hatten. Wir wollten einfach schauen, was passiert. Wenn man früher Software kaufen wollte, hatte man verschiedene Hemmschwellen. Ganz zu Anfang gab es nie Software, die man bekommen hat, um sie auszuprobieren. Dann hat die Freeware-Idee den Markt massiv verändert. Zuletzt gab es ein Hardwareproblem, denn es war schwierig, gerade in großen Unternehmen einfach mal Hardware zu bekommen, um etwas auszuprobieren. Die Cloud hat das geändert. Man kann also sagen, dass sich die Art, wie Software gekauft wird, über die Jahre, massiv verändert hat. Die Dinge wandelten sich immer mehr vom Prinzip „Es rennt jemand mit Schlips und Anzug herum und macht den typischen Wine and Dine", hin zu einer Philosophie „Der Entwickler probiert erst einmal etwas aus und dann verkauft man es von innen heraus." Wir glauben: Wenn man an Entwickler verkauft, macht es Sinn, zunächst einmal mit ihnen zu arbeiten. So kann das Produkt durch die Nutzer lernen und kontinuierlich verbessert werden.

Erst danach kann man versuchen, Sales zu skalieren, sich ein Sales-Team an Bord zu holen und das ausgereifte Produkt an Kunden zu bringen. Ich muss ehrlich sagen: Wir sind noch nicht an dieser Stelle. Es ist auch noch kein anderer Service-Plattform-Anbieter an dieser Stelle. Die Herausforderung scheint zu sein, dass es mit Public-Platform-as-a-Service relativ schwierig ist, große Umsätze zu machen. Dem gegenüber steht aber die Tatsache, dass Public-Platform-as-a-Service ein wichtiger Teil des Cloud-Computing-Kontextes ist. Es gibt Analysten, die urteilen, wie extrem wichtig solche Angebote sind. Der kleine Umsatz würde den wahren Wert von Platform-as-a-Service in keiner Weise widerspiegeln. Aber genau da liegt unsere Herausforderung: Wir müssen langfristig Umsätze machen und können nicht ewig vom Geld der Investoren leben.

Wie wollt ihr euch im Markt positionieren, insbesondere mit Hinblick auf große Cloud-Service-Anbieter, die eigene Rechenzentren betreiben?

Wir haben analysiert, wo unsere Stärken und Schwächen sind und wissen, dass unsere Technologie am Markt sehr gut mithalten kann. Es gibt einige Punkte, die besser sind als bei unseren Konkurrenten, bei anderen Aspekten haben wir dagegen Nachbesserungsbedarf. Auch wissen wir, dass wir eines der Unternehmen weltweit sind, das in diesem Markt mit als Erstes mitgemischt hat. Wir haben also bereits sehr viel Erfahrung gesammelt. Allerdings sind wir nicht in der Lage, selbst ein globales Netzwerk an Rechenzentren aufzubauen. Dafür sind wir einfach zu klein. Deshalb verfolgen wir nun unseren White-Label-Ansatz. Wir wollen versuchen, unsere Technologie und operative Erfahrung anderen Service Providern anzubieten, diese dann zu betreiben und den Partner Vertrieb und Marketing unter ihrer eigenen wesentlich stärkeren Marke zu überlassen.

War die White-Label-Lösung und der Blick auf Corporate-Kunden bereits Teil eures ursprünglichen Businessplans?

In unserem ersten Businessplan, der ansonsten übrigens völlig unbrauchbar war, stand der Begriff White Label bereits drin. Aber das ist auch kein großes Kunststück, denn es ist immer so. Wenn ich eine Technologie baue, kann ich sie entweder unter der Eigenmarke anbieten oder sie einem anderen geben. Aber unsere Überzeugung war und bleibt: Public First. Das direkte Feedback von den Nutzern ist für uns immens wertvoll. Wenn man sich unser jetziges Produkt im Detail anschaut, sieht man, dass es ein sehr hohes Niveau hat. Darauf bin ich sehr stolz. Es kann ohne Probleme mit den großen Platform-as-a-Service-Anbietern mithalten. Und ich glaube, das ist eben genau darauf zurückzuführen, dass wir immer gesehen haben, was die Leute wollen und gerade machen, und im Blick hatten, in welche Richtung sich unser Angebot entwickeln muss. Viele große Enterprise-Kunden haben Platform-as-a-Service bis heute nicht verstanden. Nur relativ wenige große Unternehmen wie Google, Yahoo oder Facebook haben selbst das Know-how, wie man Anwendungen in „Web-scale"-Größe betreibt. Platform-as-a-Service versucht, die Erfahrungen aus dem Betrieb großer Internetplattformen in einen einfachen Werkzeugkasten für Entwickler zu packen, den diese dann im Rahmen ihres agilen Entwicklungsprozesses nutzen können. Aber gerade solche agilen Entwicklungsprozesse umzusetzen, ist immer noch ein politisches Problem in vielen Unternehmen. PaaS ja oder nein ist da erst die nächste Frage. Viele sind einfach noch nicht so weit.

Welchen Mehrwert könnt ihr Unternehmen bieten und wie unterscheidet ihr euch vom Wettbewerb?

Wir bieten viel Best Practice und eine gute Vorauswahl der Tools. Hierbei hilft uns erneut das direkte Feedback der Nutzer. Außerdem funktioniert unsere Strategie, dass Cloud unserer Ansicht nach nur als Public Cloud Sinn macht. Denn die meisten Vorteile, die man durch Cloud hat, insbesondere Ressourcen nur dann zu bezahlen, wenn man sie braucht, hat man in einer Private Cloud nicht. Man müsste erst einmal alle Server kaufen und die stehen dann da und kosten

Geld, selbst wenn ich sie nicht benutze. Noch dazu muss eine Menge Hardware gekauft werden. Momentan ist es so: Wenn wir mit Service-Providern über das White Label sprechen, kommt uns zugute, dass unsere Konkurrenten alle auf Private Cloud ausgerichtet sind. Man muss sich als Public-Cloud-Anbieter aber davor schützen, dass eine Anwendung die andere Anwendung durch einen Fehler oder einen Angriff negativ beeinflussen kann. Bei uns sind die Dinge anders: Bei jedem Kunden, der sich registriert, müssen wir zunächst einmal davon ausgehen, dass er ein potenzieller Angreifer ist. Deswegen haben wir viel Zeit in die Sicherheit investiert. Wir haben viele Funktionalitäten, die auf den Public Cloud Use Case ausgerichtet sind. Das ist enorm wichtig, wenn man ein Public-Platform-as-a-Service-Angebot betreibt, wir profitieren davon. Denn wenn ich mit den Service-Providern spreche, wissen sie, dass bei cloudControl alle wichtigen Dinge schon enthalten sind und die Technologie frei Haus kommt. Die Alternative für sie ist, viel selbst zu machen. Das ist dann zwar vielleicht Open Source, aber es ist nicht kostenlos, weil noch eine Menge Arbeit hineingesteckt werden muss. Ich glaube, bei uns funktioniert alles so gut, weil wir viele Jahre Erfahrung im Umfeld von Public-Platform-as-a-Service-Angeboten mitbringen. Unser Angebot ist sehr fokussiert und wir treiben es zielgerichtet und in Abstimmung mit den Anforderungen, die wir bei Kunden sehen, voran. Der Blick in die Zukunft sieht meiner Meinung nach auch gut für uns aus. Ich habe während meines USA-Aufenthalts mit allen möglichen Leuten gesprochen, um Feedback zu bekommen. Die Reaktionen waren sehr positiv. Wir haben auch ein sehr gutes Analysten-Feedback bekommen. Das Interesse vor Ort war sehr groß.

Mit eurem Wachstum brauchtet ihr weitere Mitarbeiter. Wie rekrutiert ihr?

Leute einzustellen, ist für mich nach wie vor eine der schwierigsten Aufgaben. Anfangs wusste ich natürlich gar nicht, wie man das macht. Welche Fragen muss ich stellen? Welche Aspekte sind wichtig? Durch die ersten Gespräche musste ich mich wirklich „durchhangeln". Aber zum Glück waren die Ergebnisse meistens ganz gut. Der erste Mitarbeiter, den wir eingestellt haben, war Matthias. Er war PHP-Entwickler und hatte früher bei StudiVZ gearbeitet. Es lief über den klassischen Weg und ging ziemlich fix: Wir hatten eine Jobanzeige gepostet, Matthias hat sich beworben, kam aus Potsdam vorbei, war uns sympathisch und wurde eingestellt. Mittlerweile haben wir unsere Recruiting-Strategie aber geändert. Für Entwickler haben wir Programmiertests. Wer sich bei uns bewirbt, bekommt als allererstes mehrere Aufgaben zugeschickt, die gelöst werden müssen. Meistens gibt es drei Fragen, für jede hat man 30 Minuten Zeit und am Ende gibt es eine Punkteanzahl. Es ist eine gute Sache, denn es ist extrem schwierig, Techniker anhand ihres Lebenslaufes zu bewerten. Da steht immer drin, man könne alles. Beeindruckende Zertifizierungen allein reichen uns aber nicht. Deshalb testen wir das Können lieber direkt. Bis heute wird bei uns jeder, der neu eingestellt wird, einem solchen Praxistest unterzogen. Die Bewerbungsprozesse für Entwickler machte unser Head of Development. Er baut auch die Teams auf. Aus seiner vorherigen Laufbahn hat er ein sehr ausgeklügeltes System mitgebracht und hat eine große Kompetenz beim Thema Recruiting. Genau deshalb haben wir ihn auch eingestellt.

Neben dem Recruiting: Welche weiteren Herausforderungen gibt es beim Teamaufbau?

Wir sind mittlerweile auf mehr als 20 Mitarbeiter gewachsen. Vor allem bei der Kommunikation wird es da irgendwann schwierig. Wenn man zu zweit oder zu dritt ist und an etwas arbeitet, weiß immer jeder, wo der andere gerade dran ist oder nicht dran ist. Man muss keine großen Methoden und Vorgehensweisen anwenden. Aber als wir dann mehr Mitarbeiter wurden, brach Chaos aus. Nichts ging mehr voran. Wir haben uns via Internet schlau gemacht und sind auf die Methoden Scrum und Kanban gestoßen.

Ich konnte mir am Anfang nicht vorstellen, wofür man in einem Unternehmen überhaupt so viele Leute braucht. Mittlerweile weiß ich, dass es extrem schwierig ist, Leute zu finden, die an mehreren Sachen gleichzeitig arbeiten können. Das soll nicht abwertend klingen, die Erkenntnis ist vielmehr, dass die Resultate besser sind, wenn ein Mitarbeiter eine ganz bestimmte Zuständigkeit hat. Dann kann er sich darauf konzentrieren und seine Sache richtig gut machen. Und deswegen braucht es so viele Leute. Aber das muss natürlich koordiniert werden. Bei uns gibt es bereits jetzt relativ viel zu besprechen – zu viel, meiner Meinung nach. Wie gehen wir weiter vor? Wer macht wann was? Was ist das nächste Ziel? Dabei sind wir noch nicht einmal richtig groß und das Thema Kommunikation und Koordination wird immer schwieriger, je mehr Leute dabei sind. Selbst Kleinigkeiten wie Titel spielen eine Rolle. Wenn ein Unternehmen größer wird, wollen die Mitarbeiter ihre Leistung innerhalb des Unternehmens bewertet sehen. Es muss Ziele geben, die erreicht werden können, und Wege geben, um die Karriereleiter hochzuklettern. Auch Feedback ist ein großes Thema. Bei wem hole ich mir das ein? Hierarchien sind meiner Ansicht nach leider noch sehr wichtig. Wenn man lauter Head of xy hat, regiert das Chaos.

Wie motiviert ihr eure Mitarbeiter, welche Incentives bietet ihr?

Das ist ein ganz schwieriges Thema. Eigentlich ist unser Weg die Beteiligung am Unternehmenserfolg in Form von Anteilen. Aber dieses Angebot wird nicht wirklich angenommen, es ist in Deutschland nicht akzeptiert. Der Wert wird nicht erkannt. In den USA ist die Beteiligung extrem anerkannt. Aber es herrscht auch die Meinung vor, dass Startups funktionieren können. Sie haben ein sehr hohes Ansehen. Es gibt in den USA nun einmal diese großen Erfolgsgeschichten. Als Google an die Börse ging, wurde beispielsweise ein Koch zum Millionär, weil er Unternehmensanteile hatte. Beim Exit von PayPal wurden auf einen Schlag 100 Leute Millionäre. Viele sind reich geworden mit Startups. Und diese Leute verstehen, wie das System funktioniert. Sie nehmen einen Teil des Geldes und investieren es wieder in neue Startups. Dadurch wächst auch das Ökosystem dort viel schneller als bei uns. Bei uns werden maximal die zwei, drei Gründer Millionäre, wenn sie erfolgreich verkaufen. Das Geld, das sie dann wieder investieren können, ist begrenzt. Die deutsche Zurückhaltung beim Thema Unternehmensbeteiligung schadet meiner Meinung nach dem gesamten Ökosystem. Wir hätten unseren Mitarbeitern gerne von Anfang an Anteile gegeben. Einzelne, aus dem höheren Management, haben zwar Anteile, aber es ist nicht so, dass man bei Entwicklern auf breite Akzeptanz stößt. 0,5 Prozent an einem Unternehmen sind nach Ansicht vieler nichts wert. Die Aussage ist meistens: Nein, ich möchte keine Anteile, ich möchte lieber mehr Gehalt. Ich finde das sehr schade, aber noch ist es so. Aber: Gut für uns! Wir haben von Anfang an immer ordentliche Gehälter bezahlt. Wir konnten das zum Glück. Ich denke aber, dass sich diese zurückhaltende Haltung der Beteiligung gegenüber ändern wird. Wenn das deutsche Ökosystem weiter wächst, kommt es zu mehr Exits und mehr Erfolgsgeschichten. Und dann verstehen die Leute, dass aus wenigen Anteilen wirklich eine große Sache werden kann.

Wie beurteilst du die deutsche Startup-Infrastruktur im Vergleich mit dem Silicon Valley?

Ich kenne die deutsche Szene ganz gut. Auch durch meine Funktion als Mentor bei den Startup-Programmen Bootcamp, Seedcamp und bei Hubraum von der Telekom. Momentan herrscht ein ziemlicher Hype. Ich habe das Gefühl, dass jeder seinen eigenen Accelerator hat. Doch in den USA habe ich Einblick in die Mentoren-Programme bekommen, die Startups dort bekommen können. Und ich kann sagen: Ich bin nachhaltig beeindruckt, welches Know-how von den Amerikanern zur Verfügung gestellt wird. Es ist ganz einfach durch Gespräche abrufbar. Die Deutschen sind dagegen nicht gut darin, sich einfach mal bei einem Kaffee hinzusetzen und über das ein oder andere Thema zu sprechen. Das machen wir einfach nicht – oder nur sehr

Silicon Valley

Wenn ich im Silicon Valley jemanden treffen wollte, selbst absolute Top-Köpfe, saß ich meistens schon eine Woche später in einem Meeting mit denen. Es scheint im Silicon Valley eine ungeschriebene Regel zu sein, dass niemand zu dem nächsten großen Ding nein gesagt haben will.

selten. Ich habe allerdings das Gefühl, dass es in Berlin noch besser ist als in anderen Teilen von Deutschland. Es ist kurzfristig möglich, ein Meeting zu bekommen. Das ist ein Vorteil von Berlin, und der Hype trägt sicher zu der Entwicklung bei. Aber wenn ich im Silicon Valley jemanden treffen wollte, selbst Köpfe aus dem High-Level, saß ich meistens schon eine Woche später in einem Meeting mit diesen Personen. Es scheint im Silicon Valley eine ungeschriebene Regel zu sein, dass niemand zu dem nächsten großen Ding nein gesagt haben will. Und deshalb funktioniert die Kommunikation extrem gut. Du triffst dich und erzählst deine Geschichte. Wenn sie gut ankommt, drehst du das Rad eine Stufe weiter und fragst, ob dein Gegenüber zwei weitere Kontakte hat, für die deine Idee interessant sein könnte. Und wenn dir dein Gesprächspartner zugeneigt ist, stellt er dich gerne zwei anderen vor. Warum? Wenn die Idee für seinen Kontakt interessant ist, hat er selbst am Ende auch etwas davon, wenn er damals die Erst-Connection hergestellt hat. Es ist ein prima Kreislauf. Alles kommt irgendwann wieder zurück. Bis wir in Deutschland soweit sind, wird es noch eine Weile dauern. Auch weil wir noch gar nicht die Leute haben, die solche Gründungserfahrungen schon 20 Mal durchlaufen haben. Aber ich denke auch hier: Das kommt noch.

Philipp, herzlichen Dank für das Gespräch.

4

Delivery Hero
Nikita Fahrenholz und Claude Ritter

Von 0 auf 500 Millionen Dollar Umsatz in drei Jahren

Essen per Mausklick: Im Oktober 2010 haben sich Nikita Fahrenholz, Claude Ritter und Markus Fuhrmann gemeinsam mit dem Risiko-Kapitalgeber Team Europe vorgenommen, den deutschen Markt für Online-Essensbestellungen durcheinanderzuwirbeln – Lieferheld wurde geboren. Das Trio übernahm für seinen Vorstoß ein Konzept, das Niklas Östberg mit seinem Team 2008 in Schweden entwickelt hatte: eine Übersichtsplattform über Lieferservices, die es für die Schweden einfacher und bequemer machte, sich Essen nach Hause bringen zu lassen. Das Konzept war auch in Deutschland ein großer Erlog – trotz harter Konkurrenz. Dies war für Niklas Östberg und Markus Fuhrmann, Venture Partner bei Team Europe, Motivation genug, das erfolgreiche Geschäftsmodell gemeinsam mit Fahrenholz und Ritter unter dem Namen Delivery Hero zu einer internationalen Marke auszubauen. Der Erfolg kam schnell: Delivery Hero ist inzwischen in 14 Ländern auf vier Kontinenten präsent und zu einem der größten Online-Essensbestelldienste weltweit geworden. Im Netzwerk des Unternehmens werden über 50 000 lokale Restaurants gelistet und es machte bereits nach drei Jahren einen jährlichen Umsatz von knapp 500 Millionen US-Dollar.An jeder Essensbestellung, die über eine der Plattformen generiert wird, verdient das Startup mit. Delivery Hero zählt zu den Top-100-Unternehmen in Europa. Das Unternehmen wurde 2013 mit dem Red Herring Award ausgezeichnet und war auf der Shortlist des GP Bullhound Summit.

· ·

In welcher Situation befandet ihr euch vor der Gründung und wie hat sich das Gründerteam gefunden?

Nikita: Ich habe an zwei verschiedenen Universitäten BWL studiert, an der Lancaster University Management School in England und der deutschen European School of Business in Reutlingen. Nach meinem Abschluss 2009 arbeitete ich für ein knappes Jahr als Unternehmensberater bei McKinsey. Während meiner Tätigkeit für McKinsey habe ich mich Lukasz Gadowski von Team Europe vorgestellt, ohne jedoch eine konkrete Gründungsidee im Auge zu haben. Wir blieben lose in Verbindung und wenn Lukasz eine spannende Idee hatte, hat er mich angepingt. Lukasz hat mir Markus Fuhrmann vorgestellt, der gerade Partner bei Team Europe geworden war. Markus und ich fingen an, zusammen an der Lieferhelden-Idee zu arbeiten. Und eines Tages sagte er, dass er mir Claude gerne einmal vorstellen möchte. Claude wäre der Richtige für unser Vorhaben.

Claude: Ich kam zu Delivery Hero aus der Ferne. Ab 2005 habe ich in China gelebt und hatte dort mit zwei Mitgründern eine Firma, die Dating-Webseiten erstellt hat. Das Unternehmen lief sehr gut, aber nach vier Jahren bin ich gegangen. Ich habe ein neues Startup gegründet, wieder in China, aber nach einem guten halben Jahr ging uns das Geld aus und wir bekamen keine

Finanzierung mehr. Über ein Barcamp, das wir bei uns im Office gehostet haben, lernte ich Markus kennen und wir blieben seit dem in Kontakt. Im Spätsommer 2010 rief er mich an und sagte, ich solle nach Berlin kommen. Er war der Ansicht, dass mein aktuelles Startup keine Perspektive habe und er eine viel bessere Idee in petto hätte. Ich war nicht uninteressiert und telefonierte mit Lukasz über die Offerte. Daraufhin bin ich nach Berlin geflogen. Es war sehr amüsant: Markus hatte mich zum Hackeschen Markt in irgendeine Kneipe gelotst und plötzlich stand da Nikita. Ich war der Typ „Internetfuzzi", Nikita mehr die Marke „Berater" – und so sah er auch aus. Markus ging dann und wir beide saßen uns gegenüber wie bei einem Blinddate. Bei ein paar Bierchen kamen wir rasch ins Gespräch und schnell war klar: Wir machen das Ding zusammen. So habe ich meine Zelte in China abgebrochen und bin – nach einem kurzen Zwischenhalt bei meinen Eltern in der Schweiz – nach Berlin umgezogen. Dann ging es eigentlich ab Tag eins ab wie eine Rakete.

Was war der nächste Schritt, nachdem ihr euch gefunden hattet, wie habt ihr euer Unternehmen zum Laufen gebracht?

Nikita: Wir bekamen eine Startfinanzierung von Team Europe und haben Ende September 2010 die GmbH gegründet. Im nächsten Schritt ging es darum, wie wir das Produkt aufsetzen. Wir kauften dazu eine Lizenz von einer Software der Firma mjam in Österreich. Auf Basis dieser Software wollten wir uns weiterentwickeln. Operativ ging es danach Schlag auf Schlag. Wir mussten Restaurants akquirieren, Leute einstellen, Menüs abtippen und so weiter und so weiter. Und das Ganze fand unter ziemlichem Zeitdruck statt: Die Seite sollte am 22. November 2010 live gehen, unser Zeitfenster war also nicht sonderlich groß. Aber wir haben es geschafft und sind mit 300 Restaurants an den Start gegangen.

Wann ist Fabian Siegel, Euer erster CEO, zu euch gestoßen?

Nikita: Er kam im November 2010 dazu, gehörte aber nicht zum Gründungsteam.

Die Softwareplattform ist ein Kernelement eures Startups. Warum habt ihr sie dazugekauft und nicht selbst entwickelt?

Claude: Unser Motto war: „Head down und go". Wir hatten schlichtweg keine Zeit, um selbst zu entwickeln. Ich habe schon Community-Seiten mit mehreren Millionen Mitgliedern gebaut und mir war klar, dass wir ein halbes Jahr nichts anderes machen würden als das, wenn wir alles selbst aufsetzen. Es war einfach keine Option zu diesem Zeitpunkt. Es gab bereits Pizza.de und Yourdelivery.de, die heute Lieferando heißen. Wir sind also spät in den Markt eingetreten und uns war bewusst, dass wir sehr schnell loslegen müssen, wenn wir eine Chance haben wollen. Ich bin ein Produkt- und IT-Typ und ich liebe schön designte Plattformen, aber am Ende des Tages müssen sie erst einmal funktionieren – egal wie. Wir wussten, dass die Software von mjam passabel war, wenn sie auch nicht die Super-Profi-Software gewesen ist. Also haben wir gesagt: „Okay, nehmen wir diese Plattform, legen ein Skin mit unserem Logo drauf und los geht es.

Nikita: Gerade in der Anfangszeit war einer der größten Lernpunkte: Es ist besser, mit einem unfertigen Produkt an den Markt zu gehen, damit Daten zu sammeln und dann auf dieser Basis Entscheidungen über die nächsten Schritte zu treffen.

Wie seid ihr auf den Namen „Lieferheld" gekommen?

Claude: Markus hatte die GmbH ursprünglich „mjam" genannt. Wir wollten den Begriff natürlich nicht haben, weil wir ihn nicht sexy fanden. Als ich noch in der Schweiz bei meinen Eltern war, hatten wir schon einmal über den Namen „Lieferprinz" gesprochen. Nikita sagte damals aber, dass sich das nicht wirklich cool anhören würde.

Nikita: Wir hatten eine ziemlich lange Liste mit Namen, auch „Lieferando" stand darauf. Aber wir haben den Namen aussortiert. Eines Abends saß ich dann mit meiner Freundin bei einer Flasche Wein zusammen, ziemlich genervt, weil wir immer noch keinen Namen für die Firma gefunden hatten – und da kam mir plötzlich Lieferheld in den Sinn.

Claude: Allen gefiel der neue Name und so haben wir unser Startup umgetauft. Allerdings: In den Quellcodes von Lieferheld steht teilweise noch Lieferprinz, beispielsweise im CSS File.

Wie habt ihr es geschafft, Lieferanten und Kunden gleichzeitig auf eure Plattform zu bekommen?

Nikita: Unsere Wettbewerber haben Autos geleast, sind damit zu den Lieferdiensten in Deutschland gefahren und haben ihre Plattformen vorgestellt. Wir haben uns gegen einen solchen Field Sales Approach entschieden und stattdessen einen Telefonvertrieb eingerichtet. Wir haben Lieferanten angerufen, uns vorgestellt und gefragt, ob sie mit uns auf der Plattform zusammenarbeiten wollen. Dann begannen wir damit, den Interessierten eine kostenlose Testphase zur Verfügung zu stellen, damit sie das Produkt kennenlernen konnten. Nachdem sie auf diese Weise einige Sales generieren konnten, haben wir kostenpflichtige Verträge mit ihnen abgeschlossen.

Claude: Endkunden zu gewinnen ist letztlich eine Frage des optimalen Einsatzes des Marketingbudgets. Wir sind eine sehr zahlengetriebene Firma und haben früh angefangen, zu schauen, in welche Marketingkanäle wir investieren. Wir haben uns sehr bewusst überlegt, wie viel Geld wir in welchen Kanal stecken müssen, um einen Kunden zu gewinnen. In den ersten zwei Jahren haben wir beispielsweise keine Branding-Kampagnen mit Plakatwerbung oder ähnliche Aktionen gestartet.

Nikita: Wir haben viel experimentiert. Wir sind zum Beispiel zu einem Hertha-Fußballspiel gegangen und haben 16 000 Flyer vor dem Stadion verteilt, wir haben eine große Bildboard-Kampagne im U-Bahn-Schacht geschaltet – aber das hat alles nichts gebracht. Erst nach und nach haben wir verstanden, an welchen Stellschrauben man bei der Kundengewinnung drehen muss und lernten den Break-Even-Punkt eines Kunden zu beziffern. So entstand der optimale Marketingmix. Es war ein Lernprozess. Aber wir hatten dabei immer eine deutliche Haltung: Wenn das Kostenmodell der Cost-Per-Acquisition, also der Kostenaufwand pro Kundengewinnung, zu hoch war, haben wir es gelassen.

Im Mai 2011 wurde aus Lieferheld Delivery Hero. Wie lief das ab?

Claude: Niklas Östberg und Markus Fuhrmann waren beide Investoren von mjam. Durch die Zusammenarbeit in der Startphase haben wir uns alle kennengelernt. Markus war definitiv eine Schlüsselfigur bei der Konzeption von Delivery Hero.

Nikita: Wir hatten eine klare Aufgabenverteilung: Niklas, der mit der schwedischen Bestellservice-Website erfolgreich nach Finnland, Österreich und Polen expandiert ist, sollte sich um die Internationalisierung kümmern. Das deutsche Geschäft, das unser Part war, war zu diesem Zeitpunkt gut angelaufen und wir hatten extrem hohe Wachstumsraten. Also haben wir Deutschland zum Modell für die internationalen Märkte gemacht und die internationalen Auftritte schablonenartig gebaut. Wir haben eine Holding gegründet, die Delivery Hero GmbH. Dort wurde Lieferheld als 100-prozentige Tochter eingegliedert und ein gemeinsames Managementteam etabliert. Mit dieser Struktur haben wir von unserem Berliner Büro aus die Arbeit aufgenommen.

Eure Internationalisierung startet in Australien, Russland und Mexico. Warum in diesen Ländern?

Claude: Als wir die Firma gegründet haben, fiel die Entscheidung auf den Namen Lieferheld, weil wir einen starken Fokus auf Deutschland hatten. Aber als wir begriffen, dass die Prinzipien und Mechanismen des deutschen Marktes auch international funktionieren, haben wir

Go live & iterate

Gerade in der Anfangszeit war einer der größten Lernpunkte: Es ist besser, mit einem unfertigen Produkt an den Markt zu gehen, damit Daten zu sammeln und dann auf dieser Basis Entscheidungen über die nächsten Schritte zu treffen.

sehr stark auf Expansion gesetzt. Wir haben international zwei Strategien verfolgt: zum einen unsere „Fast-Follower"-Strategie, die beinhaltet, dass es schon Wettbewerber im Zielmarkt gibt. Das Geschäftsmodell ist den Lieferdiensten daher bekannt und wir können relativ schnell Lieferdienste akquirieren. Beispielsweise in Australien war das der Fall. Dann gibt es Märkte, die ein hohes Business-Potenzial für uns bieten, aber noch kein Wettbewerber am Markt aktiv ist. Hierfür sind Mexiko und Russland Beispiele. Innerhalb von zwölf Monaten sind wir dann auch noch nach Schweden, Finnland, Österreich und Großbritannien gegangen. Die neuen Gesellschaften wurden in die deutsche GmbH eingegliedert. Die Frage, warum ein Land zwei Monate vor einem anderen angegangen wurde, lässt sich schwer beantworten. Manchmal ist einfach das Timing eines Deals in einem bestimmten Land nicht gut, manchmal muss man erst noch finanzielle Mittel zusammenbekommen.

Nikita: Die Akquisition von hungryhouse war ein großer Meilenstein beim Aufbau von Delivery Hero. Großbritannien ist der größte europäische Markt für Lieferdienste und hungryhouse betreibt dort die zweitgrößte Plattform. Wir konnten so die Bestellungen mehr als verdreifachen und die Restaurantanzahl innerhalb weniger Monate von knapp 3 000 auf über 10 000 erhöhen. Damit haben wir unsere Vormachtstellung in Europa deutlich ausgebaut. Aber eines darf man nicht falsch verstehen, wir haben nicht ziellos Online-Lieferdienste zusammengekauft. Vielmehr haben wir die Märkte anhand von Kennzahlen und Indikatoren verglichen, um Märkte mit besonders hohem Potenzial herauszufiltern.

Nach welchen Kennzahlen und Indikatoren bewertet ihr das Potenzial eines Marktes?

Nikita: Zum einen sind das Marktfaktoren wie Internet- und Mobilpenetration. Dann fragen wir uns: Bestellen Leute überhaupt beim Lieferdienst? Und: Gibt es ein ausreichend großes Marktvolumen? Groß, das bedeutet für uns mehr als eine Milliarde Euro Pizza-Umsatz im Jahr, und Pizza steht bei dieser Kalkulation als Synonym für alle Lieferdienstwaren. Wenn man sich nun ein Unternehmen anschaut, gibt es ganz spezielle Indikatoren, die Rückschlüsse zulassen, ob das Geld, das man reininvestiert, in einem überschaubaren Zeitraum einen Return erzielt. Insbesondere die Akquisitionskosten je Kunde sind hier interessant. Konkreter möchte ich an dieser Stelle aber nicht werden, weil das Faktoren sind, die unsere Wettbewerber teilweise noch nicht verstanden haben.

Für welchen Markt wir uns letztendlich entscheiden, ist reine Mathematik. Wir schauen uns zunächst den Markt an, und wenn es Wettbewerber gibt, sprechen wir mit ihnen. In einem nächsten Schritt prüfen wir, ob wir gemeinsam mit ihnen oder in Eigenregie erfolgreicher agieren können. Wenn wir aber ein fähiges Team mit einem guten Produkt und smarten Investments vorfinden, macht es durchaus Sinn, sich zusammenzuschließen. Sonst gehen wir es eben selbst an.

Im November 2011 habt ihr einen großen Schritt gemacht: Es gab die erste Finanzierungsrunde über vier Millionen Euro mit Team Europe, Holtzbrinck, Tengelmann, Kite Ventures und ru-Net together. Wie habt ihr die Investoren gefunden und von eurer Idee überzeugt?

Nikita: Die ersten Kontakte zu Investoren kamen vor allem über das Netzwerk von Markus Fuhrmann und durch unseren damaligen CEO, Fabian Siegel, der zuvor schon erfolgreich clickandbuy aufgebaut hatte. Ein Finanzierungswunsch spricht sich mit der Zeit außerdem in der VC-Szene herum. Und wenn ein Investor Interesse hat, kommt schnell der nächste hinzu. Doch gerade in der Anfangsphase sind Investoren natürlich skeptisch, weil das Produkt noch nicht ausgereift ist und erst wenige Zahlen vorliegen. Eigentlich investiert der Investor mehr in ein Team und eine Vision. Und genau das war bei uns der Kernpunkt. Wir hatten ein sehr starkes Team mit komplementären Fähigkeiten. Außerdem haben wir konsequent Daten analysiert, daraus unsere Schlüsse gezogen und diszipliniert danach gehandelt. So haben wir eine Story aufgebaut, die sich durch alle Investitionsrunden zieht.

Claude: Ich denke, ein weiterer Vorteil war, dass wir mit einem relativ schlechten Produkt gestartet sind, aber gezeigt haben, dass wir damit trotzdem Geld verdienen können. Wir konnten den Investoren vermitteln, dass wir mit ihrem Geld etwas Ergiebiges anstellen können. Unsere Strategie, früh zu starten und schnell Umsatz zu generieren, war aufgegangen. Natürlich war nicht jeder gleich begeistert. Anfangs hörten wir oft Sätze wie: „Ich dachte, ihr macht coole Sachen und dann sieht das so aus." Aber Skepsis und Kritik sind normal und legitim. Letztendlich muss jeder die richtigen Investoren für sein Projekt finden. Wer hinter dir steht, ist umso wichtiger, je größer du wirst, denn bei zunehmendem Investitionsvolumen werden auch die Fragen kritischer. So ein „Loch in der Weste" hilft einem, die eigene Firma zu verbessern. Man wird von Pitch zu Pitch überzeugender.

Anfang 2012 wurdet ihr mit dem Vorwurf konfrontiert, Menükarten von Pizza.de kopiert zu haben. Es wurde sogar ein Strafbefehl gegen das Management von Lieferheld ausgesprochen. Wie bewertet ihr dieses Ereignis heute?

Nikita: Wir sind davon ausgegangen, dass von rechtlicher Seite alles in Ordnung sei. Dennoch haben wir uns zwei juristische Meinungen eingeholt. Schon bevor uns unser Wettbewerber überhaupt auf die Parallelen hingewiesen hatte, hatten wir bereits unsere gesamten Prozesse umgestellt. Das wurde gerichtlich in Braunschweig bestätigt. Wir haben uns schließlich geeinigt und die Hände geschüttelt. Danach war das Thema vom Tisch. Die Staatsanwaltschaft Berlin hielt es anscheinend für nötig, daraus einen Fall zu stricken. Wir haben uns entschieden, die Strafe zu akzeptieren und daraus keine große Sache werden zu lassen.

Claude: Die Alternative zum Akzeptieren wäre eine Hauptverhandlung gewesen. Das wollten wir natürlich nicht. Wir wollten unsere Firma weiter aufbauen. Bis heute halten wir die Entscheidung für überzogen.

2012 seid ihr nach Russland expandiert. Zunächst mit einer eigenen Marke und nur kurze Zeit später habt ihr diese wieder eingestellt und seid eine Partnerschaft mit dem russischen Wettbewerber Foodik eingegangen. Warum?

Nikita: Wir mussten feststellen, dass unsere Russland-Strategie nicht ausgereift und deshalb nicht erfolgreich war. In der Konsequenz haben wir entschieden, uns mit einem Team zusammenzutun, das lokal sehr viel Erfahrung hatte.

Claude: Die zentrale Frage in solchen Momenten ist: Wo steckst du deine Energie hinein? In einen Markt, der nicht so gut funktioniert – Beispiel Russland –, oder in einen Markt, der sehr gut funktioniert, wie zu dieser Zeit Großbritannien. Um den Markt in Russland zum Laufen zu bringen, hätten wir viel mehr Zeit und Liebe investieren müssen. Aber zu diesem Zeitpunkt war das Land einfach nicht das Wichtigste für uns. Wir gehen an solche Entscheidungen pragmatisch heran, d. h. wir geben uns eine gewisse Zeit, und wenn eine Sache läuft, dann lassen wir sie auch laufen. Wenn aber nicht, dann müssen wir eben nachziehen.

Im Januar 2013 ist Euer CEO Fabian Siegel gegangen. Gibt es einen Zusammenhang mit der Änderung der Russland-Strategie?

Claude: Das sah vielleicht von außen so aus, aber einen direkten Zusammenhang gibt es nicht.

Nikita: Fabians Weggang hatte schon etwas mit unserer strategischen Ausrichtung zu tun, aber nicht mit der Russland-Strategie. Letztendlich wollte das Managementteam nicht mehr mit einer Doppelspitze arbeiten. Gemeinsam haben wir uns dafür entschieden, mit Niklas weiterzumachen. Fabian hatte eine sehr attraktive Alternative außerhalb von Lieferheld.

Marktauswahl

Für welchen Markt wir uns letztendlich entscheiden, ist reine Mathematik.

Was hat sich geändert, seit Niklas alleiniger CEO ist?

Claude: Nach dem Wegfall der Doppelspitze war klar, dass Niklas Unterstützung benötigt, beispielsweise bei den Finanzen. Auch sein Tag hat schließlich nur 24 Stunden. Aber das Gute an unserer Firma ist, dass wir alle breit aufgestellt und flexibel sind. Nikita beispielweise übernimmt intern ständig neue Aufgaben. Auf die Grundorganisation unserer Firma hatte Fabians Weggang deshalb eigentlich keinen Einfluss.

Viele Startups sind kontinuierlich in Bewegung. Hat sich eure Produktvision im Laufe der Zeit verändert?

Claude: Unser Feld ist E-Commerce, das heißt: Leute bestellen Essen online, bekommen es geliefert und bezahlen es – also recht einfach. Wir sind nicht Twitter und mussten sechs oder sieben Jahre nach einem Geschäftsmodell suchen. Aber natürlich hat sich auch bei uns die Produktvision verändert. Der Mobilsektor ist sehr stark geworden, wir haben inzwischen Apps für alle Plattformen und das in fast allen Ländern. Wenn man mich 2010 gefragt hätte, ob dieses Feld in Zukunft zentral sein wird, hätte ich vielleicht nein gesagt. Aber zum Glück haben wir schon sehr früh auf diese Entwicklung reagiert. Die neuen Technologien eröffnen ungeahnte Möglichkeiten bei der Personalisierung von Angeboten. Aber insgesamt: Obwohl so viele Dinge ständig im Fluss sind, ist unsere Grundvision weiter intakt. Wir haben eine sehr konkrete Vorstellung, wie die Online-Lieferung von Essen in zwei bis drei Jahren auszusehen hat. Wir basteln aktuell an einer Idee, sind aber noch nicht ganz fertig.

Nikita: Wir wollen in einiger Zeit Weltmarktführer in unserem Bereich sein und gleichzeitig die innovativste Firma im Markt. Wie, auf welchen Endgeräten, zu welcher Zeit, mit welchen Algorithmen und Prozessen – das bleibt unser Geheimnis.

Claude: Das Produkt ist das eine. Aber es ist letztlich nur so gut, wie die Prozesse, die dahinter stehen. Wir denken stark in Prozessinnovationen, denn bei der Essenbestellung im Netz ist es elementar, dass Technik und Abläufe funktionieren. Aber häufig hapert es genau daran – auch bei einigen unserer Wettbewerber. Es ist offensichtlich nicht leicht die Prozesse in den Griff zu bekommen ist. Und genau deshalb legen wir einen besonderen Fokus darauf.

Wie stellt ihr Innovation auf der Prozessebene sicher?

Nikita: Zunächst einmal: Man darf sich nie mit dem Status quo zufrieden geben und muss fortlaufend die Prozesskennzahlen überprüfen und nach Optimierungen suchen. Fähige Mitarbeiter, die wirklich etwas zum Weiterkommen beitragen können, sind dabei natürlich sehr wichtig. Außerdem muss sichergestellt sein, dass alle – Mitarbeiter und Firmenspitze – Anregungen von außen reinholen. Von Best-Practices-Beispielen, das heißt Unternehmen wie Amazon, können wir sehr viel lernen. Und natürlich gilt auch bei uns die Devise: „Trust your product, use your product." Claude und ich sind Stamm-User unserer Plattformen, und wenn uns irgendetwas auffällt, gehen wir es an.

Fähige Mitarbeiter ist ein gutes Stichwort. Wie habt ihr euer Team aufgebaut?

Claude: Der Teamaufbau ist ein immenser Lernprozess und Fehlgriffe gehören dazu. Wir haben immer mal wieder Leute ins Team geholt, die nicht gepasst haben. Aber mit der Zeit sind wir in der Einschätzung besser geworden. Im Vorfeld kann man aber nicht wirklich viel machen. Man stellt Leute ein, von denen man denkt, dass sie fähig sind. Und dann weitere und weitere. Irgendwann braucht man natürlich auch Köpfe, die ein Team führen können, weil man selbst ab einer gewissen Personalgröße schlicht nicht mehr den Überblick über alles haben kann. Außerdem muss man sich selbst darauf konzentrieren, an Dingen zu arbeiten, die das Unternehmen vorwärts bringen. Das ist wirklich ein wichtiger Punkt. Am Anfang hat Nikita das Budget in Excel Sheets noch selbst gemacht und ich habe Wireframes für die Webseite gebastelt.

Aber mit der Zeit muss sich die eigene Rolle im Unternehmen verändern. Das heißt aber auch, dass man lernen muss, Aufgaben abzugeben. Und damit das funktioniert, muss man fähige Leute im Team haben, die wichtige Aufgaben übernehmen können. Sonst bleibt man auf der operativen Ebene einfach kleben.

Was sind Herausforderungen, wenn ein Team wächst und wächst?

Claude: Solange es maximal 20 Leute sind, ist das Handling ziemlich unkompliziert. Jeder macht eigentlich alles. Dann waren wir irgendwann um die 40 Leute, waren operativ voll im Geschäft und dennoch haben alle überall mit angepackt und bis spät in die Nacht IKEA-Stühle aufgebaut. Aber irgendwann, wenn es dann so gegen 100 Mitarbeiter geht, muss man sich entscheiden, wie man das Ganze organisieren will.

Nikita: Mittlerweile sind wir mehr als 700 Mitarbeiter und ich sehe mich zu weiten Teilen als Coach, der dafür sorgt, dass die Fähigkeiten des Teams ausgebaut werden. Das heißt: Ich verwende den Großteil meiner Zeit nicht damit, Dinge selbst zu lösen, sondern Leute zu coachen, damit sie die Probleme lösen können.

Wie skaliert man erfolgreich von 20 auf 200 Mitarbeiter?

Claude: Ich glaube, das Wichtigste ist, dass im Kernteam gute Leute sind, und dass innerhalb dieses Teams Vertrauen in die Entscheidungskompetenz des anderen vorhanden ist. Wie ich bereits sagte: Irgendwann hast du den Überblick alleine nicht mehr und dann musst du Leute in der Organisation haben, die dir helfen. Was aber eben nicht sein darf ist, dass sich jemand fragt, ob er gefeuert wird, sobald er eine fragwürdige Entscheidung trifft. Entscheidungen müssen ab einem gewissen Punkt auch von anderen gefällt werden. Dabei passieren sicher auch Fehler. Aber unsere Devise ist klar: Lieber geht hier und da einmal etwas daneben, als dass nichts passiert.

Nikita: Wachstum und Erfolg sind vor allem eins: harte Arbeit. Die Rechnung ist aber ziemlich einfach – wenn du härter arbeitest als dein Wettbewerber, wirst du auch ein bisschen besser sein als er. Diese Mentalität hatten wir vom ersten Tag an und ich bin sicher, das hat uns vorangebracht. Außerdem schätzen wir den gesunden Mittelweg aus Pragmatismus und datenbasierten Entscheidungen.

Gibt es im Rückblick etwas, was ihr heute anders angehen würdet?

Claude: Die Firma ist ziemlich schnell, fast schon aggressiv, auf den Markt geprescht. Wir haben unseren Namen Delivery Hero wortwörtlich in die Tat umgesetzt, er wurde zum Selbstverständnis der Firma. Es ist natürlich ein absolut positives Merkmal, wenn du und deine Mitarbeiter eine Gewinnermentalität haben und pausenlos Gas geben. Wir haben uns nie gefragt, ob wir etwas schaffen, sondern wann. Ein Nachteil war aber sicherlich, dass wir in Deutschland selbst noch nie etwas gegründet hatten und in einigen Bereichen sicherlich naiv waren.

Kannst du ein konkretes Beispiel für diese Naivität nennen?

Claude: Wir haben auf unserer Webseite geschrieben, dass wir 4 000 Restaurants haben. Die haben wir laut unserer Datenbank auch. Irgendwann flatterte uns eine Abmahnung auf den Tisch, weil jemand monierte, dass einige Restaurants manchmal geschlossen seien. Damit kämen wir nicht auf 4 000 geöffnete Restaurants, sondern nur auf 3 752. Ärger solcher Art. hatten wir anfangs regelmäßig. Man möchte sich darauf konzentrieren, die Firma aufzubauen, zu wachsen und voranzukommen. Man hat einen Tunnelblick und dann passieren eben Missgeschicke. Heute kommen solche Fehler nicht mehr vor.

Nikita: Wir haben Fehler wirklich von Anfang an in Kauf genommen. Wir sind pragmatische, aggressive Unternehmer, die unbedingt erfolgreich sein wollen. Diese Mentalität, die speziell Claude und ich haben, versuchen wir auch an unser Team weiterzugeben. Wenn man einen

TRUST

YOUR PRODUCT,

USE

×××××××××

YOUR PRODUCT.

solchen Drang nach Erfolg hat, passieren schon einmal Dinge, mit denen man in einem sehr bürokratisch organisierten Land wie Deutschland anecken kann. Aber, ehrlich gesagt: Dann ist eben so. Von nichts kommt nichts, und wenn Gründen einfach wäre, würden es alle machen.

Claude: Es gibt ein gutes Zitat von Fabian: „Don't ask for permission, ask for forgiveness."

Nikita: Also, ich bereue nichts.

Welche Wettbewerbsstrategie verfolgt ihr?

Nikita: Offen gesagt: Wir haben keine Strategie gegenüber unseren Wettbewerbern. Wir schauen lediglich, in welchen Ländern sie aktiv sind und versuchen, Daten über ihr Wachstum zu beschaffen. Dann können auch wir uns benchmarken. In unseren Management-Meetings sprechen wir nicht über Wettbewerber.

Claude: Was der User vorfindet, sieht relativ einfach aus, das Business dahinter ist aber komplex. Und: Man kann es nicht so einfach kopieren. Das liegt allein daran, dass die Margen enger sind und die Warenkörbe kleiner als beispielsweise bei Klamotten. Es braucht eine gewisse Kompetenz, um ein solches Business zu bauen. Es sind Wettbewerber auf dem Markt – ja. Und für manche sind die eine Orientierung. Aber nicht für uns. Wir versuchen schlicht, das beste Produkt für die Kunden zu bauen und bis jetzt geben uns die Zahlen Recht. Nach drei Jahren sind wir Marktführer in Deutschland – wo uns am Anfang alle belächelt haben. Wir sind eine Firma, die innerhalb von drei Jahren fast eine halbe Milliarde US-Dollar Umsatz macht. Da gibt es keinen Grund, sich am Wettbewerber zu orientieren.

Habt ihr Mentoren, die euch auf eurem Weg begleiten?

Claude: Wir kennen natürlich eine ganze Menge Leute, mit denen wir in den vergangenen Jahren zusammengearbeitet haben. Das sind Kollegen bei Team Europe, Leute aus Nikitas McKinsey-Netzwerk und andere Business-Bekannte. Natürlich stellt man innerhalb dieses Kreises ab und an einmal eine Frage, wie dieses oder jenes laufen könnte. Aber einen festen Mentor haben wir nicht.

Nikita: Wir haben im Team relativ viel und offen miteinander diskutiert und auf diese Weise versucht, unsere Probleme zu lösen.

Claude: Bei den Debatten ist auch schon einmal ein Stuhl durch den Raum geflogen. Denn: Jeder hat bei uns eine Meinung und vertritt diese auch offensiv. Und das ist gut. Wir haben uns zwar manchmal hart gestritten, aber wenn ein Thema dann abgehandelt war, war es auch gut und es ging weiter. Mittlerweile investieren wir gelegentlich in andere Startups und da beobachte ich, dass oft endlose Diskussionen über Nebensächlichkeiten geführt werden. Wir haben uns damit nie aufgehalten.

Nikita: Als es einmal irgendein Problem gab, weil das Marketing nicht funktionierte, gab es den Zuruf, dass ich mir das mal anschauen solle. Marketing ist eigentlich gar nicht mein Bereich, aber natürlich gebe ich meine Einschätzung ab. Warum auch nicht, ich war sowieso in der Firma. Wir alle ticken nach diesem Prinzip, dass Fabian damals in uns wachgerufen hat: „Never let your ego stand in the way of decision making." Ich glaube, eine solche Haltung ist wichtig.

Was ist eine gute Teamgröße, um zu gründen?

Nikita: Man sagt, die optimale Größe seien zwei bis drei Personen – optimal in dem Sinne, dass man am schnellsten zur Umsetzung kommt.

Claude: Als Einzelkämpfer ist es, glaube ich, wirklich hart. Allein, sich immer wieder selbst zu motivieren, ist sicherlich keine leichte Aufgabe. Es ist gut, wenn du zu zweit im Büro sitzt. Wenn der eine ein bisschen „am Rad dreht", kann der andere ihn wieder herunterholen, man trinkt zusammen ein Bier und danach geht es wieder. Wenn man alleine dasitzt, hängt man sich sicherlich eher an einem Problem auf und tritt auf der Stelle. Das ist ein mühsamer Weg. Ob es zu zweit besser ist, oder zu dritt, weiß ich allerdings nicht.

Coach

Mittlerweile sind wir mehr als 700 Mitarbeiter und ich sehe mich zu weiten Teilen als Coach, der dafür sorgt, dass die Fähigkeiten des Teams ausgebaut werden. Das heißt: Ich verwende den Großteil meiner Zeit nicht damit, Dinge selbst zu lösen, sondern Leute zu coachen, damit sie die Probleme lösen können.

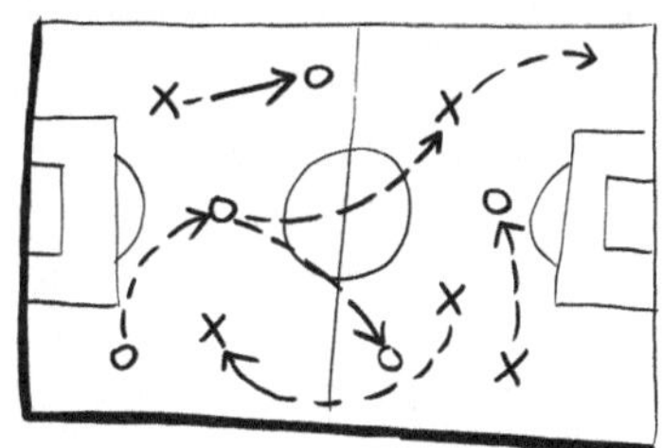

Nikita: Das ist sicherlich von Fall zu Fall verschieden. Ich habe auf einer Konferenz einmal den Satz gesagt, dass Freunde meistens nicht die besten Gründer sind. Sie sind oft nicht komplementär. Claude und ich beispielsweise sind komplementär. Claude kennt sich beispielsweise in der IT und Produktentwicklung wesentlich besser aus, also in Dingen, von denen ich gar keine Ahnung habe.

Claude: Wenn du mit jemandem gemeinsam gründest, macht es Sinn, dass sich beispielsweise nicht zwei Marketing-Kommunikationswirte zusammentun, sonst kommt man sich nur ins Gehege. Ich habe von Nikitas Bereich wenig Ahnung und er hat von meinen Aufgaben wenig Ahnung, genau deswegen sind bei uns aber Unklarheiten meistens schnell gelöst. Im Zweifel hat einfach der das Sagen, der sich inhaltlich besser auskennt.

Nikita: Eine Gründung ist nun einmal extrem intensiv. Man hockt ständig aufeinander, man schmeißt Stühle nach sich, man schreit sich an, man ist unter Druck und so weiter und so fort. Ich denke, um das durchzustehen, ist es wichtig, dass man sich grundsätzlich gut riechen kann.

Welche persönlichen Tipps habt ihr für Gründer?

Nikita: Startups werden momentan sehr gehyped und viele wollen gründen. Aber: „Don't bullshit yourself." Es müssen einige Voraussetzungen erfüllt sein, um erfolgreich sein zu können. Ich empfehle wirklich, zunächst einmal ehrlich in sich hineinzuhören und sich zu fragen, ob man das, was man vorhat, auch wirklich will und kann. Bist du psycho genug, um das zu machen? Bist du risikofreudig genug? Bist du pragmatisch genug? Bist du bereit für Verzicht? Bist du bereit, lange zu arbeiten und nichts dafür zu bekommen? Und so weiter und so weiter. Ich glaube, viel zu viele Leute erliegen beim Thema Gründen einer Illusion. Es gibt noch viele andere coole Jobs auf der Welt, bei denen man viel bewirken kann.

Claude: Ein ganz wichtiger Punkt beim Gründen ist schlicht und ergreifend der Spaßfaktor. Man muss Spaß zusammen haben, sonst funktioniert es nicht. Wir haben beispielsweise einmal an das gesamte Team eine Power-Point-Präsentation geschickt, die beinhaltete, dass jeder auf der Stelle seiner Zimmerpflanze einen klassischen deutschen Namen geben solle. Die Präsentation gab vor, wie man die Pflanze zu beschriften hatte.

Nikita: Ich habe meine Bernd getauft.

Claude: Und ich meine Detlef.

Nikita: Und Markus hat seine Brunhilde getauft. Ein anderes Mal kamen wir in Superhelden-Kostümen zur Arbeit. Claude kam als Superman …

Claude: … und Nikita war im Batman-Kostüm unterwegs. Plötzlich kamen unangemeldet Investoren vorbei. Das war schon eine spezielle Erfahrung. Oder: Nikita und ich waren Ende 2013 gemeinsam spontan im Urlaub. Als wir am Montag wieder ins Büro kamen, hatte die Firma alle Mitarbeiter in die Lounge geladen und eine Hochzeitszeremonie vorbereitet. Unser Marketingchef Hugo hatte allen erzählt, Nikita und ich hätten im Urlaub geheiratet. Es gab sogar eine zweistöckige Torte, neue Namensschilder am Büro und gefakte Hochzeitfotos.

Nikita: Einige Mitarbeiter glauben bis heute noch, dass wir verheiratet sind.

Claude: Für unseren Weg war es wichtig, dass die Firma eine gewisse Leichtigkeit hat und über einen gewissen Grad an Craziness verfügt. Das schweißt zusammen und macht aus der Firma fast so etwas wie eine Familie.

Claude und Nikita, herzlichen Dank für das Gespräch.

Literaturtipps von Nikita Fahrenholz und Claude Ritter

Feld, Brad und Cohen, David (2010); Do More Faster: *TechStars Lessons to Accelerate Your Startup;* Wiley

Kahneman, Daniel (2011); *Thinking, Fast and Slow;* Farrar Straus & Giroux

Blank, Steve (2005); *The Four Steps to the Epiphany: Successful Strategies for Products That Win;* K&S Ranch

Gladwell, Malcolm (2002); The Tipping Point: *How Little Things Can Make a Big Difference;* Back Bay Books

Morrow, William, Levitt, Steven D. and Dubner, Stephen J (2005); *Freakonomics: A Rogue Economist Explores the Hidden Side of Everything;* William Morrow

DO NOT ASK FOR PERMISSION, ASK FOR FORGIVENESS.

ergobag
Florian Michajlezko

Gründerteam: Oliver Steinki, Florian Michajlezko, Sven-Oliver Pink (von links)

Revolution auf dem Schultaschen-Markt

Schwere Schulbücher auf schmalen Kinderschultern – ein Problem, das Eltern umtreibt. Florian Michajlezko, Sven-Oliver Pink, Oliver Steinki und Juliaan Cazin präsentieren die Lösung: ergobag, ein Schulranzen, der sich der Statur des Kindes anpasst und das Gewicht von Büchern auf den stabileren Beckenbereich verlagert. Das Vorbild für den innovativen Ansatz kommt aus dem Trekkingsektor. Wenn Wanderer und Skifahrer problemlos schwere Rucksäcke schultern können, warum geht das nicht auch bei Kindern?

Im Februar 2010 geht das Quartett mit seinem Schulrucksack auf den Markt. Um die erste Produktion zu stemmen, müssen die vier Erspartes zusammenklauben, Kredite aufnehmen und ihre Wohnungen kündigen. Mit dem ersten Rucksack in der Hand beginnt die Tingelei zu Händlern und auf Ranzenpartys. Und der Erfolg kommt schnell. Noch dazu ist in ihrem Fall das Glück mit den Tüchtigen. Bei einem Gründerwettbewerb lernt die Truppe Jürgen Hambrecht kennen, den ehemaligen *Chief Executive Officer* (CEO) von BASF. Er glaubt an Team und Idee und investiert.

Ergobag hat in den vergangenen Jahren viele Auszeichnungen eingeheimst. Dazu zählen das EXIST-Gründerstipendium des Bundesministeriums für Wirtschaft und Technologie, der renommierte red dot design award und Top-Platzierungen bei den Wettbewerben „365 Orte im Land der Ideen", enable2start sowie beim Deutschen Gründerpreis.

Anfang 2014 gehörten mehr als 50 Köpfe zum Mitarbeiterteam von ergobag. Das junge Unternehmen verkauft heute mehrere 10 000 Rucksäcke im Jahr. Ausruhen auf dem Erfolg? Nicht bei ergobag. Neue Produkte und Konzepte sind bereits auf dem Markt.

• •

Flo, wie seid ihr auf die Idee gekommen?
Zunächst studierte ich BWL in Paderborn. Doch mit 600 Studenten im Audimax zu sitzen und den theoretischen Abwandlungen eines Professors zu lauschen, passte zu dem Zeitpunkt irgendwie nicht in mein Lebensmodell und zu dem Anspruch, wirklich Neues zu erlernen und zu erleben. Deshalb habe ich parallel eine Ausbildung als Finanzmakler absolviert. Unter diesem Deckmantel ging ich mit Sven-Oliver Pink nach Berlin, um ein Büro für Finanzberatung von American Express aufzubauen. Langfristig stand für mich jedoch fest, etwas Eigenes gründen zu wollen und zwar am liebsten mit engen Freunden. So ist die nachfolgende Idee sofort auf sehr fruchtbaren Boden bei mir gefallen.

Auf einer Party 2008 in Berlin erzählte ein Freund, wie er für seinen Neffen eine Schultasche auf einer Ranzenparty gekauft hat. Für uns war der Begriff „Ranzenparty" komplett neu und so fragten wir nach, was sich dahinter verberge. Er erklärte, dass auf diesen vom Fachhändler organisierten Verkaufsveranstaltungen alle aktuellen Schultaschenmodelle gezeigt werden. Darüber hinaus informiert die Krankenkasse über gesunde Pausenbrote und die Kinder können sich in ein Polizeiauto setzen oder sich schminken lassen. Auf Nachfrage, ob die Schulranzen immer noch wie unsere eigenen Modelle aussähen, bejahte der Freund und sagte: „Meines Erachtens die Gleichen wie vor 20 Jahren." Das verstehe sie gar nicht, meinte Melanie Gabriel, eine befreundete Physiotherapeutin. Es kämen immer häufiger Kinder mit Rückenproblemen in ihre Praxis, die direkt von der Grundschule zu ihr kommen. Aber leider könne man die Schultaschen nicht an die unterschiedlichen Rückenformen und -längen anpassen. Und dabei wachsen Kinder zwischen der ersten und vierten Klasse stark. Ihren Wanderrucksack hingegen könne sowohl sie als auch ihr Freund Martin tragen. Und dabei ist sie 1,58 Meter groß und er 1,90 Meter. Und warum ist das möglich? Weil man das Trägersystem individuell verstellen kann. Zudem wird das Gewicht von den Schultern auf die stabilen Beckenknochen verlagert. Im Wander- und Treckingbereich sind diese Tragesysteme allgemein üblich. In diesem Moment dachte ich: interessant! Gibt es denn solche Schulranzen? Und falls nicht, warum? Die Frage hat mich nicht mehr losgelassen.

Kurz darauf traf ich Oliver Steinki zum Skifahren in der Schweiz. Wir haben über das Potenzial der Idee gesprochen und geschaut, was es auf dem Weltmarkt gibt. Dabei stießen wir auf eine skandinavische Firma. Sie bot zumindest einen Rucksack mit Aluschiene an, allerdings ohne verstellbares Tragesystem oder eine ordentliche Kräfteverlagerung. Um die Rucksäcke mal genauer anzuschauen, bestellten wir uns ein paar.

Die Idee fesselte uns und wir fingen an, am Produkt zu feilen. Anfangs mit der Unterstützung von Melanie Gabriel und der Uni Gießen. Dann trafen wir Immanuel Gloeser, er entwickelte damals Wanderrucksäcke für Jack Wolfskin. Wir saßen bei ihm im Wohnzimmer, das vollgestopft war mit Wanderrucksäcken. Er hat viel erklärt und angefangen, seine Rucksäcke zu zerschneiden – wir schlugen die Hände über dem Kopf zusammen. So ein Stück kostet ja immerhin mehrere hundert Euro! Er meinte, das sei nötig, damit wir den Materialunterschied zwischen günstigen und Qualitätsprodukten sehen und fühlen können …

… hattet ihr keine Angst, dass er euch die Idee klaut und mit Jack Wolfskin umsetzt?

Jein. Als wir vor seinem Haus parkten, habe ich Sven schon gefragt: „Warum sollte sich ein Jack-Wolfskin-Produktentwickler mit uns zusammenzusetzen, nur um uns zu helfen? Zudem ohne Entlohnung?" Aber als ich Immanuel in die Augen geschaut habe, war mir sofort klar: Er ist ein leidenschaftlicher Produktentwickler und sein einziger Antrieb war es, einem kleinen, coolen Projekt zu helfen. Zudem war er mit der zunehmenden Kommerzialisierung seines Unternehmens nicht einverstanden. Mittlerweile ist er unser Designchef und wichtigster Entwickler bei den Kindermarken. Ihn zu treffen, war schon ein ziemlicher Glücksfall.

Wie hat sich euer Gründerteam gefunden?

Mitte 2008 bin ich mit Oli noch in Berlin gestartet. Ich hatte schon bei American Express gekündigt und wollte für ein halbes Jahr ins Ausland. Da ich während meines Studiums immer gearbeitet habe, kam das Studentenleben zu kurz. Deshalb bin ich nach Sydney und habe erfolgreich die gesamte Kohle, die ich bei Amex verdient hatte, auf den Kopf gehauen.

Zuvor habe ich noch Juliaan Cazin, einen weiteren Freund, ins Unternehmen geholt. Er hatte sich mit der Kitesurf-Brillen-Marke JC Optics selbstständig gemacht und damit seine ersten Erfolge feiern können. Die Brillen ließ er in China produzieren und nach Deutschland importieren. Auf dieser Erfahrung wollten wir aufbauen.

Leider ist in diesem halben Jahr recht wenig passiert. Es ging erst richtig los, als ich zurückkam. Zuletzt holte ich noch Sven-Oliver Pink ins Team. Er ist einer meiner engsten Freunde und durch die Zeit bei Amex wussten wir, dass auch die Zusammenarbeit bestens funktioniert. Er arbeitete damals noch für Kienbaum Management Consulting und war nur semi-glücklich. Daher war es einfach, ihn zu überzeugen. Mit diesem Team sind wir gestartet.

Wie habt ihr eure Aufgaben aufgeteilt?

Sven hat das Marketing und die Finanzen übernommen, meine Aufgaben waren der Vertrieb und die Produktentwicklung, inklusive Einkauf. Juliaan sollte die Buchhaltung, Warenwirtschaft und das Controlling übernehmen und zu 50 Prozent mitarbeiten. Sven und ich haben uns dann jedoch alles über den Schreibtisch zugerufen, aufgeteilt und entschieden, so dass Juliaan, der zu dem Zeitpunkt nur unregelmäßig vor Ort war, seine Rolle leider nie gefunden hat. Daraufhin meinte er: „Okay, ihr macht einen Riesenjob. An einer anderen Stelle habe ich einen größeren Hebel." Er ging dann auf Reisen und hat inzwischen zwei Hostels und eine erfolgreiche Kite-Schule in Tarifa, lebt in Spanien und macht sich da ein gutes Leben.

Olivers Aufgabe war der Finanzplan. Er hat in der Schweiz gearbeitet, war aber trotzdem immer sehr nah dran. Aktuell arbeitet er halbtags bei uns und baut mit der anderen Hälfte der Zeit einen eigenen Hedgefonds auf und sucht nach interessanten Startups für unsere kleine Investmentgesellschaft. Vor allem unsere Vertriebspower kann für kleine Handelsunternehmen einen ordentlichen Schub nach vorne bedeuten.

Was waren die nächsten Schritte? Wie seid ihr zu den ersten Rucksäcken gekommen?

Wir sind auf die Internationale Sportartikelmesse in München gefahren. In einer Halle präsentieren sich die Produzenten. So sind wir damals an die chinesischen Produzenten für die erste Charge Rucksäcke gekommen und an eine erste Kosteneinschätzung. Das Produkt wollten wir in sechs Ausführungen anbieten und die Mindestabnahmemenge, die unsere chinesischen Produzenten akzeptierten, war 1 000 Stück pro Farbe. So kamen wir auf eine Summe von 240 000 Euro. Jeder hat dann 60 000 Euro in den Pott geworfen. Ich hatte mein Erspartes ja größtenteils in Australien aufgebraucht und habe daher 50 000 Euro "Startgeld" bei der KfW aufgenommen und 10 000 Euro habe ich bei meiner Familie geliehen. Damit hatten wir das Geld für die ersten 6 000 Rucksäcke zusammen.

Die Finanzierungsmöglichkeiten Business Angels und Venture Capital kannten wir nicht. Um Kosten zu sparen, gaben wir unsere Wohnungen auf und nahmen uns ein Büro, in dem wir auch schlafen konnten. In so einem Moment lernt man eine Dusche im Büro wahrlich zu schätzen.

Auch hatten wir keine Designer. Zwar hatten wir unsere Physiotherapeutin, die etwas am Trägersystem entwickelt hat und eine Zusammenarbeit mit der Uni Gießen, doch die konnte uns beim Design auch nicht helfen. Letztlich haben wir selbst entschieden, mit welchen Blümchen und Farben das Design gestaltet werden soll. Ich war dann zweimal in China, bis unser Produkt einigermaßen final war.

Und dann hattet ihr plötzlich 6 000 Rucksäcken im Büro liegen?

Nein, wir hatten die Logistik von Anfang an outgesourct. Unser erster Logistikpartner ist aber relativ schnell an den Zuwachsraten gescheitert. Ich will ihm keinen Vorwurf machen, er ist ein toller Mensch, aber er hat eben nicht investiert. Jetzt arbeiten wir mit einem Lager in Bergheim zusammen.

Wie habt ihr dann eure ersten Kunden gefunden?

Ich habe einfach bei Schultaschenhändlern angerufen, ihnen die neue ergobag-Schultasche erklärt und gefragt, ob wir vorbeikommen dürfen. Die meisten haben ja gesagt. Zu diesem Zeitpunkt hatten wir vom Handel oder Schultaschen keine Ahnung und die ersten Produkt-Samples aus China waren eine Katastrophe. Bestellt hatten wir ein schlichtes, dunkelblaues Material für

Führungskraft

Eine gute Führungskraft (...) muss sich selber gut organisieren können um andere zu organisieren und deren Aufgaben zu priorisieren.

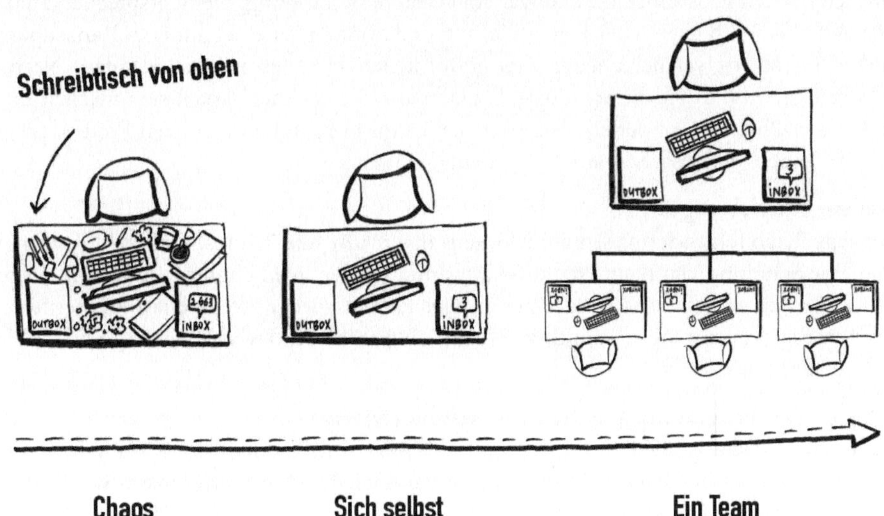

die Jungs. Das Sample bestand aus einem lila Stoff mit Glanzeffekt. Welcher Junge möchte mit so einer Tasche in die Schule? Glücklicherweise wurde dieser Fehler in der Lieferung behoben.

Bei vielen Startups ist das Problem der Vertrieb, weil die Gründer zu lange an ihren Produkten feilen. Unser Designer hat einmal versucht, eine wirklich tolle Jagdjacke an den Markt zu bringen. Ich habe ihm gesagt: „Geh zum Händler." Er meinte: „Nein, der Reißverschluss ist noch nicht perfekt. Den muss ich noch ein bisschen verändern." Solche Stories habe ich schon oft gehört. Wir sind einfach mit den ersten, nicht perfekten Rucksack-Samples los.

Dann kam der erste Vertriebstag. Ich hatte drei Termine. Der Händler „Ranzenfee & Koffertroll" in Rheda-Wiedenbrück hat gleich 18 Schultaschen bestellt. In Driburg meinte der Händler: „Klingt super, aber gucken Sie, wie viele Schultaschen wir jetzt schon haben. Da ist kein Platz für eine neue Marke." Aber der Ranzen Shop 24 in Paderborn – der dritte Termin – hat sofort 60 Stück bestellt. In Summe also 78 Vorbestellungen an einem Tag. Ich dachte, wenn das so weitergeht, muss ich nur 100 Händler gewinnen und die 6 000 Rucksäcke sind weg. Aber so einfach war es leider nicht. Auf jeden Fall hat es Mut gemacht. Und ich bin die ganze Woche weiter durch die Gegend gefahren und habe verkauft, verkauft und verkauft.

Die Ranzenpartys haben uns extrem geholfen, unsere Rucksäcke den Endkunden vorzustellen. Meine erste Ranzenparty war in Mönchengladbach. Ich hatte sechs Samples dabei. Über alle Hersteller hinweg wurden 30 Produkte verkauft – zwölf davon waren ergobags. Unsere Schultaschen kamen auch bei den Kids super an. Das war eine weitere Bestätigung. Dementsprechend habe ich dann gesagt: „Okay, ab jetzt geht's jeden Samstag und Sonntag zu einer anderen Ranzenparty."

Zudem haben wir versucht, jeden neu gewonnenen Händler auch zu schulen. Nach dem ersten Verkaufstermin folgte die Schulung. Da saß dann die gesamte Verkaufsmannschaft und wir haben ihnen erzählt, warum der ergobag so genial ist und was ihn von anderen Produkten unterscheidet. So haben wir unseren Markt aufgebaut.

Wie lief ein Vertriebstag ab?

Die Tage liefen folgendermaßen ab: Morgens um 7 Uhr fuhr ich los. Der erste Termin um 8 Uhr war eine Schulung, dann ein Neukundentermin, wieder eine Schulung in der Mittagspause, weil der Laden da eh geschlossen ist. Nachmittags kamen wieder zwei Neukundentermine und nach Ladenschluss eine weitere Schulung. Abends ging es im Büro weiter bis tief in die Nacht. So liefen die ersten Monate ab …

… ein intensives Programm. Wie hast du dich motiviert?

Wenn ich morgens um 7 Uhr wieder auf dem Weg zum Kunden war, dann habe ich schon mal gedacht „Mann, bin ich alle." Aber wenn dir dann wieder eine Mutter mailt, wie froh sie sei, dass sie den ergobag gefunden habe und ihre kleine Leonore total stolz auf ihre neue Tasche sei, dann denkst du: „Wow – dafür mach ich's!"

Wie wichtig war Feedback für euch?

Wir haben allen Stakeholdern sehr gut zugehört. Ich glaube, das hat uns extrem stark gemacht. Und das war auch zwingend nötig, eben weil wir damals keine Ahnung von der Materie hatten.

Ein Beispiel aus dem ersten Vertriebstag: Ich saß bei Thorsten Klahold in Rheda-Wiedenbrück und habe ihm von dem Angebot des Einkaufsverbands Duo Schreib & Spiel erzählt. Die wollten unsere Produkte direkt platzieren und den Großhandel beliefern. Thorsten meinte: „Ich nehme die Bestellung zurück, wenn du mit Großhändlern zusammenarbeitest. Du hast keine Kontrolle darüber, an welchem Point of Sale du nachher stehst und kannst nicht schulen. Dabei habt ihr ein erklärungsbedürftiges Produkt. Eine 60-jährige Verkäuferin, die seit 30 Jahren Scout verkauft hat, wird eure Schultaschen nicht anfassen, weil sie Angst hat die Fragen der Kunden nicht beantworten zu können." Nach dem Termin, hatte ich eine Liste mit 20 Punkten. Das Feedback haben wir uns sehr zu Herzen genommen.

Den Kindern haben wir auch genau zugehört. Eine Achtjährige meinte „Wie konnte ich eigentlich so doof sein, damals? Eine pinke Schultasche mit einem weißen Hasen drauf. Und jetzt muss ich noch zwei Jahre damit rumlaufen." Klar, Eltern kaufen die Schultasche für die ersten vier Jahre. Das Design muss sich mit dem Kind entwickeln können. Darum nähen wir den weißen Hasen nicht fest auf die Tasche, sondern befestigen ihn mit Klett. Die Kiddies können damit das Design einfach ändern.

Aber auch den Produzenten haben wir zugehört. Beispielsweise bestellen manche Rucksackhersteller 100 Produkte in 100 Farben und nehmen pro Produkt wenige hundert Stück ab. Wir dagegen haben zwei Produkte in zehn Farben und bestellen mehrere tausend davon. Damit kann der Produzent viel effizienter fertigen und dafür lieben sie uns.

Den Schulranzenmarkt hatten drei große Hersteller fest in ihren Händen. Ist es nicht aussichtslos, in solch einen Markt eintreten zu wollen?

Vielleicht ist es sogar einfacher, in einen Markt zu gehen, in dem drei fette Gorillas sitzen, die den Markt aufgeteilt und es sich gemütlich gemacht haben. Im Technologiebereich dagegen, nehmen wir Mobile Payment als Beispiel, gibt es mehrere Top-Teams in Tel Aviv, Silicon Valley oder Berlin, die an Lösungen arbeiten. In diesem Umfeld musst du der Schnellste sein und das beste Produkt an den Markt bringen. Wir hatten den Vorteil, dass man uns nicht ernst genommen hat.

Und die drei Gorillas haben selbst keine Innovation hervorgebracht?

Die letzte Innovation war die bunte Schultasche aus Polyester. Die kam vor 30 Jahren und seither hat sich nichts mehr getan. Sie haben den Markt auch schlau geschützt. In jeder Ranzen-Broschüre stand: Ein Rucksack hat in der Grundschule nichts verloren. Da haben sich Eastpak, Nike & Co gesagt, also in den Schulranzen-Markt in Deutschland brauchen wir erst gar nicht gehen. Die Deutschen wollen einen Tornister. Aber stimmt das wirklich? Gut, im Tornister knicken die Hefte nicht. Aber was ist mit dem Kinderrücken?

Wie haben die Wettbewerber reagiert?

Mittlerweile bieten die meisten Wettbewerber Rucksäcke mit Tragesystem an. Die heißen dann Ergoflex, Flexline oder Ergotrek. Mit diesen Produkten widersprechen sie allerdings ihrem eigenen Glaubenssatz: Kein Rucksack in der Schule. Damit weichen sie ihren Markt auf. Zudem verraten die Namen es schon: Es sind Kopien. Kunden und Händler sehen das natürlich auch. Jedes Jahr werden in Deutschland 500 000 Qualitäts-Schultaschen im Einschulungsbereich gekauft. Im ersten Jahr haben wir rund 6 000 Produkte abgesetzt, im zweiten Jahr 10 000 und 2013 gehe ich von 50 000 aus. Das Segment der ergobags wird weiter wachsen und die klassischen Schulranzen langsam verschwinden. Als First Mover sind wir in einer guten Ausgangsposition, um davon zu profitieren. Aber auch wir müssen innovativ bleiben …

… wie stellt ihr das sicher?

Wir müssen den ergobag weiterentwickeln. Das Trägersystem wurde intensiv überarbeitet und das Verstellen der Höhe erleichtert. Mit dem Fraunhofer-Institut entwickeln wir gerade ein Hemd, das die Wärmeentwicklung und Druckpunkte bei Kiddies aufzeigt. Damit können wir das Tragesystem noch ergonomischer gestalten.

Aber nicht nur im Produkt, sondern auch im Vertrieb, Marketing und Kundenservice wollen wir innovativ sein und uns von den Wettbewerbern abgrenzen. Beispielsweise holen wir uns über Facebook Kundenfeedback zu neuen Designs.

Gorillas

Und natürlich bleiben wir immer mit dem Ohr am Vertrieb. Ich war selbst erst letzte Woche beim Kunden. Oder vor einigen Wochen waren wir auf einer Messe in Tokio, um nach neuen Trends zu schauen.

Welche weiteren Mittel brauchtet ihr zusätzlich zu den ersten 240.000 Euro? Und wie habt ihr diese finanziert?

Zur Vorfinanzierung der Ware und zum Aufbau des Unternehmens benötigten wir zusätzlich 1,2 Millionen Euro. Die Investition kam von Jürgen Hambrecht, dem ehemaligen CEO von BASF. Rund 500.000 Euro waren eine atypisch stille Beteiligung und 700.000 Euro ein Darlehen. Seitdem arbeiten wir sehr eng und vertrauensvoll mit der Commerzbank zusammen, die unser starkes Wachstum finanziert und uns wirklich den Rücken frei hält.

Und wie kam der Kontakt zu Jürgen Hambrecht zustande?

Über einen Businessplanwettbewerb lernten wir ihn kennen. Wir nahmen an unterschiedlichen Wettbewerben teil. Das kann ich jedem nur empfehlen. Es schadet nicht, einen Businessplan zu schreiben und intensiv das eigene Konzept zu durchdenken. Wir konnten den Weconomy-Wettbewerb vom Handelsblatt gewinnen und als Preis gab es ein Wochenende mit Top-Managern. Dort trafen wir Jürgen Hambrecht. Er meinte: „Jungs, schickt mir euren Business- und Finanzplan, dann treffen wir uns noch einmal und kriegen die Finanzierung schon hin."

Was meinst du, warum hat er sich für euch entschieden?

Wegen des Teams. Herr Hambrecht hat sich sein Leben lang für Menschen entschieden und dabei seinem Bauchgefühl mehr vertraut als seinem Verstand. Hinzu kamen 6 000 verkaufte Produkte und 100 Händler im Netzwerk, damit haben wir unsere Vertriebspower bewiesen. Zudem sind wir bei der Finanzierung der ersten Phase selbst ins unternehmerische Risiko gegangen und haben diese Einlagen auch im Unternehmen gelassen. Das kam an. Auch benötigten wir die Finanzierung hauptsächlich zur Vorfinanzierung der nächsten 12 000 Produkte. Wir haben das Geld ja nicht in teure Autos und Werbekampagnen gesteckt. Diese Mischung war wohl ausschlaggebend.

Hinzu kommt, dass wir unsere Produktidee innerhalb von 30 Sekunden erklären können. Ich war letztens selbst in der Jury bei einem Businessplanwettbewerb in Berlin. Ich sollte das Potenzial eines neuen Edelmetalls für den Fahrzeugbau bewerten. Nur, um einen ersten Prototypen zu bauen sind weitere vier Jahre wissenschaftliche Forschung notwendig. Ob ich da investieren sollte, könnte ich gar nicht bewerten.

In den letzten Jahren seid ihr schnell gewachsen. Wie habt ihr das Unternehmen von vier auf 54 Mitarbeiter skaliert?

Mit dem Einstellen neuer Kollegen haben wir lange gewartet. Mein Standpunkt war: Lasst uns am Kostenplan festhalten und dafür lieber länger arbeiten. Doch auch das hat seine Grenzen.

2011 haben wir uns mit einer relativ schmalen Mitarbeiterdecke „durchgewurschtelt", bis wir gemerkt haben, dass so ein starkes Wachstum nicht mehr ohne weitere Mitarbeiter zu stemmen ist. 2012 fingen wir an, umfangreich einzustellen. Im Januar waren es sechs bis sieben Mitarbeiter. In den folgenden Monaten kamen dann rund zwei bis drei neue Mitarbeiter pro Monat dazu. Seit Anfang 2014 beschäftigen wir etwas mehr als 50 Mitarbeiter und haben damit ein ganz gutes Niveau erreicht. Zukünftig wollen wir uns hauptsächlich im internationalen Vertrieb und in der Entwicklung verstärken.

Wie findet ihr die passenden Mitarbeiter?

Es gibt eine Formel, um den passenden Mitarbeiter zu erkennen. Stell dir vor, du triffst einen Mitarbeiter im Supermarkt. Du siehst ihn, er dich aber nicht. Was machst du? Erste Möglichkeit: Du willst dich hinter einem Regal verstecken, wenn du ihn siehst. Diesen Mitarbeiter sollte man niemals einstellen, selbst bei außergewöhnlichen fachlichen Fähigkeiten. Zweite Möglichkeit: Du gehst einfach weiter und dir ist es egal, ob er dich sieht. Im Zweifelsfall grüßt du ihn. Auch in diesem Fall sollte man den Mitarbeiter nicht einstellen. Die letzte Möglichkeit ist, du freust dich ihn zu sehen, hältst etwas Smalltalk mit ihm, und dann geht jeder seines Weges. Nur diese Mitarbeiter sollte man sofort einstellen.

Zu Beginn sind wir diesem Prinzip gefolgt. Die menschliche Seite war uns wichtiger als die fachliche, und wir haben viele junge Absolventen und Personen aus unserem Umfeld eingestellt. Dabei haben wir darauf vertraut, dass sie ihre Rolle finden werden. Meine Schwester hat beispielsweise bei uns ihre Ausbildung gemacht und mein Bruder ist inzwischen unser Vertriebsleiter. Svens Bruder leitet das Produktmanagement und seine Frau das Marketing. Das waren die ersten Mitarbeiter – alle aus der Family.

Seit Frühjahr 2013 haben wir bewusst angefangen Know-how-Träger zu holen. Beispielsweise haben wir Michael Eisenbach von Porsche Consulting für uns gewinnen können oder mit Klaas Schröder einen Marketing-Profi von Eastpak mit über zwölf Jahren Berufserfahrung. Auch für den Vertrieb konnten wir Mitarbeiter mit teilweise 20 Jahren Erfahrung ins Unternehmen holen. Damit bringen wir ergobag auf eine neue Stufe der Professionalität.

Wie hat sich die Führung und Steuerung des Unternehmens verändert?

Das Büro in der Subbelrather Straße, welches schon unser zweites und ungemein größer als das vorherige war, lag in der ersten Etage und hatte 170 Quadratmetern. Drei Monate später haben wir die dritte Etage dazu genommen und nach weiteren drei Monaten haben wir das Erdgeschoss bezogen. Glücklicherweise wurde immer dann eine Etage frei, als wir sie brauchten. Aber wir haben schnell bemerkt, dass zwischen den Etagen viel Kommunikation verlorengeht. Darum haben wir uns für die 1 000 Quadratmeter Bürofläche in der Venloer Straße in Köln entschieden. Und heute sind alle Büros belegt.

Auch sonst hat sich extrem viel verändert. Irgendwann merkst du, dass du deine Rolle nicht mehr durch das Erhöhen des eigenen Arbeitspensums ausfüllen kannst, weil du beispielsweise gleichzeitig in Asien die Produktion checken musst und dem Team in Köln als Ansprechpartner zur Verfügung stehen willst. Von mehreren Teams und Mitarbeitern bekamen wir das Feedback, dass sie in Summe happy und zufrieden sind, nur am Informationsfluss mangele es. Da mussten wir handeln. Wir zogen eine zweite Führungsebene ein: Produktmanagement, Innendienst, Vertrieb und Marketing. In jedem Bereich bauten wir Führungskräfte und Teams auf. Im Marketing hast du beispielsweise die Teams für Webdesign, Kommunikations-PR und Anzeigen oder im Produktmanagement sind es Einkauf und Design am Produkt. Darüber hinaus bauen wir gerade einzelne Business Units (z. B. Kids, Streetwear, Fashion etc.) mit eigenen Kompetenzteams auf. Zudem haben wir in 2013 halbjährliche Personalgespräche eingeführt, um Ziele festzulegen und den Erreichungsgrad zu checken. Aber auch auf weiche Themen legen wir großen Wert. Und mit dem neuen ERP-System haben wir unsere Prozesse auf ein neues Niveau gehoben.

Inzwischen haben wir auch eine Meeting-Kultur etabliert. Es gibt jede Woche Teammeetings und zumindest mit einigen Personen Einzelgespräche. Das hat extrem viel verändert. Wenn um 13 Uhr Meeting ist, dann bin ich auch um 13 Uhr da. Sonst sagen die anderen „hey, wie gehst du mit meiner Zeit um. Entweder rufst du an, oder du schreibst, wenn du zu spät bist. Sonst sei bitte auch pünktlich." Die neue Verbindlichkeit ist eine echte Veränderung. Das war anfangs nicht so. Einmal im Monat haben wir ein Meeting mit allen Mitarbeitern und geben ein Status-Update.

ORGANISATION, um

Projekte wie am Fließband zu starten

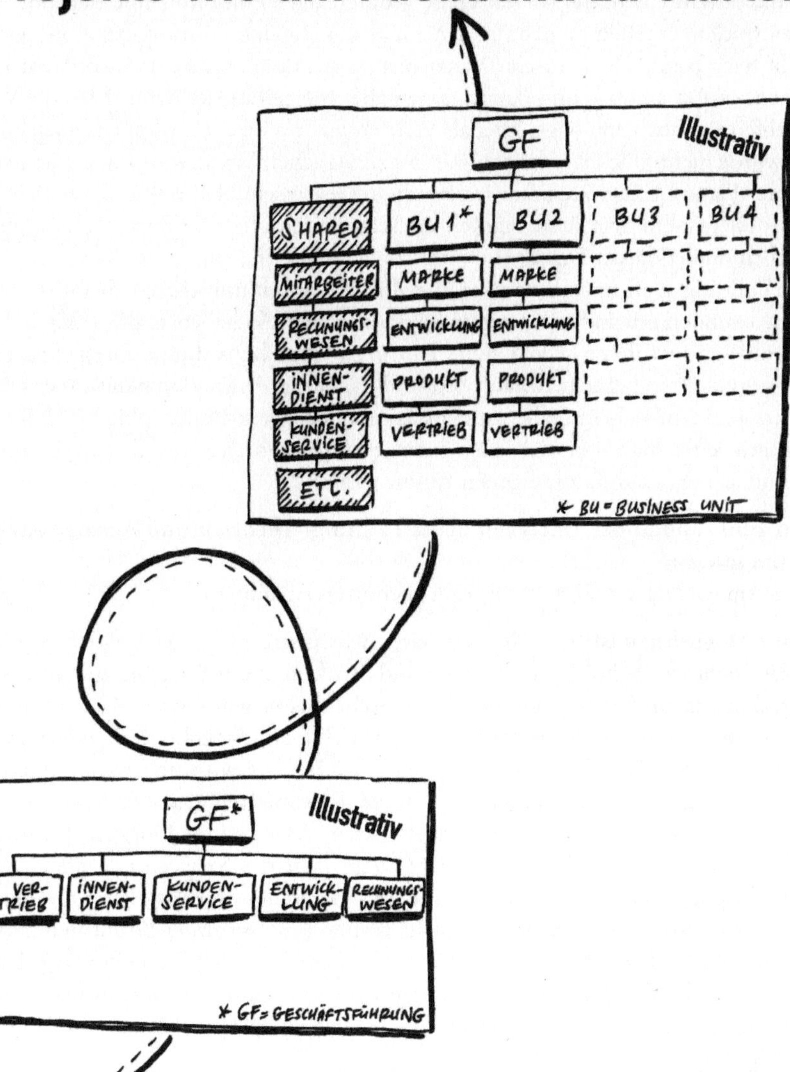

Aber auch auf gemeinsame Aktivitäten legen wir viel Wert. Beispielsweise spielen wir im Hof Speedminton oder wir grillen. In 2013 waren wir mit dem ganzen Team ein Wochenende in Holland segeln und 2014 geht's zum Kitesurfen nach Tarifa. Diese Kombination aus einer Nice-and-easy-Startup-Kultur, mit Kicker und Tischtennis, und die zunehmende Professionalisierung ist eine tolle Mischung.

Was waren die Herausforderungen beim Aufbau des Führungsteam?

Du musst dich ganz klar fragen: Welches Teammitglied kannst du zu einer Führungskraft entwickeln? Ein ganz sensibles Thema. Damit würde ich mich wirklich auseinandersetzen. Manche Mitarbeiter, die extrem viel in der frühen Phase geopfert haben und nun eine tragende Rolle im Unternehmen spielen, erheben manchmal den Anspruch auf eine Führungsposition, obwohl ihr Naturell nicht dazu passt. Einer unserer Vertriebler ist wirklich bombastisch. Er steht vor zehn Verkäuferinnen, erklärt ergobag und danach sagen alle, wie geil ist der denn. Klar, die Verkäuferinnen empfehlen nur noch ergobags. Aber als Vertriebsleiter wäre er im Moment noch eine Katastrophe und würde nicht glücklich werden mit der zusätzlichen Verantwortung. Er ist der größte Schussel unseres Planeten. Es wäre natürlich falsch ihn gegen sein Naturell zum Vertriebsleiter zu machen. Stattdessen sollte man seine Stärken im Vertrieb fördern. Die Entscheidung muss man offen ansprechen und erklären. Das ist ein wirklich wichtiges Thema.

Eine gute Führungskraft muss Empathie und Zuverlässigkeit mitbringen. Sie muss sich selber gut organisieren können um andere zu organisieren und deren Aufgaben zu priorisieren. Und wir, die Gründer müssen mit ihnen regelmäßige Führungs-Workshops durchführen. Die Entwicklung von Führungskräften braucht einfach Zeit und die nötige Aufmerksamkeit. Aber schon sehr schnell können sie einem viele Aufgaben abnehmen und die eigene Philosophie ins Unternehmen tragen. Alternativ kann man natürlich auch externe Führungskräfte anwerben. Hier muss man natürlich darauf achten, dass sie zur eigenen Kultur passen.

Konntest du zum Aufbau der Unternehmensstrukturen Theorien und Ansätze aus deinem BWL-Studium nutzen?

Weniger... Am wichtigsten ist es wohl, Excel benutzen zu können …

… Eine andere Möglichkeit ist es, nach einer ersten Wachstumsphase erfahrene Executives und MBAs ins Unternehmen zu holen, um Prozess und Strukturen auf Effizienz zu trimmen …

Den Weg sind wir mit Michael Eisenbach, unserem ehemaligen Porsche-Consulting-Berater gegangen. Er kennt sehr gut mit Prozessen aus und hat eine unheimliche Kompetenz im Bereich Logistik, weil er schon fünf Logistikunternehmen optimiert hat. Hin und wieder muss ich ihn aber auch bremsen. Beispielsweise meinte er, unsere Telefonzeiten seien zu lang, die müssten wir verkürzen. Da habe ich mein Veto eingelegt. Unsere Mädels und Jungs im Kundenservice sind Menschen und keine Roboter. Wir wollen auch nicht das Serviceteam verkleinern, sondern in jedem Gespräch möglichst weitere Produkte verkaufen – und das Ganze mit der netten, charmanten ergobag-Art in der Stimme. Beim Etablieren professioneller Strukturen darf unsere Kultur nicht auf der Strecke bleiben, sonst wären in einem Jahr 15 Mitarbeiter weg. Deswegen müssen wir als Gründer die Professionalisierung gestalten und können diese Aufgabe nicht einfach blind den Executives und MBAs übertragen.

Wie haben sich deine Aufgaben seit der Gründung verändert?

Ich fahre jetzt nicht mehr jeden Tag raus und führe Neukundengespräche, gebe Schulungen oder verkaufe auf den Ranzenpartys. Vieles übernimmt jetzt unser Führungsteam. Jeder ist für seinen Bereich verantwortlich, muss für eine hervorragende Unternehmenskultur sorgen und die Leitlinien für sein Team vorgeben. Wir Gründer können jetzt auch mal auf eine Messe nach Tokio gehen oder einen Rucksack für Studenten entwickeln und ihn „pingponq" nennen. Diese Freiheiten haben wir jetzt.

Wie geht es weiter?

Anfangs dachten wir: Es ist cool, etwas über zwei oder drei Jahre aufzubauen und dann ein neues Projekt zu starten. Das sehen wir immer noch so. Gerade haben wir ein neues Projekt gestartet, die Familienbande. Das ist ein Fachhandelskonzept für Babyprodukte, und der Pilotstore wurde 2013 in Freiburg eröffnet. Im Juli 2014 folgte der nächste in Baden-Württemberg, und aktuell suchen wir nach einer Fläche für das dritte Geschäft in einer der großen deutschen Städte. Für die Startphase konnten wir teilweise auch die ergobag-Struktur nutzen. Genauso bei den neuen Marken pingponq, Tivity und Affenzahn. Warum sollten wir uns den Stress der letzten drei Jahre ein zweites Mal antun und die gesamte Organisation noch einmal auf der grünen Wiese hochziehen? Stattdessen könnten wir alle Mitarbeiter in einer übergeordneten GmbH zusammenführen und für die einzelnen Produktmarken, wie ergobag, pingpong & Co, einzelne Business Units gründen. In diesen Geschäftseinheiten haben die jeweiligen Vertriebs-, Marken-, Produktmanager und Entwickler den Hut auf und greifen parallel auf gewisse „Shared Ressources" zu. Mit dieser Infrastruktur könnte man neue Projekte wie am Fließband starten. Wir haben noch unfassbar viele Ideen für Taschen, die die Welt noch braucht.

Florian, wir danken dir für das Gespräch.

fritz-kola
Mirco Wolf Wiegert

Ein Gegenentwurf zur „Allerwelts-Cola"

Einmal Cola, immer Cola? Muss das wirklich sein? Die Antwort von Lorenz Hampl und Mirco Wolf Wiegert lautet: nein! Bereits als Studenten fassen sie im Jahr 2002 den Beschluss, eine andere Cola auf den Markt zu bringen. Ihre Kola. Die fritz-kola. Sie lagern die ersten Kisten in Waschräumen und Wohnungskellern und tingeln in Hamburg von Bar zu Bar. Mit Erfolg: Die Gastronomen freuen sich über die alternative braune Brause. Ihr schwarz-weißes Unternehmenslogo gestalteten Hampl und Wiegert selbst. Aus Mangel an Kapital und Furcht vor Urheberrechtsproblemen ließen sie von ihren Köpfen einen Scherenschnitt anfertigen. Fertig war das Design. Das Auftreten und die Idee der beiden Jugendfreunde kam in der Szene immer besser an: Im Februar 2003 gründeten sie die fritz-kola Hampl und Wiegert GbR, 2004 nahmen die Hamburger Frucht-Limonaden mit in ihr Angebot auf. Seit 2005 geht fritz-kola nicht mehr ausschließlich im Direktvertrieb über die Theke, sondern hat auch den Weg in den Getränkefachgroßhandel gefunden. Produziert werden fritz-kola und die Limonaden von verschiedenen Lohnbrauereien. Die Produkte haben inzwischen Kultstatus erreicht und sind über die deutsche Landesgrenze hinaus bekannt. Zum Thema Abfüllmenge und Umsatzzahlen hüllen sich Hampl und Wiegert bewusst in Schweigen. Fest steht nur: Bereits seit geraumer Zeit haben die Hamburger die Millionengrenze bei der Zahl der jährlich abgefüllten Flaschen überschritten.

· ·

Wie seid ihr auf den Pfad des Unternehmertums gekommen?

Lorenz und ich kennen uns bereits seit 30 Jahren. Wir waren schon gemeinsam bei den Pfadfindern – mit Gitarre und Lagerfeuer. Lorenz hat nach der Schule eine Ausbildung zum Industrieelektroniker und ich eine zum Speditionskaufmann gemacht. Danach haben wir studiert: Er Medientechnik, ich Außenwirtschaft. Als unsere Studien dem Ende entgegengingen und klar war, dass wir wieder arbeiten müssen, verfestigte sich der Gedanke: Wenn wir schon wieder ran müssen, dann aber nicht selbstausbeutend. Ein schöner Tag mit nicht zu viel Arbeit, um uns herum Leute, die wir mögen, und an Dingen arbeiten, die uns Spaß machen – so war unsere Vorstellung. Aber wir wussten noch nicht, was wir machen sollten. Wir sind dann auf eine Interrail-Tour gegangen und haben angefangen, ein Ideenbuch zu führen. Darin haben wir alle möglichen Ideen notiert: Coffee Shop, Hostel, Putzkolonne.

Warum habt ihr euch für Kola entschieden?

Es hat nichts mit neuen Medien oder Computern zu tun. Denn wir kommen ja nicht aus der Techszene. Die Kola hat schlicht den meisten Spaß versprochen: arbeiten und viel in Cafés und Bars unterwegs sein. Dazu kommt: Wir können etwas produzieren, es haptisch erleben. Und Kola trinken alle gerne. Die Herausforderung war sicherlich auch ein Kick. Wir haben immer geunkt, dass es doch möglich sein muss, eine bessere Kola zu machen als die große Bekannte. Also haben wir uns herangewagt.

Was waren eure ersten Schritte?

Zunächst haben wir auf Papier aufgeschrieben, was wir gerne hätten: Nicht so süß, höhere Koffeinmenge und einen Hauch Zitrone. Dann haben wir einfach Kola-Rezepte gegoogelt. Mit der Zutatenliste, unter anderem Coca-Blätter und Koffein, gingen wir zu einer Apotheke. Der Apotheker hat uns sofort wieder hinausgeworfen. Wir waren branchenfremd und uns wurde schnell klar, dass wir jemanden brauchen, der uns hilft, das Rezept zu entwickeln. Wir haben dann so lange quer durch Deutschland telefoniert, bis wir jemanden gefunden hatten, der uns für einen schmalen Taler hilft. So konnten wir die ersten „Testobjekte" erstellen. Das war im Herbst 2002. Zu dieser Zeit habe ich in einem Studentenwohnheim gewohnt. An einem Barabend haben wir zwei Geschmacksmuster dem Praxistest unterzogen. Wir haben unsere Kola in Bierflaschen abgefüllt und im Kopierladen Etiketten gedruckt. Die Partner für den Kola-Testlauf waren Rum und Whisky. Danach haben wir uns für eine Rezeptur entschieden und zeitnah die Produktion der ersten 170 Kisten fritz-kola beauftragt. Im Januar 2003 haben wir die Kisten mit einem gemieteten Lastwagen abgeholt und sie in allen verfügbaren Kellern und Garagen gelagert. Meine Eltern standen nur kopfschüttelnd da: „Jung, warum tust du dir das an?"

Wie ging es weiter?

Es war klar: Wir wollen selbstständig werden. Und wie das funktioniert, müssen wir jetzt lernen. Dass daraus etwas so Großes wird, war nicht geplant. Vielmehr dachten wir, dass es ein Projekt ist, durch das wir die Grundlagen der Selbstständigkeit lernen. Danach wollten wir etwas Neues machen.

Wie habt ihr euch vorbereitet?

Durch mein Außenwirtschaftsstudium wusste ich, was in einen Geschäftsplan muss und hatte ein Grundverständnis von Marketing. Den Geschäftsplan haben wir allerdings nicht in epischer Breite ausgearbeitet, er war nur eine Seite lang. Wir haben darin die wichtigsten Themen abgehandelt, an denen wir uns dann später grob orientiert haben. Das hat auch völlig gereicht für die ersten Schritte.

Welche Aspekte habt ihr in eurem Geschäftsplan aufgelistet?

Womit verdiene ich Geld? Decken die Einnahmen meine Kosten? Die zentralen Fragen eben. Ich sehe häufig Gründer, die einen 40-seitigen Geschäftsplan schreiben, viel Marktforschung machen, aber noch nicht ein Produkt verkauft haben. Das ist meiner Meinung nach des Guten zu viel. Aber ein kompakter Geschäftsplan ist sicherlich notwendig. Wer sind unsere Kunden? Wie muss ich mein Produkt aufgestellt haben? Was darf das Produkt kosten? Was muss ich erlösen? Wie erreiche ich die Kunden? Wie sind die Abläufe? Was mache ich dafür, dass die Kunden mich mögen? Man muss sich einmal mit seinem Partner auf die Inhalte verständigen und den Plan dann als Leitlinie nehmen. So kommt man über die ersten Monate, vielleicht sogar Jahre. Wir machen auch jetzt immer noch jedes Jahr einen Plan. Er ist für uns sehr wichtig. Ohne den Plan würde ich nicht in ein neues Jahr starten. Unsere Mitarbeiter sind involviert, alles hat Hand und Fuß. Im ersten Plan standen noch sehr viele Schätzungen und Annahmen.

Ein wichtiger Teil beim Geschäftsstart ist die Marktanalyse. Wie habt ihr sie betrieben?

Unser Markt war Hamburg. Zu diesem Zeitpunkt war es nicht relevant, wie präzise die Zahlen sind. Grobe Schätzungen haben völlig ausgereicht.

Erster Schritt

Wir haben einfach mal Kola-Rezepte gegoogelt. Mit der Zutatenliste, unter anderem Coca-Blätter und Koffein, gingen wir zu einer Apotheke. Der Apotheker hat uns sofort wieder rausgeworfen.

Ihr seid lokal in Hamburg gestartet. Warum?

Wir kommen aus Hamburg. Hier zu starten hatte den großen Vorteil, dass man alles selbst machen konnte und einen guten Überblick behält. Wir haben dadurch schnell dazulernen können.

Markenaufbau und -entwicklung: Wie habt ihr das geschafft?

Wir hatten so gut wie kein Budget. Aber wir brauchten ein Logo und einen Namen. Wir haben zunächst eine Liste an Namen zusammengestellt, die wir für ein norddeutsches Produkt passend fanden. Damit haben wir uns vor ein Einkaufszentrum in Hamburg gestellt und die Passanten gefragt, welchen Namen sie am besten finden würden. Und dabei machte der schöne norddeutsche Name Fritz das Rennen. Eine Logo-Entwicklung kostet schnell 20.000 Euro – aber die hatten wir nicht. Also haben wir einfach unsere Gesichter im Scherenschnitt dargestellt. Das ist nicht teuer und man kann es sich für 600 Euro beim Patentamt schützen lassen. Die Entscheidung für schwarz-weiß fiel, weil das beim Druck von Werbematerial die günstige Variante ist. Und so haben wir mit kleinem Geld unsere Marke kreiert.

Wie habt ihr den Start finanziert?

Wir haben unsere Bausparverträge aufgelöst. Das hat uns 7.000 Euro gebracht. Diese Summe war unser Startkapital und wir haben viele Jahre kein weiteres Geld aufgenommen. Es hat einige Zeit gedauert, bis wir uns zum ersten Mal Geld geliehen haben. Wir haben unsere Finanzlage von Anfang an gut dokumentiert. Als wir dann das erste Mal zur Bank gegangen sind, konnten wir valide Zahlen vorlegen. Dadurch konnte die Bank sehen, dass unsere Idee solide ist und funktioniert.

Gehen wir noch einmal konkret in die Anfangszeit zurück: Am 28. Februar 2003 wird die Hampl und Wiegert GbR angemeldet. Der erste Unternehmenssitz ist ein Studentenwohnheim in Hamburg-Othmarschen. Ihr hattet eure 170 Kisten auf Lager. Wie habt ihr die nun vertrieben?

Mein Partner hatte eine Golf und ich einen alten VW Bus. Beide haben wir vollgepackt, sind von Bar zu Bar gelaufen und haben Cafés besucht. Kurz gesagt: Wir sind rumgetingelt, um unsere Kisten zu verkaufen.

Wie war die Reaktion?

Die meisten haben gesagt: Das braucht kein Mensch! Aber es waren einige dabei, die sagten, „klasse, endlich mal eine andere Cola, die probieren wir aus". Die Quote war am Anfang 1:20. Unsere Strategie war: Kauf jetzt eine Kiste und wir versprechen dir, dass wir jede einzelne Flasche wieder zurücknehmen, wenn du die Ware nicht los wirst. Die Gastronomen kannten uns nicht, wir waren zwei Studenten, die durch die Stadt gezogen sind. Natürlich hätte es sein können, das die Gastronomen vier Wochen später anrufen und keiner geht ans Telefon. Aber bei einer Kiste war das Risiko natürlich überschaubar. Wären die paar Euro weg gewesen, wäre es wohl auch kein Beinbruch gewesen. Aber so war es dann ja nicht. Im Gegenteil: Nach und nach fanden immer mehr Gastronomen die Idee gut, endlich einmal eine andere Cola zu verkaufen, statt immer nur die gleiche Brause über die Theke zu schieben.

Wie habt ihr euch professionalisiert?

Wir haben Anfang 2004 ein eigenes Lager in Ellerbek bei Hamburg bezogen. Da hieß es dann endlich Waschküchen und Kellerräume ade. Von da an konnte man deutlich sehen, wie Strukturen entstanden sind.

Bereits im Jahr 2004 habt ihr auch die Produktpalette um Fruchtlimonaden erweitert. Was war der Auslöser dafür?

Nachdem die Gastronomen erkannt hatten, dass wir wissen, was wir tun, haben sie uns gebeten, weitere Getränke zu entwickeln. So nach dem Motto: Macht doch jetzt mal das und das. Ihr könnt das doch.

Wie habt ihr sichergestellt, dass eure Entwicklungen beim Kunden ankommen? Habt ihr Verkostungen gemacht oder im eigenen Freundeskreis getestet?

Nein, nur Lorenz und ich haben die Limonaden abgeschmeckt.

Für die weitere Produktentwicklung habt ihr sicherlich mehr als 7.000 Euro gebraucht. Konntet ihr sie aus dem damaligen Cashflow finanzieren?

Wir haben uns die ersten Jahre über den Cashflow finanziert. Und wir haben auch keine Gelder herausgenommen. Wir haben fritz-kola aufgebaut, nebenher das Studium abgeschlossen und später anderswo gearbeitet, um Geld zu verdienen. Die ersten zwei Jahre haben wir fritz-kola nebenher in Teilzeit gemacht. So habe ich beispielsweise in der Buchhaltung einer Optikerkette gearbeitet.

Habt ihr Ratschläge bekommen, Geld aufzunehmen und Vollzeit an fritz-kola zu arbeiten, um schneller zu wachsen?

Ja, Ratschläge bekommt man jeden Tag. Aber unser Plan war, finanziell autark zu bleiben. Wir wollten auch nicht zu schnell zu groß werden. Denn man macht anfangs eine Menge Fehler. Unser Ansatz war, lieber auf kleinem Level Fehler zu machen, und diese auch mit unserem Geld zu bezahlen. Wenn man sich Geld leiht und direkt auf einem höheren Level bewegt, wirken sich Fehler gleich viel stärker aus.

Welche Gebiete sind besonders fehleranfällig?

Die richtigen Partner und Lieferanten auszuwählen. Oder: Die richtige Antwort auf die Frage zu finden, was mich die Produktion einer Limonade kostet. Alleine bis man die Kalkulation herausfindet, ist es ein langer Weg. Man muss richtig im Geschäft sein, bis man das Thema im Griff hat. Ein konkreter Fehler: Wir haben einige Zeit probiert, fritz-kola in Kartons statt in Kisten zu verkaufen. Das hat aber nicht funktioniert. Die Großhändler haben uns die Kartons wieder zurückgeschickt und sie standen stapelweise bei uns im Hof. Aber Fehler passieren. Man muss allerdings daraus lernen.

Seit 2005 vertreibt ihr auch über den Getränkefachhandel. Inwiefern war das wichtig? Und: Was hat sich dadurch geändert?

Wir müssen seitdem weniger selbst ausfahren. Die Getränkehändler holen sich die Ware bei uns im Lager ab und vertreiben sie an ihre Kunden weiter. Wir haben extra jemanden eingestellt, der das Lager besetzt und betrieben hat. Damit hatten wir mehr Zeit, um neue Kunden zu akquirieren und Prozesse zu optimieren. Klassische Kundenakquise ist bis heute unsere Hauptaufgabe.

Ihr seid mit der Zeit größer und größer geworden. Inwiefern spielt der Vergleich mit Coca-Cola eine Rolle?

Wenn ich in der Zeitung über das Absatzvolumen anderer Kolas und anderer Getränkehersteller lese, muss ich eindeutig feststellen, dass wir nach wie vor unter „ferner liefen" einzuordnen sind. Wir sind viel zu klein für solche Vergleiche. Berührungspunkte mit anderen großen Kolas gab es allerdings schon einmal. Wir haben vor einiger Zeit eine Posteraktion veranstaltet. Auf dem Bild trinkt ein Kussmund eine schwarz-weiße fritz-kola mit einem gelben Strohhalm Die andere Hand gießt eine rot-weiße Kola-Flasche aus. Das mit der Farbgebung war eine Anspielung auf eine andere Kola: Daraufhin haben wir Post bekommen. Inhalt: Es ist ja toll, was ihr da macht, aber lasst solche Aktionen doch bitte sein, sonst müssen wir weitere Schritte unternehmen. Wir waren erschrocken, haben uns entschuldigt und zugesagt, dass wir so eine Aktion nicht noch einmal machen. Die Poster haben wir wieder eingeholt und geschreddert.

Auch jenseits von Hamburg wird fritz-kola vertrieben. Seit 2006 in den Niederlanden, Österreich, der Schweiz und in Spanien. Hat die Story von den Hamburger Jungs auch außerhalb der Stadt funktioniert, oder hattet ihr andernorts mehr Probleme?

Nein, gar nicht. Viele Gastronomen finden gut, dass sie endlich eine Alternative haben. Sie sagen, dass ihnen die Möglichkeit gefällt, auch etwas anderes anbieten zu können. Außerdem: Wir haben sehr hochkarätige Produkte, das differenziert uns von Wettbewerbern. Denn es reicht nicht, einfach eine bunte Limonade in die Flasche zu füllen, das Produkt muss auch wirklich gut sein. Es gibt viele kleine Details, die auf den ersten Blick nicht wichtig erscheinen. Aber auf genau die kommt es an.

Worauf muss man achten?

Vor allem muss es schmecken. Und es ist erschreckend, wie viele Leute das vergessen. Wenn ich mich umschaue, finde ich viele Limonaden, die nicht lecker sind. Das macht nicht wirklich Sinn. Denn, die verkauft man einmal und das war es.

Wie habt ihr die Länder ausgewählt, in die ihr mit fritz-kola gegangen seid?

In der Regel fragen Gastronomen von sich aus bei uns an. Die Gastrowelt ist über Landesgrenzen hinweg vernetzt. Das ist natürlich gut für uns, denn so erreichen wir ohne viel Aufwand neue Kunden. Vieles ergibt sich aus bestehenden Kontakten.

Ihr seid kontinuierlich weiter gewachsen. Wie habt ihr den Schritt zu mehr Professionalisierung geschafft?

Wichtig ist: Es waren viele kleine Schritte. Bei uns war die Entwicklung auch recht langsam. Wir haben Personal angeworben, uns immer wieder fortgebildet, viel diskutiert, uns ausgetauscht, unsere Vorgehensweise besprochen, die nächsten Ziele geplant. Wir haben gemacht, was nötig ist, um voranzukommen.

Hattet ihr externe Berater oder Mentoren?

Offen gesagt: Wir sind recht „Berater-resistent". Wir halten uns auch vom Branchenaustausch fern. Lieber etwas kleiner und vorsichtiger, das ist unsere Devise. Die Masse ist nicht zwangsläufig immer der große Vorteil. Wir gehen lieber einen kleinen, sauberen Schritt nach dem anderen. Und: Mittlerweile haben wir ziemlich gute Mitarbeiter. Das ist viel mehr wert als jeder externe Berater.

Wir habt ihr eure Mitarbeiter rekrutiert?

Viele haben zunächst ein Praktikum bei uns absolviert. Wenn sie dann ihr BWL-Studium abgeschlossen haben, holen wir einige von ihnen fest zu uns. Wichtig ist für uns, dass es Personen sind, die sich an neue Themen herantrauen. Von einem BWLer kann ich erwarten, dass er sich in Themenfelder hineinarbeitet, die er nicht kennt und für die Firma eine Lösung dazu erarbeitet. Wir haben mit diesen Maßstäben und diesem Vorgehen gute Erfahrungen gemacht.

In welchem Gebiet hast du in den vergangenen Jahren am meisten gelernt?

Vor allem in der Produktentwicklung, aber auch beim Thema Mitarbeiterführung. Heute würde ich da vieles ganz anderes machen, vor allem in der Kommunikation. Mitarbeiter stellen recht viele Fragen. Das verlangt klare Aussagen und eindeutige Ansagen. Es ist ganz wichtig, dass

Details

Es reicht nicht, einfach eine bunte Limonade in die Flasche zu füllen, das Produkt muss auch wirklich gut sein. Es gibt viele kleine Details, die auf den ersten Blick nicht wichtig erscheinen. Aber auf genau die kommt es an.

man die Dinge unmissverständlich artikuliert. Doch das ist manchmal gar nicht so einfach, weil man selbst keine Antworten hat.

Was machst du denn, wenn du selbst gerade nicht weißt, wo es langgehen soll?

Ich sage: Warte einen Moment, morgen sage ich dir dazu final Bescheid. Und dann habe ich einige Stunden Zeit, mich in Ruhe damit zu beschäftigen, wie es weitergehen soll.

Irgendwann seid ihr an den Punkt gekommen, an dem ihr doch zur Bank gegangen seid und Geld gebraucht habt. Wofür habt ihr die Finanzspritze benötigt?

Wir konnten unser weiteres Wachstum ohne Investitionen nicht stemmen. Wir hatten immer mehr Kunden und stark gestiegene Anfragen. Natürlich haben wir uns dann irgendwann gefragt, wie wir dieses stetig steigende Volumen mit unseren Ressourcen noch bedienen sollen. Es war klar: Wir brauchten einige Kleinigkeiten. Gleichzeitig wussten wir aber, dass wir das Geld dafür nicht haben. Mit eigenen Mitteln aus dem Cashflow konnten wir die nötigen Investitionen aber nicht umsetzen.

Habt ihr einen Kredit aufgenommen?

Ja, ganz klassisch.

Also keine Business Angles oder Venture Capitalists (VC)?

Nein, das ist nicht unser Weg. Wir sind deshalb auch nur ab und an auf Startup-Veranstaltungen, denn da geht es ja meistens um Business Angles, Churn Rate und Burn Rate. Aber wir sind in dieser Hinsicht tatsächlich recht langweilig und traditionell.

… und erfolgreich. Ihr seid 2010 mit dem Hamburger Gründerpreis „Aufsteiger des Jahres" ausgezeichnet worden.

Wir sind schon bei der Rubrik „Gründer des Jahres" gefragt worden. Allerdings hätten wir da unsere Zahlen offenlegen müssen, das wollten wir aber nicht. Deshalb haben wir den Preis abgelehnt. Später sind wir dann noch einmal gefragt worden, ob wir die Auszeichnung als „Aufsteiger des Jahres" annehmen würden. Dazu muss man keine Zahlen offenlegen. Damit was es für uns in Ordnung.

Warum legt ihr eure Zahlen nicht offen?

Der Markt ist nun einmal beinhart. Da ist es unserer Meinung nach nicht gut, den Wettbewerb mit Informationen zu versorgen – zumindest nicht mehr als notwendig. Der interessierte Wettbewerber weiß ohnehin mehr über uns, als uns lieb ist. Aber wir wollen ihm nicht auch noch valides Zahlenmaterial liefern.

Was macht den Markt so hart?

Du hast auf der einen Seite wirklich große Mitspieler, die sehr viel Geld und Möglichkeiten haben. Auf der anderen Seite gibt es immer wieder Leute, denen es gelingt, irgendetwas in eine Flasche zu füllen, und das dann auch zu verkaufen. Es gibt dabei durchaus Kandidaten, die recht gute Limonade verkaufen.

Habt ihr schon einmal darüber nachgedacht, ein anderes Unternehmen zu kaufen? Gerade dann, wenn ein neuer Player auf den Markt kommt?

Nein, das schluckt zu viele Ressourcen, die uns an anderer Stelle wichtig sind. Wir wollen uns zunächst um uns selbst kümmern und um uns am Markt aufzustellen.

Wie geht es weiter?

Unsere Pläne lege ich nicht gerne im Detail offen. Aber es ist sicher keine Überraschung, wenn ich sage, dass wir weiter sehr gute Kola und Limonaden verkaufen wollen. Wir haben inzwischen durch unsere neuen Ressourcen andere Möglichkeiten. Wir können heute Dinge machen, die wir vor Jahren nicht machen konnten. Uns ist besonders wichtig, dass wir neben unternehmerischem Erfolg auch Freude am Arbeiten haben. Bei unserer Tätigkeit treffen wir oft andere Unternehmer oder Menschen, die wir vielleicht sonst nicht getroffen hätten. Wir sind in jedem Fall überzeugte Unternehmensgründer.

Ihr bleibt fritz-kola als Gründer also auch auf lange Sicht erhalten?

Ja.

Keine Verkaufspläne?

Wir haben im Laufe der Zeit so viel gelernt und wir haben ganz viele spannende, neue Aufgaben. Ein Verkauf ist kein Thema.

Blicken wir noch einmal auf die Anfänge zurück: Die Leidenschaft für Kola oder die Aussicht auf Selbstständigkeit – was war letztendlich die Triebfeder der Gründung?

Beides geht Hand in Hand. Auf der einen Seite war es natürlich die Leidenschaft, Unternehmer zu sein, sehr viel Verantwortung zu haben und sehr viel Arbeit. Auf der anderen Seite ist Kola, also Limonade, einfach ein sehr schönes Produkt. Sie ist lecker und man kann sie immer sehr gut trinken. Ich hätte Schwierigkeiten mit hartem Alkohol, da hätte ich Skrupel ihn zu verkaufen. Bei Limonade ist das anderes. Wir machen unsere Produkte aus Überzeugung. Das ist nicht beliebig austauschbar.

Ihr hattet beide normale Jobs. Kannst du dir vorstellen, irgendwann wieder als Angestellter zu arbeiten?

Eigentlich nicht. Ich glaube, wenn man einmal Unternehmer ist, sieht man, wie viele Möglichkeiten man hat. Du kannst aufstehen, einen Plan für die nächste Zeit machen, stimmst dich mit deinem Partner ab und legst los. Du bist sehr selbstbestimmt. Und dieser Luxus ist so groß, dass ich ihn ungern eintauschen würde. Auch wenn ich als Angestellter vielleicht mehr Geld verdienen würde. Aber Geld reicht für mich als Motivation nicht aus, um dafür meine unternehmerischen Freiheiten aufzugeben.

Aber als Unternehmer bist du abhängig von Kunden. Gab es keine Phasen, in denen du gedacht hast, dass es besser gewesen wäre, Angestellter zu bleiben?

Nein, das hatte ich nie. Ich hatte natürlich schlaflose Nächte, aber Stress, Ärger und Probleme gibt es überall mal. Letztlich liegt es an dir selbst, diese Abhängigkeiten zu beseitigen.

Welche Persönlichkeitsmerkmale muss ein Unternehmensgründer deiner Ansicht nach mitbringen?

Ein hohes Maß an Eigenmotivation und viel Ausdauer. Er darf nicht scheu sein, aber auch nicht blauäugig. Obwohl eine gewisse Blauäugigkeit auch hilft, einfach loszulegen. Ich bin der Meinung, dass sich im Prinzip jeder selbstständig machen kann, der irgendwie klar denken kann. Ich glaube aber, den meisten, die daherreden, man könne sich „ja mal selbstständig machen", fehlt der Mut. Und es ist auch eine gewisse Bequemlichkeit, die viele hindert. Denn gerade in den ersten Jahren als Unternehmer, wenn es nur langsam, oder auch mal gar nicht läuft, bedeutet Selbstständigsein dennoch viel Arbeit – besonders in Relation zum geringen Einkommen. Und wenn man Familienvater ist, und fünf Euro mehr oder weniger einen Unterschied machen, kann das ein Problem sein. Aber im Prinzip bleibe ich dabei: Jeder kann Unternehmer werden. Denn letztlich ist sich selbstständig zu machen und für sich selbst zu sorgen das Normalste der Welt.

Ich habe sehr viel Respekt vor Auswanderern, die in einem fremden Land starten und ein Unternehmen gründen.

Mirco, herzlichen Dank für das Gespräch.

Literaturtipps von Mirco Wolf Wiegert

Kotler, Philipp (2010); *Grundlagen des Marketing;* Pearson Studium

Giesinger Bräu
Steffen Marx

Einer, der auszog, um eine Brauerei in München zu gründen

Große Konkurrenz in der Bierhochburg München? Für Giesinger Bräu kein Problem! Im Jahr 2008 gründeten Steffen Marx und Tobias Weber eine kleine Münchner Privatbrauerei – in einer Doppelgarage auf einem Hinterhof in Giesing, die zuvor einem Metzger diente. Ihre ersten Kunden lockten die jungen Bierbrauer mit einer Bierdeckel-Werbeaktion in den Briefkästen der Nachbarn in ihren Hofladen. Das Besondere des Konzepts: Beim Giesinger Bräu werden Biere und Bierspezialitäten in traditioneller Weise handwerklich hergestellt. Und: Vom Brauen, über das Abfüllen bis hin zum Ausschank macht das Team von Giesinger Bräu alles in Eigenregie. Die Bierbrauer möchten die Braukultur der bayerischen Landeshauptstadt bereichern, sie konzentrieren sich auf den regionalen Vertrieb im Raum München. Inzwischen ist ein achtköpfiges Team für Giesinger Bräu im Einsatz, weiterer Personalausbau folgt. Steffen Marx lenkt die Geschicke des Unternehmens inzwischen alleine, Tobias Weber ist ausgestiegen.

Die Brauerei ist seit ihrer Gründung kontinuierlich gewachsen. Allein zwischen 2008 und 2011 stieg der Ausstoß von 200 Hektolitern auf 1 200 Hektoliter jährlich. 2014 folgte der nächste große Schritt für die Brauer aus Giesing: das eigene Brauhaus. Das bedeutet der Umzug in eine neue, moderne Braustätte – mit deutlich erweiterten Kapazitäten. Die Brau-Marschrichtung für die nahe Zukunft: 5 000 Hektoliter pro Jahr. Zusätzlich zum Bierverkauf wird es eine Gastronomie, Brauereiführungen und Braukurse geben. Auch Merchandising-Artikel gehören zum Geschäft. Die Nähe zu Münchens Biertrinkern ist eines der Markenzeichen des Unternehmens. Ein Beleg dafür, dass diese Strategie funktioniert: Giesinger Bräu ist es durch Crowdfunding gelungen, einen Teil der Finanzierung für den Unternehmensumzug zu sichern.

• •

Brauhaus-Chef oder Unternehmer: Was war dein Kindheitstraum?

Nichts von beidem. Ich habe zunächst einen ganz anderen Weg eingeschlagen. Ich bin Baujahr 1977, in Mecklenburg-Vorpommern groß geworden. Nach der Schule ging ich zur Bundeswehr, habe die Offizierslaufbahn eingeschlagen und bei der Bundeswehr studiert: Geodäsie & Geoinformation an der Bundeswehrhochschule München. 1999 bin ich aus der Bundeswehr ausgeschieden und nun Oberleutnant der Reserve. Ich wollte dann Brauwesen und Getränketechnologie studieren. Zwei Semester bin ich hingegangen. Bei einem Vorpraktikum habe ich schließlich Tobias Weber, einen Braumeister, kennengelernt. Wir sind oft in den Hirschgarten gegangen, einen Biergarten in München-Neuhausen. Bei sechs Maß hat man so manch gute Idee … Wir sagten uns: „Was die anderen können, das können wir auch." Allerdings wollten wir nicht nur einfach Bier brauen, sondern beispielsweise mit Fruchtbieren experimentieren. Darum haben wir uns „Bierlaboratorium" genannt. So hat alles angefangen. Das war im Jahr 2005.

Was waren eure nächsten Schritte?

Wir haben eine Annonce geschaltet: „Suchen kleine Brauanlage." Die Anzeige hat uns schon einmal 100 Euro gekostet. Und dann läufst du diesem Hunderter hinterher, du willst das Geld nicht in den Sand gesetzt haben. Wir fanden schließlich einen kleinen Raum, um die Anlage aufzustellen. Es war eine Doppelgarage in einem Giesinger Hinterhof. Früher waren dort die Kühlräume eines Metzgers. Wir haben renoviert, die Elektrik neu gemacht und unser Anlage aufgebaut.

Tobias Weber hat noch ein halbes Jahr in seiner Firma gearbeitet und dann gekündigt. Ich hatte noch Übergangssold von der Bundeswehr. Daher war unsere Finanzlage nicht ganz so dramatisch. Das erste Jahr haben wir in der Garage „herumgewerkelt", die Brauanlage zusammengekauft und Geld eingesammelt – denn Geld hatten wir keines. Wir haben einige Leute in unserem Umfeld gefragt, ob sie uns ein paar Euros zur Verfügung stellen, und dafür stille Beteiligungen herausgegeben. Auf diese Weise hatten wir recht schnell 50.000 Euro zusammen und damit sind wir gestartet.

Wie habt ihr eure ersten Kunden gefunden?

Wir haben im Hof vor der Garage ein Fest veranstaltet und Freibier ausgeschenkt. Dazu haben wir Bierdeckel gemacht, auf denen „Freibierdeckel" stand, und haben diese in den angrenzenden Stadtvierteln in die Briefkästen geworfen. Bei einem Bierdeckel im Briefkasten schaut man schon mal eher hin, als bei einem Flyer. Zum Fest kamen knapp 400 Leute. Wir haben ihnen gezeigt, was wir machen und natürlich kräftig ausgeschenkt. Daraus entstand eine Mund-zu-Mund-Propaganda und wir gewannen unsere ersten Stammkunden.

Das heißt, ihr habt die ersten Produkte direkt an die Endkunden verkauft?

Genau, und das hat sich auch bis heute nicht sehr geändert. Wir haben 90 Prozent Hofverkauf. Allerdings haben wir auch schon recht früh – im Jahr 2007 – vier strategisch positionierte Getränkemärkte akquiriert. Je einen im Norden, Osten, Süden und Westen der Stadt. Leute, die weiter weg wohnen, sollten auch die Möglichkeit haben, an unser Bier zu kommen. Wir haben nur eine Haltbarkeit von drei Wochen, weshalb wir diese Getränkemärkte jede Woche beliefern müssen. Das ist natürlich aufwendig, aber wir machen es, um sicherzustellen, dass die Menschen in den Münchner Vororten auch unser Bier bekommen. Ein Ausbau des Vertriebs, etwa in Richtung Gastronomie, hätte keinen Sinn gemacht, weil wir mit der Produktion ohnehin nicht hinterhergekommen wären.

Gab es Rückschläge in dieser frühen Phase?

Ja, täglich. Unser Equipment war zusammengeschustert und teilweise haben wir improvisiert. Minderwertige Sachen gehen mit der Zeit natürlich kaputt. Aber in dem Moment, in dem sie kaputtgehen, wird erst einmal weiter improvisiert und weiter zusammengeschustert. Die Lebenszeit einiger Anlagenteile war nicht sonderlich lange und daraus resultierten jeden Tag andere Schwierigkeiten. Gleichzeitig steigerte sich die Nachfrage. Es wurde also schnell deutlich, dass wir unsere Produktion verbessern und ausweiten mussten. Im Jahr 2007 haben wir dann eine Fünf-Hektoliter-Anlage gekauft. Ein Hektoliter sind 100 Liter, wir konnten damit also 500 Liter Bier in einem Brauvorgang herstellen. Schon Anfang 2009 haben wir eine weitere Fünf-Hektoliter-Anlage angeschafft.

Die frühe Phase war eine intensive Zeit – auch personell. Mein Braumeister Tobias Weber schied aus und Simon Rossmann stieß zu uns. Er wollte auch Brauwesen studieren und musste

FREI

BIER

DECKEL

FREIBIER

BIERDECKEL

FREIBIERDECKEL

ein Vorpraktikum machen, das hat er bei uns absolviert. Er hat während seines Studiums weiter bei uns gearbeitet und bei den Braukursen mitgeholfen. Anfang 2013 wurde Simon fertig. Jetzt ist er Diplomingenieur für Brauwesen und wir haben ihn angestellt. Einen Braumeister haben wir nicht mehr. Das Geld war sehr knapp, deswegen haben wir stark auf Azubis gesetzt. Flo Sommer war unser zweiter Azubi. Er stand auf einmal vor der Tür und hat gefragt, ob wir ihn nicht ausbilden wollten. Ich habe gesagt: „Klar, komm rein, verdienen kannste aber nix." Mittlerweile ist Florian als ehemaliger erster Brauer und Mitgesellschafter ausgeschieden und Simon leitet nun die Ausbildung unserer Azubis.

2008 folgte die Gründung als GmbH. Wie kam es dazu?

Die Süddeutsche Zeitung hatte einen größeren Artikel über uns geschrieben. Im letzten Satz des Beitrages stand, dass wir noch einen Investor suchen. Daraufhin hat sich ein Patentanwalt bei uns gemeldet und 50.000 Euro auf den Tisch gelegt. Damit konnten wir weitermachen.

An welcher Stelle beziehungsweise in was habt ihr das Geld investiert?

In die Ausweitung der Produktion. Und man kann sich gar nicht vorstellen, wie viel Kleinkram man braucht. Man muss große und kleine Fässer kaufen, Flaschen, Bügel und Etiketten. Auch die Leergut-Thematik ist komplex. Flaschen und Träger gehen an die Kunden raus, aber diese bringen sie erst nach einem halben Jahr wieder zurück. Außerdem haben wir über weitere Ideen nachgedacht, wie z. B., ob wir damit anfangen möchten, Partys zu beliefern. Dazu braucht man Gläser und Durchlaufkühler. Ein weiterer Ansatz waren Sixpacks, für die kleine Mitnahme vor Ort im Hof. Wir haben von dem Geld auch einen neuen Azubi angestellt. Aber es hat sich schnell summiert. Wir haben immer mehr Geld benötigt, weil sowohl wir als auch unser Publikum immer größer geworden sind.

2008 haben wir einen weiteren Investor kennengelernt, den Rechtsanwalt Andreas W. Er hat noch einmal einige Euros auf den Tisch gelegt. Schließlich haben die Investoren beschlossen/geraten, eine GmbH zu gründen, um alles ordentlich zu dokumentieren und zu protokollieren. Bis zu diesem Zeitpunkt war alles noch recht lose in einer offenen Handelsgesellschaft (OHG)

Wir haben uns bei dieser Gelegenheit auch umbenannt. Wir hießen immer noch Bierlaboratorium. Aber für die Experimente mit den Fruchtbieren hatten wir keine Zeit, weil uns die Leute das Helle förmlich aus den Händen gerissen haben. Wir kamen schon hier mit der Produktion kaum noch hinterher. Seit 2008 heißen wir nun Giesinger Bräu beziehungsweise Giesinger Biermanufaktur & Spezialitäten Braugesellschaft mbH. Nach außen vermitteln wir dadurch mehr Seriosität, Tradition und Innovation.

Wie habt ihr eure Marke entwickelt?

Unser erstes Logo haben wir selbst gebastelt: ein G in einem Kreis – der G-Punkt. Dann haben wir Jürgen H. kennengelernt. Er ist in Berlin Professor für Schriften und Logos und hat für uns ein professionelles Logo entwickelt. Wir nutzen es seit 2010 und werden es nicht mehr ändern. Damit die Leute uns kennenlernen und verstehen, wofür Giesinger Bräu steht, veranstalten wir außerdem jedes Jahr ungefähr 40 Braukurse.

Sind die Kurse also ein Marketinginstrument?

Früher war das definitiv so. Heute bieten wir die Kurse an, weil die Nachfrage sehr groß ist. Als Marketinginstrument brauchen wir sie nicht mehr. Unsere ersten Braukurse waren für 29 Euro pro Nase buchbar, acht Stunden, inklusive zwei Mahlzeiten. Wir hatten schon nach kurzer Zeit keine freien Kapazitäten mehr. Deswegen haben wir den Preis hochgesetzt und sind inzwischen bei 109 Euro pro Person gelandet. Der Kurs dauert nun vier Stunden und es gibt einmal Essen. 20 Personen kommen zu einem Kurs und es sind kaum Touristen dabei. Wenn unsere

Besucher sehen, wie wir arbeiten und was wir für eine tolle Geschichte zu erzählen haben, wird sicher die Hälfte von ihnen zu Gästen. Kunden gibt es bei uns nicht, für uns sind sie alle Gäste.

Wie habt ihr eure Produktpalette aufgebaut?

Wir haben von Anfang an festgelegt, dass wir zehn traditionelle Sorten machen wollen. Das Helle ist am beliebtesten, deshalb haben wir es immer im Programm. Daneben gibt es immer noch eine zweite Sorte. Diese zweite Sorte kann ein saisonales Produkt sein, oder wir hören einfach auf unsere Gäste. Wenn fünf, sechs Besucher in den Hof kommen und sagen: „Macht mal ein dunkles Weißbier", dann machen wir es. Wir müssen pro Brauvorgang 500 Liter brauen, das sind letztlich 50 Träger. Und die müssen wir dann eben verkaufen.

Gibt es weitere Besonderheiten, durch die ihr euch von der Konkurrenz abhebt?

Wir begrüßen und verabschieden jeden Gast per Handschlag. So lernt man sich und vor allem die Namen der Gäste kennen. Und wir sind alle per „Du" miteinander. Es ist uns wurscht, ob ein Richter oder eine Putzfrau vor uns steht.

Außerdem haben wir zwei Spezialitäten, die wir in 0,75-Liter-Prosecco-Flaschen anbieten. Das eine ist das „Sternhagel". Es ist unser Starkbier und mit 9,5 Prozent das stärkste der Stadt. Die zweite Spezialität ist unser Weihnachtstrunk. Den gibt es nur bei uns. Es handelt sich hier um einen Weißbierbock, in den wir beim Kochvorgang ein Netz mit Mandarinen, Zimt und Nelke hineinhalten, um Aromen zu lösen. Dadurch ist es nicht mehr nach dem Reinheitsgebot gebraut und wir dürfen es nicht Bier nennen. Aber es macht uns einfach Spaß, zu experimentieren. Etwas ist von der Idee Bierlaboratorium also noch übriggeblieben.

Unser Motto ist grundsätzlich, dass wir etwas machen müssen, das die anderen nicht machen. Auch wenn das manchmal gar nicht so einfach ist. Aber es zeichnet uns aus und unsere Gäste wissen das zu schätzen. Deswegen akzeptieren sie auch, dass man bei uns ein, zwei Euro mehr für seine Kiste bezahlt, als bei einer Großbrauerei.

Die Tage der umgebauten Doppelgarage neigen sich dem Ende zu, im Frühjahr 2014 steht der Umzug in ein neues Brauhaus an. Wie kam es dazu?

Es war schnell absehbar, dass unsere umgebaute Doppelgarage auf Dauer zu klein sein wird. Schon im Jahr 2010 haben wir deshalb mit der Suche nach einer neuen Bleibe begonnen, kamen aber nicht so recht voran. Unsere Vorstellung war es, ein Brauhaus, sprich Wirtschaft und Sudhaus unter einem Dach, zu haben. Außerdem musste ein Raum für den Hofverkauf zur Verfügung stehen und Platz für die Braukurse bieten. Und: Das Haus musste in Giesing liegen.

Im Januar 2012 hatten wir uns auf eine Lizenz für einen Bierstand am Tag der offenen Tür in der Großmarkthalle beworben. Wir lernten dort Matthias Schlick kennen, den Inhaber der Eventagentur H+S, und er fragte uns, ob wir in die Trafohalle umziehen wollen. Er habe dort 150 Quadratmeter frei. Wir haben uns die Halle angeschaut und ihm gesagt, dass sie uns gefällt — aber nicht reicht. Wir brauchten das komplette Haus. Allerdings war das so nicht realisierbar und wäre auch nicht finanzierbar gewesen. Deswegen haben wir uns für die Hälfte des Gebäudes entschieden. Dazu ist H+S als Mitgesellschafter eingestiegen. Wir haben also nicht nur die Immobilie bekommen, sondern auch einen guten Vertriebspartner gefunden. H+S kennt sich natürlich in der Gastronomie gut aus, und im hochwertigen Eventumfeld.

Was aber so ziemlich das Beste ist: Das Gebäude liegt nur 500 Meter von der Doppelgarage entfernt. Es stammen zwar nicht alle Mitarbeiter aus Giesing, aber der eine oder andere ist hier verwurzelt. Wir sind alle hierher gezogen, um kurze Wege zu haben. Es ist natürlich ein Luxus, den wir uns gönnen, indem wir mitten in der Stadt wohnen. Und das wird sich mit dem Neubau nicht ändern.

Wie seid ihr das Großprojekt Standorterweiterung und Umzug angegangen?

Wir haben einen Architekten, Statiker und Hausplaner gesucht und zunächst von mehreren Anbietern Angebote eingeholt. Die Preisspanne ging von 500.000 bis 5.000.000 Euro – für ein identisches Equipment. Wir haben uns letztendlich für die Truppe von Sudhausbau Albrecht (JBT) mit Jürgen Stegmüller und Alexander Dreml aus Riem entschieden. Wir wollten ein Glassudhaus bauen, damit die Leute auch sehen, wie gebraut wird. JBT hat das Patent auf diesem Glassudhaus. Und unser Plan war, dass wir eine 30-Hektoliter-Anlage bauen. Allerdings: Der Glaskörper ist konstruktionstechnisch auf 8,5 Hektoliter begrenzt und damit war das Glassudhaus nicht realisierbar. Die Jungs haben aber einen so guten Eindruck hinterlassen, dass wir dennoch mit ihnen weitergemacht haben.

Richtig los ging es dann im Mai 2013, weil wir vorher keine Finanzierungszusage hatten. Außerdem hat es ein Jahr gedauert, die Baugenehmigung zu bekommen. Es war allerdings nicht dramatisch, da wir keinen Zeitdruck hatten. Aber es war schade, da wir das Weihnachtsgeschäft 2013 verpassten. Dass alles so lange dauert, hätte wirklich keiner von uns gedacht. Aber es hilft ja nichts.

Die Planer sind im Sommer 2013 fertig geworden, also ganze 17 Monate, nachdem wir die Immobilie gefunden hatten. Die Baufirma legt im Winter 2013 los. Ich hoffe, dass wir 2014 die Sudkessel anschweißen und die ersten Gäste begrüßen.

Es waren Investitionen in Höhe von 3,1 Millionen Euro notwendig. Wie habt ihr diese Summe finanziert?

Ist das nicht der Wahnsinn? Die Antwort ist: Ich weiß es auch nicht! Es ist schlicht so: Wir arbeiten kostendeckend, machen aber keinen Gewinn. Wir haben keine Automatisierung, sondern machen alles per Hand. Wir waschen per Hand, öffnen die Flaschen vor dem Befüllen per Hand und wir etikettieren und datieren per Hand. Wie liefern selbst aus. Das ist fast nicht zu glauben und natürlich sehr aufwendig. Wir brauchen acht Mitarbeiter, um unser Business am Laufen zu halten. Aber für die Bank war das schwierig.

Wie habt ihr die Bank überzeugen können?

Mit einem überzeugenden Businessplan. Was man über die Banken munkelt, stimmt tatsächlich. Sie wollten einen umfassenden Businessplan. Also haben wir einen mit 150 Seiten geschrieben. Damit haben wir bei acht oder neun Banken angefragt. Es war natürlich nicht so, dass sie uns den Plan aus den Händen gerissen haben und alle unseren Bau finanzieren wollten. Alle großen Banken haben abgelehnt. Aber zwei Banken gaben positive Signale. Es gab mehrere Gesprächstermine, bei denen es richtig ans Eingemachte ging. Wie viele Flaschen verkaufen Sie? Was ist der Literpreis? Wo wollen Sie verkaufen? Wir mussten komplett „die Hose herunterlassen". Am Ende haben wir uns für die Raiffeisenbank München Süd eG entschieden – eben eine Mittelstandsbank. Sie forderte rund 30 Prozent Eigenkapital für einen Kredit von 3,1 Millionen Euro. Wir hatten also die Aufgabe, eine Million Euro Eigenkapital zu sammeln.

Wie habt ihr die eine Million Euro Eigenkapital zusammenbekommen?

Tja, da drohte unser Projekt bereits zu scheitern. Eine Million mit einem Betrieb zusammenzubekommen, der nichts abwirft, ist schwierig. Wir haben zunächst das Eigenkapital der GmbH auf 300.000 Euro erhöht. Das heißt, die Gesellschafter haben Geld nachgeschossen und das Stammkapital hochgehoben.

Und dann war es meine Idee, Crowdfunding zu machen. „Investier in Bier" – so lautet unser Motto. Dieses Investment wird von Banken eigenkapitalähnlich bewertet. Das Problem ist allerdings: Crowdfunding-Agenturen wollten acht Prozent des angesammelten Kapitals als Honorar. Also haben wir beschlossen, es selbst über unsere Webseite zu machen. Wir sind am 6. Dezember

Businessplan

Was man über die Banken munkelt, stimmt tatsächlich. Sie wollten einen umfassenden Businessplan. Also haben wir einen mit 150 Seiten geschrieben.

2012 gestartet – das ist der Nikolaustag, das kann man sich gut merken. Zu diesem Zeitpunkt hatten wir noch keine Baugenehmigung. Aber wir wollten loslegen, weil die Leute im Dezember am konsumfreudigsten sind. Im Januar brauchst du mit so einem Schmarrn nicht anfangen. Wir haben eine Million Flyer in der Stadt verteilt. Und auf der Baustelle eine kleine Pressekonferenz gegeben – knapp 50 Pressevertreter kamen, sogar das Fernsehen. Das war genial. Dadurch haben wir einen großen Betrag eingesammelt, 600 Personen haben Geld gegeben. Die Aktion ist wirklich richtig gut gelaufen. Was wir allerdings unterschätzt haben, sind der Papierkram und die Verwaltung. Für jeden Crowdfunder muss man drei Zettel ausfüllen und abheften – das sind 15 Ordner voll.

Wir haben einen Genussschein mit acht Prozent Verzinsung und 13 Jahren Laufzeit angeboten. Das heißt, wer 100 Euro investiert hat, bekommt jeden Januar acht Euro ausgeschüttet. Nach 13 Jahren kann das Geld zurückgefordert werden oder man kann weiterhin jedes Jahr die acht Euro beziehen. Ein guter Nebeneffekt der Crowdfunding-Aktion ist natürlich, dass wir 600 neue Stammkunden gewonnen haben. Unsere Zielgruppe sind Menschen, die ab und an gerne ein Bier trinken und sich dann etwas Besonderes gönnen. Genau diese Menschen sprechen wir an.

Aber durch die Aktion habt ihr die eine Million Euro noch nicht zusammenbekommen, oder?
Nein. Wir haben dazu noch Firmenanteile verkauft. 15 Prozent der gesamten Firma, ein Prozent für 75.000 Euro. Wir haben diese Anteile als stille Beteiligung verkauft. Es gibt also kein Mitspracherecht, aber die Anteilseigner sind an Gewinn und Verlust und am Firmenvermögen beteiligt.

Eure Produktion ist ausgelastet. Dennoch seid ihr im Marketing sehr aktiv. Was macht ihr?
Wir haben eine Presseagentur engagiert und geben regelmäßig Pressemitteilungen heraus. Außerdem sind wir ein kleiner Sponsor bei einem großen Kino-Open-Air. Natürlich machen wir auch viel über Social Media, wobei wir über diesen Kanal sicherlich noch aktiver sein könnten.

Mit einer Pressemitteilung habt ihr angekündigt, ab 2013 mit einer Hütte auf der „Wiesn" zu sein. Es war ein Aprilscherz. Wie kam es dazu?
Ich habe diese Idee schon seit 2010 mit mir herumgetragen. Aber in den vergangenen Jahren fiel der 1. April immer auf ein Wochenende. Zudem habe ich keine Presseagentur gefunden, die die Geschichte platzieren wollte. Die Brauereien haben eine große Lobby, da wollte sich keiner für mich in die Nesseln setzen. Erst die PR-Agentur Weißenbach hat gesagt: „Das mach' mer."

Wir haben im Februar 2013 erstmals drüber gesprochen, es war also recht kurzfristig. Wir sind mit Gummistiefeln und Spaten auf die Wiese gegangen und haben verkündet: „Hier steht unser neues Zelt". Dazu gab es natürlich entsprechende Fotos. Wir haben außerdem einen Grafiker beauftragt, der uns eine kleine Wiesnhütte skizziert hat, mit Planzahlen von 2011. Wir haben einen Plan der Wiesn genommen, auf dem die ganzen Zelte stehen, und markiert, wo unsere Hütte stehen soll. Die Küche und den Sitzplan haben wir angelegt, und sogar ein Personalaufruf gestartet. Die Meldung sollte glaubhaft sein und nicht direkt in Verbindung mit dem ersten April gebracht werden.

2013 fiel der 1. April ausgerechnet auf den Ostermontag. Damit mussten wir unsere Meldung bereits am Freitag verschicken, weil die Zeitungen eine Ausgabe für Samstag, Sonntag und Montag druckten. Da wir inzwischen in einer Online-Welt leben, stand unser Aprilscherz bereits

Unser Crowdfunding Motto:
Investier in Bier.

am Freitag überall in Netz. Das hat natürlich für noch mehr Publicity gesorgt, weil wir einen Tag länger im Blickpunkt standen. Die Meldung hat eingeschlagen wie eine Bombe. Alle großen Münchner Medien haben das Thema aufgegriffen. Wir hätten innerhalb von drei bis vier Tagen alle Tische verkaufen können. Einige Leute haben sogar geschrieben: „Egal, was es kostet, ich brauche einen Tisch bei Euch." Mit einer solchen Resonanz hätte ich nicht gerechnet. Am Dienstagmorgen haben wir die Geschichte dann aufgedeckt. Die meisten haben gesagt: guter Coup.

In München eine neue Brauerei zu gründen – ist das generell nicht etwas verrückt?

Das stimmt schon. Aber größtenteils wird in München Exportbier hergestellt. Für den Export muss das Bier ein Jahr oder länger haltbar sein. Deshalb wird es stark filtriert und es entsteht dadurch ein ziemlicher Einheitsgeschmack. Ich möchte nicht alle Brauereien über einen Kamm scheren, aber: Es wird den Konsumenten wenig Neues geboten. Aufgrund unserer Erfahrungen der vergangenen Jahre haben wir die Entscheidung getroffen, da nicht mitspielen zu wollen. Wir vergrößern uns zwar, wollen aber kein Exportbier werden. Unser Ziel ist es, ein Prozent Marktanteil in München zu erreichen. Damit wären wir völlig zufrieden. München hat 1,3 Millionen Einwohner, durchschnittlich trinkt jeder Bürger 100 Liter Bier im Jahr. Es sind also 1,3 Millionen Hektoliter in der Stadt zu verteilen. Wenn wir 13.000 Liter verkaufen, haben wir ein Prozent Marktanteil. Fertig.

Warum hast du dich zum Gründen entschieden? War es Teil deines Lebensmodells oder willst du die Brauerei groß machen, um sie später zu verkaufen?

Weder noch. Wir machen es, weil wir Spaß daran haben. Ich stehe jeden Morgen gerne auf, weil ich zur Arbeit gehen kann und Freude dabei habe. Das ist sehr wichtig. Wenn ein Käufer kommen würde und viele Millionen bietet, müsste man sich die Situation genauer anschauen. Aber geplant ist es nicht. Wir wollen nun erst einmal das neue Sudhaus erfolgreich in Betrieb nehmen und die Anlage richtig zum Laufen bringen. Der Unterschied zu unserem Start im Jahr 2008 ist, dass wir nun über Wissen und Erfahrung im Brauen verfügen.

Du sprichst euer Wissen und die Erfahrung aus den vergangenen Jahren an: Gab es große Rückschläge? Und was habt ihr daraus gelernt?

Fundamentale Rückschläge gab es nicht. Natürlich sind ab und an Probleme aufgetaucht, aber die haben wir gelöst. Und das war wiederum sehr motivierend, wenn es ein nächstes Problem gab. Wir haben auch nicht ständig Listen mit dem Für und Wider unserer Vorhaben gemacht. Wenn man das anfängt, findet man nur viele Gründe die dagegensprechen und man geht gar nichts mehr an. Man muss stattdessen einfach machen. Wir stehen jeden Morgen mit unserem gottgegebenen Optimismus auf. Damit kriegt man mehr bewegt, als man denkt. Ich meine, wir haben eine Million Euro Eigenkapital zusammenbekommen. Das ist doch unglaublich. Es ist wirklich so, dass alles ziemlich optimal gelaufen ist. Ich muss nichts schönreden.

Eure Geschichte ist tatsächlich beeindruckend. Was meinst du: Sind Optimismus und eine Anpacker-Mentalität Eigenschaften, die ein Gründer zwingend mitbringen muss?

Ja, das denke ich schon. Außerdem musst du natürlich Ahnung von deinem Produkt haben, brauchst ein gutes Team und musst in der Lage sein, dieses Team zu führen. Bei uns ist es zudem wirklich wichtig, ein gutes Händchen bei der Auswahl der Azubis zu haben. Wir bekommen auf eine Stelle 40 Bewerbungen. Ich lese die Bewerbungsunterlagen zunächst nicht, weil ich den Bewerbern gegenüber sonst voreingenommen wäre. Stattdessen prüfen wir zunächst via Praktikum, ob die Person sympathisch ist und ins Team passen könnte. Dann suchen wir fünf bis sechs Kandidaten heraus, die weitere vier Wochen bei uns arbeiten müssen. Auf diese Weise sehen wir, ob sie Dinge sinnvoll anpacken und fleißig sind. Aus dieser Gruppe wählen wir schließlich

Optimismus

Wir stehen jeden Morgen mit unserem gottgegebenen Optimismus auf. Damit kriegt man mehr bewegt, als man denkt.

zwei Bewerber aus, die drei Monate am Stück bei uns arbeiten. Dadurch sehen wir, wie belastbar sie sind. Im Anschluss nehmen wir entweder beide, einen oder keinen. Je nachdem, wie und ob es passt. Das Team ist bei uns exorbitant wichtig.

Hattet ihr einen Mentor, der euch beim Aufbau Impulse gegeben hat?

Nein, wir haben alles selbst gemacht: Kontakte selbst hergestellt, Einkäufe selbst bewertet, Dienstleister selbst ausgewählt. Mit einem Mentor an der Seite wären diese Entscheidungen sicher leichter gewesen. Aber wir hatten nun einmal keinen, und so mussten wir mehr Schweiß und Zeit hineinstecken. Zu uns kommen mittlerweile Interessierte aus der ganzen Republik, die selbst kleine Brauereien aufmachen möchten. Wir nehmen uns für fast jeden Besucher drei, vier Stunden Zeit. Nach so einem Gespräch wissen Sie alles, was Sie wissen müssen und haben die Kontakte an der Hand, die Sie brauchen. Es ist zeitaufwendig, deshalb lassen wir uns diese Beratungsleistung inzwischen fast immer honorieren. Eigentlich ist das unüblich in der Branche, aber der Zeitaufwand wurde immer größer, und wir geben immerhin das Kostbarste ab, das wir haben, nämlich unser Wissen über den Aufbau einer Brauerei. Darum halte ich das Honorar für gerechtfertigt.

Du sagst, das Team sei exorbitant wichtig. Wie hast du euer Team aufgebaut und wie sind die Aufgaben verteilt?

Im Kern besteht das Team aus Markus, Simon und mir. Markus ist Bierkieser und kümmert sich um Vertrieb und Marketing. Simon ist Diplom-Ingenieur für Brauwesen und Getränketechnologie und macht die technische Qualitätsleitung. Simon kümmert sich außerdem um die Ausbildung der Azubis. Mein Job ist es, anzuleiten und zu kontrollieren. Und natürlich muss ich den ganzen Papierkram erledigen.

Zur Stammbesetzung kommen drei Azubis, sie sind für das Brauen zuständig. Wir haben fähige Azubis, die selbst brauen können. Neben der harten Arbeit holen wir uns auch gemeinsam Inspirationen. Wir fahren beispielsweise nach Italien oder Belgien zu Bierverkostungen. Auch die Azubis sind regelmäßig dabei. Wir wollen ein guter Ausbildungsbetrieb sein und kein Unternehmen, das billige Arbeitskräfte braucht. Darum kümmern wir uns aktiv.

Wie läuft ein typischer Arbeitstag bei euch ab?

Ich stehe in der Regel um sieben Uhr auf, bearbeite meine E-Mails und erledige administrative Dinge. Morgens habe ich dafür noch Ruhe. Um neun Uhr ist Tagesbesprechung, in der eingeteilt wird, wer was macht. Jeden Montagmorgen gibt es außerdem eine Wochenbesprechung. Wir arbeiten in der Regel bis 19 Uhr – mal etwas länger, mal etwas kürzer. Ich bin meist gegen 20 Uhr fertig. Bei einer Brauerei-Neugründung kannst du natürlich nicht am Nachmittag den Stift fallen lassen und heimgehen. Auch unsere Azubis arbeiten manchmal etwas mehr. Im Sommer fangen wir mit dem Brauvorgang oft schon um drei Uhr morgens an. Oder auch, wenn am Samstag eine Verkostung ansteht oder wir einen Ausschank geben, der bis elf, zwölf Uhr nachts dauert. Und danach müssen wir natürlich noch alles abbauen. Jeder im Team weiß, dass er nicht nach acht Stunden heimgehen kann, wenn es brennt. Aber die Jungs akzeptieren das. Und wir honorieren ihr Engagement mit Freizeit- und Geldausgleich. Außerdem darf jeder so viel Bier mitnehmen, wie er – ohne Hilfsmittel – tragen kann.

Welche Aufgaben nehmen den Großteil deiner Zeit in Anspruch?

Aktuell nimmt die Planung des Umzugs sicherlich 80 Prozent meiner Zeit ein – und das nun schon seit mehr als eineinhalb Jahren. Ich muss mit Banken verhandeln und mich regelmäßig mit Planern treffen. Zum Tagesgeschäft gehören viel Buchhaltung, der Materialeinkauf und das Ausfahren von Lieferungen. Nicht alle unserer Jungs haben einen Führerschein. Außerdem kümmere ich mich noch um die PR, beantworte E-Mail-Anfragen, plane Braukurse, bastle an der neuen Homepage samt Shop, mache Fotos, schreibe Texte und entwerfe Etikettenrücken. Mit dem Umzug wird sich aber Einiges verändern. Es fallen dann nicht nur viele Aufgaben weg, sondern es wird auch ein Sekretariat geben, das mich entlasten soll. Ich habe keine Brauerei gegründet, um im Büro zu sitzen.

Warum hast du dann eine Brauerei gegründet?

Ich möchte mich mit dem Bier an sich beschäftigen, neue Dinge ausprobieren und unser Produkt verkaufen. Wir wollen unser Vertriebsnetz ausbauen und in den 120 Getränkemärkten in München präsent sein. Auch die Gastronomie wollen wir ansprechen, dafür muss man viele Gespräche führen. Und wenn das der Brauhaus-Chef persönlich macht, hat es die beste Wirkung auf den Wirt.

Das heißt, du siehst deine Aufgabe künftig stärker in der Produktentwicklung und im Vertrieb?

Ja, ich muss die vereinbarten Absatzzahlen erreichen. Das ist meine Aufgabe.

Welche Veränderungen bringt der Umzug für das Team und eure Organisation?

Wir haben im neuen Gebäude ja eine Gastronomie. Deshalb stellen wir einen Restaurantleiter ein und brauchen noch jeweils zwei Leute für die Küche und den Service. Außerdem machen alle Azubis auf Brauereikosten ihren Führerschein. Es ist schöner, wenn wir das Bier persönlich ausfahren und nicht noch einen Bierfahrer einstellen müssen. Da wir die Kapazitäten steigern, müssen wir auch schauen, wie wir das Brauen organisieren. Vermutlich müssen wir ein Zwei- oder Dreischichtsystem etablieren. Dafür brauchen wir natürlich weitere Mitarbeiter. Das Wichtigste ist für mich, dass sich die Neuen mit der Firma identifizieren, genauso, wie dies die bestehende Mannschaft tut. Ich habe mir das Logo von Giesinger Bräu auf den Arm tätowieren lassen – aber dazu zwinge ich natürlich niemanden ;-)

Steffen, herzlichen Dank für das Gespräch.

Literaturtipps von Steffen Marx

Dickscheit, Rudolf (1953); *Leitfaden für den Brauer;* Fachbuchverlag GMBH Leipzig
Schieder, Harald und Forster, Ralph (2014); *Bierführer Oberbayern;* Hans Carl Verlag
Schels, Ignatz und Seidel, Uwe (2010); *Das große Excel Handbuch für Controller;* Markt & Technik
Bernstein, Martin und Knoll, Günther (2013); *Mir san Bier;* Süddeutsche Zeitung Edition
Assél, Astrid und Huber, Christian (2009); *München und sein Bier;* Volkverlag

8

Intrinsify.me
Mark Poppenburg

Ein Startup mit dem Anspruch, die Arbeitswelt radikal zu verändern: Leidenschaft, Selbstbestimmung, Begeisterung, Motivation und Spaß bei der Arbeit

Leidenschaft, Selbstbestimmung, Begeisterung, Motivation und Spaß bei der Arbeit – das ist das übergeordnete Ziel von intrinsify.me. Angetrieben von der Frage, ob die klassische Arbeitswelt von heute wirklich das einzig Wahre ist, gingen Mark Poppenborg und Lars Vollmer im Jahr 2011 mit dem anspruchsvollen Ansatz an den Markt, bisher Bekanntes auf den Kopf zu stellen und die Arbeitswelt durch radikales Umdenken und Umorganisieren zu revolutionieren. Aus unzufriedenen Angestellten sollen durch intrinsify.me glücklichere und damit leistungsfähigere Menschen werden, die ihre jeweilige Organisation nach vorne bringen.

Die beiden Gründer und ihr Team beraten Individuen und Unternehmen, richten Veranstaltungen aus und bilden weiter. Ihre zentralen Themen sind die Abkehr von alten Prozessen und Entscheidungsmustern, das Aufbrechen von Hierarchien und das Etablieren neuer, innovativer Gedankenwelten im Arbeitsalltag. Innerhalb kurzer Zeit ist das intrinsify-Netzwerk der Andersdenkenden stetig gewachsen. Zu den Kunden und Mitgliedern des Startups zählen gediegene Geschäftsführer genauso wie kreative Jungunternehmer und Angestellte, die in der Arbeit nicht lediglich ein Mittel zum Broterwerb sehen möchten, sondern auf der Suche nach Sinn, Autonomie und Herausforderung sind.

. . . .

Mark, wie kamst du dazu, ein eigenes Unternehmen zu gründen und wie kamst du auf die Idee für intrinsify.me?

Mein Weg zur Gründung ist eine relativ persönliche Schicksalsgeschichte. Ich habe zunächst als Unternehmensberater gearbeitet und habe dann ein Sabbatical angetreten. Acht Monate bin ich durch die Welt gereist. Als ich wiedergekommen bin, habe ich mich mit dem, was ich getan habe, nicht mehr identifizieren können. Ich hatte das Gefühl, dass ich den Kunden, mit dem was ich tat, nicht wirklich helfen konnte. Ich konnte noch nicht so recht artikulieren, was es war, aber mir wurde bewusst, dass es noch ganz andere Hebel geben musste, an denen man hätte ansetzen können. Ich kam zu dem Schluss, dass wir mit den vielen Methoden und Rezepten, die wir dem Kunden verkauften, ihm nur sehr bedingt den Nutzen brachten, den sowohl er als auch wir uns erhofften. Es fehlte mir auf einmal der Sinn in der Arbeit.

Ein zweiter Aspekt war, dass mir zunehmend nicht gefiel, dass ich als Berater sehr fremdbestimmt gearbeitet habe. Der Kalender war voll, die Termine standen fest, der Klient war bestimmt und die Workshop-Inhalte wurden vom Projektleiter oder Akquisiteur vorgegeben. Ich hatte kaum Einfluss auf das, was ich tat. Außerdem hatte ich durch die Reise und das damit verbundene Freiheitsgefühl realisiert, dass es noch eine andere Welt als die Arbeitswelt gibt.

All dies waren Anlässe, die zu Überlegungen führten, ob die Berufswelt so sein muss, wie sie ist. Oder ob Arbeit nicht auch anders funktionieren kann. Ich habe dann einfach gekündigt. Untermauert wurde dieser Entschluss dadurch, dass meine Freundin, die ich auf der Reise kennengelernt hatte, in England lebte. Ich bin zu ihr gezogen.

Ich begab mich dann auf die Suche nach Firmen, die anders ticken, und bei denen es darum geht, die drei Bedingungen für Motivation bereitzustellen: Sinn, Selbstbestimmung und Herausforderung. Neben den klassischen Koryphäen wie Semco und Google, über die viel geschrieben wird und die tatsächlich mit vielen der konventionellen Paradigmen brechen, habe ich nur wenige Unternehmen gefunden. Und so wurde die Idee geboren, Menschen zu helfen, solche Unternehmen zu finden. Ich wollte ihnen die Möglichkeit bieten, aus ihrem Hamsterrad ausbrechen zu können und zu erkennen, dass sie Spaß an der Arbeit haben können. Sie sollten ein Unternehmen finden können, in dem sie sich verwirklichen können.

Wer waren deine Mitgründer?

Ich habe intrinsify.me zusammen mit Lars Vollmer gegründet. Er ist – bis heute – der Geschäftsführer der Beratung, bei der ich zuvor beschäftigt war. Ich hatte ihn relativ früh mit meiner Idee konfrontiert. Er fand das Projekt spannend – und hat sich dann schnell angeschlossen und es mit mir weiterentwickelt.

Deine Schilderungen aus der Arbeitswelt können wahrscheinlich viele nachvollziehen. Aber aus diesem Wunsch heraus ein Startup zu gründen, ist noch einmal ein anderer Schritt. Hattest Du von Anfang an ein Geschäftsmodell vor Augen?

Ja, aber das hat sich als vollkommener Käse herausgestellt (lacht). Das anfängliche Geschäftsmodell orientierte sich am klassischen Headhunting. Die Idee war, eine neuartige Personalvermittlung zu gründen. Wir wollten Unternehmen, die schon etwas anders ticken und bereits neue Arbeitsmodelle und -strukturen anbieten, das Personal zur Verfügung stellen, das in solch ein zeitgemäßes Konzept hineinpasst. In unserem Pool sollten Leute sein, die sich vom gängigen System noch nicht haben „abrichten lassen", die noch frisch sind, innovativ und leidenschaftlich nach Dingen suchen, für die sie sich gerne einsetzen. Für das Zusammenbringen von Unternehmen und Suchenden wollten wir eine Vermittlungsprovision kassieren.

Aber das Problem war und ist, dass es solch anders tickende Unternehmen kaum gibt. Diese Firmen ausfindig zu machen, ist eine extrem mühsame Angelegenheit. Und dann kommt noch dazu, dass gerade die Firmen, die innovative Arbeitsansätze bieten, gar kein so großes Problem damit haben, Personal zu finden. Unterm Strich: Das Geschäftsmodell konnte nicht funktionieren. Zumindest nicht aus dem Stand. Heute haben wir da schon andere Möglichkeiten.

Du hast aber trotzdem an der Grundidee festgehalten?

Ja, die Idee, dass es jenseits der heutigen Arbeitsbedingungen noch andere Möglichkeiten geben muss, war nun einmal geboren. Und die Unternehmen, die schon etwas anders machen, haben uns weiter inspiriert. Wir wollten an der aktuellen Situation unbedingt etwas ändern.

Die Zahlen zum Thema Jobzufriedenheit sind beeindruckend und erschreckend zugleich. 86 Prozent aller Menschen haben keine emotionale Verbindung zu ihrem Arbeitgeber. Das Meinungsforschungsinstitut Gallup schätzt, dass dies jedes Jahr um die 120 Milliarden Dollar Schaden anrichtet. Das ist genauso viel wie die jährlichen Verluste durch Steuerhinterziehungen.

Und man muss ja nur mal seine Freunde fragen, wie ihnen ihr Job gefällt. Alle meckern über die einengende Bürokratie, die nur von der Arbeit abhält und viel Geld kostet. Ich kenne wenige, die in ihrem Job wirklich aufgehen. Dabei verbringen viele von uns mehr als 50% ihre Wachstunden mit ihrer Arbeit. Diese Fakten machen doch mehr als deutlich, dass es ein Thema ist, an dem man arbeiten sollte. Es geht uns um vielmehr, als um ein konkretes Geschäftsmodell.

Ich tippe, ihr hattet am Anfang einen relativ geringen Finanzierungsbedarf, oder?

Wir sind anfangs zwischen dem Gedanken hin und her geschwankt, ob wir versuchen wollen, die Sache groß aufzuziehen – ähnlich wie Escape the City – oder nicht. Es ging vor allem um die Frage, ob wir die Eintrittshürde bei der Suche nach geeigneten Unternehmen senken sollten und ob wir mit Investoren zusammenarbeiten sollten, deren Fremdkapital natürlich deutlich mehr ausrichten würde. Aber wir haben uns gegen diese Variante entschieden. Wir wollten versuchen, auf eigenen Füßen zu stehen und in Ruhe beobachten, was man aus dieser grundsätzlichen Idee machen kann.

Du sagst, die initiale Idee hat nicht funktioniert. Kam diese Erkenntnis plötzlich oder schleichend?

Es war eine Phase, in der wir den klassischen Fehler gemacht haben, den viele anfangs machen: Wir wurden zu Wannapreneurs. Heißt: Ich will Entrepreneur sein, also produziere ich schon einmal Visitenkarten, gründe eine GmbH, investiere in eine Internetseite, mache Marketing, gebe Geld für alles Mögliche aus – aber eigentlich habe ich noch gar keinen zahlenden Kunden.

Das Ego war aber erst einmal befriedigt ...

Ein bisschen schon. Aber eigentlich auch nicht wirklich. Man dachte sich irgendwann: „Was mache ich hier überhaupt?" Und gab sich die Antwort: „Ich bin ja schon einmal Unternehmer." Es ist ein klassischer Denkfehler, anzunehmen, nach außen gut dastehen zu müssen, bevor überhaupt etwas an den Markt gebracht werden kann. Ich glaube, diesem Antrieb sind wir alle ein bisschen erlegen.

Wir haben unsere Website sehr schnell aufgebaut und uns gewundert, dass das Angebot keinen Zuspruch fand. Immer und immer wieder haben wir überlegt, woran das mangelnde Interesse liegen könnte. Wir kamen auch zu dem Schluss, dass unser Außenauftritt noch nicht ausreichend gut war, und dass die Website einfach noch nicht gut genug ist. Wir haben immer wieder die gleichen Annahmen aufgestellt und auf diesen gleichen Annahmen weiter aufgebaut. Es war ein schleichender Prozess, bis wir dann irgendwann realisiert haben, dass das Geschäftsmodell das Problem ist. Es hat einfach nicht gezogen und wir mussten uns etwas anderes überlegen.

Es hat ein gutes halbes Jahr gedauert, bis wir zu dieser Erkenntnis gelangt sind. Mitte 2011 fiel der Groschen. Und dann kam die Idee auf, sich intensiver mit der Frage auseinanderzusetzen, was in der Welt von heute eigentlich ein erfolgreiches Unternehmen ausmacht. Diese Frage hatten wir uns natürlich auch während unserer Unternehmensberatertätigkeit immer mal wieder gestellt, bloß fehlte uns damals oft noch die Fähigkeit die richtigen Fragen zu stellen, geschweige denn gute Antworten zu finden.

Es sind unterschiedliche Faktoren, die eine Rolle spielen. Vor allem die Organisationsform liefert einen bedeutenden Beitrag. Wir haben uns sehr intensiv mit den Building Blocks auseinandergesetzt, die ein modernes Unternehmen heute ausmachen und die verdeutlichen, wo es sich von den klassischen Unternehmen unterscheidet. In der Auseinandersetzung mit diesen Gedanken wurde schließlich die Idee geboren, eine Beratung anzubieten. Ihr Ziel war und ist es, Menschen einen Zugang zu den deutlich erfolgreicheren Organisationstheorien zu verschaffen, die heute bereits praktiziert werden. Wir wollen Unternehmen zeigen, dass sie heute vollständig neu erdacht werden müssen, und künftig nicht mehr so aufgebaut sein können, wie sie es in den vergangenen hundert Jahren waren.

In einem nächsten Schritt reifte der Gedanke, Workshops und Seminare anzubieten sowie Veranstaltungen zum Thema moderne Arbeitswelt auszurichten. Und dieses Konzept begann dann auch langsam zu fruchten.

Im Prinzip sind unsere Produkte aber immer eine Momentaufnahme. Und bei diesem Prinzip möchte ich auch bleiben. Wir nageln uns nicht darauf fest, was unsere Geschäftsmodelle sind. Bei uns gibt es den Warum-Kern, und darum strickt sich unser Angebot. Nebenbei bemerkt: Es ist meiner Meinung nach eine ganz wichtige Voraussetzung für ein erfolgreiches Unternehmen, sich darüber bewusst zu sein, warum es eigentlich existiert. Alles, was dazu beitragen kann, dieses Warum, diesen Sinn zu erreichen, kann als Geschäftsmodell dienen.

Zu unseren Seminaren kommen Führungskräfte, um sich über die neue Denke in der Unternehmensführung zu informieren. Zwei Mal haben wir inzwischen ein Future Leadership Camp durchgeführt. Es ist ein Forum für Geschäftsführer, die sich mit anderen Geschäftsführern austauschen möchten, die auf dem Weg zu einer neuen Unternehmensform sind. Außerdem veranstalten wir alle drei Monate unsere sogenannten „Wevents", die sich inzwischen zu einer der ersten Anlaufstellen für die neue Arbeitswelt und Unternehmensführung entwickelt haben. Unsere Unternehmensberatung hat sich inzwischen auch mehr als etabliert. Mit ihr helfen wir Firmen bei sehr tiefgreifenden Transformationsprozessen – weg von der klassischen, wir nennen sie tayloristischen Struktur hin zu einer agilen und vernetzten Zellenstruktur.

Wie habt ihr euch organisiert?
Den Kern unseres Startups bilden weiterhin lediglich wir zwei Gründer. Aber wir haben relativ früh entschieden, dass wir dieses Unternehmen mit einer Art Mitarbeiter-Community gemeinsam aufbauen möchten. Das heißt: mit Leuten, die unser Unternehmen mitentwickeln und mitgestalten. Es ist ein ähnliches Prinzip wie ein Crowdsourcing-Ansatz. Diese Vorstellung hat in der Praxis ziemlich gut funktioniert. Wir haben inzwischen wahnsinnig viele Leute um uns herum, die anfangen, für intrinsify.me aktiv zu werden. Einige bieten inzwischen sogar selbst Veranstaltungen und eigene Geschäftsmodelle unter der Marke intrinsify.me an. Wir merken, dass aus diesem Ansatz ein Geschäftsmodell in sich selbst entstehen kann. Die Marke intrinsify. me steht im Zentrum, ist sozusagen die Wirkstätte, von der aus verwaltet und Input bereitgestellt wird. Wer unsere Werte und Visionen teilt, kann unter der Dachmarke intrinsify.me sein eigenes Geschäftsmodell aufbauen. Es ist wie ein Franchising, nur in moderner Form und ohne enge Vorgaben. Ein Beispiel: Wir haben ein Mitglied, die unter unserer intrinsify-Marke ein Coaching anbietet. Wer sich nach mehr Selbstverwirklichung im Job sehnt, kann sich von ihr coachen lassen. Ein anderer bietet ähnliches für Führungskräfte an, die in ihrem Unternehmen ihre Wirksamkeit erhöhen wollen. Zum Teil sind es auch Projekte, wie die Sonderauflage des Magazins „Lust auf Gut", die eines unserer Mitglieder mit einem Team profitable umgesetzt hat. Wir erweitern damit unser Service-Angebot und profitieren durch einen Provisionsanteil. Durch unser Netzwerk hat sich schon jetzt ein immenser Multiplikationseffekt entwickelt. Es gibt wahnsinnig viele Leute, die Lust haben, mit der intrinsify.me-Marke selbst etwas zu unserer großen Vision beizutragen.

Wie habt ihr es geschafft, dieses Netzwerk aufzubauen?
Ich habe ehrlich gesagt keine Ahnung (lacht). Es sind mehr Vermutungen und Thesen, mit denen ich mir das erkläre. Denn es begeistert mich immer wieder, mit wie viel Engagement all die Leute mit dabei sind. Ich will es erneut anhand eines Beispiels versuchen: einer unserer Wevents in Hamburg im vergangenen Sommer. Ich war lediglich vorab dabei involviert, die

Rahmenbedingungen der Veranstaltung abzustecken und das zentrale Thema zu definieren, danach habe ich mich kaum mehr einbringen müssen. Drei Mitglieder unseres Netzwerkes haben das Treffen eigenverantwortlich von A bis Z durchorganisiert und waren dabei zu keiner Zeit auf ein Honrar aus. Meine These ist, dass die Grundbedürfnisse für intrinsische Motivation von uns erfüllt werden und dass dadurch dieses Engagement möglich wird. Erstens: Es gibt einen Sinn, für den es lohnt, sich einzusetzen. Unsere Mitglieder wollen alle etwas daran ändern, dass so viele von uns ihren Job hassen und ungern zur Arbeit gehen. Zweitens: Sie haben ein hohes Maß an Autonomie. Und im Kraftfeld unserer Werte können sie mehr oder weniger das tun, was sie für richtig halten. Und drittens: Sie stellen sich durch ihre neuen Aufgaben und Erfahrungen neuen Herausforderungen. Damit ist die Grundvoraussetzung für intrinsische Motivation gegeben. Und dann braucht es auch kein Geld, damit sich Menschen motiviert fühlen. Genauso wie es kein Geld braucht, damit man laufen oder schwimmen geht, oder was auch immer. Geld ist lediglich ein Hygienefaktor, der dem Überleben in unserer Gesellschaft dient.

Es ist gar nicht so einfach, die Gründe für den Erfolg dieses Netzwerks zu benennen. Aber es ist in jedem Fall begeisternd und inspirierend.

Eure Dienstleistungen sind erklärungsbedürftig. Wie läuft eure Kundengewinnung ab, geht ihr aktiv in den Vertrieb?

Wir machen kaum aktiven Vertrieb, wir machen quasi nur Markenarbeit. Diese läuft hauptsächlich über unsere Veranstaltungen und natürlich Kontakte in unserem Netzwerk. Viele Teilnehmer an unseren Events sind über das Netzwerk hinzugekommen. Das ist eine interessante Beobachtung, weil es ein Indiz dafür ist, dass wir durch die Arbeit an unserer Idee und Marke ein Netzwerk mobilisieren konnten, das wiederum Leads generiert. Wir selbst haben dafür gar nicht sonderlich aktiv werden müssen. Natürlich betreiben wir für ein Seminar auch einmal aktiv Akquise, schalten bei Xing oder Brand Eins eine Anzeige. Aber das reduziert sich auf Einzelfälle.

In jedem Fall habt ihr es geschafft, Kunden zu gewinnen. Was sind für dich die wesentlichen Entwicklungsschritte hin zu dem Status, den ihr heute habt?

Einer der größten Entwicklungsschritte war, als sich herauskristallisiert hatte, warum es uns eigentlich gibt. Denn wir haben dafür wirklich eine Weile gebraucht. Erst war nur dieser Gedanke da, diese Idee. Dann kam das Recruiting. Doch selbst bei den ersten Events hatten wir noch nicht klar definiert, wofür genau wir stehen. Es gab eine gewisse Unsicherheit darüber, was wir da eigentlich machen. Gerade, weil die Idee so schwer greifbar ist. Alles ist neu und es hat einen gewissen Pioniercharakter. Das ist vermutlich immer so, wenn man mit dem Status Quo bricht. Man weiß wovon man weg will, aber noch nicht so genau, wo die Reise hingehen soll. Als wir uns dann committed haben, war das ein Meilenstein.

Das erste Future Leadership Camp haben wir im März 2012 ausgerichtet. Wir hatten uns vorgenommen, ein Forum anzubieten, bei dem sich Firmen, die offen für moderne Unternehmenskultur sind, austauschen können. Damals haben wir zum allerersten Mal eine Unkonferenz organisiert, die im kommerziellen Bereich platziert war. Die Anmeldegebühr betrug 1.790 Euro. Üblicherweise liegen Unkonferenzen wie Barcamps bei 200 Euro. Gott sei Dank haben wir niemanden gefragt, ob man das tun kann. Jeder hätte gesagt: Nein, das geht nicht. Das verkauft sich nicht. Überraschenderweise hat es sich aber verkauft, und das sogar ziemlich gut. Wir waren selbst überrascht. Das war dann ein weiterer Meilenstein. Wir haben gemerkt, dass unsere Idee einen Konsumenten hat und dass ein echtes Bedürfnis nach Antworten herrscht. Viele Menschen merken, dass die heutige Unternehmensführung nicht nur zu Demotivation bei den Mitarbeitern, sondern vor allem auch nicht mehr zu wirtschaftlicher Höchstleistung führt. Ich glaube, dass dieser Zwang für eine hochpreisig positionierte und an Geschäftsführer gerichtete Veranstaltung,

Selbstverwirklichung

Es gibt kaum eine bessere Möglichkeit, sich selbst zu verwirklichen, wie mit einem eigenen Unternehmen. Allerdings sollte man an die Gründung sehr reflektiert herangehen und sich immer die Frage stellen, ob das Geschäftsmodell, das man da gerade aufbaut, auch wirklich in die Unabhängigkeit führt.

unsere Botschaft sehr deutlich artikulieren zu müssen, uns massiv nach vorne gebracht hat. Auch, weil es uns bei der Fokussierung geholfen hat.

Wie wichtig ist es, sich zu fokussieren?

Dass eine Fokussierung unumgänglich ist, wenn man etwas startet, ist für mich einer der größten Lerneffekte gewesen. Ich würde diese Einsicht jedem mitgeben, der versucht, etwas auf die Straße zu bringen. Wenn du eine Idee hast, nimm dir irgendein Element dieser Idee, etwas, das du verkaufen kannst, und probiere es einfach aus. Und wenn du dich damit auf die Nase legst, steh wieder auf und versuche das nächste Element bzw. ändere einen kleinen Aspekt der Idee.

Nachdem wir das gelernt hatten, haben wir immer mehr nach diesem Prinzip gearbeitet. Wir befeuern den Markt heute immer mal wieder mit irgendwelchen Geschäftsmodellen und schauen, ob er reagiert oder nicht. Ewig zu theoretisieren bringt nichts.

Einer der größten Meilensteine war dann natürlich der erste große Beratungskunde. Als wir den ersten Kunden gewinnen konnten und damit das Gefühl hatten, dass unsere Idee in die richtige Richtung geht, war das natürlich ein riesiger Booster für uns. Wir haben begriffen, dass in unseren Gedanken tatsächlich etwas drinsteckt, womit etwas Großes entstehen kann.

Was sind die Eckpunkte eures intrinsify.me-Unternehmensmodells, wenn ihr solche Unternehmen beratet?

Vorweg ist wichtig zu erwähnen, dass es kein konkretes Lösungsmodell im Sinne eines Rezepts ist. Gerade in der Suche eines solchen Rezepts liegt nämlich die Schwäche herkömmlichen Denkens. Ich versuche das mal zu erklären. Die größte Beschränkung von klassischen tayloristischen Organisationen ist, dass sie von der Determinierbarkeit der Welt ausgehen. Der Taylorismus ist aufgebaut worden, um einen Markt zu bedienen, der von relativ geringer Volatilität geprägt war und in dem man relativ viel absetzen konnte, ohne sich groß Gedanken machen zu müssen, was als nächstes um die Ecke kommt. Es gab wenig Wettbewerb und man war deshalb kaum von Kundenwünschen beeinflusst. Es ging lediglich darum, den besten, den effizientesten Weg dafür zu finden, die wenigen Produkte zu erzeugen, die man anbot. Inspiriert von den genialen Erkenntnissen Fredrick Taylors, trennten die meisten Unternehmen das Denken vom Handeln. Das heißt: Du gibst Wenigen die Entscheidungsmacht um darüber nachzudenken, wann was wie gemacht wird und hast dann ganz viele Akteure, um Entscheidungen ausführen zu lassen. Das war für lange Zeit das Erfolgsrezept der meisten Branchen und ist inzwischen tief in unserer Lehre, in unseren Köpfen und übrigens auch in unseren Schulen verankert.

Das ging auch bis vor 20-30 Jahren gut. Lange Zeit wurden die Unternehmen nur selten von Wettbewerbern überrascht. Sie mussten nur selten auf Veränderungen reagieren und hatte deshalb nicht die Notwendigkeit, eine natürliche Lernfähigkeit zu entwickeln. Jeder Impuls, der vom Markt kam, konnte langsam nach oben zum Chef wandern, und der konnte sich überlegen, wie die Dinge denn nun künftig laufen müssten. Und dann ging es die Kette wieder runter. Doch mit der zunehmenden Marktsättigung und der Globalisierung ist eine Situation aufgetreten, in der Impulse, Störfaktoren und Überraschungen häufiger und intensiver auftreten. Und die Unternehmen müssen darauf reagieren. Das Problem ist nur: eine tayloristische Organisation kann mit Überraschungen, also mit Neuem, nur sehr schlecht umgehen. Für eine Überraschung hält sie noch kein Wissen bereit. Sonst wäre es ja keine. Mit den sperrigen Prozessen, Methoden und Regeln, die ihr zur Verfügung stehen wird dann nur Geld verbrannt und Mitarbeiter demotiviert.

Um mit dieser neuen Situation umgehen zu können, braucht es ein anderes Verständnis von Organisation. Es braucht Organisationsformen, in denen Neues ausprobiert werden kann und man nicht an Vorgaben und Steuerungsprozesse gebunden ist. Es braucht eine Organisation, die Vielfalt eben nicht vermeidet, sondern bewusst provoziert. Das heißt aber auch, dass die Suche nach dem einen besten Weg, also der effizientesten Lösung nicht mehr an erster Stelle stehen darf. Wer auf die neuen Herausforderungen eine Antwort haben will, muss das Primat der Effizienz überwinden und sich der Denkübung aussetzen, dass Redundanzen die Wirtschaftlichkeit fördern werden.

Unser Denkansatz etabliert kleine Unternehmen im Unternehmen. So werden in der Peripherie des Unternehmens nach einem bestimmten Ordnungsmerkmal, zum Beispiel nach Kunden, Regionen oder Produktgruppen, die gesamte Werkschöpfung betrieben, die vollständig integriert ist, und nicht wie in einer klassischen Organisation funktional desintegriert. Wir verabschieden uns also von den klassischen Abteilungen und damit von der unbedingten Suche nach Syngerieeffekten. Diese Unternehmen im Unternehmen wickeln Einkaufsfunktionen, Vertriebsfunktionen, Personalentscheidungsfunktionen und alle anderen notwendigen Kompetenzen ab – sie können also auf Marktimpulse autark reagieren.

Wir nennen diese kleinen Unternehmen im Unternehmen übrigens Zellen. Und, was ganz wichtig ist: Die Zellen können Angebote aus dem Zentrum des Unternehmens ablehnen. Wir reden hier also nicht von den klassischen Profitcentern. Jeder kennt Beispiele aus klassischen Organisationen, etwa dass die Personalentwicklung entscheidet, ein neues Personalentwicklungsprogramm auszurollen oder die IT ein Tool zur Nutzung vorgibt. Das ist das klassische Prinzip der Steuerung, das der Taylorismus kennt: Es gibt den einen besten Weg, und den müssen alle befolgen. Bei uns stehen die Zellen hierarchisch über dem Zentrum und nicht darunter. Das Zentrum dient den Zellen.

Die Reintegration der Werkschöpfung, eine Auflösung klassischer formaler Hierarchie und eine Zusammenführung von Denken und Handeln, wie es früher in Handwerksbetrieben üblich war, das sind die wesentlichen Eckpfeiler dieses Denkmodells.

Eine ziemlich deutliche Abkehr vom dem, was man heute kennt. Werdet ihr mit eurer Idee von dem ein oder anderen als „Esoteriker" abgetan?

Ja, das hören wir regelmäßig. Auch unser Claim "happy work and people" irritiert viele. Gerade ein gestandener Geschäftsführer glaubt im ersten Moment oft, dass es uns lediglich darum geht, dass die Mitarbeiter machen können, was sie wollen – dass es also nur um sie ginge. Doch wenn wir Unternehmen beraten geht es um Leistung, darum also, dass das Unternehmen erfolgreicher wird.

Wer meint, die Forderung nach mehr menschlicher Individualität am Arbeitsplatz sollte den Mitarbeitern zuliebe erfolgen hat den Kern des Problems nicht verstanden. Unternehmen sind zweckrationale Organismen. Sie interesssieren sich nicht für das Wohl der Mitarbeiter sondern nur für ihr eigenes Überleben. Aber erfreulicherweise ist die Gegenwart von einer Situation geprägt, in der Unternehmen nur dann leistungsfähig seien können, wenn Mitarbeiter ihr ganzes Talent zur Entfaltung bringen. Glückliche Fügung könnte man sagen. Um also zur Frage zurück zu kommen: Es geht um Leistung aufgrund und nicht trotz individueller Selbstentfaltung. Mit Esoterik hat das nichts zu tun.

Gab es Rückschläge auf eurem Weg?

Einige. Anfang 2013 mussten wir mit einem Rückschlag fertig werden. Wir hatten im Januar eine Mitarbeiterin eingestellt, weil wir zu diesem Zeitpunkt davon ausgegangen waren, dass wir zwei weitere Projekte bekommen. Es waren ziemlich große Projekte. Obwohl eigentlich schon alles festgemacht war, haben wir sie dann doch nicht bekommen. Langsam aber sicher sind wir schließlich in ein Liquiditätsloch geraten und mussten uns im Mai die Entscheidung treffen, dass die Mitarbeiterin wieder gehen muss. Es lief relativ glimpflich ab, weil wir uns selbst an das Prinzip der totalen Transparenz halten, was wir auch unseren Kunden empfehlen. Unsere Mitarbeiterin konnte zu jeder Zeit alles einsehen. Sie hatte Einblick in jegliche Unternehmenszahlen. Deshalb hat sie das Übel natürlich auch kommen sehen, und als wir dann darüber geredet haben, war es keine große Überraschung mehr, sondern mehr oder weniger nur noch ein formaler Akt. Diese Erfahrung war für uns schmerzhaft. Dennoch haben wir daraus gelernt. Nämlich, dass Transparenz hilft, solche Sachen gemeinsam durchzustehen. Außerdem haben wir uns in dieser Krise auch wieder gefragt: Was heißt das jetzt für uns? Worauf müssen wir mehr achten? Wie können wir uns besser aufstellen, damit wir uns und unseren Mitarbeitern beim nächsten Mal solche Erfahrungen ersparen?

Für euch ist das Thema Organisation und Lernen sehr wichtig. Wie lernt ihr selbst?

Einmal tun wir das, indem wir alle drei Monate Feedbackschleifen machen. Wir stellen Thesen auf und schauen, ob sie gestimmt haben. Einer Standardstruktur folgen wir dabei allerdings nicht. Denn damit würden wir ja einem Paradigma folgen - das es einen richtigen Weg gibt, den wir vorgeben. Aber wir rufen ja eben dazu auf, sich von Prozessen zu trennen. Zumindest wenn es darum geht, etwas Neues zu lernen. Deswegen entscheiden wir uns auch selbst an vielen Stellen gegen Standardabläufe. Wir schauen einfach, was gerade Priorität hat, wo die Energie ist, und wo wir das Gefühl haben, das sich die Investition lohnt. Natürlich haben auch wir gewisse Rhythmen und Grenzen. Wir würden zum Beispiel nie unsere Buchführung der Kreativität aussetzen. Aber wir versuchen an die meisten Dinge möglichst frei heranzugehen. Und so verändert sich auch stetig die Art, wie wir lernen.

Außerdem sind mein Mitgründer und ich unfassbare Leseratten und unterhalten uns sehr viel über die Bücher, die wir studieren. Ich glaube, das hat einen recht großen Einfluss. Viele Impulse bekommen wir natürlich auch durch intensive Gespräche mit unseren Kunden – was wir noch mehr machen sollten, als wir es ohnehin schon tun.

Seht ihr, dass auch in Startups die drei Voraussetzungen für intrinsische Motivation erfüllbar sind?

Auf jeden Fall. Start-Ups haben die besten Ausgangsbedingungen dafür. Gerade da geht es am Anfang um eine gemeinsame Idee, also einen Sinn. Autonomie ist auch so gut wie immer gegeben und vor Herausforderungen wimmelt es nur so. Von daher bedient ein Start-up genau die Bedingungen für intrinsische Motivation. Das sieht man auch daran, dass viele Gründer bereit sind, große Opfer zu bringen. Beispielsweise für einige Monate oder Jahre weniger zu verdienen. Sie sind dazu bereit, weil sie passioniert an ihre Idee herangehen und an diese glauben.

Meiner Meinung nach gibt es kaum eine bessere Möglichkeit, sich derart selbst zu verwirklichen, wie mit einem eigenen Unternehmen. Allerdings sollte man an die Gründung sehr reflektiert herangehen und sich immer die Frage stellen, ob das Geschäftsmodell, das man da gerade aufbaut, auch wirklich in die Unabhängigkeit führt. Oder dahin, dass man nur noch von Kunden fremdbestimmt wird.

Das Problem das die meisten Start-Ups irgendwann trifft ist Wachstum. Unternehmen wachsen regelrecht kaputt. Denn wenn sie eine bestimmte Größe erreichen brauchen sie Strukturen. Und mangels Wissen über die bestehenden Alternativen, wird die alte Blaupause angewendet. Also Hierarchien eingezogen, Abteilungen gegründet und Kontroll- und Regelmechanismen eingeführt. In dieser sogenannten Differenzierungsphase beginnt dann sowohl die Leistung des Unternehmens als auch die Motivation der Mitarbeiter abzunehmen. Es ist nur schwer dies zu sehen, denn meist wird die Situation ja noch von wachsenden Umsätzen und Gewinnen vernebelt. Wie viel höher diese Umsätze und Gewinne aber sein könnten, wenn Unternehmen nicht den klassischen Strukturen folgen würden, danach fragt keiner.

Was würdest du angehenden Gründern oder Leuten raten, die überlegen, ein Startup hochzuziehen?

Den größten Lerneffekt hatte ich durch die Erkenntnis, dass es weder gut noch richtig ist, lange darüber nachzudenken, wie das mögliche Geschäftsmodell aussehen könnte. Ebenso unsinnig ist es, sich an der Frage aufzureiben, was der Kunde denn wohl haben will. Mein Rat: Mache dem Kunden konkrete Angebote und warte, ob er kauft. Wenn man mit anderen Gründern spricht, was ich regelmäßig tue, hört man immer heraus, dass sie zu einem ähnlichen Schluss gekommen sind. Denn: Wenn ein Kunde tatsächlich Geld für etwas ausgibt, ist das der bestmögliche Test und einer der wesentlichen Erfolgsfaktoren. Also: Analysiere, was ein Kunde gebrauchen könnte, bilde eine Hypothese darüber, geh hin, biete etwas an, und warte ab, ob er Interesse zeigt. Und falls nicht: Versuche, daraus zu lernen und dein Angebot weiterzuentwickeln. Drucke noch keine Visitenkarten, mache noch keine Website, kaufe dir irgendein günstiges Design, oder was auch immer, und leg los!

Nehmen wir noch einmal ein konkretes Beispiel: Wir haben die Idee, Unternehmen Diagnosen ihrer Kulturmuster anzubieten. Das heißt: Wir wollen ihnen helfen, zu verstehen, warum sie so sind, wie sie sind. Ich mache das eigentlich bereits seit mehreren Jahren, aber bislang gehe ich in die Unternehmen, führe Interviews und versuche vor Ort zwischen den Zeilen zu lesen. Irgendwann haben wir uns gefragt, ob man das Spiegeln der Kultur, was übrigens sehr effektiv ist, nicht auch durch Fragebögen schaffen kann. Aber nicht durch diese klassischen Fragebögen mit Feldern zum Ankreuzen, sondern durch qualitativ hochwertige, andersartige Fragebögen. Wir wissen aber nicht, ob der Kunde das haben will. Eine Herangehensweise wäre, zunächst einmal diese Fragebögen zu entwickeln, eine Website dazu aufzubauen und eine Marke zu entwickeln. Danach steigt man langsam in die Akquise ein. Oder aber: Man designt ein Muster, wie solch eine Auswertung aussehen könnte, schreibt einen Text, der einem ein Gefühl dafür gibt, was man nachher in den Händen hält. Und genau das haben wir gemacht. Es hat uns zwei Wochen gekostet. Nun zeigen wir es dem Kunden und warten, ob er es kauft. Kauft er, steigen wir in die Entwicklung ein.

Auf diese Art und Weise kann man sehr viel schneller lernen als durch das ständige Grübeln, ob das, was ich mir vorgestellt habe, tatsächlich eine Chance auf Erfolg hat. Und wer so an die Dinge herangeht, der kann auch direkt die nächste Annahme über Bord werfen, nämlich die, dass man als Unternehmer unbedingt risikobereit sein muss. Das mit der Risikoaffinität stimmt nur bis zu einem gewissen Grad. Denn: Wenn ich viel teste, kann ich relativ sicher werden, ob ein Produkt funktionieren kann. Ich muss dann gar keine großen Risiken mehr eingehen und auch gar nicht wahnsinnig viel Geld in die Hand nehmen. Austesten, austesten, austesten – das ist für mich einer der wertvollsten Tipps überhaupt.

Das intensive Testen der Produkte ist interessant. Wie läuft das genau ab: Ihr geht mit eurem Prototyp zu zehn Kunden, und wenn fünf davon das Produkt haben wollen, geht ihr in die Entwicklung?

Ja, so ungefähr. Wir gehen mit neuen Ideen in der Regel nicht zu Kunden, die wir gut kennen. Denn sie geben uns oft einen Vertrauensvorschuss und nehmen die neuen Produkte ohnehin. Wir gehen mit unseren Testprodukten zu Firmen, die wir gar nicht kennen. Wenn sie Interesse zeigen, bekommen wir das Gefühl, dass in dem Produkt Potenzial steckt. Wenn wir dieses Gefühl fünf Mal haben, oder sogar schon konkrete Sales generieren konnten, erst dann gehen wir in die Entwicklung.

Eure Vorgehensweise entspricht genau der Lean-Startup-Philosophie: Risiko minimieren und möglichst früh das Modell oder Produkt testen. Verfolgt ihr noch andere Methoden?

Tatsächlich benutzen wir das Business Model Canvas sehr oft. Jedes Geschäftsmodell, das wir uns überlegen, gehen wir damit an. Wir versuchen, uns zu disziplinieren, unsere Arbeit in regelmäßigen Abständen zu konsolidieren. Ich erwähnte es ja schon: Wir treffen uns alle drei Monate, schauen in den Rückspiegel und überprüfen unsere Annahmen. Mit welchen Gedanken sind wir in den Drei-Monats-Zyklus gegangen? Was hat sich bestätigt, was nicht? Wir haben ein Playbook, in dem wir festhalten, was für die nächste Zeit wichtig ist, wo wir den Fokus legen wollen. Wir haben also immer eine Strategie für die nächsten drei Monate, denken aber auch darüber hinaus. Es ist sehr wichtig, diese Annahmen und strategischen Überlegungen regelmäßig zu überprüfen, ob sie auch gefruchtet haben.

Ein Wort zu deinem Alltag: Welche Aufgaben kommen täglich auf deinen Tisch?

Das ist total unterschiedlich. Im Moment fühle ich mich immer noch wie das Mädchen für alles. Es gibt Phasen, in denen ich Rechnungen schreibe und handwerkliche, administrative und bürokratische Dinge tue. Und natürlich geht auch ein signifikanter Anteil für die Vorbereitung unserer Veranstaltungen und die Beratung der Unternehmen drauf. 50 bis 60 Prozent meiner Zeit verbringe ich aber sicherlich mit Netzwerken. Es gibt unfassbar viele Leute, die einfach auf uns zukommen und sagen, dass sie Lust haben, mit uns zusammen zu arbeiten oder sich austauschen wollen. Ich verbringe wahnsinnig viel Zeit damit, mich mit Leuten zu treffen. Daraus entwickeln sich manchmal Dinge und manchmal nicht. Meiner Meinung nach ist auch das ein wichtiger Tipp für Gründer: Mit jeder zusätzlichen Gelegenheit, die ich mir schaffe, steigt die Wahrscheinlichkeit, dass eine dieser Gelegenheiten einen großen Einfluss auf mich hat. Es ist die Black Swan-Philosophie. Man muss sich möglichst viele Gelegenheiten schaffen, darf diese allerdings nicht zu ernst nehmen und nicht enttäuscht sein, wenn nichts dabei herauskommt. Aber ab und an wird halt etwas Großes daraus und plötzlich habe ich einen Auftrag an der Hand und etwas anderes, von dem ich mir vorher gar kein Bild machen konnte.

Hast du einen Mentor, bei dem du dir Rat für strategische Entscheidungen holst?

Mein größter Mentor ist mein Geschäftspartner Lars. Und ich glaube, das gilt andersherum genauso. Ich finde unser Duo-Modell optimal. Ich kenne diese Art der Zusammenarbeit aus der Zeit, als ich als Student im Vorstand des Verbands deutscher Wirtschaftsingenieure aktiv war. Wir waren damals auch ein Zweiergespann. Im Duo zu arbeiten ist meiner Ansicht nach ein totales Erfolgsmodell, vor allem, wenn du zwei Charaktere kombinierst, die unterschiedliche Präferenzen haben, unterschiedlich ticken und unterschiedlich über die Welt nachdenken. Jede wesentliche Entscheidung reflektieren Lars und ich. Das bringt unfassbar viel.

Als weiterer Reflektionsmechanismus dient die Auseinandersetzung mit unseren Mitgliedern. Sie fordern unser Geschäftsmodell und unsere Ideen kontinuierlich heraus. Ihr Feedback hat manchmal schon fast einen Grad von Nervigkeit, denn sie möchten nun einmal mitwirken und wollen sich aktiv mit der Frage auseinandersetzen, was die Zukunft von intrinsify.me ist. Wir bekommen E-Mails, in denen steht, wir sollten hier noch einsteigen oder uns da engagieren. So schön dieses Feedback ist: Es ist damit natürlich immer eine latente Gefahr verbunden, sich in alles hineinzustürzen.

Außerdem habe ich noch einen Mentor aus meiner alten Arbeitgeberzeit. Wir telefonieren ca. alle zwei Monate. Ich erzähle ihm, was gerade passiert, und er gibt mir wertvolle Impulse. Das Gute ist, dass er in unserer Sache kaum drinsteckt und mir aus der Metaebene heraus Fragen stellt, auf die ich nicht kommen würde.

Playbook

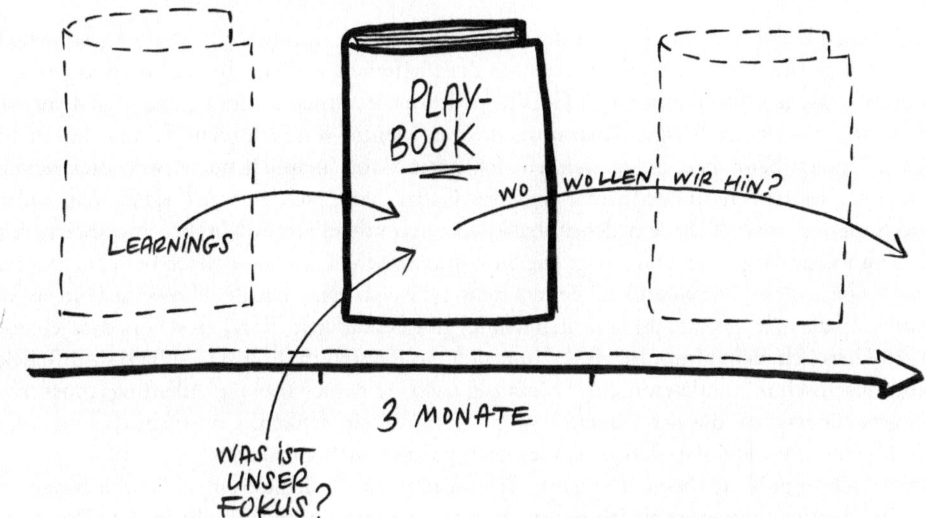

Mit welchen Gedanken sind wir in den Drei-Monats-Zyklus gegangen? Was hat sich bestätigt, was nicht? Wir haben ein Playbook, in dem wir festhalten, was für die nächste Zeit wichtig ist, wo wir den Fokus legen wollen. Wir haben also immer eine Strategie für die nächsten drei Monate, denken aber auch darüber hinaus. Es ist sehr wichtig, diese Annahmen und strategischen Überlegungen regelmäßig zu überprüfen, ob sie auch gefruchtet haben.

Kannst du ein Beispiel nennen?

Wir hatten einmal eine Situation, in der sich eines unserer Mitglieder sehr stark für uns engagieren wollte. Aber ich hatte das Gefühl, dass es überhaupt nicht passt. Aus meiner Sicht konnten wir nicht gut miteinander, es war keine harmonische Beziehung. Auch seine Zielrichtung war eine andere als unsere, aber er war unheimlich passioniert bei der Sache, wollte mitmischen und Ideen für intrinsify.me einbringen. Ich wusste nicht, wie ich mit der Situation umgehen soll, ich bin ein ziemlich harmoniebedürftiger Mensch. In schwierigen Momenten lasse ich mich oft dazu verleiten, „rumzuschwurbeln" oder Dinge zu sagen, die mein Gegenüber hören will, anstatt die Situation aufzulösen.

Über diesen konkreten Konflikt mit dem Mitglied habe ich mit meinem Mentor gesprochen. Und – es klingt banal – er hat gesagt, dass ich dem Mitglied schlicht die Wahrheit sagen soll. Im Endeffekt täte ich ihm damit einen Gefallen. Mit der Wahrheit sei ihm genauso gedient wie mir. Es ist nur ein kleines Beispiel, aber ohne meinen Mentor wäre ich nicht dahin gekommen, die Dinge einfach beim Namen zu nennen. Ich hätte wahrscheinlich noch zwei, drei weitere Wochen oder Monate herumgedruckst und das Ganze hätte sich zu einer ekelhaften, unbequemen Situation entwickelt. Stattdessen habe ich mich mit unserem Mitglied hingesetzt, ihm meine Gefühlslage dargestellt und fertig. Die Situation zwischen uns war danach besser als vorher.

Ich glaube, solche Momente, in denen man teilweise ganz banale Hinweise von außen bekommt, auf die man sonst nicht kommen würde, gibt es sehr viele. Es reicht schon, dass jemand durch ein Gespräch kleine Impulse gibt, damit sich ein Knoten in dir löst. Deshalb sind Reflektion und Austausch mit anderen meiner Meinung nach elementar wichtig. Allerdings muss man Leuten gegenübersitzen, die sich trauen, das zu sagen, was sie denken. Und nicht das, was man hören will. Danach sollte man sich seine Gesprächspartner auch aussuchen.

Ein letzter Impuls zu dieser Thematik: Ich würde mir zusätzlich einen Gesprächspartner suchen, der deutlich jünger ist als ich selbst. In der Generation nach uns gibt es viele Leute, die völlig grenzen- und hemmungslos über die Welt nachdenken. Sie tragen keine inneren Blockaden mit sich herum, die wir vielleicht noch von unseren Eltern mit auf den Weg bekommen haben. Sie stellen erfrischende Fragen und gehen unverblümt an Dinge heran. Deshalb kann man von ihnen viel lernen. Verrate deinem Gesprächspartner aber nicht, dass er dein Mentor ist, denn dann verliert die Situation an Charme. Aber nutze den Input, der kommt, für deine eigene Entwicklung. Ich habe so etwas eine Weile mit einem unserer Mitglieder gemacht und es ist sehr wertvoll.

Gibt es zurückblickend Dinge, die du heute anderes angehen würdest?

Auf jeden Fall. Unzählbar viele. Aber vor allem würde ich weniger Vorarbeit in die Leistungen stecken, würde viel mehr lean reingehen, viel mehr testen. Wobei ich das gleichzeitig an einer Stelle einschränken möchte: Manche Dinge kommen nicht in die Welt, wenn man sie zu rational und zu effizienzgetrieben sieht und nur kurzfristig denkt. intrinsify.me ist auf eine gewisse Art und Weise natürlich ziemlich idealistisch, vielleicht sogar überheblich. Unsere Grundannahme, die Arbeitswelt verändern zu wollen, ist schon ein hoher Anspruch, gerade wenn man in unserem Alter ist. Und wenn wir von Anfang an ausschließlich auf den Validierungs- und Testgedanken gesetzt hätten, hätten wir vielleicht zu früh die Gabel in den Heuhaufen geschmissen. Insofern waren die vielen mutmachenden Überlegungen am Start vielleicht doch nicht ganz nutzlos.

Bei meinem zweiten Unternehmen, das ich vor Kurzem gegründet habe, bin ich sehr stark der Lean Start-Up Philosophie gefolgt. Und es hat sich mehr als ausgezahlt. Das heißt aber nicht, dass es nicht auch mal Sinn machen kann, einfach etwas durchzuziehen, obwohl noch kein Kunde da ist und keine Sicherheit besteht. Es hängt immer vom Einzelfall ab. Eins ist jedoch sicher: Es bringt wirklich gar nichts, zuhause vor dem Schreibtisch zu sitzen und sich zu überlegen, was die

Welt wohl brauchen könnte. Du musst raus aus Deiner Komfortzone und Dich der Gefahr aussetzen, dass Du falsch liegen könntest. Das fällt vielen von uns sehr schwer, aber es ist der einzige Weg zum Erfolg.

Mark, herzlichen Dank für das Gespräch.

Literaturtipps von Mark Poppenburg:

Ries, Eric (2011); *The Lean Startup: How Today's Entrepreneurs Use Continuous Innovation to Create Radically Successful Businesses;* Crown Publishing

Taleb, Nassim Nicholas (2013); *Antifragilität: Anleitung für eine Welt, die wir nicht verstehen;* Albrecht Knaus Verlag

Sinek, Simon (2011); *Start With Why: How Great Leaders Inspire Everyone To Take Action;* Penguin

Wohland, Gerhard (2012); *Denkwerkzeuge der Höchstleister: Warum dynamikrobuste Unternehmen Marktdruck erzeugen;* UNIBUCH

Seneca; *Letters from a stoic*

kaufDA
Christian Gaiser

Innovative Lösung für Online-Werbeprospekte

kaufDA ist der führende Anbieter von standortbezogener Prospektwerbung in Web und Mobile und zählt bisher über fünf Milliarden aufgerufene Prospektseiten. Mehr als 247 000 stationäre Einzelhandelsgeschäfte aus 12 000 deutschen Städten und Gemeinden sind auf dem Portal vertreten.

Darüber hinaus bindet kaufDA die Angebotsinhalte der Händler auf großen Partnerseiten wie T-Online.de, BILD.de, RTL.de und Meinestadt.de ein. kaufDA zählt deutsche Einzelhändler, Verbundgruppen, Marken und Mediaagenturen zu seinen Kunden.

Das 2008 gegründete Unternehmen gehört mehrheitlich zur Axel Springer SE. kaufDA ist ein Unternehmen der Bonial International Group. Sitz der Gruppe ist Berlin. Weitere Standorte sind Chicago, Paris, Barcelona, Moskau und São Paulo.

• •

Christian, in welcher Situation hast du dich vor der Gründung befunden und wie kamst du dazu, dich selbstständig zu machen?

Als ich damals angefangen habe, an der WHU – Otto Beisheim School of Management, in Vallendar zu studieren, war es mein großer Traum – wie für viele andere Kommilitonen – Investmentbanker bei einer dieser großen Legenden wie Goldman Sachs oder Merrill Lynch zu werden. Während des Studiums hatte ich dann auch die Chance, bei Goldman ein Praktikum zu absolvieren. Ich war einer der wenigen Deutschen, die es in das Private Equity Team in London geschafft hatten, und es gefiel mir sehr gut. Mir war klar: Dort steige ich nach dem Studium ein. Kurz vor dem Abschluss ging ich jedoch nochmal in die USA ins Silicon Valley, um an einer Forschungsarbeit zum Thema Software as a Service and Platform as a Service zu schreiben. In diesem Startup-verrückten Umfeld haben meine Mitstudenten und ich uns die Frage gestellt, ob wir wirklich langfristig eine Bankkarriere machen wollen.

Damals habe ich mich an eine Umfrage erinnert, in der Menschen mit erfolgreichen Bankkarrieren befragt wurden. Zwar gaben die meisten an, stolz auf ihre Leistungen in einer internationalen Bank zu sein, doch die wenigsten waren wirklich glücklich damit – das hat mein damaliges Gefühl gut beschrieben.

Ich habe mich dann bewusst gegen die Laufbahn im Investmentbanking entschieden, obwohl ich zu diesem Zeitpunkt noch keine konkrete Gründungsidee hatte. Meine Mitstudenten und ich waren aber guter Dinge, dass wir eine finden und auch erfolgreich umsetzen würden.

Du hast also damals das Silicon Valley kennengelernt und lebst jetzt in Berlin. Wie ist deine Meinung zu der Diskussion Valley versus Berlin?

Mittlerweile habe ich eine differenziertere Meinung zum Valley als der „Heilige Gral". Aus meiner Sicht ist das Valley ganz klar ein Cluster mit Top-Leuten, sehr viel Geld und einem Öko-System, das es jungen Firmen sehr schnell ermöglicht, ihr Business zu entwickeln. Dabei hilft auch die kulturelle Haltung, die sehr auf „Trial and Error" ausgelegt ist, – eine Haltung, die in Deutschland nicht sehr ausgeprägt ist.

Nichtsdestotrotz brauchen wir uns in Deutschland nicht zu verstecken. Gerade, wenn es um die Umsetzung oder die Internationalisierung von Geschäftsmodellen geht, sind deutsche Internetfirmen außerhalb der USA sehr erfolgreich. Den amerikanischen Startups reicht zunächst der riesige homogene Markt vor der Tür, so dass sie sich die ersten Jahre darauf konzentrieren können, in den USA groß zu werden und dann im Rest der Welt einfach zuzukaufen.

Auch bei der Bewertung von Firmen gibt es große Unterschiede. In den USA wird bei Börsengängen gerne das 15-Fache des Umsatzes als Bewertungsbasis genommen, während in Deutschland und Europa das 15-Fache des Profits herangezogen wird. Das macht es den US-Startups natürlich leichter, schneller zu wachsen und andere spannende Geschäftsmodelle zu integrieren, weil die Investoren viel optimistischer in die Zukunft blicken – ein sehr wichtiger Unterschied. Doch von den Personen und Fähigkeiten her können wir in Deutschland – und das merkt man hier in Berlin deutlich – sehr gut mithalten.

Wie seid ihr dann auf die Idee für kaufDA gekommen?

Wir sind auf drei Aspekte aufmerksam geworden, aus denen wir letztlich unser Konzept entwickelten. Das war erstens die unglaubliche Schwemme an Werbeprospekten, die wir in den USA erlebt haben. Das ist dort noch viel stärker ausgeprägt als bei uns in Deutschland. Zweitens hatte ich eine Studie darüber gelesen, wie viele Prospektbeilagen Unternehmen jährlich produzieren und verteilen lassen. Beispielsweise hat ein großer Baumarkt damals eine Milliarde Flyer produzieren lassen und dafür in Deutschland 50 bis 60 Millionen Euro ausgegeben. Diese Zahl hat uns echt umgehauen. Der dritte Punkt, den wir gesehen haben, waren die bereits erfolgreichen Classifieds-Business-Modelle, wie z. B. Immoscout24 oder mobile.de, bei denen Online-Recherche Offline-Transaktionen beeinflusst. Daran haben wir gesehen, dass Printwerbung auch online funktionieren kann. Damals war die Handelswerbung einer der wenigen Bereiche, die noch nicht digital verfügbar waren. So kam uns die Idee für eine Art lokales Einkaufszentrum unter dem Namen kaufDA.

Ihr hattet weder Erfahrung in der Branche noch in der Gründung eines eigenen Unternehmens – wie habt ihr euch letztlich motiviert, loszulegen?

Im Nachhinein betrachtet war es von Vorteil, dass wir wenig Erfahrung in der Branche hatten. Viele Experten aus dem Einzelhandel haben uns damals davon abgeraten, sie schienen in ihren eingefahrenen Denkstrukturen gefangen. Wir hatten Scheuklappen auf und haben es einfach durchgezogen, auch als uns im ersten Jahr große Herausforderungen erwarteten. Es reizte mich einfach. Schon mein ganzes Leben lang habe ich einfach gerne Dinge aufgebaut und Projekte gestartet. Mit 15 Jahren fing ich zum Beispiel schon an, mit Aktien zu handeln. Meine Eltern sind in der Hotel- und Gastronomiebranche selbstständig. Ich habe somit das Unternehmertum und die wirtschaftlichen Zusammenhänge schon von Kindesbeinen an mitbekommen. Ich mag es, mit Menschen zusammenzuarbeiten und ein Team zu führen. Das waren und sind wichtige Motivationsfaktoren für mich – es ist weniger das Geld, das ist mir nicht so wichtig.

Wie seid ihr dann weiter vorgegangen, wie habt ihr versucht, eure Idee des digitalen lokalen Einkaufszentrums zu validieren?

Als Erstes haben wir uns mit Experten aus dem Handel, dem Medienbereich und der Web-szene unterhalten. Gemeinsam haben wir sehr viele Szenarien durchgespielt. Wenn wir eine Idee hatten, haben wir schnell einen 10-Pager zusammengebaut und versucht, möglichst viel Feedback von Experten einzuholen. Das entspricht auch meiner Philosophie – ich halte nicht viel davon, lange Businesspläne zu schreiben, sondern versuche schnell, Feedback von Leuten einzuholen, die sich mit der Materie auskennen. Viele Gründer schrecken davor zurück, weil sie Angst vor Ideen-klau haben. Das ist aber zumeist unberechtigt, weil die Idee alleine nicht viel wert ist. Es kommt vor allem auf eine zielgerichtete und effiziente Umsetzung an.

Wir sind dann bei der weiteren Entwicklung schnell an Grenzen gestoßen. An Einzelhan-dels- und Familienunternehmen kommt man nur schwer heran. Außerdem hatten wir nichts vor-zuzeigen und damals konnten sich die Kunden unter unserer Produktidee nichts vorstellen. Wir wollten es trotzdem versuchen und schätzten die Chance auf Erfolg auch relativ hoch ein, denn es gab ja bereits die erfolgreichen Beispiele aus dem Kleinanzeigen-Umfeld. Die entscheidende Frage war, ob es uns gelingen würde, genug Reichweite aufzubauen. Wir hatten dann innerhalb von zwei Monaten ein Team zusammengestellt. Glücklicherweise gewannen wir einen exzellenten Chief Technology Officer (CTO) als Mitgründer, der sehr schnell die erste Version unseres Pro-dukts umsetzte. Damit sind wir gestartet und hatten bereits nach einem Monat ein paar hun-derttausend Nutzer auf der Plattform – ohne umfangreiches Marketing. Wir sahen: Unsere Idee hat wirklich Potenzial. Es war unsere Philosophie, schnell Gespräche zu führen und dann ebenso schnell in den Markt einzutreten. Wir haben sehr viel dabei gelernt und konnten die Kosten niedrig halten – vielleicht spielt hier meine schwäbische Herkunft eine Rolle …

… das heißt, ihr habt wie die schwäbische Hausfrau die Kosten auf ein Minimum beschränkt?

Das kann man so sagen (lacht). Ich glaube auch, mit Mitte 30 wäre das unmöglich gewesen – wir sind da schon sehr auf dem Zahnfleisch gegangen und haben persönlich sehr viel geopfert. Wenn ich mir Bilder von 2008 und 2009 anschaue – da war ich bestimmt 20 Kilogramm leichter als heute.

Du hast eben erwähnt, dass ihr sehr schnell ein Produkt in den Markt gebracht habt. Ihr habt im August 2008 gegründet und wart im Dezember 2008 bereits online. Wie habt ihr das so schnell geschafft und wie habt ihr eure Aktivitäten priorisiert?

Wir waren auch deshalb so schnell, weil wir einige Dinge schon vorbereitet hatten, z. B. hatte jeder von uns bereits eine Beteiligungsgesellschaft gegründet. Die ganzen Rechtsthemen und administrativen Rahmenbedingungen – etwas woran Gründer oft zu wenig denken – waren bereits abgedeckt und wir konnten sofort mit der eigentlichen Arbeit loslegen. Schnell zu sein war unser oberstes Gebot, denn uns war klar, dass der First-Mover Advantage in dem Markt gigan-tisch sein musste, und wir hatten die Sorge, es könnte uns jemand zuvorkommen. Oberste Prio-rität war also der Launch. Dazu mussten wir das Produkt finalisieren, aber auch erstes Kunden-feedback einholen. Letzteres war meine Aufgabe – ich war sozusagen der „Außenminister". Dazu gehörte auch die Präsentation nach außen. Uns war zum Beispiel von Anfang an wichtig, dass wir uns nicht als Startup, sondern als möglichst seriöses, professionelles und ein stückweit auch konservatives Unternehmen verkaufen, eben weil der deutsche Einzelhandel relativ konservativ und zurückhaltend ist. Wir haben von Anfang an aus der Kundensicht gedacht – etwas, das viele deutsche Startups meiner Meinung nach zu wenig machen. Der Kunde ist nicht zwangsläufig der Nutzer, sondern letztendlich derjenige, der die Rechnungen bezahlt – und bei uns ist das eben

Ideenklau & Umsetzung

Ich halte nicht viel davon, lange Businesspläne zu schreiben, sondern versuche schnell Feedback von Leuten einzuholen, die sich mit der Materie auskennen. Viele Gründer schrecken davor zurück, weil sie Angst vor Ideenklau haben. Das ist aber zumeist unberechtigt, weil die Idee alleine nicht viel wert ist. Es kommt vor allem auf eine zielgerichtete und effiziente Umsetzung an.

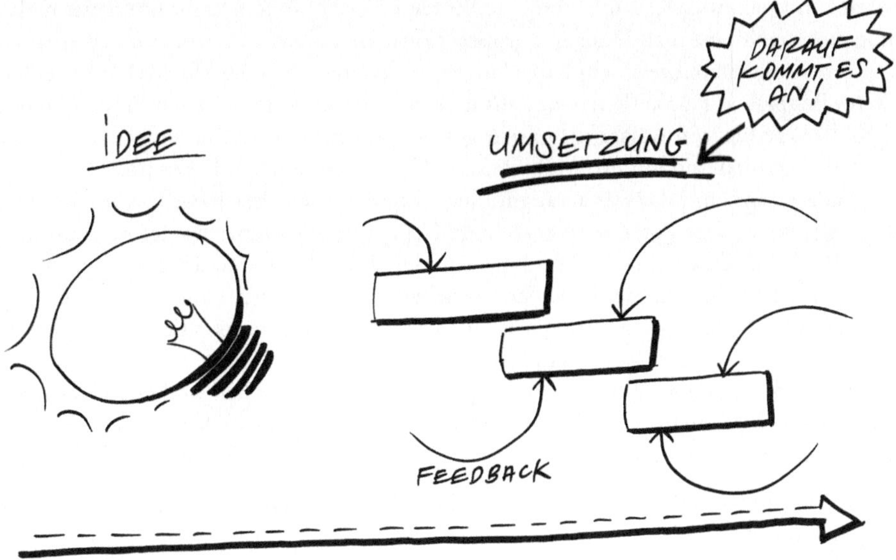

der Handel. Wir haben uns daher schnell an den Interessen des Handels ausgerichtet. Es war aus meiner Sicht mit einer der größten Vorteile für uns, dass wir einfach das gewählt haben, was der Handel schon kannte. Und die andere wichtige Priorität war das Kundenfeedback, was sich für uns später auch als strategisch wertvoll erwiesen hat.

Habt ihr konkrete Tools und Methoden angewandt oder kam das mehr aus dem Bauch heraus?

Die Methode, die wir angewandt haben, war ganz einfach: möglichst schnell möglichst viel zu machen. Wir haben nicht in irgendwelchen festgefahrenen Mustern gedacht, sondern einfach alles, was wir an Energie hatten, zielgerichtet eingesetzt, um möglichst schnell vorwärtszukommen. Rückblickend würde ich schon einiges anders machen. Über die Zeit merkt man, dass mehr Input nicht unbedingt zu mehr Output führt. Was uns geholfen hat, war unsere Erfahrung, die wir beim Studium an der WHU und in der Praxis sammeln konnten. Auch wenn diese nicht lange war, wussten wir, wie man schnell und professionell Präsentationen entwickelt und wie man ein Excel-Modell aufsetzt. Das heißt, es war viel, was ich als Tacit Knowledge bezeichnen würde, vorhanden. Wenn wir ansonsten an einer Stelle nicht weiter wussten, haben wir in unserem Umfeld gefragt.

Apropos Hilfe aus dem Umfeld – ihr hattet von Anfang an fünf Business Angels. Welche Rolle hatten sie, waren das in erster Linie Kapitalgeber oder auch eine Art Mentoren?

In erster Linie haben wir das Geld gebraucht. Unsere Business Angels haben aber auch komplementäre Fähigkeiten mitgebracht, die uns dabei geholfen haben, das Modell wirklich schnell nach vorne zu bringen. Beispielsweise hat Stephan Schubert permanent Dinge infrage gestellt. Das war für uns nicht immer angenehm, hat uns aber geholfen, besser zu verstehen und den Fokus darauf zu legen, was der Kunde möchte. Er hat onVista mit aufgebaut und hatte dadurch Erfahrung gesammelt, wie man Deals mit großen Konzernen macht. Das war für uns eine wichtige Hilfe, um bei diesen teilweise sehr langwierigen Prozeduren nicht die Motivation zu verlieren. Ein weiteres Beispiel ist Frank Thelen, der aus meiner Sicht einer der wenigen Produktgenies in Deutschland ist. Er hat von Anfang an immer gesagt: „Macht iPhone!", er hat mich damals alle zwei Wochen angerufen und mir mit Mobile in den Ohren gelegen. Wir haben uns es relativ früh auf die Agenda gesetzt und das war auch gut, denn Mobile macht mittlerweile über 60 Prozent unseres Umsatzes aus. Das war also eine wichtige Rolle, um uns immer wieder neu zu fordern. Der zweite Punkt ist, dass wir bei neuen Herausforderungen, beispielsweise einem Problem im App-Store, sehr selektiv geschaut haben, wer uns helfen könnte. Drittens konnten uns die Angels natürlich bei der weiteren Finanzierung vor allem mit Kontakten unterstützen. Beispielsweise kam der Kontakt zu eVenture über Stefan Glänzer zustande.

Mein Eindruck war, dass die Angels am Ende des Tages einfach sehen wollten, dass wir etwas aufbauen können, was funktioniert. Sie unterstützten an den Stellen, an denen noch eine Ergänzung notwendig war, um sicherzustellen, dass wir auch erfolgreich sein konnten.

Zu eurer Marketingstrategie: Wie habt ihr Endkunden auf euch aufmerksam gemacht und Händler gewonnen?

Für die Nutzerseite haben wir sehr viel Suchmaschinenmarketing betrieben, das war für uns ein sehr guter Hebel. 25 Prozent der Suchanfragen waren damals schon lokal und hier konnten wir uns gut positionieren. Andere lokale Suchergebnisse wie Gelbe Seiten oder Telefonbücher hatten außer Adressen nicht viel zu bieten. Ein zweiter wichtiger Teil war eine Kombination von Maßnahmen im Bereich Mobile, z. B. hatten wir eine Kooperation mit der Telekom und haben sehr viel App-Store-Marketing betrieben. Die dritte Komponente – und die war auch wichtig für die Händlerseite – war die Kommunikation. Wir haben sehr stark auf die Berichterstattung in den Fachmedien gesetzt, worüber wir an Glaubwürdigkeit gewonnen haben – am Ende des Tages ist es harte Vertriebsarbeit. Deshalb hatten wir auch recht früh den ehemaligen Vertriebsleiter des Berliner Tagesspiegel, Peter Dröge, an Bord geholt, der über 20 Jahre Erfahrung in der Handelsbranche mitbrachte. Das war im Team natürlich nicht unumstritten, schließlich veränderte so ein erfahrener Profi auch unsere Kultur. Doch ich war überzeugt, dass wir ihn brauchten und stellte ihn als Vertriebsleiter ein. Es war meine feste Überzeugung, dass es extrem wichtig sein würde, jemanden im Team zu haben, der die Sprache des Handels spricht. Mit unserem Businesswortschatz wären wir nicht weit gekommen. Eine amüsante Erfahrung dazu haben wir im Schwabenland bei einem milliardenschweren Handelsunternehmen gemacht, als uns der Senior-Chef fragte: „Herr Gaiser, das ist ja alles schön und gut, aber was kostet das denn jetzt?" und wir daraufhin unser Performance-Modell und Cost per Click vorstellten. Die Antwort war: „Cost per Click? Mit solchen Anglizismen brauchen Sie mir gar nicht kommen." Seitdem nennen wir das Ganze „Prospektöffnungsgebühr". Meine Erkenntnis ist, dass es wichtig ist, auf die Menschen einzugehen. Letztlich verkauft man auch immer über die eigene Persönlichkeit – und da kann der Erfolg stark von einigen wenigen Entscheidern abhängen – stärker als das z. B. im E-Commerce der Fall ist.

Neben dem Fingerspitzengefühl für Kommunikation und Beziehungen – was war noch wichtig, um die Händler zu überzeugen?

Ein erster wichtiger Punkt war, den Handel zu überzeugen, dass es sich lohnen würde, im Internet präsent zu sein. Der Handel hatte zu der Zeit noch nichts im Internet gemacht und wir mussten erst mal Gattungsmarketing betreiben. Um das zu erreichen, mussten wir den „langen Weg" wählen. Unser Vertriebsleiter sprach immer davon „Wellen zu schlagen". Wir haben dem Handel dargelegt, aus welchen Gründen das Internet wichtig sei und warum er mitinvestieren sollte. Eine zweite Herausforderung war, den Punkt zu finden, ab dem ein Entscheidungsträger bereit ist, sich persönlich dafür einzusetzen. Es gibt ja das Sprichwort „No one gets fired for hiring IBM" und im Marketing ist es die Printanzeige, mit der man nichts falsch machen kann. Etwas Neues hingegen ist riskant, das heißt, wir brauchten eine Art Champion in der Organisation, der das Thema vertrat. Die dritte Herausforderung war, die Schlüsselpersonen solcher Themen zu finden. Am Anfang hieß es, wir sollten mit dem Webmaster sprechen. Am Ende war die Entscheidung, in uns zu investieren, aber eine sehr strategische, die meist ganz oben getroffen wurde. Ein vierter Punkt ist das Thema Glaubwürdigkeit. Das Prospekt ist für die Händler das wertvollste Marketinginstrument, und diesen Heiligen Gral sollten sie nun uns, einem im Markt neuen Unternehmen, anvertrauen. Geholfen hat uns dabei, dass wir die Deutsche Telekom als Venture Investor mit an Bord hatten und wir von der starken Marke profitieren konnten.

Es war aus meiner Sicht wichtig, dass wir das bisherige Modell nicht abgetan – und unseren Service eher als Ergänzung präsentiert haben. Viele Internet-Unternehmen machen den Fehler, zu glauben, sie hätten die beste Antwort und das alte Modell würde abgeschafft. Wir wollten nicht als Smart-Ass daherkommen und haben den Händlern gesagt: „Lieber Händler, das, was du die letzten 30 Jahre gemacht hast, ist nicht falsch, das war gut so. Wir übertragen jetzt genau diese Systematik ins Internet, aber Print ist weiterhin sinnvoll und wichtig."

In 2009 seid ihr dann stark gewachsen, auch mithilfe von Venture Capital. Wie ist eure Finanzierungsrunde gelaufen? Wie kam der Kontakt zustande und wie konntet ihr die Investoren überzeugen?

Im Falle unseres ersten Investors 2009, der Deutschen Telekom, wurden wir kontaktiert, bevor wir die Runde überhaupt gestartet hatten. Das war auf eine Art und Weise, wie es wohl nur selten passiert. Ich hatte morgens früh einen Anruf bekommen und wurde nach Darmstadt zur Abteilung „Strategie und Innovation" der Deutschen Telekom eingeladen. Begrüßt wurde ich mit: „Das ist ja schon ganz schön disruptiv, was Sie da machen." Nach einer kurzen Vorstellung wurden die Gastgeber relativ „pushy" und nannten mehrere Anknüpfungspunkte für eine Unterstützung. Eine Frage war, ob wir Geld benötigten. Ich habe natürlich ja gesagt und so wurde der Kontakt zu T-Venture hergestellt. Bei unserem ersten Meeting mit Patrick Meisberger von T-Venture hatten wir schnell gemerkt, dass die Chemie stimmte und man einen guten Eindruck von uns gewonnen hatte. Wir hatten wenig mit *Key Performance Indicators* (KPIs) argumentiert, es war die Traction, die wir bis dato bereits erzeugt hatten, die die Verantwortlichen überzeugte. Außerdem war das Konzept gerade für die Telekom sehr attraktiv, denn schließlich konnte man Parallelen zu dem Kleinanzeigenmarkt ziehen, in dem die Telekom viel Erfahrung durch die Scout Group gesammelt hatte. Dann ging alles sehr schnell. Auch wenn Einige immer noch der Meinung sind, die Telekom sei ein schwerfälliger Konzern – wir haben sehr positive Erfahrung mit T-Venture und den beteiligten Personen gemacht.

Der zweite Investor war die Beteiligungsfirma eVenture Capital Partners. Hier kam der Kontakt über Stefan Glänzer zustande. Wir haben zwei Vertreter in Hamburg getroffen und hatten ein sehr gutes Gespräch, auch weil eVenture den Einzelhandel sehr gut kennt. Auch hier merkten wir schnell, dass der Funke übergesprungen war – das war ein bisschen wie beim Dating –, und hatten ein sehr gutes Gefühl für eine Zusammenarbeit.

In einem gemeinsamen Due-Diligence-Termin hatten wir beide Parteien zusammengebracht, das war für uns eine ideale Kombination. Wir haben mit beiden sehr gerne und sehr gut zusammengearbeitet. Nebenbei bemerkt: Wir hatten auch andere Angebote aus dem Medienumfeld, doch wollten wir uns zu dem Zeitpunkt nicht mit einem Player aus der Medienbranche vermählen.

Mit den beiden Venture-Capital-Investoren hattet ihr nun Zugriff auf Kapital – wofür habt ihr es eingesetzt?

Uns war schnell klar, dass wir möglichst schnell wachsen wollen, das heißt, es ging in erster Linie um Team Investments. Wir wollten weitere erfahrene Leute mit an Bord holen, um das Wachstum zu beschleunigen. Der Fokus lag zu diesem Zeitpunkt darauf, das Geschäftsmodell wirklich auf die Probe zu stellen und profitabel zu werden – dafür haben wir das Kapital eingesetzt. Eine Internationalisierung wollten wir erst nach der Bewährung des Geschäftsmodells angehen.

Euer Wachstumskurs hat sich in 2010 fortgesetzt – wie habt ihr den Sprung vom Gründerteam zu einer größeren Firmenstruktur gemanagt?

Wir haben im Laufe der Entwicklung unseres Unternehmens rasch festgestellt, dass den Herausforderungen des rasanten Wachstums nicht jeder gewachsen ist. Man sieht das auch daran, dass von den vier ursprünglichen Gründern von kaufDA heute nur noch zwei das Unternehmen führen. Wir hatten 2010 eine zweite Managementebene mit Mitarbeitern etabliert, die erstens Führungserfahrung mitbrachten und zweitens selber als Leuchtpunkt und Magnet für die anderen Mitarbeiter wirken konnten. Dieser Ansatz war sehr erfolgreich. Aus meiner Sicht entscheidend ist es auch heute noch, recht früh gute Leute an Bord zu holen und allen Mitarbeitern die Möglichkeit zu geben, sich weiterzuentwickeln. Ich glaube, viele Gründer machen den Fehler, zu lange zu operativ tätig zu sein und nicht loslassen zu wollen. Ich bin auch immer noch sehr detailorientiert, doch ich glaube, es ist uns gelungen, relativ schnell eine Organisation aufzubauen, bei der nicht jede Entscheidung vom Gründer getroffen werden muss. Natürlich ist solch ein Wachstumsprozess auch schmerzlich, da die Mitarbeiter weniger Kontakt zu den Gründern haben – gerade für Mitarbeiter der ersten Stunde. Trotzdem sind viele der ersten Mitarbeiter auch heute noch dabei, und die Wachstumsschwellen haben wir sehr gut gemeistert.

Wie hat sich dein Job verändert?

Mein Job hat sich extrem gewandelt. Am Anfang habe ich alles gemacht. Dazu gehörte z. B. auch, 20 000 Adressen händisch in das System einzutragen. Heute bin ich dagegen ca. 50 Prozent meiner Zeit im Ausland unterwegs, da wir uns im Zuge der Internationalisierung die Märkte sehr genau anschauen. Ich bin also fast so viel im Flugzeug wie meine Schwester, die als Stewardess arbeitet. Weitere 20 bis 30 Prozent meiner Zeit verwende ich heute für die Repräsentation von kaufDA vor Kunden und Geschäftspartnern. Und in der restlichen Zeit bearbeite ich strategische Aufgabenstellungen, z. B. Märkte analysieren und entscheiden, welche neuen Projekte wir vorantreiben wollen. Auch wenn ich dabei nochmals tiefer in Themen einsteige – für operative Tätigkeiten wie z. B. Präsentationsdesign habe ich einfach keine Zeit mehr. Ich habe auch viel zu lange damit gewartet, eine eigene Assistentin einzustellen. Nach meiner Erfahrung ist es sehr wichtig, sich auf die Bereiche zu fokussieren, in denen man als Gründer echten Input liefern kann. Und das bedeutet, eben nicht alle Dinge selbst umzusetzen, sondern Entscheidungen zu treffen und möglichst viel Zeit beim Kunden zu verbringen.

Stichwort Repräsentation und Öffentlichkeitsarbeit. Hier wurde bezüglich kaufDA eine sehr emotionale Debatte geführt und ihr wurdet als Schrecken der Verlage bezeichnet. Was hast du aus dem Umgang mit den Medien gelernt?

Das war tatsächlich ein Bereich, in dem wir, neben der Vertriebserfahrung, am meisten gelernt haben. Es war sehr schwierig, uns in den Medien zu positionieren, weil uns viele der Medienvertreter als Bedrohung der Verlage und somit ihres Jobs sahen. Es ist uns dennoch gelungen, auch in den führenden Publikationen so präsent zu werden, dass uns keiner mehr ignorieren konnte. Wichtig dabei war, dass wir schon relativ frühzeitig eine sehr professionelle Pressearbeit mit klarem Fokus auf hochwertigen und seriösen Informationen betrieben haben.

Dabei gab es immer wieder unterhaltsame Höhepunkte. So wurde ich auch mal als „Lady Gaga der Handelsbranche" bezeichnet. Das war teilweise sehr amüsant. Natürlich haben uns viele Journalisten herausgefordert und versuchten, uns eine radikale Aussage abzuringen. Hier hat es uns sehr geholfen, ein klares Kommunikationskonzept zu haben.

2011 ist dann der Axel Springer Verlag bei euch eingestiegen beziehungsweise hat euch übernommen. Wie ist das Ganze entstanden und warum wolltet ihr euch übernehmen lassen?

Auch wenn die Medien eine Übernahme daraus gemacht haben, sehe ich es eher als eine Partnerschaft, eine Art Anchor Investment von Axel Springer. Und wir haben ja auch nur einen kleinen Teil verkauft, den Großteil meiner Anteile habe ich behalten – das ist auch gut so, da ich sie sonst viel zu günstig verkauft hätte. Der Prozess erstreckte sich damals über sechs Monate. Durch unsere Präsenz in den Medien gab es damals ein großes Interesse von Unternehmen und zahlreiche Anfragen bezüglich Beteiligungen. Eine davon kam von Axel Springer und mir war schnell klar, dass das der einzige Partner ist, mit dem ich das machen wollte. Wir haben intensive Gespräche geführt, unter anderem auch mit dem *Chief Executive Officer* (CEO) Matthias Döpfner und Andreas Wiele. Schließlich wollten wir wissen, auf wen wir uns einlassen. Wieder haben wir auf unser Bauchgefühl gehört und waren überzeugt, dass wir mit Axel Springer den Sprung auf das nächste Level schaffen könnten. Wichtig für uns war, dass man mit uns die Leidenschaft teilte, unser Modell rasch und weitgehend zu internationalisieren. Der Verlag hatte sich bereits

Cost-per-Click – mit diesem Anglizismus konnte ein großes Handelsunternehmen nichts anfangen. Seitdem nennen wir es:

PROSPEKTÖFFNUNGSGEBÜHR.

bei anderen Unternehmen, wie z. B. idealo, als erfolgreicher und stark unterstützender Partner bewiesen. Auch wir konnten uns vertraglich so viele Spielräume sichern, um weiter die notwendige Hoheit über unser Geschäft zu halten. Unsere Wunschvorstellung war es, einen Partner zu haben, der uns eine Art Werkzeugbox bereitstellt, auf die wir bei Bedarf zugreifen könnten, ansonsten es uns aber weitgehend unabhängig ermöglicht, unser Geschäft voranzubringen. Und so trat es dann auch ein. Alles, was wir umsetzen wollten, hat sehr gut funktioniert – insbesondere die Internationalisierung, die ohne diese Partnerschaft sicher nicht möglich gewesen wäre.

Im Zuge der Partnerschaft mit Axel Springer begann der nächste Akt bei kaufDA – die Internationalisierung. Wie sah eure Strategie aus? Gab es Konkurrenz im Ausland?

Wir hatten Glück, dass es in vielen Ländern noch keine lokale Kopie gab. Das Schöne an unserem Geschäftsmodell ist, dass die Branche als verstaubt gilt und für viele nicht auf den ersten Blick erkennbar ist, welch ein Riesengeschäft dahintersteckt. Uns war klar: Den Prospektmarkt in ähnlicher Form gibt es aber auch in anderen Ländern, so dass unser Konzept auch dort funktionieren müsste. Wir haben es als Wachstumschance und auch ein bisschen als unsere Pflicht als Entwickler des Modells gesehen, ausländische Märkte zu erobern und globaler Marktführer zu werden. Schließlich haben wir uns verschiedene Märkte angesehen und mit Experten vor Ort gesprochen. Es war schnell klar, dass wir den französischen Markt als Erstes angehen müssen. Und zwar nicht unbedingt wegen des Marktes, sondern, weil die französischen Handelsketten wie Carrefour international eine sehr dominierende Stellung haben. Die nachfolgenden Märkte haben wir in erster Linie nach der Größe ausgewählt. Der Aufwand ist für uns für jedes Land gleich, ob Brasilien oder Spanien, jedes Land haben wir wie ein neues Startup aufgebaut. Den Fehler, den meiner Meinung nach viele Firmen begehen, ist im Nachbarland und im Kulturkreis zu bleiben und in die Schweiz oder nach Österreich zu gehen, obwohl diese Märkte sehr klein sind. Für unser Modell gibt es wenig grenzüberschreitende Synergien und wir managen jedes Land individuell, also eher wie ein Portfolio.

Jeden Markteintritt haben wir generalstabsmäßig geplant und dabei eine Art Playbook entwickelt, das wir abarbeiten können – also vom Launch über den Teamaufbau bis hin zu den ersten angestrebten Geschäftspartnern. Ich wünschte, ich hätte dieses Playbook schon für Deutschland gehabt. Bisher ist die Internationalisierung sehr erfolgreich verlaufen und wir sind überall mindestens mit dem gleichen Tempo wie in Deutschland unterwegs, sehen ähnliche positive Signale, aber auch Herausforderungen.

Lokal präsent zu sein ist für euer Modell wichtig, baut ihr je Land jeweils ein Office und ein Team auf?

Ja, wir haben in jedem Land ein Büro, aktuell sind das *São Paulo*, Moskau, Barcelona und Paris und neuerdings auch Chicago. Wir brauchen den lokalen Zugang zum Markt für Kommunikation, Vertrieb und Geschäftspartner und wollen als lokales Unternehmen wahrgenommen werden. Wenn man sich die Rubrikmärkte z. B. für Immobilien anschaut, gibt es in jedem Land einen eigenen Player. Davon hat es aber keiner geschafft, weltweit erfolgreich zu sein, da es versäumt wurde, einen ausreichenden Fokus auf Lokalität zu legen. Und das versuchen wir anders zu machen. Wir sind mittlerweile ein globales Team, in dem über 60 Prozent keinen deutschen Pass besitzen, und das ist natürlich auch für unser Team ein spannender Mix.

Ihr seid kürzlich in den USA gestartet, dem Land, in dem eure Idee entstanden ist. Was ist besonders an dem Sprung in die USA?

kaufDA ist eines der wenigen innovativen Unternehmen mit dem Ursprung der Geschäftsidee in Deutschland – eben keine simple US-Kopie. Wir müssen das einfach tun, sonst würde ich mir das nie verzeihen, später einen großen Player vor Ort in den USA zu sehen, der nicht uns gehört.

Unser Ziel ist es, in dem von uns „erfundenen" Markt den globalen Marktführer zu etablieren. Das geht nur, wenn wir auch in den USA die Nummer eins sind. Damit haben wir die führende Position in fünf der zehn wichtigsten Werbemärkte weltweit und es ist dabei schön, zu sehen, wie gerade die USA sehr positiv auf unsere Lösung reagieren. In sehr kurzer Zeit konnten wir bereits mehr als 50 große Handelspartner gewinnen.

Das besondere an den USA ist natürlich zum einen die absolute Dimension: Nach nur wenigen Tagen erzielten unsere Apps bereits ein Vielfaches der Downloads, die wir aus Deutschland gewohnt sind. Und: Viele Amerikaner sind schon wesentlich weiter im Verständnis unseres Modells. Die Händler beispielsweise suchen händeringend nach Lösungen, um ihr wichtigstes Werbeinstrument auf mobile Endgeräte zu verlängern. Für uns bedeutet das einen paradiesischen Marktzustand!

Neben der Internationalisierung, die ihr ja auch weiterhin vorantreibt, was waren deiner Meinung nach noch wichtige Meilensteine eurer Entwicklung?

Ein wesentlicher Meilenstein war sicher Mobile. Als wir anfingen, waren wir eine Desktop Company und Anfang 2009 galt das Thema iPhone nur als Nice to Have. Auch einige unserer Investoren hatten uns geraten, uns nicht darauf zu fokussieren. Wir hatten das damals schon anders gesehen und mittlerweile laufen 60 Prozent unseres Traffics über mobile Endgeräte, das heißt, wir sind mittlerweile eine Mobile Company geworden, was unsere Produktgestaltung sehr verändert hat. Ein weiterer wichtiger Meilenstein war die Adressierung eines weiteren Kundensegments, den Marken selbst. Wir haben hier – ähnlich wie in einem Einkaufszentrum einzelne Produkte gefeatured werden – den Marken die Möglichkeiten gegeben, uns als Kanal zu nutzen, um saisonale Highlights zu bewerben. Und über diesen Kanal konnten wir zusätzlich wachsen. Im Fokus bleibt aber nach wie vor unser Kerngeschäft – das Potenzial ist gigantisch, hier wollen wir uns nicht ablenken lassen.

Eure Entwicklung ist sehr beeindruckend, eine Art Paradebeispiel für ein Startup. Was glaubst du, sind die Erfolgsfaktoren?

Viele Faktoren sind entscheidend, aber ich denke, es gibt ein paar wesentliche Punkte, die auch ein Differenzierungsmerkmal von uns sind. Das ist erstens der absolute Fokus auf Kundenbedürfnisse, verbunden mit einer geeigneten Sales-Strategie. Zweitens eine klare Kommunikationsstrategie, die sehr stringent verfolgt wird, dabei professionell aufgesetzt, aber auch inhaltlich sehr spannend ist. Ein dritter wichtiger Faktor war unser Recruiting. Es ist uns gelungen, Persönlichkeiten in das Unternehmen zu holen – vom Studienabbrecher bis zur 60 Jahre alten Mitarbeitern – die alle sehr unternehmerisch denken und einen starken Drive mitbringen. Und viertens war es entscheidend, dass wir die richtigen Partner ausgewählt haben, sowohl unsere allerersten Investoren, später Axel Springer, wie auch die anderen Geschäftspartner. Am Ende des Tages ist es aber auch sehr viel harte Arbeit.

Was würdest du rückwirkend anders machen?

Ich würde den Launch in Deutschland anders gestalten. Ich würde sehr viel früher die Sales-Organisation aufbauen. Uns hat das ja damals niemand gesagt, sondern wir haben es sozusagen auf dem Weg als Erkenntnis mitgenommen. Ich würde viel schneller und konsequenter sein, z. B. auch bei der Auswahl von Personal oder von Business-Development-Projekten. Ich glaube, das haben wir am Anfang noch nicht richtig gut gemacht.

Und wie schon erwähnt, ist der Fokus extrem wichtig, ich würde häufiger nein sagen, wenn das Projekt nicht in die Roadmap passt. Ein weiterer Punkt ist, dass ich Investments eher tätigen würde. Wir haben am Anfang zu lange gewartet, da wir sparsam sein wollten – wurden dann aber von Themen überrannt und hatten nicht vorgesorgt.

Internationalisierung

Jeden Markteintritt haben wir generalstabsmäßig geplant und dabei eine Art Playbook entwickelt, dass wir abarbeiten können – also vom Launch über den Team-Aufbau bis hin zu den ersten angestrebten Geschäftspartnern. Ich wünschte ich hätte dieses Playbook schon für Deutschland gehabt.

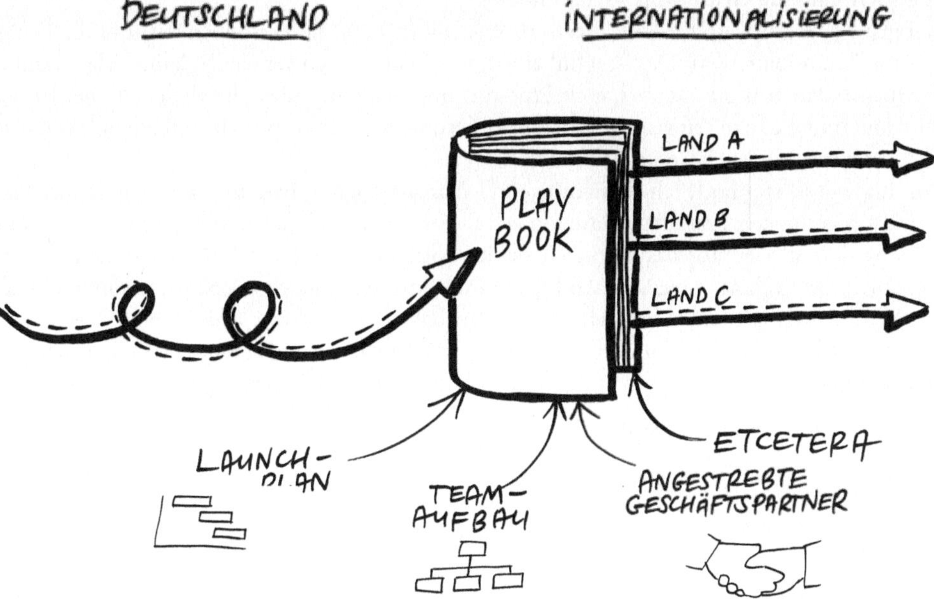

Mit 25 Jahren wurdest du auf Platz 35 der Top-Manager Deutschlands gewählt. Was bedeutete dies für dich?

Natürlich habe ich mich persönlich darüber gefreut. Aber als Repräsentant von kaufDA sehe ich es auch als Anerkennung für das, was wir als Team gemeinsam bei kaufDA geleistet haben. Wir hatten so nicht nur die Bestätigung unserer Kunden, sondern wurden auch als professionelles Unternehmen wahrgenommen, das es geschafft hat, in einem sehr konservativen Umfeld zwischen Handel und Medien extrem schnell Momentum aufzubauen. Uns alle hat das gefreut – insbesondere unseren Vertriebsleiter, der damals beinahe an die Decke gesprungen ist.

Wie siehst du dein Startup aus persönlicher Sicht ? Denkst du, du wärst eventuell bei Goldman glücklicher geworden oder denkst du, dass kaufDA genau dein Ding ist?

Das ist ganz klar mein Ding und es macht mir auch nach mittlerweile fünf Jahren immer noch sehr viel Spaß. Wir haben ein tolles Team, ich genieße viele Freiheiten, wir entwickeln uns ständig weiter und auch die große Verantwortung – auch wenn sie mich nachts manchmal nicht schlafen lässt – ist etwas, was ich persönlich möchte.

Klar, ich hätte wahrscheinlich auch bei Goldman eine tolle Zeit gehabt und viel gelernt, aber es ist einfach anders und die Erfahrungen, die ich hier gemacht habe, möchte ich auf keinen Fall missen. Diese Achterbahnfahrten, die wir durchgemacht haben, sind schon sehr aufregend und mit viel Adrenalin verbunden. Das macht in gewisser Weise süchtig.

Ist Gründen deiner Meinung nach eine Typfrage und gibt es Eigenschaften, die für eine Gründung wichtig sind? Falls ja, gibt es den Natural Born Entrepreneur oder kann ich mich auch gezielt auf eine Gründung vorbereiten?

Ich glaube, es gibt verschiedene Facetten. Wichtig ist z. B. die Persönlichkeit und die Fähigkeit, Menschen mitzureißen. Das ist wohl etwas, was man nur schwer lernen kann. Man kann es – oder nicht. Daneben gibt es aber auch Produkt- und Technikgenies, die vielleicht eher in sich gekehrt sind und die man teilweise auf Herausforderungen im Startup vorbereiten kann, wie z. B. den Umgang mit Mitarbeitern und Investoren.

Am Ende des Tages finde ich es wichtig, einfach anzufangen, sobald man ein spannendes Produkt und ein geeignetes Team hat. Das halte ich für besser, als sich intensiv darauf vorzubereiten, denn es passiert so viel, auf das man sich sowieso nicht vorbereiten kann. Gerade am Anfang hilft es, auch die Realität teilweise auszublenden und mit einer gewissen Naivität einfach loszulegen. Wenn ich daran denke, was ich dazugelernt habe, dann ist das schon ein riesiger Unterschied zum Anfang. Wenn ich mir aber alte Präsentationen anschaue, erkenne ich schon sehr viel Unverfrorenheit.

Christian, herzlichen Dank für das Gespräch.

10

MeinFernbus
Torben Greve und Panya Putsathit

Gründerteam: Panya Putsathit und Torben Greve (von links)

Fernbusse galten in Deutschland als unmöglich – bis MeinFernbus kam und es einfach gemacht hat

Eine klare Vision, fundiertes Know-how und Mut zur Entscheidung: Im Juni 2011 gründeten Torben Greve und Panya Putsathit die MFB MeinFernbus GmbH. Keine drei Jahre später eroberte das Berliner Unternehmen die Marktführerschaft.

Einer der Grundpfeiler des Erfolgs von MeinFernbus ist die große Fachkompetenz, die beide Gründer von Tag eins an in ihr Unternehmen einfließen lassen konnten: fundiertes Wissen zum europäischen Fernverkehrsmarkt und breite Expertise zu den Themen Netzplanung, Vertrieb, Vermarktung und Service. Greve arbeitete nach seinem BWL-Studium viele Jahre bei der Deutschen Bahn, Putsathit blickt auf eine langjährige Beratertätigkeit und Erfahrungen beim Erfolgs-Startup PayPal zurück.

Handeln statt Zaudern lautete die Devise. Noch bevor die Politik Anfang 2013 eine Liberalisierung des Fernbusmarktes in Kraft setzte, entschlossen sich die beiden Gründer, durchzustarten. Im April 2012 eröffneten sie ihre erste Fernbuslinie. Als die Liberalisierung kam, fuhr MeinFernbus bereits mit 30 Bussen auf acht Fernbuslinien 26 Städte an. Damit waren die Berliner der Konkurrenz einen Riesenschritt voraus. Die Liberalisierung nutze das junge Team dann nicht für den Auf-, sondern für den Ausbau. MeinFernbus wuchs rasant.

Gemeinsam mit ihren inzwischen 190 Mitarbeitern und in Verbund mit mittelständischen Busunternehmen ist das Startup zum Top-Player der Fernbusbranche in Deutschland geworden. Das Wachstum trat genauso ein, wie es im Businessplan einst vorgesehen war.

● ●

Panya, welcher Pfad hat dich zu MeinFernbus geführt?

Panya: Torben und ich kennen uns schon seit Ewigkeiten. Wir haben in Gießen BWL studiert und zusammen in einer WG gewohnt. Für ein Auslandssemester studierten wir zeitgleich in England, wenn auch nicht an derselben Uni. Wir haben uns aber gegenseitig besucht und gemeinsam das Land erkundet – mit den in England populären Fernbussen. Als wir zurück nach Deutschland kamen, fragten wir uns: Warum gibt es die Fernbusse hier nicht? Torbens Vertiefung war Verkehrswirtschaft, und ihm wurde schnell klar, dass der Markt in Deutschland extrem stark reguliert ist, und die Bahn vor der Fernbus-Konkurrenz schützt. Wir hatten also schon damals die fixe Idee, etwas im Fernbusmarkt zu machen. Aber wir wussten, dass es nicht der richtige Zeitpunkt war.

Ich habe dann erst einmal sieben Jahre als Unternehmensberater für Accenture gearbeitet. Interessanterweise war ich dort die ersten drei Jahre bei der Deutschen Bahn und habe das neue DB-Vertriebssystem mit eingeführt. Dann wollte ich mehr von der Welt sehen und habe Projekte im Vertriebs- und Servicebereich für Energieversorger und Banken in Europa gemacht. Aber nach vier Jahren war ich des vielen Reisens überdrüssig. Außerdem hatte ich das Gefühl, dass ich nicht mehr weiter Konzepte entwickeln möchte, die andere dann umsetzen, sondern selbst etwas auf die Straße bringen möchte. Dazu kam noch, dass ich gerne nach Berlin ziehen wollte und just dort eine reizvolle Stelle fand – bei PayPal. Ich war dafür verantwortlich, dass Käufer auf eBay mit PayPal bezahlen. Es war eine tolle Zeit und ich konnte richtig viel über E-Commerce dazulernen. Und dann wurde es irgendwann mit MeinFernbus ernst.

Torben: Bei mir ist es sehr früh auf die Gründung von MeinFernbus hinausgelaufen. Um mein Studium zu finanzieren, habe ich als Reiseleiter im Bus gearbeitet. Ich bin in Reisebussen kreuz und quer durch Europa gefahren und habe es sehr gemocht, mit netten Reisenden und Fahrern zusammen zu sein. In dieser Zeit konnte ich auch den Busbetrieb mit Disponenten und Werkstatt kennenlernen.

Nach dem Studium fing ich bei der Deutschen Bahn an. Ich war ein überzeugter Bahner und wollte nichts weniger als die beste Bahn der Welt bauen. Meine erste Stelle war im Bereich der Angebotsplanung für den Fernverkehr. Wir gestalteten den Fahrplan, berechneten die notwendigen Kapazitäten und stellten die Wirtschaftlichkeit des Netzes sicher. Ein Highlight war die WM 2006. Ich habe den gesamten Sonderverkehr geplant und verantwortet. Es war eine wunderbare Zeit. Es gab Raum für Kreativität, und wir konnten das Angebot verbessern. Aber plötzlich wurden die Leistungen immer stärker gekürzt, die Züge waren überfüllt und die Kundenbeschwerden stiegen rapide an. Ich bin daraufhin intern als Leiter zum E-Ticketing-Projekt Touch & Travel gewechselt. Es war so etwas wie ein Startup innerhalb der Bahn. Vodafone und Motorola waren auch mit an Bord. Unsere Vision war es, den Schlüsselbund und die Karten im Portemonnaie durch das Handy zu ersetzen. Wir wollten also ein Handy, mit dem man bezahlen, Türen öffnen oder sich beim Arzt identifizieren kann. Doch dann kamen Smartphones und Apps, und die Luft aus dem Thema war leider raus.

Wir haben damals mit einer Unternehmensberatung zusammengearbeitet. Sie fragten, ob ich die Seiten wechseln wolle. Da ich ohnehin bei der Bahn die Perspektiven verloren hatte, sagte ich zu. Ich habe bei der Beratung verschiedene Verkehrsprojekte gemacht. Ein großer Schienenverkehrsanbieter aus dem Ausland plante, der Bahn Konkurrenz zu machen – das war sehr spannend. Leider hat ihnen am Ende aber der Mut gefehlt und das Vorhaben wurde begraben. Ein anderer Anbieter hatte mitbekommen, dass sich der Fernbusmarkt in Deutschland langsam liberalisierte. Ich sollte eine Markteintrittsstrategie entwerfen. „Täglich grüßt das Murmeltier", dachte ich da nur. Wir haben wie verrückt einige Monate lang analysiert, gerechnet und Businesspläne aufgestellt. Doch auch hier fiel wieder das Urteil: Das Rechtssystem ist zu kompliziert, die deutsche Sprache zu schwierig, der grüne Wieseansatz zu riskant. Die Unternehmensberatung ist irgendwann insolvent gegangen. Bis zum Start von MeinFernbus habe ich dann als selbstständiger Berater gearbeitet.

Panya: Wir hatten damals ein schönes Ritual: Immer wenn einer von uns in seinem Job unglücklich war, haben wir uns mittwochabends für zwei Stunden getroffen und an einer Businessidee gearbeitet.

Welche Ideen kamen euch dabei?
Torben: Eine Idee war, eine deutschlandweite Kette für Co-Working-Häuser zu entwickeln. Als Freiberufler ist es zwar schön, selbstbestimmt zu arbeiten, aber man sitzt ständig alleine zu Hause oder hält sich lediglich bei Kunden auf. Es fehlen Kollegen, um sich austauschen.

Ein anderer Einfall war, Pasta2Go-Stände, die wir in Südfrankreich gesehen hatten, nach Deutschland zu bringen. Die Kunden können sich aus verschiedenen Pastasorten und Soßen etwas Leckeres zusammenstellen. Das gab es in Deutschland noch nicht. Wir dachten: „Das ist unsere Chance." Wir eröffnen eine Kette in hoch frequentierten Bahnhöfen und in Fußgängerzonen. Fünf Pastasorten und fünf Soßen. Das ist einfach.

Panya: Es gab sogar schon einen konkreten Business Case. Wir hatten durch einen Freund recherchiert, wie man als Pastakette in die Bahnhöfe hineinkäme. Selbst die Kosten für die Küchenausstattung hatten wir schon eingeholt.

Und wieso habt ihr euch am Ende gegen Pasta & Co und für den Fernbus entschieden?

Panya: Die Gespräche von den Treffen am Mittwochabend sind nach einigen Wochen immer wieder im Sand verlaufen. Den Fernbusmarkt haben wir dagegen seit unserer Studienzeit kontinuierlich im Blick gehabt. Im Jahr 2010 kam dann ein Verwaltungsgerichtsurteil, das die Kriterien für die Vergabe von Konzessionen für Fernbusstrecken klarer definierte. Es starteten auch vereinzelt Spezialunternehmen wie ein Nachtbusservice. Richtig konkret wurde es dann, als 2011 ein Gesetzesentwurf von der Bundesregierung auf den Tisch kam. Auf einmal hatten wir endlich etwas Handfestes, mit dem wir arbeiten konnten. In dem Gesetzesentwurf stand konkret drin, wie sich die Regierung den liberalisierten Markt vorstellt und die Regelung sollte am 1. Januar 2012 in Kraft treten. Das war keine halbherzige Sache, sondern bot die Rahmenbedingungen, um ein großes, dichtes Netz mit Fernbuslinien in Deutschland zu verwirklichen. Und das war genau das, was wir immer schon wollten.

Torben: Bei mir hat die tiefe innere Überzeugung für die anderen Ideen gefehlt. Es waren zwar vielversprechende Ansätze, aber ich wollte nicht mein Leben lang Pasta verkaufen. Bei der Fernbus-Idee war das anders. Ich erinnere mich noch genau: Anfang 2011 war ich früh morgens mit dem Fahrrad unterwegs. Dabei kam mir der Gedanke, dass wir das Ding jetzt selber machen müssen. Zack, da war sie, die totale Überzeugung. Und: Mit einer Fernbuslinie hinterlässt man natürlich auch größere Fußstapfen als mit der 15. Pastakette.

Panya: Aus der Mittwochabend-Erfahrung haben wir gelernt, dass wir mit Herzblut dabei sein müssen, wenn wir die Sache wirklich angehen wollen. Im Januar 2011 haben wir uns dann noch einmal zusammengesetzt, uns tief in die Augen geschaut und gesagt, dass es nun an der Zeit ist, eine Entscheidung zu treffen. Und wenn diese ja lautete, hieß das auch, dass ich meinen Job kündigen und Torben seine Projekte runterfahren muss, damit wir uns Vollzeit auf die Idee konzentrieren können. Uns war klar, dass sonst alles wieder einschläft und wir zu langsam sind. Wir wollten früh eine führende Stellung einnehmen, um nach der Liberalisierung aus der Pole-Position durchstarten zu können. Das war uns sehr wichtig. Und dann ging es ab April 2011 tatsächlich los.

Panya, Du hattest eine gute Position mit – mehr oder weniger – geregelten Arbeitszeiten. Wie hat dein Umfeld auf deine Entscheidung reagiert?

Panya: Ich glaube, meine Frau konnte die Entscheidung zunächst nicht ganz einschätzen. Wir haben unsere gesamten Ersparnisse in diese neue Firma gesteckt. Das gesamte Jahr 2011 haben wir ohne Gehalt gearbeitet und mussten von unseren Reserven leben. Das war schon ein kleines Abenteuer. Aber es gab dennoch keine Bedenken. Meine Frau hat gemerkt, dass mir die Idee Spaß bereitet, und dass ich eine unglaubliche Energie entwickelte. Also war sie mit dabei.

Im April 2011 fiel die Entscheidung, loszulegen. Im Juni 2011 habt ihr die GmbH angemeldet. Was habt ihr dazwischen gemacht?

Panya: Wir saßen ab April bei mir im Wohnzimmer und haben die Eckpfeiler unserer Idee definiert. Die Leitfrage war: Wer wollen wir sein? Ein Nischen-Player für Spezialstrecken? Ein vollumfänglicher Netzanbieter? Sind wir ein Lowcost-Unternehmen, das mit einem möglichst niedrigen Preis auftritt, oder wollen wir ein serviceorientierter Anbieter sein, zwar mit günstigem Preis, aber auch einem guten Service und einem sympathischen Image? Und dann gab es natürlich noch weitere zentrale Punkte zu diskutieren: Wollen wir die Busse selbst kaufen? Oder wollen wir mit lokalen Busunternehmen kooperieren? Welche Unternehmenswerte bilden unser Fundament? In dieser Zeit ist unser Ziel entstanden, der bekannteste und beliebteste Fernbusanbieter Deutschlands zu werden – und dies auch zu bleiben.

Wir haben uns in den ersten Wochen außerdem intensiv darüber unterhalten, wie wir damit umgehen, wenn wir mal nicht einer Meinung sind. Wir kannten uns schließlich schon lange und wussten, dass wir sehr unterschiedlich sind. Dieser Austausch war sehr wichtig, denn in einem Duo besteht ja immer die Gefahr einer Patt-Situation.

Wie habt ihr das Patt-Problem gelöst?

Panya: Wir haben eine klare Aufgabenteilung gemacht. Und für den Fall, dass wir wirklich einmal keinen gemeinsamen Nenner finden sollten, haben wir festgelegt, dass am Ende derjenige das letzte Wort hat, in dessen Aufgabenbereich die Entscheidung fällt. Aber bislang ist es dazu noch nicht gekommen. Ich glaube, es reicht schon aus, es für den Fall der Fälle einmal definiert zu haben.

Wie habt ihr die Aufgabenbereiche zwischen euch aufgeteilt?

Panya: Bis Ende 2011 haben wir sehr viel zu zweit gemacht. Vor allem, wenn wir uns an neue Themenfelder herangetastet haben. Als detailverliebter Analytiker habe ich mich mehr um die Excel Sheets gekümmert. Torben ist eher ein visionärer Bildermaler und hat sich der Powerpoints angenommen. Aber ein intensiver Austausch fand weiterhin zwischen uns statt. Das halte ich grundsätzlich für enorm wichtig und es war sehr befruchtend.

Wie ging es weiter?

Panya: Wir haben einen klassischen Businessplan geschrieben. In einem Fünf-Jahres-Plan haben wir durchkalkuliert, ob die Idee am Ende auch finanziell stimmig ist. Schnell wurde uns klar: Selbst wenn wir unsere gesamten Ersparnisse in das Projekt stecken, reicht es nicht. Und damit rückte das Thema Finanzierung in den Fokus. Und die Frage: Wen gehen wir an? Banken, Business Angels oder Venture Capitalists (VC)?

Wofür habt ihr euch entschieden und warum?

Panya: Wir wollten möglichst unabhängig bleiben und uns in einem Umfeld bewegen, das langfristig denkt. Venture Capitalists sind extrem finanz- und kennzahlenorientierte Kapitalgeber. Sie fordern Monats-, Quartal-, Halbjahres- und Jahresberichte ein. Außerdem fahren Startups, die durch Venture Capital finanziert sind, häufig eine Finanzierungsrunde nach der anderen. Das ist im Modell schon so eingebaut. Die nächsten drei Jahre muss man sich ständig fragen, wo neues Kapital herkommt. Wir waren uns einig, dass uns das zu sehr von unserer eigentlichen Kernaufgabe abgelenkt hätte, nämlich dem Aufbau der Firma. Auch die kurzfristige Denkweise einiger VCs – möglichst 1 000 Prozent Wachstum jedes Jahr und nach fünf Jahren ein aufgepumptes Unternehmen möglichst profitabel verscherbeln, bevor es in sich zusammenfällt – passte nicht zu unseren Vorstellungen. Venture Capital schied also aus.

Wie stand es mit den Banken?

Panya: Unsere Vorstellung war es, direkt mit einer größeren Finanzierungsrunde zu starten. Sie sollte uns bis zu dem Punkt bringen, an dem sich das Geschäftsmodell von selbst trägt. Banken waren deshalb eine interessante Option, denn sie vergeben Fremd- statt Eigenkapital. Wir hatten unsere Power-Point-Präsentation, ein gutes Excel-Sheet und natürlich uns beide als Gründerteam. So haben wir uns dann bei einigen Banken vorgestellt. Die Chance lag unserer Ansicht nach auf der Hand: Der Transport- und Reisebereich ist sehr interessant, da in Deutschland gerne und viel gereist wird. Die Zahlungsfähigkeit der Deutschen ist hoch und das Autobahnnetz bestens ausgebaut. Durch die Liberalisierung öffnete sich ein komplett neues Marktsegment. Das war natürlich eine wahnsinnig gute Gelegenheit. Aber unterm Strich muss man sagen, dass die Prozesse bei Banken sehr langwierig sind. Und letztendlich hatten wir als Startup auch nicht die nötigen Sicherheiten.

Blieb noch die Option Business Angels …

Panya: Genau. Wir waren eigentlich von Anfang an davon überzeugt, dass es Business Angels geben müsste, die in der Liberalisierung ebenfalls eine Chance sehen. Also haben wir auch in diesem Bereich angefangen, uns durchzufragen. Zunächst haben wir natürlich mit Leuten gesprochen, die wir kannten. Diese haben dann Kontakte zu weiteren Business Angels hergestellt. Und aus diesen Gesprächen haben wir dann tatsächlich einen Business-Angel-Club zusammenbekommen, der bei uns investiert hat und mit dem wir bis heute extrem zufrieden sind.

Was macht euch so zufrieden?

Panya: Unsere Business Angels bringen eine langfristige Denkweise mit und sind nicht nur auf den nächsten Quartalsgewinn fokussiert. Klar, wollen auch wir Gewinn erzielen, aber nicht sofort. Und unsere Business Angels verstehen, dass man Geschäfte Schritt für Schritt aufbauen muss. Dazu ist die Gruppe sehr divers und bringt viel Erfahrung in unser Unternehmen. Einige Köpfe sind von sehr strategischer Natur, andere haben einen kaufmännischen Hintergrund. Und wiederum andere waren früher selbst Busunternehmer und bringen wertvolles Hands-on-Wissen mit.

Wir profitieren letztlich zweifach. Die Finanzierung ist sichergestellt und gleichzeitig haben wir tolle Sparingspartner, die mit uns Entscheidungen diskutieren oder uns auch mal Kontakte über ihre Netzwerke besorgen. Diesen Weg zu gehen, war eine sehr gute Wahl.

Torben: In dieser Zeit hat uns übrigens ein Förderprogramm der Investitionsbank Berlin Brandenburg sehr geholfen. Wir bekamen einen erfahrenen Startup-Coach an die Seite gestellt. Mit ihm haben wir Investorengespräche geübt und Tipps für die Vertragsgestaltung bekommen. Und falls er selbst einmal nicht weiter wusste, hat er Kontakt zu erfolgreichen Startups hergestellt. Für Gründer ist es oft recht schwer, einen fairen Beteiligungsvertrag zu bekommen. Investoren haben sehr viel Erfahrung mit Vertragsverhandlungen, Gründer haben meistens keine. Hier hat uns der Coach unglaublich unterstützt.

Wie seid ihr vom ersten Gespräch mit den Business Angels zum Vertragsschluss gekommen? Woran habt ihr passende Business Angels erkannt?

Torben: Wie ernst es einem Business Angel ist, sieht man beispielsweise daran, wie intensiv er sich um den Kontakt bemüht. Wenn er sich schon drei Mal mit Ihnen getroffen hat, extra nach Berlin kommt, und sich bei den Treffen viel Zeit nimmt, ist das ein sehr gutes Zeichen. Und dann wird der Deal auch nicht mehr an einem kleinen Punkt im Vertrag scheitern.

Die Business Angels waren immer sehr umgänglich, nur ihre Anwälte brachten ständig neue Ideen für Vertragsänderungen auf den Tisch. Dann muss man in der Lage sein, klar und deutlich nein zu sagen. Ohne das Coaching wären wir vermutlich einige Kompromisse eingegangen. Wir haben dann ein Term Sheet aufgesetzt, in dem unsere Vertragsbedingungen standen und kommuniziert, dass daran nichts zu ändern ist. Das hat mir zwei, drei schlaflose Nächte bereitet, denn wir brauchten die Finanzierung, um schnell starten zu können. Aber unser Coach riet uns, gelassen zu bleiben. Er meinte: „Die Business Angels sind heiß. Don`t worry. Zieht Euer Ding durch." Und das haben wir dann auch gemacht.

Panya: Im Oktober 2011 war die Finanzierung abgeschlossen. Nach der Gründung der GmbH war das der nächste ganz große Meilenstein in unserer Firmengeschichte.

Finanzierung

Unsere Vorstellung war es, direkt mit einer größeren Finanzierungsrunde zu starten. Sie sollte uns bis zu dem Punkt bringen, an dem sich das Geschäftsmodell von selbst trägt.

Wie seid ihr auf den Namen MeinFernbus gekommen?

Panya: Über einen Namen hatten wir schon während des Studiums nachgedacht. Wir hatten sogar schon mehrere Websites registriert. Als die Namensüberlegungen in 2011 dann wieder begannen, haben wir mit Tier- und Farbkombinationen gespielt. Der rote Fuchs und Die blaue Meise waren Beispiele für Kreationen. Wir beauftragten auch eine Naming-Agentur, aber das lief ins Leere. Klar war: Wir wollten einen sprechenden Namen, der persönlich und sympathisch ist und die Idee zweifelsfrei benennt. Das „Mein" bedeutet, dass es etwas für mich ist und damit etwas Persönliches. In der Kombination mit dem Wort „Fernbus" braucht es keine weitere Erklärung, um was es bei uns geht. MeinFernbus ist genau das, was wir machen.

Für das Firmendesign haben wir einige Agenturen pitchen lassen. Unser Anspruch ist es, sympathisch und freundlich zu sein. Relativ früh hat sich die Grün-Orange-Mischung durchgesetzt. Mit einigen Design-Varianten ging ich zu meinen Kollegen von PayPal und habe sie gefragt, was sie damit assoziieren. Wir haben am Ende die Variante genommen, die am sympathischsten und freundlichsten rüberkam.

Was waren die ersten Schritte beim Aufbau der Operations?

Panya: Wir brauchten eine Website. Aber die konnten wir nicht selbst machen. Also war klar, dass wir einen *Chief Technology Officer* (CTO) einstellen müssen, der uns das abnimmt.

Wie habt ihr ihn gefunden?

Panya: Das ist in Berlin nicht so einfach, weil dort viele Entwickler gesucht werden. Ein befreundeter Headhunter hat schließlich über Xing unseren CTO gefunden. Unser CTO war von Anfang an begeistert und hat auch direkt einen Entwickler mitgebracht. Im Dezember 2011 haben die beiden angefangen, an der Website zu bauen. Auch für das Marketing haben wir direkt jemanden eingestellt, der uns beim Markenaufbau unterstützt hat.

Panya, bis dahin habt ihr noch in deinem Wohnzimmer gearbeitet. Wann hat sich das geändert?

Panya: Wir sind schnell in unser erstes Büro gezogen. Es war ein Klassenzimmer in der ehemaligen katholischen Schule in Ost-Berlin. Es gibt einen großen Hof an dessen Ende die Herz-Jesus-Kirche steht und an den Seiten gibt es ein Studentenwohnheim und eine Kita. Vor unseren Fenstern war ein kleiner Garten mit Grillplatz. Das Büro hatte 64 Quadratmeter und bot Platz für acht Personen. Wir blieben die ersten Monate.

Eure Pläne drohten zu kippen: Die Liberalisierung des Fernbusmarkts war für den 1. Januar 2012 geplant, wurde dann aber auf den 1. Januar 2013 verschoben. Wie habt ihr darauf reagiert?

Panya: Wir haben uns entschieden, nicht zu warten, sondern die Zeit zu nutzen, um uns eine führende Position aufzubauen. Es gab bereits das Verwaltungsgerichtsurteil aus dem Jahr 2010, das die Kriterien zur Bewilligung von Konzession für Fernbuslinien im regulierten Markt konkreter definiert hatte. Dadurch hatten die Behörden weniger Spielraum, abzulehnen.

Die Kriterien für eine Fernbuslinie waren: Der Bus musste entweder deutlich günstiger sein als die Bahn, deutlich schneller, oder er musste direkter sein, also ohne Umstiege nutzbar. Die erste Linie, die wir beantragten, verlief von Freiburg nach München. Sie hatte den Charme, dass sie gleich alle drei Kriterien erfüllte. Wir dachten: Das können die Behörden doch gar nicht ablehnen. Und das haben sie auch nicht. Die Freiburger Behörde war sehr offen und interessiert. Rückblickend war es eine sehr gute und glückliche Entscheidung, in dieser Region anzufangen, denn die Freiburger sind absolute Reisefans. Wir haben später weitere Linien von Freiburg aus gestartet.

Ihr kümmert euch um Marketing, Vertrieb und Netzplanung. Die Busse werden von eigenständigen Busunternehmen betrieben. Warum habt ihr euch für dieses Konzept entschieden?

Panya: Wir wollten ein dichtes, deutschlandweites Netz an Fernbuslinien etablieren. Um eine führende Position aufzubauen und zu halten, mussten wir sehr schnell wachsen. Ein Bus kostet circa 400.000 Euro. Wenn wir von 100 Bussen ausgehen, hätten wir 40 Millionen Euro benötigt – allein für die Busse. Dieses Geld hatten wir einfach nicht. Auch ein Leasing-Ansatz wäre schwierig geworden. Außerdem ist der Betrieb von Bussen nicht unsere Kernkompetenz, zumal es in Deutschland fast 4 000 Busunternehmen gibt, die insgesamt 20 000 Busse betreiben. Busse gibt es also wahrlich genug am Markt. Hinzu kommt noch, dass mittelständige Busunternehmen in der Liberalisierung ihre Chance sehen, sich ein zweites Standbein aufzubauen. Allerdings gehören der Aufbau eines Liniennetzes mit abgestimmten Anschlüssen, Preisoptimierung mittels Yield Management oder der Betrieb eines 24/7-Kundenservices wiederum nicht zu den klassischen Kernkompetenzen eines mittelständigen Busunternehmers. Hier brachten dagegen Torben und ich Erfahrung mit. Damit ergänzten sich zwei Kompetenzen perfekt, und deshalb haben wir uns für das Kooperationskonzept entschieden.

Wie habt ihr euren ersten Buspartner für die Linie Freiburg-München gefunden?

Panya: Um zum beliebtesten Anbieter zu werden, müssen sich unsere Kunde wohlfühlen. Sie sollen überrascht sein, wie toll alles bei uns ist und uns weiterempfehlen. Der Buspartner, seine Fahrzeuge und die Fahrer sind ein ganz wesentlicher Bestandteil dieses Kundenerlebnisses. Das muss man immer im Kopf haben, wenn man sich seine Partner aussucht.

Wir haben in Freiburg via Telefon Termine mit Busunternehmern vereinbart. Wir haben sie vor Ort besucht, uns den Betriebshof angeschaut und versucht, den Anspruch des Unternehmers im Umgang mit seinen Kunden zu verstehen. Wenn jemand im Gespräch von sich aus erzählt hat, dass er seine Fahrten so gestalten möchte, dass er viele Stammgäste gewinnt und er Wert darauf legt, dass seine Fahrer auf die Gäste eingehen, haben wir gewusst: Unser Gegenüber ist ein Partner für uns.

Zu dieser Zeit war MeinFernbus noch nicht bekannt und die Liberalisierung noch nicht verabschiedet. Wie habt ihr die ersten Buspartner überzeugt bei eurer Idee mitzumachen?

Panya: Wir mussten sie nicht nur von unserem Konzept überzeugen, sondern auch von uns und unseren Fähigkeiten, ein erfolgreiches Unternehmen aufzubauen. Die Situation war letztlich sehr ähnlich zu den Gesprächen mit den Business Angels. Für das Busunternehmen fallen bei einer Partnerschaft schließlich auch Investitionskosten an. Dazu kommen laufende Kosten wie die Betankung des Busses und der Lohn des Fahrers. Der Busunternehmer musste verstehen, dass er zuerst investieren muss, aber langfristig ein zweites, rentables Standbein entstehen kann.

Mittelständige Busunternehmen sind keine Großunternehmer mit riesigen Busflotten. Wir haben zunächst drei Partner gefunden, die bereit waren, einen, maximal zwei Busse zur Verfügung zu stellen, um dann zu schauen, wie es funktioniert. Wir sind am Ende mit vier Bussen gestartet. Es war schön, anzusehen, dass unsere Buspartner über die Zeit mit uns gewachsen sind.

Nun hattet ihr die Konzession für die Linie und die ersten Buspartner. Was stand bis zur ersten Fahrt im April 2012 noch auf Eurer To do-Liste?

Panya: Wir mussten zunächst auf den Fernbus als Verkehrsmittel aufmerksam machen. Eine solche Option gab es in Deutschland bis dahin ja noch nicht. Eine der ersten Aktionen war, mit einem grünen Bus auf das Stadtfest nach Friedrichshafen zu fahren. Die Stadt liegt auf der Route

Freiburg-München. Wir haben einen Infostand mit Glücksrad und Gewinnspiel aufgebaut und die Passanten eingeladen, sich den Bus anzuschauen. Die Menschen waren richtig neugierig. Es haben sich Schlangen vor dem Bus gebildet – wir konnten es kaum glauben. Unser ganzes kleines Mitarbeiterteam war da, auch zum Mithelfen. Das positive Feedback der Leute hat uns alle wahnsinnig motiviert.

Welche Gefühle rufen die Erinnerungen an die Premierenfahrt in dir hervor?

Panya: Nur gute. Torben und ich haben alle Kunden persönlich begrüßt und sind selbst mitgefahren. Es war wahnsinnig schön, zu sehen, dass das Ganze so aufging, wie wir es uns vorgestellt hatten. Gut, es war ein Bestandsbus, der einfach grün überklebt wurde, etwas Rot schimmerte noch durch. Aber das war egal. Es war der allererste Bus und die allererste Fahrt. Wir waren unglaublich stolz. Dass alles so gut funktioniert hat, haben wir auch den Freiburger Bürgern zu verdanken. Wir waren die ersten Wochen immer ausverkauft. Es war ein richtig toller Start.

Der Gesetzesentwurf zur Liberalisierung des Fernbusmarktes war immer noch nicht verabschiedet. Ihr habt euch dann aktiv ins Polit-Geschäft eingeschaltet. Was hat euch dazu bewogen, Lobbyarbeit zu betreiben und wie seid ihr an die Sache herangegangen?

Panya: Wir wollten sicherstellen, dass die Liberalisierung einen vernünftigen Rahmen absteckt. Der Gesetzesentwurf der schwarz-gelben Bundesregierung war sehr liberal, aber er musste noch durch den Bundesrat und der war Rot-Grün dominiert. Der Bundesrat hatte bereits einige Anpassungen vorgeschlagen, die zum Teil sinnvoll waren, aber teilweise auch nicht. Wir haben uns dann dazu entschlossen, bei den verkehrspolitischen Sprechern der Fraktionen anzurufen, um einen Gesprächstermin zu vereinbaren. Wir wollten den Entscheidern unsere Sichtweise darstellen. Letztendlich haben wir mit Vertreten aller großen Parteien gesprochen und ihnen die erwartbaren Praxisprobleme der einzelnen Gesetzestexte aufgezeigt.

September 2012: Auf der Messe IAA-Nutzfahrzeuge in Hannover habt ihr eure Wachstumsstrategie vorgestellt. Wie kam es dazu?

Panya: Dazu muss ich ein bisschen ausholen: Als wir Ende 2011 gestartet sind, wollten wir nicht direkt auf dem Radar der Deutschen Bahn landen. Dort sollte niemand auf uns aufmerksam werden, zumal der Name Torben Greve in der Vorstandsetage des Konzerns bekannt ist. Wir fürchteten, dass die Deutsche Bahn eine Gefahr wittert und dass sie dann versucht, uns und unsere Pläne im Keim zu ersticken. Das hätte möglicherweise den Beschluss zur Liberalisierung gefährdet. Also haben wir zunächst nur eine und nicht gleich 20 Linien beantragt. So ging das Ganze noch als Hobbyprojekt von Torben durch. Außerdem wollten wir in diesem Stadium keine Wettbewerber auf den Plan rufen. Also haben wir große Aufmerksamkeit am Anfang vermieden.

Im Herbst 2012 war die Marktliberalisierung dann beschlossen und damit war alles in trockenen Tüchern. Nun haben wir gesagt: „Was soll es, jetzt kann und muss die Bahn sehen, dass sie einen Gegenspieler hat." Also haben wir auf der IAA-Nutzfahrzeuge zum ersten Mal unsere große Geschichte erzählt. Bis zu diesem Zeitpunkt hatten wir davon gesprochen, ein Fernbusanbieter zu werden. In Hannover haben wir klar gesagt, dass wir der bekannteste und beliebteste Fernbusanbieter werden wollen und die Marktführerschaft anstreben. Dem Publikum gefiel unser Mut. Aber es gab natürlich auch Stimmen, die gesagt haben, dass wir uns ganz schön viel vorgenommen hätten.

Torben: Mit der Liberalisierung hat sich unsere Strategie verändert. Wir wollten nun möglichst attraktiv für potenzielle Buspartner sein. Kurze Zeit später haben wir dann noch ein bisschen mehr auf die Pauke gehauen, um die anderen Fernbusanbieter einzuschüchtern. Wir wollten zeigen: Wir sind groß und ziehen das Ding durch. Wir wollten ihnen signalisieren, dass es für sie keinen Sinn macht, noch in den Markt einzusteigen.

Die ersten großen Ergebnisse ließen nicht lange auf sich warten: Am 22. November 2012 konntet ihr den 100 000sten Kunden begrüßen.

Panya: Wir haben den November 2012 intern den Big-Bang-Monat genannt. Wir wollten noch vor dem Inkrafttreten der Liberalisierung beweisen, dass wir der Markführer sind. Berlinlinienbus war damals der Platzhirsch. Während der deutsch-deutschen Teilung gab es spezielle Konzessionen für Busunternehmen, die von westdeutschen Städten nach West-Berlin fuhren. Diese Großvaterrechte hatte sich Berlinlinienbus irgendwann zusammengekauft. Sie hatten damit viele Linien, allerdings meist nur ein bis zwei Busse je Linie im Einsatz. Im November haben wir dann sechs Linien gleichzeitig gestartet. Wir sind innerhalb einer Woche von neun auf 30 Busse gewachsen. Das war unser Big Bang. Wir hatten damit die größte Fernlinienflotte und wurden Marktführer. Ja, und dann konnten wir relativ schnell den 100 000sten Kunden begrüßen. Getragen von diesem Erfolg, haben wir gesagt: Auf den Big Bang 2012, folgt der Bigger Bang 2013.

Welche Vertriebsstrategie verfolgt Ihr?

Panya: Unsere Busse sind nicht nur für Schüler und Studenten interessant, sondern vor allem auch für Rentner. Diese Zielgruppe schätzt das Reisen ohne Umsteigen, den festen Fahrer an Bord, der mit dem Gepäck hilft, und die günstigen Preise. Allerdings sind viele Senioren nicht internetaffin. Darum haben wir neben dem Online-Vertrieb von Anfang an auch Agenturen eingesetzt. Unser Anspruch war, in jeder Stadt, die wir anfahren, zwei bis drei Agenturen in der Nähe der Haltestellen zu haben. Wenn Kunden in unserem Callcenter anrufen und sagen, dass sie – aus welchen Gründen auch immer – online kein Ticket kaufen können, wollten wir ihnen wenigsten Adressen von Agenturen nennen können. Gestartet sind wir mit einigen wenigen handverlesenen Agenturen. Richtig groß wurde der Offline-Vertrieb, als wir TUI und DER gewinnen konnten. Zusammen bieten sie ein Netz von fast 4 000 Agenturen in Deutschland.

Welche Vertriebsmaßnahmen haben nicht funktioniert?

Panya: Wir sind sehr kostenbewusst und passen auf, dass wir unser Budget nicht unbedacht verjubeln. Bei neuen Vertriebsideen formulieren wir erst einmal unsere Erwartungen, testen im Kleinen und schauen, was passiert. Auf diese Weise können wir in relativ kurzen Zyklen nachsteuern oder Maßnahmen wieder komplett einstellen. Ich hatte mir beispielsweise von einem Deal mit Groupon viel hinsichtlich der Kundenakquise versprochen. Am Ende hat es aber leider nicht für uns funktioniert. Eine solche Aktion würde ich heute nicht mehr machen. Zum Glück haben wir dabei aber nicht viel Geld versenkt.

1. Januar 2013: Die Liberalisierung tritt in Kraft. Noch im Januar habt ihr zwei neue Linien eröffnet, auch in den Folgemonaten habt ihr euer Netz konsequent ausgebaut. Im Januar 2014 hattet ihr 40 Linien, 151 Busse und 46 Buspartner. Mit welchen Hürden und Herausforderungen wart ihr bei der Skalierung der Operations konfrontiert?

Panya: Zum Beispiel ist der Umgang mit Behörden eine Herausforderung – gerade am Anfang. Wir haben bereits in 2012 viel Erfahrung diesbezüglich sammeln können. Von diesen Erfahrungen haben wir in der Wachstumsphase 2013 sehr profitiert. Die Behörden kannten uns zu dieser Zeit bereits und wussten, dass unsere Arbeit Hand und Fuß hat. Ein guter Kontakt zu den Behörden ist beispielsweise sehr wichtig, um eine gute Haltestelle zu bekommen.

Torben: Allerdings haben wir leider nicht alle Wunsch-Haltestellen bekommen, was zu einer neuen Herausforderung führt: Wenn die Busse im Stadtverkehr ewig hin- und herfahren, hat das direkte Auswirkungen auf unseren abgestimmten Fahrplan. Dieser Fall ist zwar zum Glück nicht häufig eingetreten, aber es gab einige Stellen, wo wir uns den Kopf zerbrechen mussten. Rückschläge mussten wir natürlich auch in der Zusammenarbeit mit den Busunternehmern wegstecken. Einzelne Busunternehmen haben gesagt, dass sie nicht mitmachen werden, obwohl wir sie gerne als Partner gewonnen hätten.

Panya: Ein weiteres Thema, an dem wir mit der Zeit gewachsen sind, ist die Fahrplangestaltung. Der Knackpunkt sind die Fahrzeiten. Anfangs mussten wir regelmäßig nachsteuern. Hier kamen mal zehn Minuten dazu, da mal ein paar Minuten weg. 2013 lief diese Arbeit schon deutlich stabiler. Wenn wir heute einen neuen Fahrplan erstellen, ist unsere Planung viel verlässlicher.

Eine der größten Herausforderungen war aber sicherlich das enorme personelle Wachstum unseres Unternehmens. Im Sommer 2013 sind die Kundenzahlen extrem schnell nach oben gegangen. Damit verbunden war ein deutlich höheres Anrufvolumen in unserem Callcenter. Leider war der Kundenservice aber personell noch nicht entsprechend aufgestellt. Im Ergebnis führte dies zu einer schlechten Erreichbarkeit und verursachte viele negative Kommentare auf Facebook. Das war ein schlechtes Gefühl. Wir haben in kürzester Zeit 50 neue Mitarbeiter eingestellt, aber es braucht eben vier bis sechs Wochen, bis alle angekommen sind. Sie müssen die MeinFernbus-Werte verstanden haben und ihre Jobs so ausführen können, wie wir uns das vorstellen. Da mussten wir eben durch.

Wie habt ihr es geschafft, die MeinFernbus-Werte an eure Mitarbeiter weiterzugeben?

Torben: Entscheidend sind die Führungskräfte. Sie müssen die Werte von MeinFernbus teilen, hinter der Vision stehen und dasselbe Verständnis vom Weg dahin haben wie wir. Führungskräfte, die MeinFernbus fühlen, geben das auch an die Mitarbeiter weiter. Davon bin ich überzeugt.

Panya: Werte in einem Unternehmen zu verankern, funktioniert nicht von heute auf morgen. Man muss von Beginn an daran arbeiten. Es ist zwingend notwendig, dass die Werte allen bekannt sind, aber verordnen kann man sie nicht. Wir haben viel mit den Mitarbeitern über unsere Werte gesprochen und diskutiert, wie man sie im Alltag unterbringt. Und wir leben diese Werte natürlich selbst vor, bis sie allen in Fleisch und Blut übergehen. Gerade in einer Phase des schnellen Wachstums ist es allerdings extrem schwierig, an dieser Stelle nicht nachlässig zu werden, weil so viele andere Aufgaben auf dem Tisch liegen.

Torben: Durch das Vorleben und Teilen der Werte und das Definieren der Ziele lässt sich viel erreichen. Aber man muss auch immer wieder feststellen, dass es Menschen gibt, die schlicht nicht zur Firma passen. Mitarbeiter können fachlich noch so gut sein, aber wenn jemand nicht zur Firmenkultur passt, muss man sich trennen. Da darf man nicht zögern. Das klingt hart, aber es ist notwendig. Allerdings mussten wir diese Konsequenz auch erst einmal lernen.

Im Juli 2013 habt ihr den millionsten Fahrgast begrüßt. Die zwei Millionen habt ihr im Oktober 2013 geknackt, die drei Millionen im Januar 2014. Mit circa 40 Prozent Marktanteil Anfang 2014 konntet ihr euch als Marktführer behaupten. Wie ist euch das gelungen?

Torben: Es war eine Mischung aus vielen, vielen neuen Linien mit vielen, vielen neuen Bussen. Dazu hatten wir eine permanente gute Auslastung auf den bestehenden Linien. Bei neuen Linien dauert es eigentlich immer eine Zeit, bis sich das Angebot herumspricht und schließlich etabliert hat. Aber bei uns ging alles immer recht schnell. Dennoch waren wir überrascht, wie rasch sich alles entwickelt hat. Die Zahlen trafen genauso ein, wie wir es im Businessplan beschrieben hatten.

Panya: Wir haben auch in der Kundenakquise Neues ausprobiert, was sicherlich einen Effekt hatte. Vor Weihnachten gab es beispielsweise zum ersten Mal ein Deutschlandticket bei Tchibo. Auch mit Galeria Kaufhof haben wir mehrere Aktionen gemacht, die uns einen weiteren Schritt nach vorne gebracht haben. Das hat sich nicht nur in den Ticketverkäufen widergespiegelt, sondern wir konnten auch unsere Markenbekanntheit steigern.

Plan vs Realität

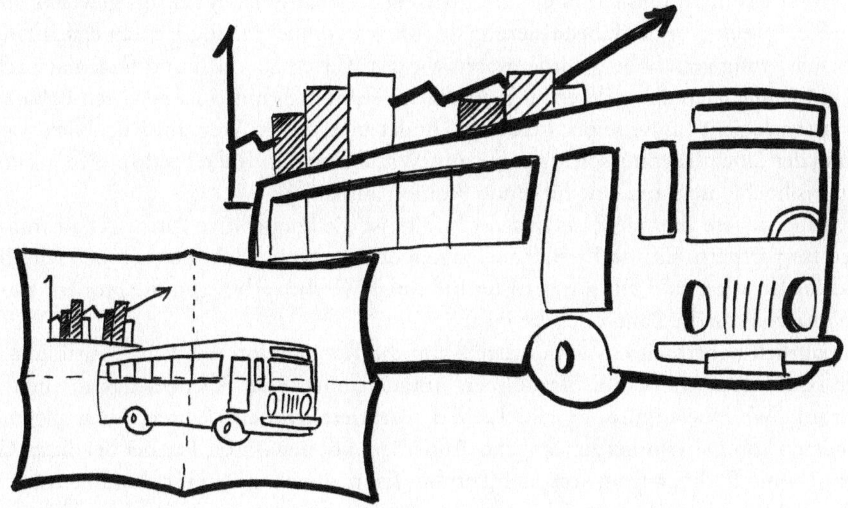

Wir hatten einen Plan und haben diesen stringent umgesetzt. Bereits in der Investoren-Präsentation war der Bus so abgebildet, wie er heute auf der Straße fährt. Das ist schon erstaunlich. Auch die Kennzahlen im Businessplan sind eingetroffen, wie wir uns das vorgestellt haben.

Worauf führt ihr euren großen Erfolg zurück?

Panya: Wir hatten einen Plan und haben diesen stringent umgesetzt. Bereits in der Investoren-Präsentation war der Bus so abgebildet, wie er heute auf der Straße fährt. Das ist schon erstaunlich. Auch die Kennzahlen im Businessplan sind eingetroffen, wie wir uns das vorgestellt haben, das ist selten. Viele merken Jahre später, dass die eine Hälfte des Businessplans gar nicht eingetreten ist, die andere ganz anders als prognostiziert. Nicht so bei uns.

Bei uns im Büro hängt ein Karte mit dem Spruch: „Alle sagten, das geht nicht. Dann kam einer, der wusste das nicht und hat es einfach gemacht." Genauso ist es bei uns gewesen. In der Branche hieß es immer: Vor der Liberalisierung des Marktes braucht man gar nicht erst anfangen. Als die Liberalisierung verschoben wurde, waren wir das Warten aber leid und fingen an, Schritt für Schritt eine Linie nach der anderen zu beantragen. Wenn man mit einer gewissen Beharrlichkeit und Hartnäckigkeit hinter seiner Idee steht, findet man seinen Weg. Im Rückblick war die Verschiebung der Liberalisierung sogar gut für uns. Wir konnten in Ruhe Erfahrungen sammeln, die Operations hochfahren und eine führende Position aufbauen.

Torben: Eine weitere zentrale Basis unseres Erfolgs ist die kooperative Partnerschaft mit mittelständigen Buspartnern. Es sind Partner auf Augenhöhe und keine Subunternehmer. Mit dieser Mittelstandskooperation sind wir gut gerüstet für einen Wettbewerb gegen die großen, kapitalschweren Konzerne wie die Bahn oder die Post.

Einmal jährlich haben wir ein Jahrestreffen, um die Kooperation mit Leben zu füllen. Alle Buspartner kommen nach Berlin. Sie können untereinander Best Practices austauschen und Fragen erörtern: Wo gibt es günstige Hotels? Wie rekrutiere ich neue Fahrer? Auch allgemeine Qualitätsthemen kommen immer zur Sprache. Außerdem können unsere Partner bei dieser Gelegenheit das gesamte Berliner Team von MeinFernbus kennenlernen. Damit bekommen sie einen besseren Einblick in unsere Arbeit und lernen ihre Ansprechpartner besser kennen. Wir nutzen diese Plattform außerdem, um beispielsweise den Marketingplan für das nächste Jahr zu erläutern, neue Uniformen vorzustellen oder das weiterentwickelte Onboard-Service-Konzept zu präsentieren.

Ihr habt eure Buspartner in einem Sprechergremium organisiert. Warum habt ihr euch zu diesem Schritt entschlossen?

Torben: Schon während der Konzeption von MeinFernbus war klar, dass wir schnell mit 50 und mehr Partnern arbeiten werden. Da wird es schwierig, mit allen Partnern sämtliche Fragen zu diskutieren. Deshalb haben wir das Sprechergremium als Sparringspartner etabliert. Gleichzeitig haben wir definiert, in welchen Bereichen uns Know-how fehlt, das die Busunternehmen mitbringen. Und genau dort beziehen wir das Sprechergremium intensiv ein. Ein Beispiel: Wir führen ein MeinFernbus-Standardfahrzeug ein, bei dem wir den Innenausbau und den Bordservice selbst gestaltet haben. Da ist es von großem Wert, das Praxiswissen der Buspartner frühzeitig einzubinden. Wir nutzen das Sprechergremium außerdem, um Erfahrungen aus dem täglichen Betrieb der Buspartner an uns zurückzuspielen. Dadurch können wir unsere Betriebssteuerung verbessern. Das Gremium tagt drei bis vier Mal im Jahr und wird auf dem Jahrestreffen von allen Buspartnern gewählt.

Panya: Natürlich haben wir täglich Kontakt mit einzelnen Partnern, dafür haben wir eine eigene Abteilung etabliert. Irgendetwas gibt es immer zu besprechen, seien es Zusatzfahrten oder Änderungen im Fahrplan. Das Sprechergremium ist für übergeordnete Themen zuständig.

Welche Faktoren waren für euren Aufstieg noch entscheidend?

Torben: Was man nicht unterschätzen darf, ist die Macht der PR, gerade am Anfang. Der Faktor Öffentlichkeit ist extrem bedeutsam.

Bei uns im Büro hängt ein Karte mit dem Spruch:

Genauso ist es bei uns gewesen.

Uns war wichtig, dass Zeitungen das Thema Fernbus automatisch mit uns in Verbindung bringen. Um das zu erreichen, haben wir viele Redaktionsgespräche geführt. Anfangs haben wir einfach bei Redaktionen angerufen und gesagt: „Wir sind in zwei Wochen ohnehin in deiner Stadt, wollen wir uns nicht zu einem Gespräch treffen?" Wir sind mit dem Bus hingefahren und haben ihn direkt vor der Redaktion geparkt. Die Interviews haben wir im Bus gemacht. Unser Auftritt hatte einen tollen Effekt: Er hat meist weitere Journalisten aus dem Gebäude gelockt, die dann ebenfalls mit uns sprechen wollten.

Vom Arbeitnehmer zum Unternehmer: Ihr kommt beide aus einem Angestelltenverhältnis und habt die Seiten gewechselt. Wie bewertet ihr den Unterschied?

Panya: Der deutliche Unterschied ist, dass ich jetzt nicht nur für mich selbst Verantwortung trage, sondern auch für 190 Mitarbeiter. Das ist ein anderes Gefühl. Kürzlich lief ich über den Flur des Kundenservice, als mich eine Mitarbeiterin fragte, ob sie mich umarmen dürfe. Ich zögerte, aber sie meinte, sie wolle mich einfach nur einmal umarmen. So etwas wäre bei PayPal oder Accenture wohl nicht passiert. Dort war ich zwar auch Teamlead, aber das Verhältnis war mehr von Kollegialität und Dialog auf Augenhöhe geprägt.

Torben: Wir fühlen und geben uns nicht wie die großen Bosse. Dennoch muss man sehr wach und reflektiert mit den Mitarbeitern interagieren – vor allen bei Kritik. Vielleicht sehe ich nur etwas im Vorbeigehen, will einen Hinweis geben und denke mir nichts dabei, aber der Mitarbeiter ist danach total geschockt, ein schlechtes Feedback vom Geschäftsführer bekommen zu haben.

Panya: Wenn ich einen Mitarbeiter frage, ob wir gemeinsam essen gehen, denkt er gleich: „Oh, was habe ich gemacht? Was will mir der Chef mitteilen?" Dabei geht es mir nur um ein Mittagessen. Man muss sich bewusst sein, was man mit einfachen Fragen auslösen kann.

War die Gründung Teil eures Lebenskonzeptes?

Torben: Mein Weg über die Reiseleitung für Studienfahrten, meine Zeit bei der Deutschen Bahn und dann die Tätigkeit als Berater – diese Schritte sind schon genau auf die Gründung von MeinFernbus hinausgelaufen. Aber alles lässt sich nicht vorausplanen. Dass wir im richtigen Moment die richtigen Investoren getroffen haben und visionäre Buspartner gewinnen konnten, war sicherlich auch etwas glückliche Fügung.

Torben und Panya, herzlichen Dank für das Gespräch.

Literaturtipps von Torben Greve und Panya Putsathit

Minto, Barbara (1996); *The Pyramid Principle;* Minto Intl
Covey, Steven (1998); *The 7 habits of highly effective people;* Free Press

11

Mister Spex
Dirk Graber

Gründerteam: Dirk Graber, Björn Sykora, Philipp Frenkel und Thilo Hardt (von links)

Deutschlands größter Online-Optiker für Markenbrillen

Mister Spex wurde im Jahr 2007 von Dirk Graber, Björn Sykora, Thilo Hardt und Philipp Frenkel gegründet und in dieser Phase und in den Anfangsjahren von Team Europe unterstützt. Mister Spex ist als E-Commerce-Unternehmen für Brillen und Kontaktlinsen gestartet und hat sich mittlerweile zum Multi-Channel-Unternehmen weiterentwickelt. Der Online-Optiker ist mit der Vision angetreten, eine neue Art und Weise des Brillenkaufs zu etablieren, die Spaß macht sowie günstige und vor allem transparente Preise bietet. Das Unternehmen bietet ein Vollsortiment, das aus Korrektionsbrillen, Sonnenbrillen, Sportbrillen und Kontaktlinsen besteht. Das Sortiment des Online-Händlers ist deutlich größer als bei der stationären Konkurrenz. Mister Spex ist international aktiv und mittlerweile Europas führender Online-Optiker.

● ●

Dirk, in welcher Situation hast du dich vor der Gründung befunden und wie kamst du dazu, dein eigenes Unternehmen zu gründen?

Die erste Berührung mit dem Thema Unternehmensgründung gab es schon sehr konkret während des Studiums. Ich habe an der Leipziger Handelshochschule (HHL) studiert und damals war Malte Brettel einer der Professoren; er ist heute an der RWTH Aachen sehr etabliert. Es gab einige Studenten, die aus der HHL heraus gegründet haben – zum Beispiel auch Lukasz Gadowski, der während seines Studiums das Startup Spreadshirt gegründet hat. So wuchsen auch bei mir das Interesse und das Bedürfnis, zu gründen. Während des Studiums an der HHL habe ich zudem zwei sehr unternehmerische Praktika bei eBay und Jamba gemacht, und viele Leute aus der heutigen Berliner Gründerszene kennengelernt. Seit diesem Zeitpunkt konnte ich mich immer wieder für Businessideen und Businesspläne begeistern. Damals waren dies allerdings alles noch Theoriekonstrukte. Die Idee, selbst zu gründen, war faszinierend, aber ich konnte mich dennoch nicht durchringen, direkt nach dem Studium zu gründen. Ich war mir noch nicht hundertprozentig sicher, was ich will. Es gab Angebote von Firmen, bei denen ich ein Praktikum gemacht hatte, aber ich dachte damals, dass ich mich damit zu sehr auf eine Branche festlegen würde. Ich bin deshalb erst einmal in eine Unternehmensberatung gegangen – auch weil ich mein Studium komplett selbst beziehungsweise die Studiengebühren über ein Darlehen der Sparkasse finanziert hatte. Für eine Gründung hatte ich kein Geld. Ich bin zweieinhalb Jahre bei der Boston Consulting Group gewesen, was wirklich Sinn gemacht hat. Es war die richtige Entscheidung, ich würde es wieder machen. Allerdings muss ich auch sagen: Ich war bei der richtigen Beratung. Zufällig habe ich dann Lukasz wieder getroffen und wir haben angefangen, zu diskutieren, was es für Optionen gibt. Parallel habe ich mir selbst Gedanken gemacht und mich gefragt, was meine Stärken sind.

Wie bist du auf die Idee zu einem Online-Brillenversand gekommen?

Aufgrund der Erfahrungen während meiner Praktika und der Beratungszeit bin ich schnell auf E-Commerce gekommen. In den Diskussionen mit Lukasz haben wir dann diverse E-Commerce- Businessmodelle diskutiert. Ich konnte mir damals nicht vorstellen, nur digitale Produkte zu vertreiben, also war klar, dass es um physische Ware gehen musste. Es war aber noch komplett offen, um welche Dinge es gehen sollte. Ich habe mir dann über einige Wochen verschiedene Märkte angeschaut, um zu verstehen, welche Produkte noch nicht online verkauft wurden. In diesem Prozess bin ich auf mehrere gestoßen, unter anderem auf Brillen. Diesen Markt habe ich dann detailliert über zwei bis drei Monate analysiert und dabei Geschäftsberichte gelesen und Testkäufe gemacht, um ein Gefühl dafür zu bekommen, wie der Markt funktioniert und ein Businessmodell aussehen könnte. Das Ganze habe ich intensiv mit Lukasz diskutiert. Und irgendwann fiel die Entscheidung, zu sagen, okay, wir versuchen es. Lukasz hatte damals natürlich noch eine aktivere Rolle als im weiteren Geschäftsverlauf. Er stand für die ersten Diskussionen zur Verfügung, quasi als Business Angel. Und er war es auch, der das erste Geld investierte und die Kontakte zu anderen Investoren hergestellt hat. Ich denke, das ist der große Unterschied meiner Geschichte zu der von vielen anderen: Ich hatte den Vorteil, dass ich von Anfang an ein großes Vertrauen bei bestimmten Business Angels genossen habe. Das erleichterte es mir, die nötige Finanzierung zu bekommen.

Der Prozess der Ideenentwicklung hört sich sehr analytisch, weniger leidenschaftlich an?!

Das ist korrekt. Die Ideenfindung war komplett analytisch, ich habe schlicht nach großem Potenzial gesucht. Ich bin zwar selbst Brillenträger, aber ich könnte jetzt nicht eine dieser Geschichten erzählen, dass ich meine Brillen unbedingt habe günstiger machen müssen, weil ich kein Geld für Brillen hatte.

Mich hat das Gründen und das Unternehmertum an sich begeistert. Hierfür zeige ich 100 Prozent Leidenschaft. Bei mir kam das Businessmodell vor dem strukturierten Ansatz. Mir war lediglich klar, dass es wegen meiner Fähigkeiten und Erfahrungen E-Commerce werden wird.

Wie hat dein Umfeld reagiert? du hattest ja einen guten Job ...

Das war nicht unbedingt einfach. Meine Mutter beispielsweise hat das Ganze zunächst nicht verstanden. Warum ich den „gut bezahlten Beraterjob" an den Nagel hänge, hat sich ihr nicht erschlossen. Die Verselbstständigung und das bei null anfangen war für sie das Schlimmste. Meine Schwiegermutter ist Augenärztin. Sie war sehr skeptisch. Aber sie war gleichzeitig ein guter Sparrings-Partner, was die inhaltlichen Themen angeht. Wie tickt ein Augenoptiker oder ein Kunde? Was muss ich beachten, wenn ich eine Brille verkaufen will? Solche Fragen konnte ich mit ihr gut erörtern. Sie hat am Ende nicht dagegen gesprochen, aber war schon sehr kritisch.

Das Sich-selbständig-Machen ist das eine, das Businessmodell das andere. Schon das Businessmodell fand anfangs kaum einer richtig überzeugend. Ich konnte nur wenige überzeugen – aber das waren meine Mitgründer.

Wie hast du dein Mitgründerteam zusammengestellt?

Björn war der Erste, den ich ins Boot geholt hatte. Er ist ein langjähriger Freund von mir, den ich früher als Basketballtrainer trainiert hatte. Nachdem wir uns einige Jahre aus den Augen verloren hatten, haben wir uns an der HHL wiedergetroffen. Er hat nach dem Studium bei Jamba angefangen und ich in der Beratung. Ich wollte ihn als Allrounder für das Team gewinnen, weil ich ihm hundertprozentig vertrauen konnte. Thilo und Philipp kamen über Lukasz zum Team.

Lukasz hatte in eine ihrer ersten Ideen investiert. Sie hatten einen Prototyp für eine Blogsuchmaschine programmiert. Eine Finanzierung für das Businessmodell gestaltete sich aber schwierig, also kamen die beiden nach Berlin und wir haben uns zu viert zusammengesetzt. Es hat gut gepasst und so wurde aus uns ein Gründerteam. Also auch hier wieder: Die Hälfte des Teams kam über einen Business-Angel-Kontakt.

Das war Ende 2007. An den Start gegangen seid ihr im April 2008. Wie viele Brillen hattet ihr damals im Sortiment?

Ich schätze, dass wir zwischen 300 und 400 verschiedene Korrektionsbrillen und Sonnenbrillen zum Start auf unserer Website hatten. Es waren wenige Marken dabei, vielleicht zehn oder zwölf, und einige Eigenmarkenbrillen – also recht wenig, sehr überschaubar. Zum Start war es für uns sehr schwierig, die Markenhersteller zu überzeugen, mit uns zusammenzuarbeiten. Außerdem hatten wir nur begrenzte finanzielle Mittel, um uns Ware auf Lager zu legen. Es hat zwei bis drei Jahre gedauert, bis wir alle relevanten Lieferanten und Marken überzeugen konnten, mit uns zusammenzuarbeiten. Zunächst bekamen wir oft nur ein kleines Sortiment im mittleren Preissegment, später, nachdem wir uns als verlässlicher Partner erwiesen hatten, haben uns die Lieferanten sukzessive immer mehr Marken geliefert. Kontaktlinsen gab es zu diesem Zeitpunkt übrigens noch gar nicht.

Warum nicht?

Ich habe nicht daran geglaubt und fand das Businessmodell nicht attraktiv. Als ich mir die Listenpreise und die Verkaufspreise angeschaut habe, dachte ich: sehr wenig Marge und sehr niedrige Durchschnittspreise. Der Preis liegt durchschnittlich bei 40 bis 50 Euro für ein Kontaktlinsen-Doppelpack. Das war nicht sonderlich attraktiv, zumal es einen sehr starken Wettbewerb gab. Aber als wir dann nach einiger Zeit feststellten, dass das Thema „Brille online" doch recht schwierig ist, haben wir unsere Haltung verändert. Wir wollten und mussten schließlich auch Umsatz machen und haben das Produkt Kontaktlinse genutzt, um die Marke aufzubauen und uns Kunden zu erschließen – und um dem Kontaktlinsenkunden später eine Sonnenbrille oder Korrektionsbrille zu verkaufen. Dieser Ansatz hat ganz gut funktioniert. Es war also die richtige Strategie.

Ihr hattet zum Geschäftsauftakt gleich mehrere Baustellen: Shop-Entwicklung, Logistik, Marketing, um nur einige zu nennen. Wie habt ihr euch organisiert?

Wir waren zu viert und hatten immer zwei bis drei Praktikanten, die uns unterstützt haben. Die Grundaufteilung war so: Thilo programmiert den Online-Shop und Philipp programmiert die Warenwirtschaft. Beim Thema Produktmanagement, also beispielsweise der Frage, welche Features wir brauchen, haben wir uns zu viert hingesetzt. Wir haben uns die Standardanforderungen überlegt, uns andere, gute Online-Shops angeschaut und uns dann für ein Feature und ein Designelement entschieden und es übernommen beziehungsweise verbessert. Mein Job war es primär, die ganzen Lieferantenbeziehungen aufzubauen, die Finanzierung zu sichern und das Thema Businessplan und Finance anzugehen. Björn hat am Anfang das ganze Thema Logistikprozesse übernommen und sich dann, als es Richtung Go-live ging, um das Marketing gekümmert, das hatten wir erst nach fünf Monaten gebraucht. Außerdem hat sich Björn mit Personalfragen befasst und beispielweise Praktikanten rekrutiert und Prozesse definiert. Den gesamten Content für die Website haben wir wiederum gemeinsam erstellt – der eine kümmert sich um Produktbeschreibungen, der andere um das Impressum sowie die *Allgemeinen Geschäftsbedingungen* (AGBs) und so weiter.

Ihr habt Euren Webshop also selbst programmiert. Warum habt ihr keine Standardlösung verwendet?

Am Anfang hatten wir für einen Teil des Shops noch eine bestehende Standardlösung. Bis Mitte 2008, wenn ich mich richtig erinnere. Das Problem war, dass wir mit Korrektionsbrillen ein Produkt verkaufen wollten, das bis dahin noch nicht professionell online verkauft wurde. Keiner von uns wusste vorab, was letztendlich die wichtigen Features sein würden. Einfache und flexible Standard-Shops (wie beispielsweise Magento) gab es damals noch nicht. Wir hätten uns oft zu stark an bestehenden Standards orientieren müssen. Das wollten wir nicht. Beispielsweise das Zusammenspiel zwischen Brillenfassung, den Korrektionswerten der Kunden und Brillengläsern ist etwas sehr Komplexes.

Ende 2008 kam es zur ersten Finanzierungsrunde mit dem High-Tech Gründerfonds und Grazia Equity. Wie habt ihr überzeugen können, insbesondere vor dem Hintergrund der beginnenden Finanzkrise?

Wir hatten im Februar und Mai 2008 eine Angel-Finanzierung in einem recht großen Rahmen von 700.000 Euro bekommen. Für Business Angel ist das schon eine ziemlich hohe Summe, aber wir wussten, dass E-Commerce ziemlich kapitalintensiv ist, gerade am Anfang. Es kamen Themen wie Infrastruktur, Lager und erste Marketingaktivitäten auf den Tisch. Im Juni habe ich damit begonnen, mich um die Finanzierung zu kümmern, Leute anzusprechen und mit *Venture Capitalists* (VCs) zu reden. Doch bis zum frühen Herbst konnten wir keinen großen VC überzeugen, zu investieren. Alle haben gesagt: Brille online funktioniert nicht. Aber im Oktober, November gab es dann vom High-Tech Gründerfonds und von Grazia Equity positive Signale, dass man sich ein Investment vorstellen könne. Das war unser Glück. Wir hatten keine Auswahl, nur diese eine Option. Zwei Tage vor Weihnachten haben wir die Finanzierungsrunde dann unterschrieben. Dabei waren noch einige Angels, die mit investierten.

Überzeugt haben wir in erster Linie sicherlich als Team. Wir konnten damit punkten, dass wir vier Köpfe waren, die sehr komplementär aufgestellt gewesen sind. Außerdem war es die Vision, die sehr viel Potenzial hatte. Es gab keinen Wettbewerber, es war kein „Me-too"-Produkt. Es gibt Investoren, die genau auf ein solches Alleinstellungsmerkmal stehen, es ist genau das, was sie wollen. Außerdem haben wir mit einem monatlichen Netto-Umsatz von 70.000 bis 80.000 Euro schon Traktion auf der Umsatzseite vorweisen können. Das war fünf Monate nach Go-live gar nicht so schlecht. Lustigerweise haben wir bei Grazia Equity den ältesten Partner, der über 70 Jahre alt ist, als Erstes von uns überzeugen können. Bei den 30- bis 50-jährigen Partnern hat das ein bisschen länger gedauert.

Hätten wir die Finanzierung Ende 2008 nicht bekommen, wären wir kurze Zeit später pleite gewesen. Das muss man ganz deutlich sagen. Vier Wochen später wäre Schluss gewesen. Als Gründer steht man in so einer Situation mit einem halben Bein im Gefängnis, vor allem als Geschäftsführer. Da geht es dann um Dinge wie Insolvenzverschleppung oder ähnliche Themen. Dieser Moment war das erste Mal, dass wir uns gefragt haben, ob es die richtige Idee gewesen ist, zu gründen, und ob wir wirklich in der Lage sind, das alles zu schultern.

Wie habt ihr euch in dieser Situation motiviert?

Ich bin jemand, der sich in solchen Momenten sagt: jetzt erst recht. Und: Ich bin immer angetreten, um mir selbst etwas zu beweisen und nicht, um anderen zu demonstrieren, dass ich etwas kann. Das heißt, ich konnte mich schon immer gut selbst motivieren. Auch in dieser Phase. Das Problem war mehr, dass wir Ende 2008 schon um die zehn Angestellten und Praktikanten hatten, für die wir uns natürlich verantwortlich fühlten. Auch meine persönliche Situation war nicht ganz leicht. Ich war im Mai 2008 erstmals Vater geworden, hatte 2006 geheiratet. Natürlich kommen in so einer Phase auch Selbstzweifel auf. War das wirklich das Richtige? Warum habe ich das überhaupt gemacht? Und dann natürlich der Gedanke: Wäre ich bei der Beratung geblieben, wäre mein Leben wohl einfacher gewesen. Aber schlussendlich hat sich diese Jetzt-erst-recht-Mentalität durchgesetzt und ist oben geblieben.

Hattest du einen Plan B, den du aus der Schublade hättest ziehen können, wenn die Finanzierung nicht geklappt hätte?

Nein. Ich habe damals mit meinen Mitgründern besprochen, dass, wenn wir das Ding wirklich vor die Wand fahren, alle wieder auf Jobsuche gehen, um unsere Familien ernähren zu können. Wir haben keine großen Schulden gemacht, jenseits unserer Einlagen. Wir sind alle sehr gut ausgebildet und wären schon irgendwo untergekommen. Insofern gab es vielleicht doch einen Plan B: entweder direkt etwas anderes neu zu gründen, oder eben ein Jahr angestellt zu arbeiten, um sich einen finanziellen Puffer aufzubauen und dann wieder zu starten.

Im Worst Case, also der Pleite, wäre also lediglich das Geld von Investoren in Mitleidenschaft gezogen worden. Aber es war natürlich eine Startphase und das war jedem bewusst, der als Angel-Investor eingestiegen ist. Angels investieren in der Regel auch nicht nur in ein Unternehmen, sondern in mehrere. Das sind erfahrene Leute, die natürlich auch die damalige Situation einschätzen konnten. Keiner hat vor dem Hintergrund der beginnenden Krise gesagt: „Wir geben dir Geld, egal zu welchen Konditionen." Und vielleicht war aufgrund der Zeit auch die eine oder andere Kondition, die an die Finanzierung geknüpft war, nicht optimal. Aber am Ende waren die Optionen, die wir gewählt haben, in Ordnung. Auch die Investoren haben sich als sehr gut, sehr verlässlich und sehr vertrauenswürdig erwiesen. Die meisten sind bis heute dabei.

Ihr habt die Finanzierung bekommen und es konnte weitergehen. Wie habt ihr das Investment priorisiert, wofür habt ihr es verwendet?

Hauptsächlich für drei Dinge: IT-Weiterentwicklung, Marketing und Warenlager – und natürlich für den Personalausbau. Es mag komisch klingen, aber es war unser Glück, dass zu dieser Zeit nicht nur die Finanzmärkte, sondern auch die Werbemärkte kaputt gingen. Alle großen Markenhersteller haben ihre TV-Budgets zusammengestrichen und sich dazu auf die wenigen großen Sender konzentriert. Die kleinen Sender haben nichts mehr vom Kuchen abbekommen. Wir haben dann einen guten Deal mit einem kleineren Sender einfädeln können und haben sehr viel Werbezeit für sehr kleines Geld bekommen. Dadurch sind wir innerhalb eines Jahres von 450.000 Euro Umsatz auf 4,5 Millionen Euro Umsatz gewachsen.

Die Finanzierung unseres Businessmodells haben wir zwar zu schlechteren Konditionen abgeschlossen, als man sie in besseren Marktphasen bekommen hätte, aber auf der anderen Seite waren eben die Marketingkosten extrem niedrig. Ich glaube, so hat sich das irgendwann wieder ausgeglichen. Auch das Argument Preistransparenz und Preisersparnis hat zu dieser Zeit bei Kunden sehr gut funktioniert, weil die Leute generell Geld sparen wollten.

Wie habt ihr den Erfolg der TV-Werbung gemessen? Und: Habt ihr TV-Werbung wieder eingesetzt, nachdem sich der Werbemarkt erholt hatte?

Die einfachste Metrik war damals lediglich die Frage, über welche Kanäle der Traffic kommt. Allerdings waren unsere Messungen noch nicht so differenziert, dass wir nach Uhrzeit, Sender und Format unterschieden haben. Da der Anstieg der Besucher und Käufer auf unserer Website sehr groß und sehr günstig einzukaufen war, hat uns das zu diesem Zeitpunkt noch nicht interessiert. Rückwirkend hätten wir viel mehr rausholen können. Heute wissen wir genau, was ein TV-Spot an zusätzlichen Besuchern und Umsatz gebracht hat, und was uns die Besucher und Käufer gekostet haben. Die Online-Werbung ging nun ebenfalls nach oben, weil die Marke Mister Spex auf einmal bekannter war und deshalb mehr Vertrauen vorhanden war. Es hat einfach alles in die richtige Richtung gezeigt. Wir wussten aber natürlich, dass diese Phase der extrem günstigen TV-Werbung endlich war. Also haben wir zu dieser günstigen Zeit damit begonnen, langfristige Verträge abzuschließen. Es hat zwar eine Weile gedauert, aber Mitte 2010 hatten wir einen langfristigen TV-Vertrag, ohne Anteile am Unternehmen dafür abgeben zu müssen.

Welche anderen Marketingmaßnahmen setzt ihr ein?

Natürlich die gesamte Palette des Online-Marketings von AdWords bis Affiliate-Marketing. Bevor wir unser Marketingbudget weiter vergrößert haben, hatten wir uns entschieden, die Marke noch einmal aufzufrischen. Wir haben schon nach zwei Jahren einen intensiven Prozess in Bewegung gesetzt, in dem wir mithilfe von zwei externen Branding-Experten die Marke beziehungsweise das Logo und auch unsere Positionierung überarbeitet haben. Wir wollten das Produkt hochwertiger machen. Und schon damals war die Maßgabe, dass die Marke auch offline funktionieren muss.

Was waren weitere Meilensteine in den Jahren 2008 und 2009?

Wir mussten die Prozesse definieren und zusehen, wie wir es schaffen, 100 Bestellungen am Tag zu verschicken. Wir brauchten einen Kundenservice, denn die Nutzer hatten Nachfragen. Björn, Thilo, Philipp und ich haben in den ersten Wochen beispielsweise die Pakete zur Post gebracht, so brauchten wir zunächst noch keine Mitarbeiter im Versand. Aber dann ist das Ganze natürlich gewachsen und wir mussten uns professionalisieren. Viele Investitionen flossen nun in das Personal.

Ihr seid schnell gewachsen: In 2010 hattet ihr zehn Millionen Euro Umsatz und mehr als 100 Mitarbeiter. Ihr habt eure zweite Finanzierungsrunde gestartet. Welche Zielsetzung hattet ihr?

Als ich in die Finanzierungsgespräche gegangen bin, lief bei uns gerade alles perfekt. Wir hatten extrem viel Traktion. Ich habe gesagt, dass ich zehn Millionen Euro brauche, fünf Millionen für die Internationalisierung und Entwicklung des deutschen Geschäftes, plus fünf Millionen für Filialen. Drei Filialen pro Jahr war mein Ziel. Das Filialthema fand allerdings niemand sexy, keiner wollte es. Alle waren damals der Meinung, wir sollten allein beim E-Commerce bleiben, skalieren und schnell wachsen. Die Unterstützung der bestehenden und neuen Investoren war da, die fünf Millionen wurden bereitgestellt. Zu den anderen fünf Millionen hieß es: „Das machen wir später." Also haben wir internationalisiert, zunächst ging es nach Frankreich. Gleichzeitig haben wir uns weiter professionalisiert. Als wir anfingen, in andere Länder zu gehen, wurde die Sache komplex. Wir wurden größer, wir mussten mehr Prozesse optimieren und unser Marketing weiterentwickeln. Irgendwann, wenn man sehr schnell wächst, kommen dann die ersten Wachstumsschmerzen. Denn man trifft durchaus auch mal eine falsche Entscheidung. Diese kann man zwar oft revidieren, aber das kostet meistens extra Geld, Energie und Zeit.

Wie aufwendig war die Internationalisierung? Als E-Commerce-Startup musstet ihr ja auch die Logistik skalieren.

Die direkten Kosten waren nicht hoch. Sie sind im niedrigen fünfstelligen Bereich gewesen, denn die Plattform war per se darauf angelegt, internationalisieren zu können. Wir mussten das Angebot lediglich übersetzen. Das macht man mit zwei, drei Praktikanten oder ersten Angestellten. Wir haben zwei Franzosen eingestellt, die das gemacht haben. Vor Ort in Frankreich hatten wir nichts und niemanden – außer der Website. Die Ware wurde von Deutschland verschickt, natürlich mit Anschluss an La Poste, der französischen Post. Es war eine sehr schlanke Lösung. Was wir anfangs unterschätzt haben, sind indirekte Kosten wie IT-Ressourcen, um die Mehrsprachigkeit funktionsfähig zu machen. Auch dass sämtliche Produkttexte mehrsprachig sein mussten, hat letztendlich Kapazitäten gefressen. Wenn man diese Dinge vernachlässigt oder gar nicht erst bedenkt, dann kann eine Internationalisierung schon teuer werden, weil andere Entwicklungen dann verlangsamt werden.

Was waren die größten organisatorischen Herausforderungen beim Wachstum?

In 2010 war es das Recruiting. Das ist wirklich ein wahnsinniger Lernprozess. Wir haben zu spät die richtigen Leute eingestellt. Wenn man auf so einer Wachstumsfahrt ist, wie wir es waren, braucht man mehr belastbare Schultern – und Leute, die das Know-how dafür mitbringen. Nehmen wir das Thema TV-Marketing-Optimierung durch Tracking. Heute sind wir hier extrem gut aufgestellt, das hätten wir damals schon so machen müssen, um das Beste herauszuholen. Auch das Thema Finance ist ein gutes Beispiel. Erst 2011 haben wir in ein Business Intelligence System und entsprechende Mitarbeiter investiert. Aber genau an dieser Stelle hätten wir deutlich früher jemanden mit Erfahrung holen müssen.

Viele unserer Leute sind mit dem Unternehmen sehr gut mitgewachsen. Die Organisationsstrukturen haben sich dadurch immer wieder verändert. Irgendwann haben wir ein Produktmanagement neben der IT eingeführt, das gab es vorher nicht. Bis dahin bin ich oder jemand anderes zur IT gegangen, wir haben die Features besprochen, die wir brauchten, und es wurde umgesetzt. Doch irgendwann wird eine solche Geschichte so komplex, dass man die Dinge deutlich besser spezifizieren muss. So kam es dann beispielsweise zum Produktmanagement, das Thilo aufgebaut hat. Durch die Internationalisierung bekam das Marketing eine zweite Dimension. Es ging nicht nur um Kanäle, sondern auch um Länder. Da muss man dann schon überlegen, wie man es angeht. Zunächst sind die einzelnen Felder scheibchenweise mitgewachsen, ab 2010 haben wir uns dann beim Personal stärker professionalisiert.

Apropos schnelles Wachstum: Es gibt die Geschichte, dass dich ein Mitarbeiter einmal gefragt hat, welche Position du denn im Unternehmen hättest. Stimmt sie?

Ja, das war auf einer Cocktailparty, die wir 2010 anlässlich des Marken-Relaunchs hatten. Ich saß mit zwei Mitarbeiterinnen aus der Logistik an der Bar und habe sie gefragt, was sie bei uns machen. Zu diesem Zeitpunkt waren wir schon um die 70 bis 80 Leute, und ich habe nicht mehr jeden persönlich eingestellt. Nach der Antwort erhielt ich von einer der Damen die Gegenfrage: Was denn mein Job im Unternehmen sei? Ich fand das gar nicht schlimm, aber es war ein Aha-Erlebnis mit Blick auf das Thema Personalführung.

Als ich nicht mehr jeden Mitarbeiter persönlich einstellt habe, begriff ich irgendwann, dass wir uns mit dem Thema Unternehmenswerte beschäftigen müssen. Denn, solange ich selbst eingestellt habe, erfolgte die Abwägung, ob jemand zum Unternehmen passt oder nicht, auf der Basis meiner impliziten Wertevorstellungen. Sobald ein anderer Mitarbeiter über eine Neueinstellung entscheidet, trifft er die Entscheidung dann auf Basis seiner impliziten Werte. Bei einem jungen Unternehmen, in dem auch viele junge und noch wenig erfahrene Köpfe in Schlüsselpositionen arbeiten, kann es deshalb passieren, dass Leute eingestellt werden, die eigentlich nicht zum Unternehmen passen. Diese Erfahrung haben auch wir gemacht. Und so haben wir uns dann das erste Mal mit dem Thema Unternehmenswerte beschäftigt. Wir haben uns zwei Tage lang außerhalb des Büros hingesetzt und haben die wichtigen Aspekte Punkt für Punkt runtergeschrieben. Das hat in der Zukunft geholfen, es war für alle ein Augenöffner. Und es hat dazu geführt, dass sich Personalauswahl und Organisationsstruktur ein bisschen mehr in Richtung Wunschbild gedreht haben.

Welche prägenden Erfahrungen hast du sonst noch mit Blick auf Personalfragen gemacht?

Wir hatten eine Zeit, in der wir konsolidieren und uns von Mitarbeitern trennen mussten. 15 Mitarbeiter von 150 mussten gehen. Darunter waren einige Mitarbeiter, bei denen wir festgestellt hatten, dass sie ohnehin nicht passten. Aber bei einigen hat es wirklich wehgetan. Doch wir mussten uns nun einmal fokussieren und einräumen, dass wir für gewisse Themen und Projekte keine Ressourcen hatten. Ein Beispiel: die englische Website. Es existierte eine englische Sprachversion unserer Website, für die wir anfingen, Suchmaschinenmarketing zu betreiben. Die Website war nicht besonders gut für den englischen Markt adaptiert und die dazu notwendigen IT-Ressourcen hatten wir nicht. Das hieß: Der Marketingmitarbeiter war zwar wirklich gut, aber wir brauchten ihn nicht mehr. Das sind schmerzhafte Erfahrungen und man fragt sich natürlich, was man hätte besser machen können. Hätte man die Entwicklung eher erkennen können? War dieser Schritt vermeidbar? Aber aus alldem haben wir gelernt. Und letztendlich haben wir auch in dieser Phase einen großen Schritt voran gemacht, denn wir haben danach das Management verstärkt. Ein Ex-Kollege aus meiner Beraterzeit hat den Job des *Chief Financial Officer* (CFO) bei uns übernommen. Ich kannte ihn schon sieben Jahre, konnte ihm komplett vertrauen. Er erledigt seine Arbeit mit großer Detailgenauigkeit und Engagement, er war und ist für uns der perfekte Finanzchef. Auch in Bezug auf das zwischenmenschliche Feingefühl.

Wenn man zurückblickt, fallen Bewertungen manchmal anders aus: Gab es Fehlentscheidungen, die du heute bereust?

Ich würde wahrscheinlich in ein anderes Land zuerst expandieren, wahrscheinlich eher in Richtung Österreich, Schweiz oder Niederlande. Die Konsumenten dort sind deutlich näher am deutschen Markt. Und gewisse Sachen würde ich grundlegender angehen, gerade in der IT.

Wir haben oft einen 80-20-Approach durchgezogen und nur kurz getestet, ob etwas funktioniert. Dann funktionierte die Businessseite aber oft so gut und wuchs so schnell, dass wir es einfach haben laufen lassen, statt auf die Bremse zu treten und die IT dafür entsprechend sauber aufzusetzen. Eine Weile funktionierte dieses Prinzip auch ganz gut, aber irgendwann war ein Level erreicht, auf dem eine grundlegende Sanierung unausweichlich wurde, weil Dinge schlicht nicht mehr funktionierten beziehungsweise die Entwicklung neuer Funktionalitäten nur noch sehr langsam voranging. In der Folge lieferte die IT ein gutes halbes Jahr wenig neue Features, hat aber trotzdem relativ viel Geld verschlungen. Ich bin zwar nach wie vor ein Fan von schnellem Testen, aber irgendwann muss man die Kurve für das Optimieren bekommen. Den richtigen Zeitpunkt dafür gibt es natürlich nie.

Ein weiteres Beispiel ist unsere Partnerschaft mit stationären Optikern. Es lief von Beginn an sehr gut und wir hatten uns vorgenommen, schnell zu skalieren und richtig groß damit zu werden. Ende 2013 hatten wir bereits 350 Partneroptiker. Was man aber eigentlich keinem erzählen darf: Die Kundengutscheine, die damals verschickt worden sind, wurden von uns manuell erstellt und nicht automatisiert, weil in der IT-Pipeline zu dieser Zeit einfach drei andere Projekte wichtiger waren. Inzwischen sind die Prozesse automatisiert.

Für ein E-Commerce Startup ist die IT das zentrale Thema. Jeder denkt, mit dem neuen Feature wird alles viel schneller und besser. Aber gerade hier zu priorisieren und eine sehr hohe Disziplin an den Tag zu legen, das ist oft schwierig.

Im Rückblick war auch die Beauftragung einer Werbeagentur eine absolute Fehlentscheidung. Unsere Investoren meinten irgendwann, dass wir eine gute Agentur für den nächsten TV-Spot bräuchten. Also sind wir zu einer dieser großen deutschen Agenturen gegangen und haben uns beraten lassen. Sie haben den Auftrag dann auch bekommen, aber es war eine totale Katastrophe. Es passte überhaupt nicht zu unserer Positionierung, aber hat uns gefühlt einen siebenstelligen

Betrag gekostet. Produktion, Opportunitätskosten und die direkten Mediakosten waren enorm hoch. Es war der teuerste Fehler, den wir je bei Mister Spex gemacht haben.

Wie habt ihr eure Strategie weiterentwickelt, um euer Wachstum weiter voranzutreiben?

Wir haben angefangen, die Produktkategorie Brille sehr, sehr stark in den Fokus zu rücken. Wir hatten gemerkt, dass es langfristig nicht attraktiv genug ist, nur über Kontaktlinsen und Sonnenbrillen zu wachsen. Wir haben uns dann im Jahr 2011 auf das Thema Brille fokussiert, um langfristig ein wertvolleres Unternehmen aufzubauen. Bis dahin lag der Umsatzanteil der Produktkategorie Brille noch im niedrigen zweistelligen Prozentbereich. Ich habe dann einen externen Berater, Mirko Caspar, geholt, und er hat im zweiten Quartal 2011 eine sehr umfangreiche Marktstudie durchgeführt. 6 000 Personen wurden online sehr umfassend zu unserer Performance und der Performance von Online- und stationären Wettbewerbern befragt. Das Geld dafür, einen mittleren fünfstelligen Betrag, hätten wir wahrscheinlich schon deutlich eher ausgeben sollen. Denn die Erkenntnisse haben uns die Augen geöffnet. Wir haben danach angefangen, viele kleine Dinge zu optimieren, beispielsweise bei der TV-Werbung und in der Online-Kommunikation. Und seitdem wächst die Produktkategorie Brille extrem gut. Man muss einfach verstehen, welche Stellschrauben man in welche Richtung drehen muss. Wir haben durch die Analyse das erste Mal das Thema Kundenorientierung verstanden. Sukzessive kamen in dieser Zeit auch sehr gute neue Leute zu uns, und wir sind seitdem personell sehr gut aufgestellt.

In 2011 haben wir mit dem Fokus auf die Brille und unsere Partnerschaft mit stationären Optikern eine Sache umgesetzt, an die wir geglaubt haben und das, obwohl uns die Investoren kein Geld dafür gegeben haben. Das Konzept für die Kooperation stand bereits im Jahr zuvor, aber wir hatten zunächst nicht geglaubt, dass uns Optiker ernsthaft als Partner sehen könnten. Aber wir haben es einfach versucht. Wir haben uns 30 Partner herausgepickt und die Optiker angesprochen, die wir kannten. Und es hat funktioniert, sie hatten Interesse. Wir haben auf diese Weise mit sehr wenig Geld das Multi-Channel-Modell aufgebaut. Und inzwischen ist es eher so, dass die Investoren fragen: „Und? Wann machen wir endlich die eigenen Filialen auf?" Vielleicht war die Reihenfolge, wie es gelaufen ist, aber auch genau richtig. Die Komplexität des Themas Filialen hätte uns zu einem früheren Zeitpunkt gegebenenfalls das Genick gebrochen, weil es einfach zu viele Dinge gleichzeitig gewesen wären. Wir haben unser Brillenbusiness und das Optikernetzwerk dann in 2012 sukzessive ausgebaut und uns weiter professionalisiert. Es war ein Jahr, in dem wir sehr stark gewachsen sind und an vielen kleinen Dingen geschraubt haben. Wir haben wieder viele Prozesse optimiert, Kosten minimiert und sind immer weiter vorangekommen. Das Multi-Channel-Konzept ist zwar heute in Bezug auf den Gesamtanteil am Umsatz noch immer klein, aber es wächst sehr gut.

Du hast geschildert, dass ihr sehr positive Erfahrungen mit der Kundenbefragung gemacht habt. Holt ihr weiter Feedback eurer Kunden ein?

Ja, wir führen mittlerweile sogar drei, vier verschiedene Befragungen dazu durch. Einmal im Jahr gibt es eine sehr große Umfrage, bei der wir 5 000 bis 6 000 Kunden und Interessenten befragen. Es geht dabei um Fragen, wie uns Kunden im Vergleich zum Wettbewerb wahrnehmen, um unsere Markenbekanntheit oder um das Thema Kundenbindung. In jeder einzelnen Produktkategorie fragen wir ab, was Interessenten und Kunden an Mister Spex gut finden und wie wichtig ihnen diese Dinge sind. Außerdem fragen wir unsere Markenbekanntheit und die unserer Wettbewerber mehrmals pro Jahr ab. Außerdem lassen wir uns von unseren Kunden nach jedem Kontakt mit dem Kundenservice oder mit einem unserer Partneroptiker bewerten.

Meetingstruktur[*]

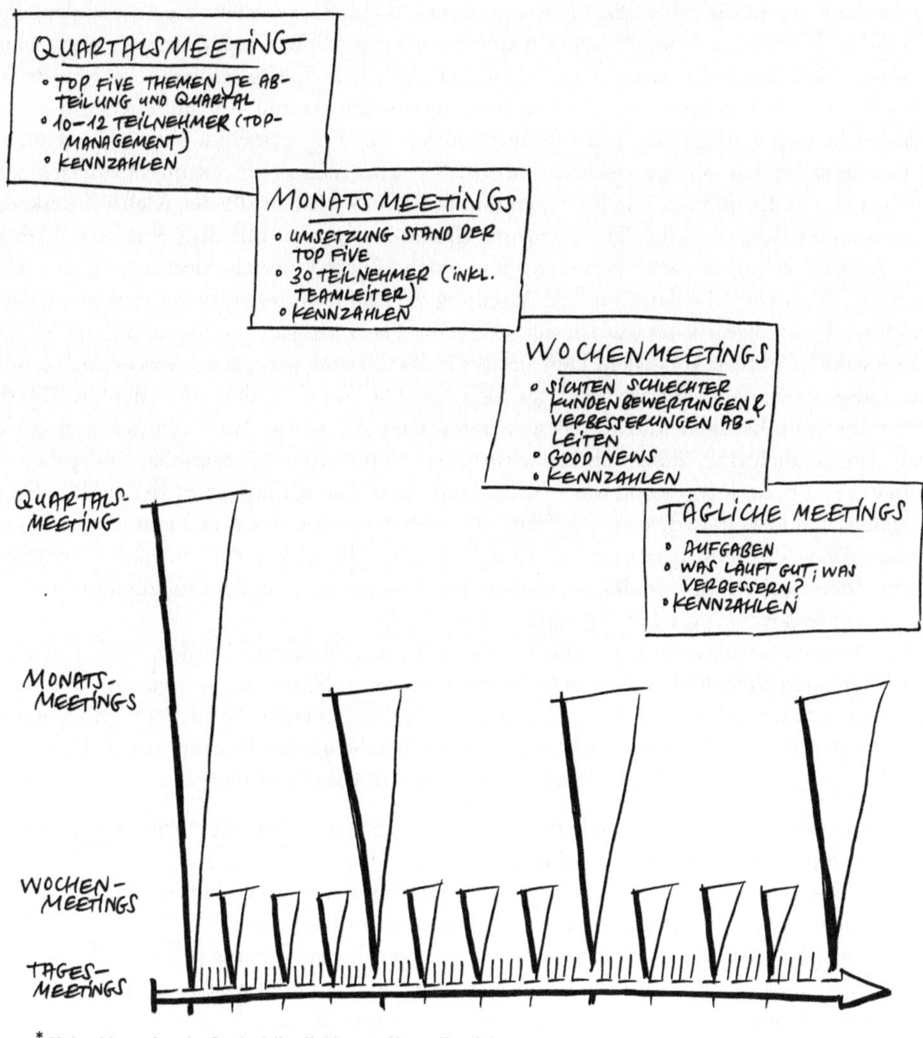

[*] Siehe: Mastering the Rockefeller Habits von Verne Harnish

Wie integriert ihr das Feedback in eure Prozesse?

In 2012 haben wir neue Meeting-Strukturen eingeführt und werfen dabei jede Woche einen Blick auf das Kundenfeedback. Wir schauen uns jedes Kundenfeedback an, bei dem wir vom Kunden auf einer Fünfer Skala mit der Note drei oder schlechter bewertet wurden. Dadurch erkennen wir sehr genau, an welchen Prozessen und Themen wir arbeiten müssen.

Die neue Meeting-Struktur besteht aus täglichen, wöchentlichen, monatlichen und quartals-weisen Meetings. Das Konzept stammt aus dem Buch „Mastering the Rockefeller Habits" von Verne Harnish, welches ich 2012 zum zweiten Mal gelesen hatte. Beim ersten Durchlesen 2008 hatte ich das Konzept für völlig übertrieben gehalten, 2012 schien es aber viele unserer damaligen Probleme zu adressieren. Also gab ich es meinem Kollegen Mirko Caspar, den wir nach seinem Beratungsprojekt 2011 als zweiten Geschäftsführer für Mister Spex gewinnen konnten. Er fand das Buch und insbesondere das Kapitel zu Meeting-Strukturen und -Inhalten genauso gut wie ich. Also haben wir es umgesetzt. Das Management war allerdings erst einmal zurückhaltend, weil es sich nicht sicher war, ob das wirklich eine gute Sache sei, sich so oft zusammenzusetzen. Aber wir haben es sehr diszipliniert durchgezogen und mittlerweile haben alle den Mehrwert erkannt.

Ein weiteres Beispiel dazu: Wir setzen uns einmal im Quartal mit dem gesamten Manage-ment, das sind zehn bis zwölf Personen, zusammen. Diese Quartals-Meetings dauern einen ganzen Tag. Wir definieren darin für jede Abteilung die fünf wichtigsten Fokusthemen, an denen im nächsten Quartal gearbeitet werden soll. Diese Top Five muss jeder verfolgen und im Monats-Meeting seine Ergebnisse vorstellen: Den Status für das Quartal, wo er steht, was er noch erfüllen muss, und was er möglicherweise nicht geschafft hat. Die Abteilungsleiter brechen die Top Five auch auf ihr Team herunter und verteilen entsprechende Aufgaben. Außerdem schauen wir uns täglich, wöchentlich und monatlich die wichtigsten Unternehmenskennzahlen und geben uns gegenseitig Feedback, was gut und was schlecht läuft. So stoßen wir immer wieder auf Punkte, die uns signalisieren, dass irgendwo ein Problem zu bestehen scheint, das es zu lösen gilt. Es können organisatorische Probleme sein oder Schwierigkeiten im Hinblick auf Kompetenz und Verant-wortung. Wenn sich herauskristallisiert, dass ein Problem irgendwo in der Organisation verankert ist, legen wir fest, wer für die Lösung zuständig sein soll.

Die Monats-Meetings, in denen die Top-Five-Themen vorgestellt werden, finden in einem deutlich breiteren Kreis statt. Es sind alle Teamleiter dabei, wir sind dann ungefähr 30 Leute. In diesem Rahmen diskutieren wir auch immer zwei bis drei Schwerpunktthemen, bei denen uns das Feedback unserer Mitarbeiter wichtig ist, und stellen die großen Projekte vor. Zahlen, Good News, Mitarbeiter- und Kundenfeedback – all das kommt dabei natürlich auch auf den Tisch.

Ein weiterer Meilenstein war eure dritte Finanzierungsrunde und die Akquise eines schwe-dischen Konkurrenten. Wie kam es dazu?

Unsere Vision heißt: Mister Spex – the favorite way and place to buy eyewear in Europe. In Deutschland waren wir 2012 bereits Marktführer und hatten ein funktionierendes E-Com-merce-Modell aufgebaut. Bei der Internationalisierung schauen wir uns jeden Markt genau an und entscheiden dann, ob wir im jeweiligen Land organisch wachsen wollen, oder ob ein Zukauf eine relevante Option ist. In Skandinavien haben wir uns für den Kauf eines Wettbewerbers als Markteintrittsstrategie entschieden. Warum? Mit Blick auf die Kontaktlinsen war der Markt schon sehr weit entwickelt. Es gab bereits drei Unternehmen, die damit signifikante Umsätze machten. Das Unternehmen, welches wir gekauft haben, hatte ein sehr starkes Management und sehr starkes Wachstum. Außerdem war es profitabel. Uns war im Rahmen der Marktana-lyse bewusst geworden, dass wir wahrscheinlich ein lokales Logistikzentrum für Kontaktlinsen haben müssen, wenn wir in Skandinavien konkurrenzfähig sein wollen. Außerdem brauchten wir gute Manager mit relevanter E-Commerce-Erfahrung in Skandinavien sowie IT-Ressourcen für einen organischen Aufbau. Daher hat die Akquisition, bei der wir diese fehlenden Ressourcen und Kompetenzen sowie ein bereits erfolgreiches Unternehmen zugekauft haben, Sinn gemacht. Zudem konnten wir uns dann auf andere Länder fokussieren.

Wie habt ihr die schwedische Firma bewertet und wie liefen die Verhandlungen ab?

Es war nicht die einzige Firma, die wir uns angeschaut haben. Man sieht sich natürlich eine Reihe von Unternehmen an, um ein Gefühl dafür zu bekommen, wer der richtige Partner ist. Auch die Märkte haben wir sehr genau unter die Lupe genommen. Dadurch kann man Umsatz und Gewinnmultiples bewerten. Und natürlich gibt es strategische Aspekte, die wir berücksichtigen mussten. Dazu rechnet man Synergien ein, vor allen Dingen was den Einkauf angeht. Mit diesem Hintergrundwissen haben wir den Deal verhandelt.

Mir ging es vor allem darum, langfristig zu denken, und es war mir wichtig, dass das lokale Management bleibt. Es wäre nicht sinnvoll gewesen, die Firma zu kaufen, ohne dass das Management involviert geblieben wäre. Wenn die zentralen Köpfe gegangen wären, hätte der Deal für uns keinen Sinn gemacht.

Der Preis ist letztendlich eine Verhandlungssache. Beide Seiten müssen zufrieden sein, sonst kommt man nicht zusammen. Das Unternehmen war in keiner Notsituation, in der sie hätten verkaufen müssen. Am Ende war es ein fairer Deal für alle Parteien, würde ich sagen.

Springen wir noch einmal zurück zum Thema Finanzierung: Was hast du über Venture-Capital-Finanzierung gelernt und welche Tipps würdest du anderen Gründern an die Hand geben?

Zunächst: Man braucht immer deutlich mehr Geld, und es dauert deutlich länger, als man sich vorstellen kann. Das will man als Gründer nicht glauben, aber es ist so.

Ein zentrales Learning ist für mich gewesen, sich sehr genau anzuschauen, mit wem man sich da eigentlich „ins Bett legt". Das ist extrem wichtig. Denn letztendlich ist der VC für einige Jahre mit an Bord und hat in dieser Zeit ein gewichtiges Mitspracherecht.

Das Zweite, auf das man achten muss, ist, Leute zu finden, die über mehrere Runden mitfinanzieren. Man braucht Geldgeber, die bereits einen Teil der neuen Finanzierung abdecken. Es ist dann deutlich einfacher, einen neuen Investor ins Boot zu holen. In Deutschland ist dies aber keine leichte Aufgabe, da viele Fonds nur sehr begrenzte Mittel für ein Unternehmen haben und sich auf bestimmte Finanzierungsphasen konzentrieren. Es ist nicht einfach, jemanden zu finden, von dem man weiß, dass er auch die nächsten ein bis zwei Finanzierungsrunden mitgeht.

Und dann würde ich noch empfehlen, dass einige Standards und Regeln eingehalten werden sollten. Für mich ist beispielsweise die Geschwindigkeit im Finanzierungsprozess mindestens genauso wichtig wie die Konditionen, die im Term Sheet oder dem späteren Vertrag stehen. Ich glaube, ob man fünf Prozent mehr Bewertung herausholt oder nicht, ist nicht relevant. Für mich sind die richtigen Leute und die Geschwindigkeit entscheidender. Die Gründer sollten sich mehr mit den strategischen und operativen Fragestellungen beschäftigen können als mit Finanzierungsrunden.

Ganz wichtig ist natürlich auch die Vorbereitung auf die Gespräche. Die Unterlagen sind zentral. Ich denke, man kann mit jedem erfahrenen Gründer darüber sprechen, was man für Unterlagen braucht. Wenn ich die Unterlagen nicht zeitig fertig habe, und sie nicht gut sind, mache ich mir später unnötigen Stress. Außerdem wird der Prozess noch länger, und man braucht in Deutschland für eine Finanzierungsrunde ohnehin leider schon vier bis sechs Monate. Wenn man es in drei bis vier Monaten hinbekommt, ist das schon extrem gut.

Vorstellung vs Realität

Man braucht immer deutlich mehr Geld und es dauert deutlich länger als man sich vorstellen kann. Das will man als Gründer nicht glauben, aber es ist so.

Es gibt etablierte Player auf eurem Markt – wie Fielmann, die massive Umsätze machen. Habt ihr keine Angst vor eurer Konkurrenz?

Nein, warum sollten wir? Ich finde, es hilft immer, sich in die Position des anderen zu versetzen. Was würde er an deiner Stelle machen? Und dann sieht man relativ schnell, dass beispielsweise Fielmann ein Unternehmen ist, das eine sehr starke Marke, eine klare Positionierung – Service-Orientierung und Preisführerschaft – und sehr gute Finanzkennzahlen vorweisen kann. Würde Fielmann zukünftig Brillen, Kontaktlinsen und Sonnenbrillen online verkaufen, hätten sie ein Problem mit ihrer Positionierung und auch ihrer Glaubwürdigkeit. Insbesondere der Punkt Preistransparenz würde ihnen auf die Füße fallen. Unsere Markt- und Wettbewerbsstudien zeigen, dass Fielmann lokal extrem unterschiedliche Preise verwendet, um auf regionale Wettbewerber gezielt zu reagieren. In einem Multi-Channel-Konzept mit transparenten Online-Preisen würde Fielmann schnell an Glaubwürdigkeit beim Endkunden verlieren. Außerdem würde es Fielmann extrem viel Geld und Marge kosten, in ähnlicher Weise auf die deutlich günstigere Online-Konkurrenz, wie wir es sind, zu reagieren. Aus diesen Gründen glaube ich nicht, dass es für Fielmann attraktiv wäre, unter der eigenen Marke heute online zu gehen. Es wird zwar behauptet, dass Fielmann es jederzeit könnte, aber ich glaube, man will es gar nicht, da es für das Unternehmen nicht attraktiv ist.

Dazu kommt, dass die Kundschaft von Fielmann nicht die klassische Online-Kundschaft ist. Fielmann verkauft sehr viele Gleitsichtbrillen an ältere Menschen, die sie sich über Jahre als Kunden aufgebaut haben. Der klassische Online-Käufer ist mehr bei Mister Spex, er ist sehr marken- und modebewusst. Dazu gibt es einen Teil, der sehr preisbewusst ist.

Ein dritter Gedanke dazu ist: Wenn Fielmann ins Online-Geschäft einsteigen würde, würde der Online-Handel im Segment Brille extrem viel an Vertrauen gewinnen. Und die Wahrscheinlichkeit, dass wir mit unserem einen Prozent Marktanteil in Deutschland davon stärker profitieren als Fielmann, ist sehr hoch. Ich glaube kaum, dass Fielmann uns von diesem einen Prozent etwas wegnehmen könnte. Wir verstehen die Details von E-Commerce sicherlich besser als Fielmann. Umgekehrt kann Fielmann übrigens besser Filialgeschäft als wir. Aber noch einmal: Ich sehe aktuell keine Bedrohung.

Du bist in ein Geschäft hineingegangen, das du thematisch nicht kanntest. Du hattest dafür aber Erfahrung im E-Commerce und als Berater. Für wie wichtig hältst du Vorerfahrung? Hättest du deinen Job ohne deine Erfahrungen genauso gut machen können?

Ich glaube, es ist bei uns nicht hinderlich gewesen, dass wir keine Ahnung vom Thema Augenoptik hatten. Wir sind damit naiver und vorbehaltsloser an die Dinge herangegangen. Ich würde sogar sagen, es ist ein Vorteil gewesen, es hat uns geholfen. Generell hilft es aber natürlich schon, einige relevante Fähigkeiten mitzubringen. Eine klare, langfristige Vision zu formulieren und auch ein Businessmodell entwickeln zu können, ist elementar. Und um einschätzen zu können, ob etwas funktioniert, braucht man ein Verständnis dafür, wie das Businessmodell ausgestaltet werden muss und sollte wissen, an welchen Stellschrauben gedreht werden kann. Genauso muss man in der Lage sein, zu erkennen, wenn etwas nicht funktioniert und muss das Businessmodell dann entsprechend ändern können.

Was übrigens auch hilft, ist, resistent gegen externe Meinungen zu sein. Wenn man mit einem Kunden spricht, sollte man natürlich genau zuhören, was er sagt und was er will. Aber man muss den Lösungsvorschlag nicht zwingend befolgen. Das gilt auch für Gespräche mit Investoren und anderen Playern. Es ist sehr wertvoll, sich die Meinung von anderen einzuholen und Feedback zu bekommen. Aber das heißt nicht, dass ich genau das umsetze, was die Gegenseite will und mir empfiehlt. Es geht vielmehr darum, zu verstehen, was meinen Gegenüber bewegt, was er gut findet und was schlecht. Ich nehme das auf, aber finde meinen eigenen Weg, um die

Ziele zu erreichen. In der Lage zu sein, autonom auf die Dinge zu reagieren, die man aufnimmt, ist meiner Meinung nach eine wesentliche Charaktereigenschaft auf dem Weg zum erfolgreichen Gründerdasein.

Dirk, herzlichen Dank für das Gespräch.

Literaturtipps von Dirk Graber

Harnish, Verne (2002); *Mastering the Rockefeller Habits: What You Must Do to Increase the Value of Your Growing Firm*; Gazelles, Inc.
Hsieh, Tony (2001); *Delivering Happiness: A Path to Profits, Passion, and Purpose*; Business Plus

Gründerteam: Max Wittrock, Hubertus Bessau und Philipp Kraiss (von links)

Der Baukasten für Bio-Müsli

Eine simple Idee mit großer Wirkung: Im Jahr 2007 bereiteten Max Wittrock, Philipp Kraiss und Hubertus Bessau dem allmorgendlichen Rosinenpicken im Müsli ein Ende. Sie setzten ihre Vorstellung vom Müsli-Essen in die Tat um und schufen mymuesli: Bio-Müsli, das nach den persönlichen Vorlieben individuell zusammengestellt werden kann. Erster Vertriebskanal war das Internet. Der Ansturm auf die mymuesli-Seite war von Tag eins an so groß, dass es mehrfach zu Lieferengpässen kam – auch weil die Gründer die Müslis anfangs von Hand zusammenmischten. Dem Erfolg tat das jedoch keinen Abbruch. Bald folgten eigene Müsli-Läden und schließlich der Gang ins Supermarkt-Regal. Inzwischen ist mymuesli in Deutschland zur Erfolgsmarke geworden – und hat längst Europa ins Visier genommen.

Die drei Gründer, Freunde aus Studienzeiten, sind noch immer ein Team. Von Passau und Berlin aus führen sie gemeinsam ihr Unternehmen, ein weiterer Produktionsstandort ist in der Schweiz. Das Startup liegt ausschließlich in Gründerhand.

Mymuesli hat in den vergangenen Jahren viele Preise eingeheimst. Im Jahr 2013 gewann das Startup den Deutschen Gründerpreis in der Kategorie Aufsteiger.

Ihr habt zu dritt gegründet. Wie hat sich euer Team gefunden?

Philipp und ich haben beide in Passau BWL studiert. Er war die erste Person, die ich dort kennenlernte - wir haben uns direkt gut verstanden. Das BWL-Studium ist recht trocken und wir haben nach einiger Zeit darüber nachgedacht, wie wir das Gelernte praktisch einsetzen könnten. Im 2. Semester, das war im Jahr 2002, haben wir dann eine der ersten automatischen Videotheken Deutschlands eröffnet. Unser Teamwork hat super funktioniert. Uns war klar, dass wir später auch irgendetwas zusammen machen würden. Parallel dazu habe ich Max kennengelernt, er hat zu diesem Zeitpunkt Jura studiert. Zunächst war er einfach ein Freund. Im weiteren Verlauf des Studiums haben wir zu dritt angefangen, Geschäftsideen zu entwickeln. Einige davon wollten wir nach dem Ende der Zeit an der Uni weiterverfolgen.

Welche Ideen hattet ihr?

Wir hatten beispielsweise die Idee eines Finanz-Supermarkts. Darin sollte der Einkauf komplexer Finanzprodukte so einfach sein wie der Einkauf im Supermarkt. Bei einer anderen Idee ging es darum, mit günstigen Schweizer Krediten Immobilien in Deutschland zu finanzieren. Wir wollten auch eine Business-Plattform bauen, Collaborated Workspaces. Damit hatten wir sogar schon begonnen. Aber später haben wir festgestellt, dass unser Herz für Müsli schlägt.

Wie entstand die Idee zu mymuesli?

Im Sommer 2005 waren wir auf dem Weg zu einem Badesee. Wir haben den Radio-Werbespot eines Müsli-Herstellers gehört, und da hatten wir den Geistesblitz. Abends, auf dem Rückweg, wollten wir im Supermarkt etwas zum Grillen besorgen. Bei dieser Gelegenheit haben wir uns das Müsli-Regal angeschaut: zwölf Meter lang und voll mit Haferflocken, Cornflakes, Schoko-Müsli und Co. Nur: Der eine hat eine Nussallergie, der andere mag keine Rosinen. Und wenn man mit diesem Blick vor dem Regal steht, bleibt von der überwältigenden Auswahl nicht mehr viel übrig. Warum also nicht individuelle Müsli-Mischungen anbieten? Die Idee für mymuesli war geboren.

Was waren die nächsten Schritte?

Wir haben erst einmal recherchiert, ob es bereits einen Anbieter für individuelle Müsli-Mischungen gibt und gleichzeitig darüber nachgedacht, wie sich Leute ihr individuelles Müsli zusammenstellen. Der übliche Weg ist wohl der Gang ins Reformhaus, wo man sich die Zutaten einzeln kauft, um sich so das Müsli zusammen zu mixen. Letztendlich ist es wie bei einer Pizza: Man kann sie selbst machen, fertig im Supermarkt kaufen oder eben individuell beim Lieferdienst bestellen. Und wir sind eben der Lieferdienst für individuelles Müsli. Zwischen den einzelnen Schritten verstrich allerdings viel Zeit. Wir haben die Müsli-Idee neben den anderen verfolgt, zunächst aber eher spaßeshalber. Unsere Überlegungen haben wir immer wieder diskutiert und sind regelmäßig losgezogen, um Zutaten zu kaufen und das Mixen auszuprobieren. Richtig ernst wurde es aber erst im Oktober 2006.

Habt ihr eure Idee getestet, um sicherzustellen, dass ihr Kunden findet?

Dass auch andere gerne ihr individuelles Müsli mixen würden, davon waren wir überzeugt. Aber wir wussten nicht, ob der Kanal funktioniert, also der Online-Vertrieb von Lebensmitteln. Das war zu dieser Zeit noch ein absolutes No-Go. Auch mit Blick auf die Mass Customization, also das individuelle Zusammenstellen und Fertigen eines Produktes, waren wir selbst skeptisch. Diese Art der Produktion funktioniert bei einem Auto, wo man Farbe, Motor und Sitze auswählt, aber funktioniert es auch bei einem Low-Involvement-Lebensmittel wie Müsli? Das haben wir uns schon gefragt. Ein weiterer Punkt war, dass allein die Versandkosten bei unserer Idee ungefähr dem entsprachen, was ein Müsli im Supermarkt kostete. Draus ergab sich zwangsläufig, dass wir uns als Premium-Produkt mit einem Premium-Preis positionieren mussten. Wir haben uns natürlich gefragt: „Kann das funktionieren?" Um eine Antwort zu bekommen, haben wir einen Fragebogen erstellt und diesen per E-Mail an 150 Freunde verschickt – mit der Bitte, ihn weiterzuleiten. Die Meinung der Befragten war eindeutig: online kaufen ja, aber nur, wenn man sparen kann. Als BWLer hätten wir in diesem Moment eigentlich sagen müssen: „Das war es, wir verfolgen besser eine der anderen Ideen." Aber zu dem Zeitpunkt waren wir schon so weit und haben uns so sehr darauf gefreut, dass wir gesagt haben: „Egal, wir ziehen das jetzt trotzdem durch. Und wenn es nicht funktioniert, können wir in drei Monaten etwas anderes angehen." Ich bin natürlich froh, dass wir uns damals gegen die theoretische Lehre gestellt haben. Wir sind seit dieser Erfahrung große Freunde davon, im realen Markt zu testen und zu schauen, wie echte Kunden im echten Marktumfeld reagieren. Klassische Marktforschung machen wir seither keine mehr.

Wie ging es weiter? Was waren die wichtigsten Schritte bis zum Go-Live im April 2007?

Zunächst haben wir alle das Studium beendet. Ich im Oktober 2006, Philipp und Max einige Monate später. In dieser Zeit kümmerte ich mich um unsere Website, weil ich mit dem Thema die meiste Erfahrung hatte; seit ich 16 bin, habe ich Internetseiten gebaut. Auch wenn ich zuvor nie etwas ähnlich Komplexes programmiert hatte. Zugegeben, das Ergebnis war nicht wahnsinnig elegant und skalierbar, aber es hat gereicht, um unser Modell zu testen. Drei Monate nach dem Go-Live haben wir dann Profis beauftragt, eine solide Lösung zu bauen. Konkrete Gedanken zu unserem Produkt waren natürlich genauso wichtig: Woher bekommen wir welche Zutaten in welcher Qualität? Und: Was ist eigentlich eine Rosine von hoher Qualität? Wie bekommen wir es bei 80 Zutaten mit unterschiedlichen Gewichten hin, dass 575 Gramm in der Dose sind, aber die Dose nicht nur zu einem Drittel voll ist oder überläuft? Wie sind die gesetzlichen Bestimmungen zu dem, was auf der Dose alles drauf stehen muss? Und: Was darf man nicht drauf drucken? Mit solchen Fragen haben wir sehr viel Zeit verbracht.

Wie seid ihr auf den Namen mymuesli gekommen?

Mehr als ein Jahr lang wurden alle möglichen Namen hin und her gewälzt. Wir haben sogar ein Skript geschrieben, das uns irgendwie Silben aneinanderreiht und Wörter kombiniert, aber da kam immer nur Schrott heraus. Irgendwann sind wir dann auf eine der ersten Ideen zurückgesprungen, und das war mymuesli. Der Name passt genau zu dem, was wir machen wollen.

Wie sah eure Markteintrittsstrategie aus?

Wir hatten kein Geld, also konnten wir auch nichts ins Marketing stecken. Wir haben lediglich unter mymuesli.com eine Seite online gestellt mit dem Vermerk: „Coming April 2007“. Dazu gab es ein Feld zur Angabe einer E-Mail-Adresse. Auf diesem Weg konnten wir einige E-Mail-Adressen sammeln. Es ist illusorisch zu glauben, man könne einfach eine Seite mit einem E-Mail-Formular ins Netz stellen und dann tragen sich die Leute wie wild ein. Max und ich betrieben einen Blog zum Thema Konsumgüter, Vielfalt und Ästhetik. Deshalb wussten wir, wie sich Beiträge in der Blogosphäre verbreiten. 2006 waren wir auf einem Bloggertreffen in München, 50 Blogger und einige Gründer waren dort. Nach dem Platzen der Dotcom-Blase durfte man zu dieser Zeit wieder langsam über Web-Start-ups reden. Wir haben nicht verraten, was wir vorhatten, aber der Name mymuesli deutet ja darauf hin, dass es keine neue Software-Schmiede war. Ein Blogger meinte: Hört mal alle her, die machen was ganz Verrücktes und gehen bald mit mymuesli an den Start. Alle waren neugierig und drückten uns Visitenkarten in die Hand. Wir versprachen, eine Mail zu schicken, sobald es soweit ist. Und baten darum, bis dahin noch nichts über uns zu schreiben. Am 30. April 2007 gingen wir online. Morgens um fünf Uhr wurden 300 E-Mails verschickt – auch an die Blogger. Am nächsten Tag haben viele von ihnen über uns geschrieben. Innerhalb von zehn Tagen waren wir für den Suchbegriff Müsli auf Platz eins bei Google. Das war toll, andererseits ist „Müsli“ auch kein Suchbegriff, der sehr gefragt war. Viel wichtiger war, dass über die Blogger die klassischen Medien auf uns aufmerksam wurden. Es kamen Presseanfragen von Tageszeitungen und Magazinen und bald auch von Radio- und Fernsehsendern. Die Reaktion war enorm.

Warum wurde eure Story von den Medien so gut aufgegriffen?

Unsere Idee war einfach und für jeden verständlich zu erklären. Das war gut für die Presse. Hinzu kam, dass unser Konzept gerade am Anfang stark polarisiert hat. Die einen sagten: „Ihr seid ja völlig verrückt, wer braucht denn so was!“ Die anderen: „Super, genau darauf habe ich gewartet!“ Das war eine ziemlich gute Mischung.

Ich habe gelesen, dass ihr bereits nach zwei Wochen das Material für zwei Monate verkauft hattet …

Ja, das war völlig verrückt. Und es hat zu zwei Problemen geführt. Wir waren effektiv nach zwei Wochen ausverkauft – und zwar, ohne es zu bemerken, weil wir natürlich keine Warenwirtschafts-systeme hatten. Es ist uns erst zehn Tage später aufgefallen. Und nun Schwierigkeit Nummer zwei:

Da wir nicht damit gerechnet hatten, dass es direkt so gut läuft, wussten wir auch nicht, wie lange Nachbestellungen dauern. Das Problem: Vor allem die Dosen waren sehr speziell. Und unser Lieferant sagte, dass er uns erst wieder in sechs Wochen beliefern könne. Das war natürlich weniger gut. So mussten wir unseren Kunden also sagen: „Vielen Dank für die Bestellung. Wir sind ausverkauft und können erst in sechs Wochen wieder liefern." Das haben wir auch in einem großen Banner auf die Website geschrieben. Jetzt kam die nächste, große Überraschung: Es trafen weiterhin Bestellungen ein, wenn auch etwas weniger. Wir waren wirklich verwundert, denn hatte unser Fragebogen nicht klar gezeigt, dass Müsli-Kauf eine spontane Sache ist? Und jetzt kamen stapelweise Bestellungen von Kunden, die sechs Wochen auf ihr individuelles Müsli ohne Rosinen und extra vielen Nüssen warten wollten. Wir bekamen lange E-Mails mit dem Tenor: „Toll, dass es euch gibt. Endlich muss ich nicht mehr jeden Morgen mit dem Zahnstocher die Rosinen aus meinem Müsli picken." Da dämmerte es uns langsam, dass Müsli essen etwas sehr Emotionales ist. Als wir wieder produzieren konnten, saßen wir auf einem Berg von Bestellungen. Und die Produktion war echte Handarbeit: Bestellung ausdrucken, Haferflocken, Nüsse und Co. abwiegen, mixen und die Adresse per Hand auf das Postetikett schreiben. Zu dritt war das nicht mehr zu schaffen. Wir haben dann unseren Freundeskreis zum Müsli-Mixen überredet. Uns wurde durch diese Erfahrung schnell bewusst, dass Mass Customization eine wahnsinnige logistische Herausforderung ist. Man kann schließlich erst produzieren, wenn die Bestellung vorliegt. Vorproduzieren für Peak-Zeiten geht nicht. Und der nächste Peak, das ahnten wir damals noch nicht, stand uns schon bevor: ein Galileo-Beitrag, den mehr als eine Millionen Zuschauer im Fernsehen sahen. Es kam eine Flut an Bestellungen rein – und schon wieder waren wir nicht lieferfähig.

Wie kann man sich eure erste Produktionsstätte vorstellen?

Auf 40 Quadratmetern lief alles ab: Wareneingang, Produktion und Warenausgang. Es war also alles sehr klein, musste aber von Anfang an Lebensmittelkontrollen standhalten. Als die Kontrolleure kamen, waren sie von unseren professionellen Hygienestandards total überrascht. Aber für uns war klar: Wir machen ein absolutes Premiumprodukt. Das kann man nicht in einer WG-Küche zusammenschütten. Unsere erste Manufaktur war in der Passauer Fußgängerzone, im ersten Stock. Es war die günstigste Option. Als der erste 40-Tonner kam, hat uns der Fahrer für verrückt erklärt. Wir mussten 25-Kilogramm-Säcke mit Haferflocken die Treppen hochschaffen. Das war besser als jedes Fitnessstudio.

Wie habt ihr euren Produktionsprozess professionalisiert?

2007 sind wir in unsere zweiten Produktionsräume, eine leerstehende Lebensmittelhalle, umgezogen. Dort war schon alles da, vom Waschbecken über Gabelstapler bis hin zum Hochregallager. Das war eine ziemliche Erleichterung. Wir haben zu dieser Zeit realisiert, dass wir mit dem manuellen Mixen nicht hinterher kommen, wenn die Nachfrage weiterhin so stark steigt. Uns war klar: Wir brauchen eine Maschine. In diese Müsli-Mix-Maschine ist wahnsinnig viel Know-how geflossen. Man denkt, nach einigen Monaten steht das Ding da, aber dem ist nicht so. Zwei Jahre lang wurde geplant, es folgten 1,5 Jahre Bauzeit. Erst im November 2011 haben wir unseren Müsli-Mixer in Betrieb genommen. Es handelt sich dabei um die erste vollautomatische Maschine der Welt, die individuelle Müslis produzieren kann, und es sind mehr als 566 Billiarden Variationen möglich. Über einen Barcode werden die Dosen identifiziert, mit den jeweiligen Zutaten befüllt, am Ende sogar automatisch geschüttelt, schließlich über ein computergesteuertes Terminal verpackt und zu unseren Kunden geschickt.

Wie haben die anderen Müslihersteller reagiert?

Bei unserem Markteintritt haben sie gar nicht reagiert. Ich glaube, wir waren etwas völlig Skurriles, eine Randerscheinung in einer anderen Dimension, mit der sie bis dahin nicht in Berührung gekommen waren. Wenn wir durch Zufall jemanden aus der Branche getroffen haben, wurden wir belächelt und man hat uns Glück gewünscht. Wir wurden nicht als Wettbewerber wahrgenommen, sondern als ein Player, der sich in einem anderen Markt bewegt, anders positioniert ist und andere Preise hat. Wir sind niemandem auf die Füße getreten. Das änderte sich allerdings, als wir verstärkt in Supermärkte gekommen sind. Wenn wir dort einen Kunden gewinnen, kann es sein, dass ein anderer seinen verliert. Dennoch haben wir ein gutes Verhältnis zu unseren Wettbewerbern.

Bald kamen Online-Wettbewerber, die euer Modell einfach kopiert haben. Ihr habt euch dennoch durchgesetzt. Warum?

Die ersten Nachahmer kamen ungefähr neun Monate nach uns auf den Markt. Allerdings haben wir das zu der Zeit überhaupt nicht bemerkt – es fehlte auch schlichtweg die Zeit, uns damit zu beschäftigen. Stattdessen haben wir ständig versucht, die steigende Nachfrage zu bedienen und die vielen Anfragen von Müsli-Freunden, der Presse und potenziellen Kooperationspartnern zu beantworten. Mit Wettbewerbern habe ich mich eigentlich nur einmal beschäftigt. Aber das war schon vor dem Start von mymuesli. Damals habe ich lange überlegt, wie ich mich als Wettbewerber von mymuesli positionieren würde. Das war nicht nur interessant, sondern eine strategische Überlegung. Mit meinen Gedanken bin ich jedoch auf keinen grünen Zweig gekommen. Wenn man eine neue Kategorie im Markt aufbaut, ist man erst einmal alleine dort. Aber früher oder später werden andere folgen. Das ist auch gut für die gesamte Kategorie, sie wird bestätigt und der Kuchen wächst insgesamt. Ursprünglich dachten wir, dass es sinnvoll sein könnte, wenn wir uns mit einer zweiten Marke selbst Konkurrenz machen würden. Irgendjemand wird es tun, warum nicht wir selbst? Nach dem Gedankenspiel zur Positionierung war das allerdings hinfällig. Realistisch betrachtet hätten wir keine Zeit dazu gehabt - und richtig angefühlt hat es sich auch nicht. Nachahmer sind all die Jahre aufgetaucht und wieder vom Markt verschwunden. Wir verschwenden keine Zeit, uns darum zu kümmern, solange keine Schutzrechte von uns missbraucht werden. Wenn jemand kopiert, was er heute sieht, dann sind wir intern schon mindestens ein Jahr weiter. Und wer das versucht, nur um Geld zu verdienen … da würden mir weitaus einfachere Wege einfallen.

Wie habt ihr mymuesli finanziert?

Wir hatten kein Geld. Also haben wir mymuesli zu Ungunsten unserer eigenen Zeit aufgebaut. Möglichst viel wurde selbst gemacht. Auch an Dinge, die wir nicht so gut konnten, sind wir in Eigenregie herangegangen. Unsere erste Manufaktur haben wir zum Beispiel selbst verspachtelt und gestrichen. Das kostet natürlich weniger Geld als ein Malerbetrieb. Letztendlich betreiben wir klassischen Handel: Zutaten kaufen, zusammenmischen und zu einem höheren Preis weiterverkaufen. Dadurch konnten wir von Anfang an Gewinne erzielen. Außerdem muss der Müsli-Kauf per Vorkasse bezahlt werden. Auch dadurch waren wir liquide. Mit dem Geld haben wir schrittweise größere Zutatengebinde gekauft: zuerst eine 250-Gramm-Packung Rosinen, dann die Zwei-Kilogramm-Packung und irgendwann 25-Kilogramm-Säcke. So haben wir uns schrittweise vergrößert. Gleichzeitig waren wir extrem sparsam. Wir kamen frisch von der Uni und waren es als Studenten gewohnt, mit wenig Geld auszukommen. Wir haben weiter in unserer Studentenwohnung gelebt und uns die ersten anderthalb Jahre 750 Euro Gehalt pro Kopf und Monat ausgezahlt. Das hat gereicht. Wir haben ohnehin so viel gearbeitet, dass wenig Zeit zum Geldausgeben blieb. Und das Frühstück gab es ja auch immer gratis.

Habt ihr mit Investoren gesprochen?

Ja, wir hatten mit einigen Business Angels gesprochen. Die Termine waren oft in schnieken Büros voller Anzugträger, die überhaupt nicht verstanden, was wir machen. Damals wollten die Meisten in werbefinanzierte Social Networks investieren – und wir haben eine Müsli-Idee vorgestellt. Als dann die Frage aufkam, wie wir denn mit unserer Idee Geld verdienen, waren wir schockiert. Das Prinzip einkaufen, veredeln und mit Gewinn verkaufen sollte jedem Betriebswirt bekannt sein. 2007 kamen dann aber doch zwei Business Angels ins Boot: Lukasz Gadowski und Kolja Hebenstreit vom Team Europe.

Warum fiel die Wahl auf diese beiden?

Wir haben überlegt, wer zu uns und der Idee von mymuesli passt. Lukasz war damals der Einzige, der durch Spreadshirt Erfahrung mit Mass Customization hatte. Außerdem hatte er Logistik-Expertise beim Verschicken eines physischen Produktes. Wichtig war uns vor allem, dass wir uns persönlich gut verstehen. Es ging uns nicht ums Geld. Und bei Lukasz hatten wir auch auf persönlicher Ebene ein gutes Gefühl. Unser Kennenlernen war lustig, Lukasz meinte damals am Telefon: „Kommt nach Berlin, damit wir uns unterhalten können." Wir: „Okay, sollen wir einen Schlafsack mitbringen?" Er: „Wie? Ihr wollt bei mir übernachten?" Wir: „Ja, wir haben kein Geld für ein Hotel. Das Zugticket ist schon teuer genug." So etwas hatte er sicher noch nicht erlebt. Aber er meinte: „Klar, kommt vorbei, find ich gut." Schon das war ein Punkt, an dem wir gemerkt haben, dass wir miteinander können. 2013 haben wir die Anteile von Team Europe wieder zurückgekauft. Wir wollten wieder zu 100 Prozent in Gründerhand sein. Größere Investitionen wie neue Maschinen oder Ladeneröffnungen finanzieren wir heute klassisch über die Bank.

Welche Fragen hat euch Lukasz zum Einstieg gestellt?

Er wollte wissen, was unsere Eltern machen. Das wunderte uns schon – Max' und meine Mutter sind Lehrerinnen, üben also einen klassischen Mittelschichtberuf aus. So etwas hat ihn interessiert. Bei uns ist das heute übrigens etwas, was wir uns generell angewöhnt haben: nur mit Menschen Geschäfte zu machen, die ein ähnliches Werteverständnis haben wie wir. Da spielt häufig auch der persönliche Hintergrund eine Rolle. Ansonsten kann eine Zusammenarbeit nach hinten losgehen.

Wollte Lukasz einen Businessplan sehen?

Nein. Ich glaube, wir haben irgendetwas auf eine Serviette gemalt, als wir ihn getroffen haben.

Welche Bedeutung hatte der Businessplan für euch?

Überhaupt keine. Wir hatten für unsere Videoladen-Idee einen Businessplan und uns extrem viel damit beschäftigt. Für mymuesli gab es keinen Businessplan. Wir wussten, dass wir einfach nicht sagen können, wie viele Kunden wir in Jahr eins, zwei und drei gewinnen werden und was sonst noch passiert. Und wir hatten ja auch nicht vor, um Geld zu pitchen.

Was wir allerdings hatten, war ein Dokument für unsere Positionierung. Darin stand, dass wir ein Premium-Müsli herstellen wollen, und dass wir keine Abstriche an der Qualität machen, sondern im Zweifelsfall lieber einen höheren Preis in Kauf nehmen. Weitere Punkte darin: Wir stellen ein Bio-Müsli her. Es gibt eine einheitliche Verpackungsgröße statt zehn verschiedene. Wir wollen eine nachhaltige Brand sein. Wir haben uns darauf verständigt, dass wir diese Kriterien eisern durchziehen. Und so ist es immer noch.

Businessplan

Für mymuesli gab es keinen Businessplan. Wir wussten, dass wir einfach nicht sagen können, wie viele Kunden wir in Jahr eins, zwei und drei gewinnen werden und was sonst noch passiert.

2008 habt ihr eure Europa-Expansion gestartet. Wie habt ihr die Länder ausgewählt?

Ganz ehrlich: Hinter der Entscheidung stand kein großer strategischer Ansatz. Wir haben schlicht auf die Kundenwünsche reagiert. Passau liegt nahe an der österreichischen Grenze. Immer wieder haben Österreicher gefragt, warum sie nicht bei uns bestellen können. Wir haben dann relativ schnell einen Weg gefunden, um die Pakete in das österreichische Postnetz einzuspeisen. Kurze Zeit später wollten die Schweizer ebenfalls mymuesli. Wir dachten, warum nicht? Allerdings war uns bis zu diesem Zeitpunkt der Unterschied zwischen EU- und Nicht-EU-Ländern nur aus den Nachrichten ein Begriff. Plötzlich hatte es sehr praktische Implikationen. Wir mussten sogar eine zweite Manufaktur in der Schweiz eröffnen, damit es funktioniert. Die Expansion nach Großbritannien und in die Niederlande haben wir strategischer ausgewählt.

Was waren eure Auswahlkriterien?

Wir haben uns die Märkte angeschaut: Wo wird überhaupt Wert auf Frühstück gelegt? Wo wird Müsli gefrühstückt? Wie viel geben Menschen dafür aus? Neben solchen Markt-Aspekten gab es sehr pragmatische Gründe: Wir mussten natürlich die Website und die Produktbeschriftungen in die Landessprache übersetzen. Und Englisch konnten wir einfach am besten.

2008 hattet ihr auch den ersten TV-Spot. Wie seid ihr das angegangen?

Damals wurde in den Medien intensiv über die Zukunft von TV und Zeitung diskutiert. Die Branche hatte Existenzängste, weil immer mehr Budgets in Online-Werbung gewandert sind. Die TV-Sender wollten neue Erlösmodelle ausprobieren. Wir konnten einen Cost-Per-Order-Deal abschließen. Cost-Per-Order – kurz CPO – ist ein Provisionsdeal, bei dem der Sender an jedem Verkauf, den ein Werbespot erzielt, etwas verdient. Damit hatten wir eigentlich kein Risiko.

Wie habt ihr einen Verkauf einem Werbespot zugerechnet?

Wir haben in den Spots andere Webadressen genannt – Wunschmuesli.de oder MeinMuesli. Alle Kunden, die über diese Seiten kamen, haben wir der Werbung zugerechnet. Die Einnahmen haben wir mit dem Sender geteilt.

Ihr habt eure Produktpalette im Laufe der Zeit konsequent erweitert. Seit 2010 gibt es beispielsweise Orangensaft. Warum und welche Rationale steckt dahinter?

Die Rationale ist natürlich, dass wir Kunden haben, die sich für Müsli interessieren. Da liegt es nahe, ihnen auch O-Saft oder Kaffee dazu anbieten – eben alles, was zu einem guten Frühstück dazu gehört. Dieses Prinzip funktioniert ganz gut.

Bei uns hat vieles neben einer strategischen auch eine lustbedingte Komponente. Wir defokussieren einfach wahnsinnig gerne. Und das ist nicht immer etwas Negatives. Wenn wir jahrelang nur Müsli gemacht hätten, wäre vielleicht die Spannung irgendwann verlorengegangen. Neue Produktideen faszinieren uns – genauso wie ihre Umsetzung. Allerdings muss man auch ganz klar sagen: Mit den Jahren sind wir durchaus zu der Erkenntnis gelangt, dass die Fokussierung für das Unternehmen sinnvoller ist. Eine breite Produktpalette birgt die Gefahr, dass man zu stark auf etwas schaut, was einen gerade fasziniert, anstatt auf das, was einem das tägliche Brot sichert. Also versuchen wir, unsere Experimentierfreude in einem gesunden Rahmen zu halten.

Wie habt ihr eure Multi-Channel-Strategie entwickelt und umgesetzt?

Zunächst: Wir sind nicht online gestartet, weil wir unbedingt ein Internet-Startup machen wollten. Es war schlicht der Absatzkanal, den wir uns leisten konnten. Für eigene Läden fehlte uns anfangs das Kapital, und wie wir ins Supermarktregal kommen sollten, wussten wir nicht.

Aber klar war auch: Damit die Manufaktur zum Mixen eines individuellen Müslis ausgelastet ist, mussten wir deutschlandweit auftreten. Also mussten wir uns auf den Distanzhandel einlassen. Allerdings wollten wir auch wirklich jedem sein persönliches Lieblingsmüsli anbieten können. Allein über den Online-Vertrieb funktioniert das aber nicht. Und natürlich: Wir bieten ein Produkt an, das man sehen, riechen und schmecken kann. Hier liegt es nahe, diese Eigenschaften im Offline-Vertrieb zu nutzen. Also haben wir in kleinen Schritten damit begonnen. In 2009 haben wir in Passau unseren ersten Laden eröffnet. Es waren 20 Quadratmeter, die wir vor allem für uns selbst nutzen wollten. Wir wollten dort vernünftig frühstücken können und gemeinsam mit unseren Mitarbeitern Kaffee trinken. Außerdem haben wir haben festgestellt, wie praktisch ein eigener Laden ist. Wir konnten mit unseren Kunden in direkten Kontakt treten. Und da sich das Geschäft ziemlich schnell rechnete, haben wir ein richtiges Ladenkonzept entwickelt. Mitte 2010 haben wir einen zweiten Laden eröffnet, in München am Viktualienmarkt. Er ist 65 Quadratmeter groß und man kann dort ebenfalls frühstücken und unsere Produkte kaufen. Trotz einer hohen Miete hat auch dieser Laden gut funktioniert. Und dann erreichten uns via Facebook ziemlich schnell ziemlich viele Anfragen von Leuten, die in ihrer Heimatstadt auch einen Laden haben wollten. Fünf Jahre, nachdem wir unseren ersten Laden aufgemacht haben, stehen wir heute bei zwölf Läden – und weitere sollen folgen. Wir sind Schritt für Schritt in die Multi-Channel-Rolle hineingewachsen.

Was habt ihr beim Aufbau der Läden gelernt?

Wir sind ohne Wissen in dieses Vorhaben gestolpert. Das Positive daran war, dass wir deshalb alles komplett durchdenken mussten. Wir haben nicht einfach stumpf das Vorgehen anderer kopiert. Das nötige Wissen kam in vielen kleinen Schritten. Als Ausgangspunkt hatten wir uns überlegt, was der Kunde eigentlich will. Vielleicht möchte er online bestellen und dann versandkostenfrei im Laden abholen? Wir haben ein Pick-up-Konzept ausprobiert und festgestellt, dass es gut funktioniert, solange das Lager im Laden groß genug ist, um den Ansturm auszuhalten. Unterm Strich: Meistens werden wir von unserem gesunden Menschenverstand geleitet. Allerdings kommt es immer wieder vor, dass uns jemand sagt: „Ist ja toll, was ihr macht. Nur an die banalste Einzelhandelsregel habt ihr euch nicht gehalten …"

… die da lautet?

Wir lieben minimalistisches Design. Deshalb haben wir im ersten Laden jedes Produkt mit viel freier Fläche aufgestellt. Eine der Grundregeln im Einzelhandel lautet allerdings: Vollgestellte Flächen steigern den Verkauf. Das umzusetzen, widerstrebte zwar unserem ästhetischen Empfinden, ist aber ökonomisch sinnvoll.

Nach den eigenen Läden kamen Supermärkte als Vertriebskanal hinzu. Wie kam es zu dieser Entwicklung?

Der Gedanke reifte heran, nachdem wir merkten, dass viele Kunden in unseren Läden vorgeschlagene Mischungen kaufen. Parallel kamen Händler auf uns zu und sagten, dass sie uns gerne listen möchten. Allerdings müssten wir dazu einige Dinge ändern. Wir haben dann gemeinsam ein Regal-Konzept entwickelt: Wie sieht unser Müsli-Regal aus? Welche Mischungen brauchen wir, um unser Angebot abzurunden? Was ist nötig, um uns zu differenzieren? Wo wird das Regal platziert? Neben den anderen Müslis, in der Bio-Ecke oder an einem anderen Platz? Das Konzept wurde im Supermarkt getestet.

In der Online-Welt ist der Verkaufsprozess gut messbar. Offline fällt die Messung schwerer: Wie viele Besucher waren im Supermarkt? Wie viele sind vor dem Regal stehengeblieben?

Wie viele haben eure Produkte aus dem Regal geholt? Wie habt ihr da eure Lerneffekte erzielt?

Ganz klar: Man ist auf die Erfahrung und das Bauchgefühl der Marktleiter und ihrer Mitarbeiter vor Ort angewiesen. Wir haben viel mit ihnen gesprochen. Aber wir haben uns ab und an auch selbst neben das Regal gestellt und beobachtet, wie die Menschen reagieren. Das Regal-Konzept wurde konsequent weiterentwickelt. Wir haben geschaut, wie sich Änderungen auf die Absatzzahlen auswirken. Der Lernprozess ist oft langsamer als in der Online-Welt. Wir mussten noch einmal bei null anfangen. Aber es war enorm wichtig, um nachhaltig erfolgreich zu sein.

Lass uns noch einmal über euer Team sprechen. Viele halten das Gründen mit Freunden für problematisch. Bei euch hat es funktioniert. Worauf führst du das zurück?

Wir waren nicht einfach nur drei Freunde, wir haben uns auch wahnsinnig gut ergänzt. Philipp hatte im Studium einen Schwerpunkt auf Finanzierungsthemen und hat sich sofort auf die Themen Produktion und Logistik gestürzt. Max und ich fanden diese Gebiete langweilig und waren froh, dass Phillip sie übernahm. Neben seinem Jura-Studium hat Max eine Journalisten-Ausbildung gemacht. Also wusste er, wie die Pressewelt funktioniert. Ich habe mich auf die Themen Marketing und IT gestürzt. Das klassische Wer-verantwortet-was-Gespräch war bei uns nicht nötig. Jeder hatte von Beginn an seinen Bereich. Und das wird bis heute so durchgezogen.

Nach dem fulminanten Start musstet ihr schnell euer Team aufbauen. Welche Fehler sind passiert?

Wir haben beim Teamaufbau sehr viele Fehler gemacht. Allerdings haben wir auch schnell aus Fehlern gelernt. Ein Beispiel: Als wir noch eine Handvoll Leute waren, saßen wir alle in einem Raum und haben dort jeden Tag 18 Stunden gearbeitet. Ich war zu diesem Zeitpunkt davon überzeugt, dass alle auf demselben Informationsstand seien und in dieselbe Richtung rennen. Jeder bekam ja mit, was rechts und links von ihm passierte. Aber diese Annahme war falsch. Wir mussten irgendwann erkennen, dass von alleine eben nicht alle in dieselbe Richtung rennen. Die erste Herausforderung ist, herauszufinden, welche Richtung überhaupt die beste ist. Und dann muss man es hinbekommen, dass alle auch dorthin wollen.

Wie habt ihr diese Herausforderung gelöst?

Durch intensive Kommunikation. Max, Philipp und ich besprechen jedes Jahr, ob die aktuelle Entwicklung von mymuesli dazu passt, wie wir gerade leben wollen. Und wir reden darüber, in welche Richtung wir mymuesli weiterentwickeln möchten. Grob sind wir uns dabei immer einig. Schwieriger ist die Frage, was mymuesli noch ist und was nicht mehr. Wir haben beispielsweise lange über den Müsli-Drink diskutiert. Kann mymuesli etwas Flüssiges in einer PET-Flasche sein? Oder braucht es eine eigene Marke für diese Idee? Die Antworten auf solche Fragen sind oft nicht schwarz oder weiß. Aber für Klarheit zu sorgen, das ist genau das, was wir als Gründer leisten müssen. Enorm wichtig ist dann natürlich der Transfer zu unseren Mitarbeitern. Denn: Wenn sich schon die drei Gründer darüber unterhalten müssen, wo mymuesli anfängt und wo es aufhört, ist diese Frage für die Mitarbeiter noch viel schwieriger zu beantworten. Also müssen wir die Richtung vorgeben: Was ist die Vision? Was sind die einzelnen Ziele? Welchen Beitrag leistet welche Position im Gesamtkonstrukt? Wer produziert wann und wie? Bei uns hat es etwas zu lange gedauert, bis wir die Bedeutung davon erkannten. Aber mittlerweile sind wir ganz gut darin.

Wie habt ihr es geschafft, dass alle dasselbe Zielbild vor Augen haben?

Zunächst ist das Bewusstsein wichtig, dass das Ziel eben nicht von Natur aus gegeben ist. Und dann muss man sich wahnsinnig viel miteinander austauschen und gemeinsam Grenzbereiche erforschen. Erst wenn diese Arbeit erledigt ist, beginnen alle in dieselbe Richtung zu laufen.

Ihr habt also mit allen Mitarbeitern das Zielbild kritisch diskutiert?

Ja. Als Gründer hat man dabei natürlich die Freiheit, nein zu sagen. Aber es ist manchmal gut, dass man durch jemanden herausgefordert wird. Wir haben nicht nur mit unseren Mitarbeitern geredet, sondern kommunizieren auch mit unseren Kunden auf Augenhöhe. Sie werden in die Entwicklung von mymuesli einbezogen. Ein Beispiel dafür sind unsere Kartons. Am Anfang ist die Hälfte der Lieferungen kaputt angekommen. Es musste also eine Umverpackung her. Wir mussten einen Kartonagenhersteller finden, der bezahlbare Dosenkartons herstellt und in kleinen Stückzahlen liefert. Diese Suche haben wir in unserem Blog öffentlich gemacht. Innerhalb kürzester Zeit bekamen wir knapp 30 Vorschläge. Einer davon passte.

Bis zu welcher Teamgröße hat dieser intensive Austausch funktioniert?

Bei 25 Mitarbeitern stieß der Ansatz an seine Grenze. Wir haben festgestellt, dass es zwar schön ist, wenn jeder alles mitbekommt und gefragt wird. Aber dann kamen wir zu nichts anderem mehr. Also haben wir angefangen, eine Kompetenzabteilung zu entwickeln. Wir haben allerdings niemandem Scheuklappen verpasst, vielmehr entstanden Experten-Inseln. Wenn nun der Kartonagenhersteller anrief, war klar, wem man den Hörer geben musste.

Sitzt ihr als Gründer mit auf diesen Inseln?

Ja, ein Gründer ist bei uns immer Teil einer Insel. Und bei uns gibt es sowohl Inseln von inhaltlicher als auch von örtlicher Bedeutung. Ich sitze mit acht Leuten auf der Arbeitsinsel Marketing, die in Berlin angesiedelt ist. Max verteilt seine Arbeitskraft und seine Zeit auf Berlin und Passau, Philipp arbeitet in seinem Sektor ausschließlich in Passau. Ginge Phillip aus Passau weg, würde diese Insel allein gelassen und vielleicht in einer Richtung abdriften, die mymuesli nicht gut tut. Die Präsenz, zumindest eines Gründers, ist für die Inseln wichtig. Und wichtig ist natürlich auch, dass die Inseln örtlich und thematisch Sinn machen.

Wie organisiert ihr die Arbeit innerhalb einer Insel?

Oberstes Ziel ist wie gesagt, dass alle auf einem einheitlichen Informationsstand sind. Bei uns passiert das vor allem über einen ausgeprägten informellen Austausch. Im Berliner Büro arbeiten 25 Leute. Jeden Montag um neun Uhr frühstücken wir zusammen. Dabei erzählt jeder, was er letzte Woche gemacht hat und was die Herausforderungen der aktuellen Woche sind, natürlich alles nur im Groben. Zum Beispiel wird auf diesem Weg bekannt, wenn ein neuer Kooperationspartner gewonnen wurde. Und durch den offenen Austausch können sich alle auf die Veränderung einstellen, beispielsweise unser Social-Media-Beauftragter oder der Kunden-Support.

Wie synchronisiert ihr die Inseln?

Die Arbeit muss natürlich abgestimmt sein, aber von Insel zu Insel nicht so extrem wie man das denkt. Sie sind im Großen und Ganzen doch autarke Einheiten mit teils sehr unterschiedlichen Arbeitsweisen. Die größte Distanz liegt bei uns zwischen Marketing und Manufaktur. Im Marketing wird langfristig geplant und in der Umsetzung sind wir relativ flexibel. Ob eine Aufgabe heute oder morgen fertig wird, ist oft nicht entscheidend. In der Manufaktur ist das anders. Dort wird die Kapazität langfristig geplant und im Tagesgeschäft muss alles straff aufeinander abgestimmt sein. Bestellungen müssen umgehend bearbeitet werden und Paletten direkt nach der Anlieferung vom Lkw abgeladen werden. Damit alles reibungslos abläuft, braucht es

Experten-Inseln[1]

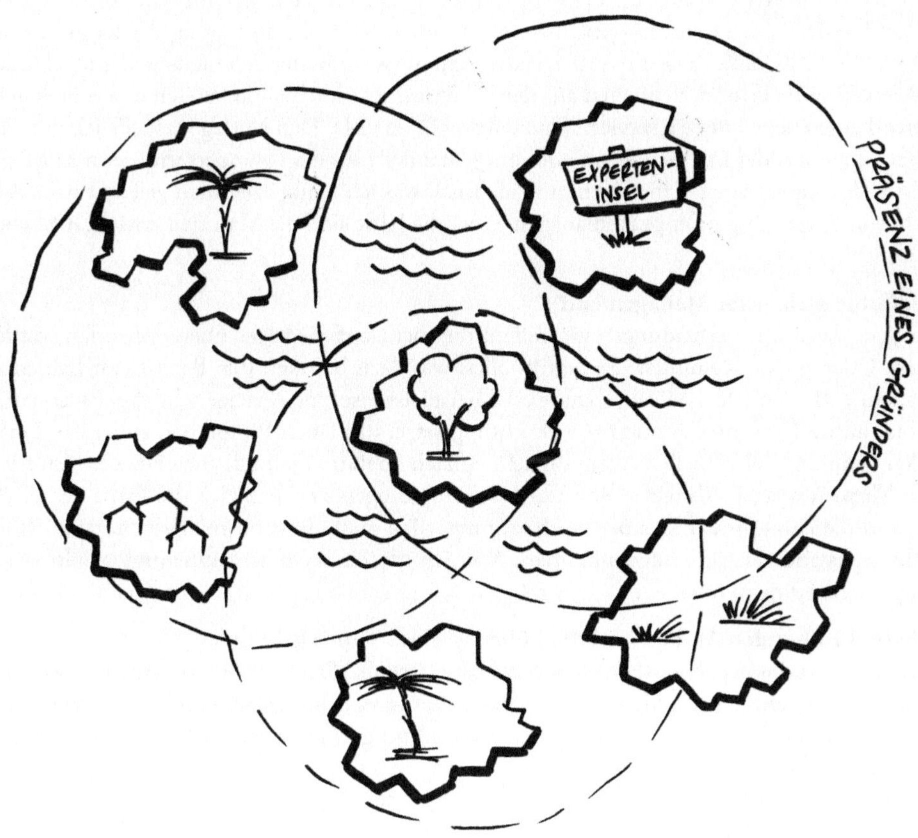

[1] Inhaltlich und örtlich definiert

unmissverständliche Ansagen. Die Frage der Zuständigkeit muss in jedem Moment klar sein, sie darf sich nicht irgendwie ergeben. Im Marketing kann es dagegen sein, dass wir eine Kooperation eingehen, die online und offline betrifft, und dass sich die Teams dazu je nach Kapazität und Gusto selbst organisieren.

Wie sieht eine typische Arbeitswoche von dir aus?

Meine Woche startet mit dem gemeinsamen Team-Frühstück am Montagmorgen. Am Dienstag habe ich den kompletten Tag Jour Fixes mit meinen Direct Reports. Das sind momentan elf Leute. Drei davon sind nicht vor Ort, mit ihnen telefoniere ich. Dienstagsabends bin ich dann immer ziemlich fertig. Mittwoch und Donnerstag sind Meetings mit Untergruppen und ich habe Termine bei Externen. Auf der Agenda steht an diesen Tagen immer auch die Rückkopplung mit Max und Phillip. In den wenigen verbleibenden Stunden zwischen Meetings und Telefonaten versuche ich, meine E-Mails zu beantworten. Außerdem muss ein wenig Zeit bleiben, damit ich mich über Marketingtrends und Neuheiten aus der Lebensmittelbranche informieren kann. Freitag ist für unvorhergesehene Dinge reserviert. Und davon gibt es viele. Den Mittag versuche ich mir freizuhalten, um entweder mit dem Team oder mit jemandem aus der Gründerszene essen zu gehen. Am Ende des Tages frage ich mich schon manchmal, was ich heute eigentlich geleistet habe. Oft bin ich damit beschäftigt, Dinge zu managen. Über die Jahre sind die Managementaufgaben eben immer mehr geworden.

Was fällt für dich unter Management?

Es geht darum, Entscheidungen zu treffen, die nicht auf niedriger Ebene getroffen werden können. Oder anders formuliert: Es betrifft alles, was dazu beiträgt, den Betrieb am Laufen zu halten, ohne dass ich selbst Müsli verkaufe oder beispielsweise eine Anzeige schreibe. Es ist natürlich total unsinnig, wenn ich mich vor Photoshop setze, um einen Prototypen zu bauen. Unser Grafiker kann das viel schneller. Aber es macht einfach Spaß und ich bin auch ein ziemlich fanatischer Micro-Manager. Als wir in das Berliner Büro gezogen sind habe ich die Farbe der Tischplatte und die Auswahl der Lampen mitbestimmt. Klar, auch da kann man sagen, dass ich die Zeit für etwas anderes hätte nutzen können. Aber ich mache es einfach gerne und es hilft sicher den mymuesli-Spirit zu erhalten.

Was habt ihr über den Aufbau und die Führung eines Teams gelernt?

Im BWL-Studium gab es das Fach Personalwirtschaft. Dort haben wir gelernt, was eine hierarchische Organisation und was eine Matrixorganisation ist. Das war hilfreich, aber reicht nicht aus. Weiche Faktoren spielen bei der Teamführung eine immense Rolle, jeder Mensch muss individuell motiviert werden. Anfangs haben wir das unterschätzt und mussten viel lernen. Was wir dagegen direkt richtig gemacht haben, war der Aufbau der Organisation. Oberstes Kriterium bei allen Entscheidungen war, dass wir uns langfristig wohlfühlen. Wir haben ausschließlich Mitstreiter gesucht, denen es nicht primär um das Monetäre geht, sondern um die Leidenschaft für die Sache. Und das haben wir – glaube ich – ganz gut hinbekommen. Auch für uns Gründer hat die schöne gemeinsame Zeit, das Erarbeiten eines gemeinsamen Weges eine sehr große Bedeutung. Und wir haben versucht, in unserem Denken und Handeln ein Vorbild zu sein. Ziel ist, dass unsere Mitarbeiter Aufgaben so angehen und umsetzen, wie wir es selbst machen würden. Bis das Ziel erreicht ist, braucht es natürlich viel Zeit und Hingabe. Aber dieses Herangehen ist unserer Meinung nach belastbarer als ein aggressiver Führungsstil.

Typische Arbeitswoche

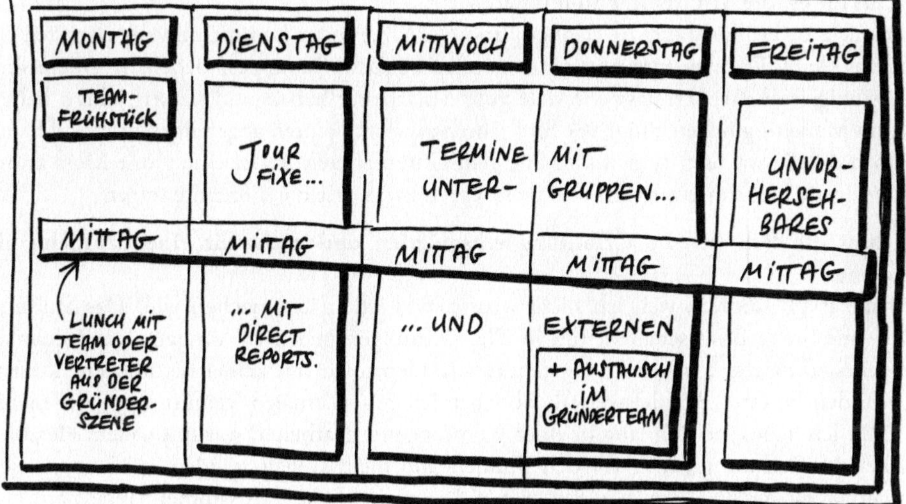

Wie findet ihr die richtigen Mitarbeiter?

Am Anfang war die Suche relativ wahllos. Wir sind auf den Campus gegangen und haben gesagt: „Hey, du siehst nett und fähig aus, kannst du Säcke mit Haferflocken schleppen? Ja?! Okay, ab heute arbeitest du bei uns." Inzwischen hat sich unser Vorgehen natürlich verändert. Wir sehen uns einen Kandidaten genau an und versuchen, zu verstehen, wo er hin will. Wenn jemand später selbst gründen möchte, ist das kein Problem. Wir planen sein Know-how dann direkt so ein, dass beide Seiten möglichst viel davon haben. Das Prozedere ist vergleichsweise informell: Der Kandidat stellt sich bei uns vor und wir gehen gemeinsam essen. Am Ende entscheiden diejenigen, die mit der Person zusammenarbeiten müssen. Eine Human-*Resources*-Insel haben wir erst Anfang 2014 eingeführt.

Wie schafft ihr es, die Mitarbeiter zu halten?

Heutzutage ist es illusorisch zu glauben, dass ein Mitarbeiter kommt und die nächsten 25 Jahre bei uns bleibt. Darüber sprechen wir auch offen bei Bewerbungsgesprächen. Trotzdem sind wir wahnsinnig froh darüber, dass wir viele gute Mitarbeiter haben und sie seit Jahren halten können. Im Marketing haben einige vor fünf Jahren als Praktikanten angefangen und sind heute immer noch da. Sie wachsen gemeinsam mit dem Unternehmen. Es ist eine große Motivation, wenn man eigene Idee umsetzen darf und beobachten kann, wie diese Früchte tragen.

Warum hast du dich für die Gründung entschieden und nicht für eine Laufbahn als Arbeitnehmer?

Ich habe BWL studiert, weil ich nicht wusste, was ich später machen will. Das Studium sollte mir eine breite Basis schaffen, um in alle Richtungen gehen zu können. Der Gedanke, etwas Eigenes zu machen, ist daraus entstanden, dass ich mich mit keiner beruflichen Alternative anfreunden konnte. Beispielsweise habe ich mich mit normalen Vergütungsmodellen nie wohlgefühlt. Ich habe eine Zeit lang in einer Werbeagentur gearbeitet, war mit vollem Herzblut dabei. Aber der Rechnungsbetrag für den Kunden und mein Gehalt standen in einem krassen Missverhältnis zueinander – auch wenn mir die wirtschaftlichen Zusammenhänge natürlich bewusst waren. Ein anderes Beispiel: Mit 16 habe ich eine Website für ein lokales Unternehmen gebaut. Sie fragten: „Was kostet uns deine Arbeit?" Ich hatte mir dazu noch keine Gedanken gemacht. Die logische Antwort schien mir: „Ich hätte gerne die Hälfte von dem, was es euch bringt." Das hat nur Kopfschütteln ausgelöst, aber eigentlich sehe ich das heute noch genauso. Ich erfreue mich wahnsinnig daran, eine Situation zu schaffen, von der alle etwas haben: Der Kunde bekommt sein Lieblingsmüsli, der Mitarbeiter kann seine Familie versorgen und sich über die angenehme Arbeitsatmosphäre freuen, und mir geht es auch noch gut, weil ich Spaß habe, morgens ins Büro zu gehen. Das erfüllt und motiviert mich.

Wie lautet die Formel für eine erfolgreiche Unternehmensgründung?

Über das Team und die Idee wird in der Szene zu Recht viel diskutiert. Entscheidend sind aber auch noch zwei weitere Faktoren: Timing und Glück.

Beim Timing hatten wir wahnsinnig viel Glück. 2007 konnte man – nach der Dotcom-Blase – wieder gründen. Bio wurde damals langsam zum Mainstream, das Internet wuchs rasant und mit den Blogs hatten wir ein wirkungsvolles Sprachrohr. Heute ist Social Media viel kurzweiliger geworden. Es gibt große Hypes, aber am nächsten Tag hat sich das Interesse schon wieder gelegt. Das heißt im Umkehrschluss aber auch: Timing lässt sich beim Gründen nur bedingt beeinflussen. Man kann natürlich überlegen, ob die Zeit für eine Idee reif ist. Und dafür muss man selbst der Zeit voraus sein. Zumindest soweit, wie die Umsetzung dauert. Aber ein Garant dafür, dass eine Idee funktioniert, ist allein das Timing noch nicht. Die berühmte Portion Glück gehört

Faktoren für eine erfolgsversprechende Gründung

IDEE

TEAM

TIMING

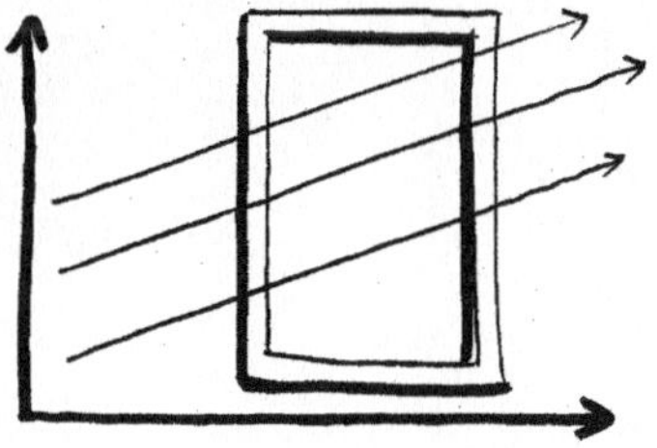

GLÜCK

auch noch dazu und ganz klar: Ich kann nicht genug betonen, wie wichtig ein gutes Team ist. Damit steht und fällt alles.

Hubertus, herzlichen Dank für das Gespräch.

Literaturtipps von Hubertus Bessau

Gladwell, Malcolm (2001); *The Tipping Point: How Little Things Can Make a Big Difference; Little,* Brown and Company
Cialdini, Robert B. (2006); I*nfluence: The Psychology of Persuasion;* HarperBusiness
Jenewein, Wolfgang und Heidbrink, Marcus (2011); *High-Performance-Organisationen: Wie Unternehmen eine Hochleistungskultur aufbauen;* Schäffer-Poeschel

mytaxi

Sven Külper

Ein disruptiver Ansatz, der Taxizentralen überflüssig macht

mytaxi wurde im Juni 2009 von Niclaus Mewes, 35 Jahre und *Chief Executive Officer* (CEO), und Sven Külper, 34 Jahre und *Chief Marketing Officer* (CMO) gegründet. Mit mytaxi haben sie den internationalen Taximarkt in das 21. Jahrhundert geführt und weltweit neu definiert. Mit einem zunächst sehr kleinen Team wurde dazu eine disruptive und skalierbare Technologie mit dem Ziel entwickelt, die existierende Wertschöpfungskette des Taximarktes umzustrukturieren und effektiver zu gestalten: die Revolution mytaxi.

Sven, in welcher Situation hast du dich vor der Gründung befunden?

Eigentlich habe ich damals von einer eigenen Musikkarriere geträumt, doch mein Vater meinte: „Du wirst in keinem Fall auf der Bühne stehen, eventuell finden wir etwas für dich hinter der Bühne." Dem habe ich mich dann gefügt, einen dualen Studiengang in Business Administration absolviert und parallel bei Edel Music gearbeitet – eine interessante, aber auch sehr intensive Erfahrung. Ich habe mich dann dafür entschieden, noch einmal ein richtiges Studentenleben zu führen und bin für mein Master-Studium nach Sydney gegangen. Die Zeit dort war genauso gut, wie ich es mir erhofft hatte. Ich bin schweren Herzens nach einem Jahr zurückgekommen und habe mir natürlich die Frage gestellt: „Was machst du jetzt?" Ich hatte keine Lust, in einem Konzern zu arbeiten, sondern wollte lieber Beratung machen. Ich habe es vorgezogen, in eine kleine Beratung einzusteigen und habe dort für zwei Jahre gearbeitet, mir dann aber gesagt: „Okay, jetzt möchte ich gerne etwas Eigenes machen."

„Etwas Eigenes machen" sagen sich viele – wie hast du es geschafft, den nächsten Schritt zu gehen und deinen Co-Founder und eine Idee zu finden?

Einen Co-Founder habe ich in meinem Cousin Niclaus Mewes sehr schnell gefunden. Wir haben schon lange vor der Gründung von mytaxi die unterschiedlichsten Businessmodelle durchgesprochen – immer wenn wir uns sahen, redeten wir zu 80 Prozent über Businessideen und zu 20 Prozent über alle anderen Dinge des Lebens. Zu dem Zeitpunkt, als ich mich entschloss, etwas Eigenes zu starten, hatten mein Cousin und ich uns eine vielversprechende Idee im Bereich Mobility ausgedacht. Das war 2009, die Zeit, als Apple mit dem iPhone den Durchbruch schaffte und sich alternative Mobilitätskonzepte rasant entwickelten. Diesen Trend fanden wir extrem spannend und hatten den Gedanken, eine Art Ad-hoc-Mitfahrzentrale auf den Markt zu bringen. Das heißt, ich bin beispielweise in der Innenstadt von Hamburg und möchte gerne gen Westen. Warum kann ich nicht einfach bei Privatleuten mitfahren, die in dem Moment sowieso in diese Richtung fahren? Für uns schien dies möglich, in dem man per Smartphone eine

Eins-zu-eins-Direktverbindung zwischen beiden Parteien herstellt und so die Leute zueinander finden können.

Was war der Haken an eurer initialen Idee der Ad-hoc-Mitfahrzentrale?

Als wir uns näher mit dem Thema beschäftigten, stellten wir fest, dass die Umsetzung sehr komplex werden würde. Das größte Problem an der Idee war, dass wir gleichzeitig zwei Größen, nämlich Mitfahrer und Fahrer, hätten aufbauen müssen, damit das ganze System funktioniert. Ein klassisches Henne-Ei-Problem also.

Wie habt ihr die Idee weiterentwickelt?

Nach der Analyse des Henne-Ei-Problems hatten wir die Eingebung: „Hey, warum nutzen wir nicht den Taximarkt? Die Größe der Taxifahrer steht schon, wir definieren den Markt einfach neu." Die Idee mit der Eins-zu-eins-Direktverbindung war nach wie vor unser Schlüssel, nur jetzt in Form einer Verbindung zwischen Taxifahrer und Taxigast. Und das war es dann. Damals waren wir die ersten weltweit, die eine Taxi-App auf den Markt gebracht haben. Wir haben schnell realisiert, dass dies ein sehr disruptiver Ansatz ist, da wir quasi die Taxizentralen überflüssig machen. Wenn man so will, verkürzen wir die Wertschöpfungskette und ermöglichen einen direkten Kontakt vom Kunden zum Taxifahrer. Je mehr wir uns damit beschäftigten, desto größer erschien uns die Idee. Wir stellten fest, wie hochgradig ineffizient der Taximarkt eigentlich ist, wie wahnsinnig teuer die Zentralen sind, und dass es auf jeden Fall einen gigantischen Bedarf für zusätzliche Touren seitens der Taxifahrer gibt. Hinzu kam noch eine bemerkenswerte Disharmonie zwischen den Taxifahrern und den Zentralen, wobei die Zentralen eigentlich ein Dienstleister sein sollten. Wir sahen hier also eine große Chance.

Ihr hattet also eine überzeugende Idee entwickelt – war es dann noch schwer, sich zu entschließen, das Vorhaben full-time weiterzuverfolgen?

Klar war es ein Risiko, gerade weil wir das Thema zunächst privat finanzierten. Auf der anderen Seite lag für mich der Schritt in die Selbstständigkeit schon lange auf der Hand. Es war immer mein Wunsch, selbstständig zu sein, bevor ich 30 bin … und das habe ich gerade noch geschafft. Wichtig war natürlich auch, dass wir sehr von der Idee überzeugt waren. Wir hatten uns lange mit dem Thema Gründung und Startups auseinandergesetzt, und wir wollten ein Modell haben, das verschiedene Kriterien erfüllt und Trends kombiniert. Unser Modell erfüllte genau das: Es war erstens skalierbar, zweitens disruptiv, drittens die Verbindung von online und offline und viertens etwas mit Mobile. Das waren vier wesentliche Treiber, an denen man merkte, dass hier etwas brodelt. Es war klar: Da ist Leben drin! Das Modell passte also perfekt in unsere Vorstellung.

Damit stand dem Start nichts im Wege. Habt ihr versucht, das Modell zu validieren, zum Beispiel mit einem sehr frühen Prototyp, wie es die Lean-Startup-Philosophie propagiert?

Ja, haben wir. Die Lean-Startup-Philosophie zieht sich durch unser gesamtes Unternehmen. Egal, was wir machen, und sei es eine kleine Marketing-Aktion, wir testen zunächst im Kleinen und schauen, ob es Traction gewinnt. Erst dann legen wir richtig los.

Das hört sich sehr systematisch an …

Das stimmt. Natürlich ist das Testen der Ideen nicht immer leicht, insbesondere am Anfang war es schwer, herauszufinden, wie groß das Kundenbedürfnis nach unserem Produkt ist. Man muss sich vorstellen, dass Smartphones 2009 gerade erst massentauglich wurden. Viele Leute im Taxifahrer-Segment kannten das Wort Smartphone gar nicht, und dann sollten wir ihnen noch unser Produkt erklären. Für uns war dies aber noch kein negativer Test der Idee, weil wir davon ausgehen mussten, dass das Konzept gar nicht verstanden wurde.

Neben den Taxifahrern sind ja die Taxizentralen wichtige Player im Markt. Habt ihr diese auch von Anfang an einbezogen?

Wir sind mit unserem Konzept direkt zum deutschen Taxi- und Mietwagenverband (BZP) gegangen. Der BZP repräsentiert bundesweit rund die Hälfte der etwa 25 000 Taxiunternehmen. Das war also eine wirklich große Sache. Wir wollten unser Konzept dort präsentieren und den BZP als Sprachohr nutzen, um an die Taxifahrer heranzukommen. Dieser Plan ist allerdings nicht aufgegangen. Zwar durften wir unser Konzept nach fünf Instanzen dem Vorstand präsentieren, doch hat uns dieser einige Tage später angerufen und gesagt: „Das ist nur ein Trend mit den Smartphones und den Apps, das wird nichts."

Damit war eure Idee, über die Zentralen an die Taxifahrer heranzutreten, hinfällig, ihr habt aber trotzdem weitergemacht?

Ja, nach dem Anruf sagten wir uns: „Gut, dann machen wir es eben selber." Und das haben wir dann auch getan. Niclaus und ich sind auf die Straße, sind von Taxi zu Taxi gegangen, haben an die Scheibe geklopft und versucht, in einer Art Direktvertrieb unsere App zu vertreiben.

Und da gab es auch positive Rückmeldungen.

Genau, wir konnten Fahrer von der Idee begeistern. Es gab einige, die das Konzept verstanden haben und meinten: „Okay, ich bekomme meine Fahrten also direkt auf mein Handy und die Hardware, die ich mir gerade für 4.000 Euro gekauft habe, brauche ich dann gar nicht. Und das dicke Funkgerät auch nicht – ich verstehe sowieso nie, was dort gefunkt wird. Ich kann also direkt mit den Kunden kommunizieren. Hinzu kommt, dass ich keine monatlichen Fixkosten für die Nutzung von mytaxi habe. Das hört sich vielversprechend an, das probiere ich."

Und damit war mytaxi live … Wie haben die ersten Vermittlungen geklappt?

Wir hatten eine Handvoll Taxifahrer mit unserer App auf der Straße. Die App sah damals noch sehr rudimentär aus, aber die direkte Verbindung zwischen Kunde und Taxifahrer hat funktioniert. Ein befreundetes Startup aus Hamburg hatte einem unserer Investoren von uns – diesen verrückten Jungs, die den Taximarkt auf den Kopf stellen – berichtet. T-Venture Holding hatte uns kurz darauf nach Bonn eingeladen.

Damit hattet ihr also euren ersten Investor direkt von eurem Produkt überzeugen können. Was war sonst noch nötig, um T-Venture als Investor zu gewinnen?

Drei Tage später sind wir dann nach Bonn gereist, haben klassisch gepitcht und unser Konzept im Detail vorgestellt. T-Venture Holding war überzeugt und ist heute unser Lead-Investor. Wichtig war meiner Meinung nach, dass wir bereits ein Produkt zeigen konnten. T-Venture Holding hat dadurch das Konzept sofort begreifen können und gesehen, dass es funktioniert. Die Meetings gingen dann schnell nicht mehr um die Frage, ob es sinnvoll ist, sondern wie man am besten weiter vorgeht. T-Venture Holding hat aktiv und begeistert mitdiskutiert und überlegt, welchen Beitrag die Telekom leisten kann. Man kann mit viel Glück sicherlich auch ein Pre-Seed Investment auf Basis einer Powerpoint-Präsentation bekommen, aber letztlich ist das Produkt entscheidend. Allein auf Basis einer Powerpoint-Präsentation wird in Deutschland extrem wenig finanziert, und wenn, zu schlechten Konditionen.

Wofür habt ihr das T-Venture Investment verwendet? Wo lagen eure Prioritäten zu dieser Zeit?

Es gibt eine Faustregel, an der auch wir uns orientiert haben: Growth, Engagement, Monetization. Das heißt, zu Beginn ist Wachstum das Wichtigste, dann gilt es, mit Engagement die Kunden zu binden und eine Art Lock-in-Effekt zu schaffen. Wenn man dann soweit ist, kann mit der Monetarisierung begonnen werden. Wir waren – ehrlich gesagt – noch gar nicht an Punkt

„App-Direktvertrieb"

Wir sind von Taxi zu Taxi gegangen, haben an die Scheibe geklopft und versucht, in einer Art Direktvertrieb unsere App zu vertreiben.

drei angelangt, wollten aber trotzdem das Geld für den Proof of Monetization nutzen. Wir haben das Produkt zu einem kostenpflichtigen Angebot weiterentwickelt, bei dem für jede Tour eine Gebühr anfällt. Erstaunlicherweise haben die Touren damit besser geklappt und wir sind stärker gewachsen als vorher. Wir vermuten, dass durch die Gebühr das Bewusstsein für den Wert der Vermittlung gestärkt wurde. Das war ein gutes Learning. Den Proof konnten wir also erfolgreich erbringen. Ansonsten haben wir mit dem Geld Rollouts in weiteren Städten finanziert. Nach Hamburg kamen Köln und Bonn, beides waren „Low Hanging Fruits", da dort die Telekom-Zentrale ist und die Mitarbeiter sofort angefangen haben, über uns zu buchen. Weitere Städte in dieser Runde waren München und Berlin.

Thema Rollouts: Wie sah eure Strategie aus, um neue Kunden zu gewinnen? Welches Marketing habt ihr gemacht? Und wie habt ihr sichergestellt, beide Größen, die der Taxifahrer und die der Kunden, aufzubauen?

Wir haben immer die zwei Größen Angebot und Nachfrage, die wir balancieren müssen. In dem Moment, wo eine Größe die andere überragt, rutscht diese automatisch zurück. Deswegen müssen beide präzise balanciert werden und parallel wachsen. Die Taxifahrer springen ab, wenn sie mit mytaxi unterwegs sind, aber keine Buchungen reinkommen. Auf der anderen Seite bringt es auch nichts, wenn es zu viele Buchungen für zu wenige Taxis gibt. Wir brauchten eine Form von Grundrauschen, also regelmäßige Buchungen. Das haben wir durch unsere Hotel-Initiative erreicht. Wir haben in Hotels iPads verteilt, über die sowohl Kunden, als auch das Hotelpersonal via mytaxi buchen konnten. Das war eine Win-win-Situation, denn die Hotels konnten sich auf diese Weise als modern und innovativ darstellen. Sie haben das Angebot deshalb gerne aufgenommen. Und wir hatten durch die Hotel-Buchungen über den Tag verteilt kontinuierliche Anfragen. Die Taxifahrer hatten also ihr „Futter" und wir konnten parallel anfangen, unsere Kundenbasis weiter auszubauen. Für die Kundengewinnung haben wir vor allem auf Außenwerbung an den Taxis gesetzt, ein sehr effektives Tool, um Aufmerksamkeit zu erregen. Dann sind wir stärker in das Online-Performance-Marketing eingestiegen. Wir haben damit begonnen, wichtige Kennzahlen wie Cost per Acquisition zu beobachten, um entsprechende Ziele, wie beispielsweise, ein Kunde muss sich nach sechs Monaten amortisiert haben, zu erreichen. Wir waren in dieser Zeit sehr „Data-driven". Ein weiterer wichtiger Aspekt war PR. Wir hatten eine gewisse Aufmerksamkeit über unsere Außenwerbung, Social Media und generelle Bekanntheit. Wirklich in die Hände gespielt hat uns dann aber, dass mytaxi sehr reizvoll für die Presse war und wir deshalb viel Aufmerksamkeit bekommen haben.

Warum wart ihr so interessant für die Presse?

Das lag vor allem an unserer Auseinandersetzung mit dem BZP. Am Anfang wurden wir ja nur belächelt. Als wir dann jedoch größer wurden, haben sie versucht, uns zu bekämpfen. Sie haben sogar versucht, uns zu verbieten und Taxifahrer unter Druck gesetzt, mytaxi nicht zu verwenden. An der Durchsetzung sind sie dann allerdings gerichtlich gescheitert. Als schließlich noch Daimler, die Lieblingsmarke der Taxifahrer, über die Tochter Daimler Mobility Services bei uns eingestiegen ist, fühlten sie sich noch mehr vor den Kopf gestoßen. Der BZP hat schließlich einen Brief an den Daimler-Vorstand geschrieben und sich über den Vorgang beschwert. Mittlerweile haben sie unsere App kopiert und eigene Produkte entwickelt. Diese ganze Story über wütende Reaktionen bis hin zum Kopieren war natürlich ein guter Aufhänger für die Presse, die uns häufig auch als kreative Zerstörer bezeichnet hat. Das Thema hat damals so eine Eigendynamik entwickelt, durch die wir viel mediale Aufmerksamkeit bekommen haben.

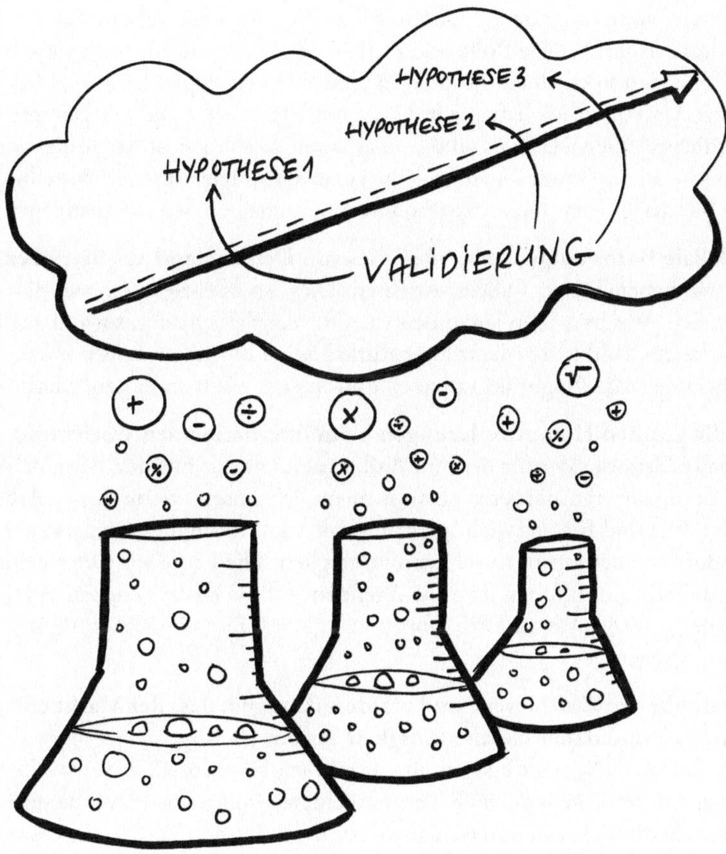

Die Lean Startup-Philosophie[1] zieht sich durch unser gesamtes Unternehmen.

1 Siehe: Eric Ries (2011): The Lean Startup. Crown Business

In 2011 habt ihr einen weiteren Meilenstein erreicht und habt mytaxi international ausgerollt. Wie war eure Internationalisierungsstrategie?

International ist immer ein sehr aufregendes Thema. Wir sind in Wien gestartet, da wir hier keine Sprachbarriere hatten und dachten, dass die kulturellen Unterschiede gering seien. Kulturell ist Wien allerdings doch ein Unterschied, aber das zeigte sich erst in den Details. Bei unserer weiteren Rollout-Planung in andere Städte und Länder haben wir verschiedene Kriterien herangezogen wie Sozialstruktur sowie Rolle und Aufbau der Taxizentralen. Außerdem haben wir die allgemeine Affinität zu solch einem Produkt in dem entsprechenden Land und im Speziellen in der Stadt geprüft. Und natürlich haben wir den Markt abgeschätzt und uns gefragt: Wie hoch ist die Einwohnerdichte? Wie viele Taxis gibt es überhaupt? Wie hoch ist der Anteil von Street Hailing – also Taxis, die an der Straße anhalten – im Vergleich zu telefonischen Bestellungen? Wir haben immer ein Bündel an Faktoren analysiert, um zu entscheiden, wo wir ausrollen.

Habt ihr lokale Büros aufgemacht oder alles von Deutschland aus betrieben?

Nein, wir haben lokale Offices errichtet. Dies ist essenziell, da wir die Online-Offline-Schranke haben. Wir brauchen jemanden vor Ort, der Sales macht, sowohl auf Hotel-, als auch auf Taxifahrerseite. Und jeder Markt hat natürlich seine Eigenheiten. Wir brauchen lokale Leute, die eine passende Marketingbrille aufhaben und wissen, wie man in dem Markt kommuniziert.

Was sind die größten Herausforderungen beim internationalen Wachstum?

Die größte Herausforderung liegt im Aufbau einer neuen Entities, denn dabei muss man die DNA der Company transportieren. Damit meine ich unsere Werte, unser Arbeitsklima, unser Miteinander. Das sind für uns wichtige Erfolgsfaktoren. Doch diese genauso auf einen ausländischen Standort zu übertragen, ist de facto unmöglich. Die Leute vor Ort regelmäßig abzuholen und Engagement, Commitment und das „Brennen" für die Firma sicherzustellen, ist eine wesentliche Aufgabe. Trotz der Herausforderungen ist unsere Internationalisierungsstrategie bisher aber sehr gut aufgegangen.

Wie beurteilt ihr den Wettbewerb und würdest du sagen, dass der Markt ein „Winner-takes-it-all"-Markt ist und daher Geschwindigkeit extrem wichtig ist?

Ich würde sagen, „Winner takes it all" ist sehr stark bei sozialen Netzwerken. Ich glaube, in unserem Segment ist es auch möglich, dass es mehrere erfolgreiche Player parallel gibt. Wenn sich die Produkte allerdings kaum unterscheiden, hat derjenige den Vorteil, der die beste Qualität am schnellsten auf die Straße bringt. In unserem Markt ist Differenzierung relativ schwierig. Sicherlich gibt es die Features Payment oder die Bestellung eines Luxus-Taxis, aber dann hört es auch auf. Dementsprechend würde ich sagen, Parallelbetrieb ist durchaus möglich, aber pro Markt werden nicht mehr als zwei Player erfolgreich sein können.

Stichwort Innovation und Qualität schnell auf die Straße bringen – hier werdet ihr immer als Vorreiter hervorgehoben. Wie schafft ihr es, innovativ zu bleiben?

Bei uns herrscht eine sehr kreative Kultur, wir erschaffen jeden Tag Listen voll mit Produktideen und Verticals. Ich glaube, eine wichtige Voraussetzung dafür ist, Leute einzustellen, die von alleine brennen, die wir nicht „micro-managen" müssen, die automatisch mitdenken. Dann kommen auch gute Ideen dabei heraus. Ich habe nie das Gefühl gehabt, wir seien zu wenig innovativ. Wichtig ist eher, wie wir unsere Ideen priorisieren. Und da sind wir wieder beim Punkt Lean Startup. Jede Idee bekommt ihre Chance im ganz Kleinen. Wir testen die Idee systematisch und bewerten sie schließlich anhand von Metriken. Dann schauen wir, ob sie passt, oder ob wir sie wieder verwerfen. Wir haben nie die Erfahrung gemacht, dass wir ein Produkt hatten, das keine Traction hatte und dann aus irgendwelchen Gründen Traction gewonnen hätte. Wir bringen neue Versionen in

Innovation

Ein wichtige Voraussetzung für Innovation ist es Leute einzustellen, die von alleine brennen.

kleinen Schritten und kurzen Release-Zyklen heraus. Dabei gibt es Early Adopter, die es lieben oder eben nicht. Sollten sie es lieben, tasten wir uns in kleinen Schritten weiter voran, bis wir schließlich einen größeren Schritt in der Versionierung machen.

Was waren für euch weitere Meilensteine bis heute?

Das waren natürlich unsere weiteren Finanzierungsrunden. 2012 ist Daimler über seine Tochter Daimler Mobility Services eingestiegen. Der Einstieg von Daimler Mobility Services war neben der Finanzierung auch aus strategischen Gesichtspunkten ein Meilenstein. Über die Partnerschaft können wir unsere mytaxi-App-Bestellfunktion auch in der Carsharing-App Car2go von Daimler Mobility Services anbieten. Daimler hat diese Integration mit der Mobilitätsplattform moovel noch weiter vorangetrieben und integriert verschiedene Fortbewegungsmittel und Dienste, um von A nach B zu kommen. Wir glauben an solch eine durchgängige Lösung mit Taxi, Bahn, Carsharing, Fahrrad und gegebenenfalls Flugzeug. Alles in einer App durchgebucht und bezahlt, das ist es, was die Kunden wollen. Daimler Mobility Services und mytaxi ergänzen sich hier sehr gut und wir können Synergien nutzen. Ein weiterer wichtiger Schritt war die Entwicklung einer cloudbasierten Software für Taxizentralen, um auch telefonische Bestellungen über mytaxi laufen zu lassen. Zielgruppe sind hier vor allem kleine, ländliche Taxizentralen, die auf diese Weise die Vorteile von mytaxi nutzen können. Ansonsten war natürlich noch die weitere Internationalisierung ein Meilenstein für uns, insbesondere der Sprung in die USA nach Washington. Die Expansion im Ausland soll auch zukünftig vorangetrieben werden. Daimler Mobility Services ist auch hierbei ein wichtiger Partner für uns.

Hast du aus eurer Erfahrung noch Tipps für Gründer? Was sollte man mitbringen, um ein Startup wie mytaxi hochzuziehen?

Grundvoraussetzung ist natürlich eine Idee, an die man glaubt. Außerdem sollte es ein Bereich sein, für den man brennt und eine Leidenschaft entwickeln kann. Ein Startup hochzuziehen, erfordert sehr viel Energie. Der Workload ist nur zu schaffen, wenn man Freude an der Arbeit hat. Nur hart arbeiten alleine ist aber sicherlich nicht ausreichend, für unabdingbar halte ich das richtige Timing. Gerade in unserem Bereich war es extrem wichtig, schneller zu sein und fester an die eigene Idee zu glauben, als alle anderen. mytaxi war die erste App auf dem Markt, die eine direkte Verbindung zwischen Fahrgast und Fahrer ermöglicht hat. Dieser Vorsprung hat uns sehr geholfen. Natürlich hat eine erfolgreiche Gründung auch mit Glück zu tun. Wir hatten Glück, dass wir mit T-Venture früh einen geeigneten Partner gewinnen konnten. Wichtig finde ich auch, zu betonen, dass sich selbst bei einer guten Idee und guten Kontakten nicht absehen lässt, wohin die Reise gehen wird. Letztlich kommt es darauf an, es zu probieren.

Sven, herzlichen Dank für das Gespräch.

Literaturtipps von Sven Külper:

Ries, Eric (2011); *The Lean Startup: How Today's Entrepreneurs Use Continuous Innovation to Create Radically Successful Businesses;* Crown Publishing
Livingston, Jessica (2007); *Founders at Work: Stories of Startups' Early Days;* Apress
Maurya, Ash (2012); *Running Lean: Iterate from Plan A to a Plan That Works;* O'Reilly & Associates
Lacy, Sarah (2008); *Once You're Lucky, Twice You're Good: The Rebirth of Silicon Valley and the Rise of Web 2.0;* Gotham Books
von Norman, Don (2004); *Emotional Design: Why We Love (or Hate) Everyday Things;* Basic Books

orderbird
Jakob Schreyer

Gründerteam: Patrick Brienen, Jakob Schreyer und Bastian Schmidtke (von links)

Kassensystem in der Cloud

Die Idee kam Gründer und Produktmanager Bastian Schmidtke. Seine Arbeit im Außendienst für klassische Kassensysteme und seine Vorliebe für Apple-Produkte inspirierten ihn zum iPad-Kassensystem: orderbird POS.

Jakob Schreyer, ein Schulfreund von Bastian, arbeitete zu dieser Zeit in New York für die Red Bull Agentur. Dort lernte er Rado Pavlov, den Geschäftsführer der Münchner Nobeldisko P1 kennen und erzählte ihm von der Idee. Die Begeisterung sprang über und die erste Anfrage für ein iPad-Kassensystem lag auf dem Tisch. Das war die Initialzündung für die drei Gründer Bastian Schmidtke, Jakob Schreyer und Patrick Brienen.

In kürzester Zeit entwickelte sich die orderbird AG im Herzen Berlins von einem kleinen Startup zu einem etablierten Kassensystemanbieter. Von Anfang an bezogen die Gründer ihre Kunden mit in den iterativen Entwicklungsprozess ein. So wundert es nicht, dass sie ihre ersten 50 Kunden schon gewonnen hatten, bevor ihre App offiziell im Apple Appstore veröffentlicht wurde. Ab diesem Zeitpunkt wuchs der Kundenstamm rasant an.

Bereits Ende 2010 gewann orderbird zwei renommierte Gründerwettbewerbe. Kurz darauf folgten weitere Auszeichnungen - beispielsweise von der DEHOGA, der INTERNORGA, der Initiative Mittelstand, der Financial Times oder vom Hasso-Plattner-Institut.

· ·

Wie kamt ihr auf die Idee zu orderbird? Und in welcher persönlichen Situation befandest du dich?

Die Idee hatte Bastian Schmidtke, mein Mitgründer. Er arbeitete in der Kassenindustrie und vertrieb marktführende Kassenlösungen. Dadurch hatte er tiefe Einblicke in diese Branche und kannte die hohen Preise für Kassensysteme. Mit der Einführung des iPhones dachte er sich: „Damit könnte man im Restaurant selbst Bestellungen aufgeben – sprich die Bestellung via App an das zentrale Kassensystem schicken." Und als das iPad auf den Markt kam, war klar: Damit lässt sich auch noch das zentrale Kassensystem ersetzen. Die allererste Idee gab es also bereits, bevor das iPad erschien.

Bastian und ich sind alte Schulfreunde. Er erzählte mir Anfang 2010 von seiner Idee. Ich war begeistert, nur wussten wir nicht so recht, wie wir die Sache angehen sollten. In dieser Zeit arbeitete ich für die Red-Bull-Agentur Kastner und Partner in New York. Dort lernte ich zufällig Rado Pavlov, Geschäftsführer der Münchener Nobeldisko P1, kennen und erzählte ihm von unserer Idee. Er war sofort interessiert und wir hätten ihm direkt ein Kassensystem verkaufen können, aber bisher war es ja nur ein Gedankenspiel.

Die Idee ließ uns nicht mehr los. Wir fanden zwei Entwickler in Deutschland, und gemeinsam mit Bastian gingen sie nach Berlin. Die drei starteten in einem Co-Working-Space, ich blieb erst

Minimalste Produktversion

Es gibt Startups, die viel Zeit in die Entwicklung eines umfangreichen Produktes stecken und erst dann den Vertrieb starten. Bei uns war es genau umgekehrt: Wir entwickelten möglichst schnell die minimalste Produktversion und starteten den Vertrieb so früh wie möglich.

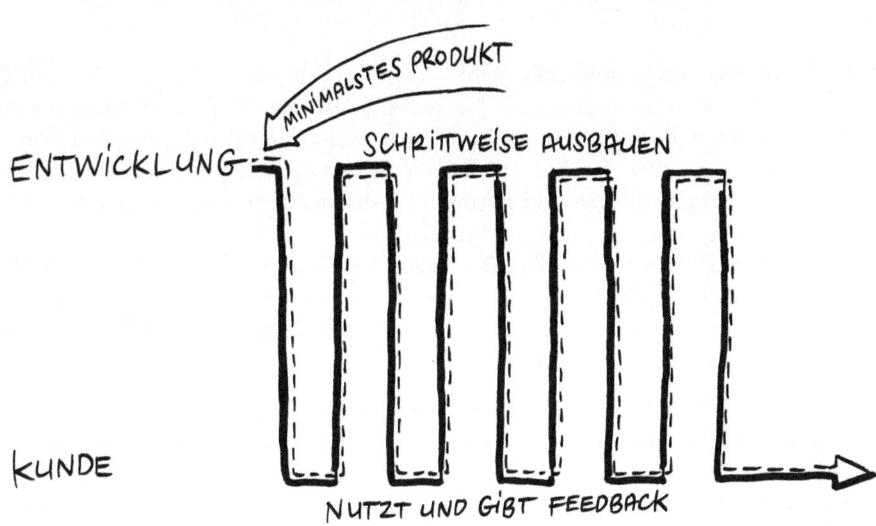

einmal in New York. Bastian übernahm das Produktmanagement und ich kümmerte mich um das Marketing und Rechtliches, wie die Gründung unserer Vorgesellschaft App.aratschik UG. Aus der Idee entstand so ein greifbares Produkt.

Den Kontakt zu Rado Pavlov hielten wir. Ende 2010 zog das P1 um und wurde neu eröffnet. Dort hatte unsere erste Installation Feuertaufe. Die Produktentwicklung wurde erst am Tag der Eröffnung fertig – eine echte Punktlandung. Wir bekamen auch die Chance, unser Produkt auf der Eröffnungsfeier vorzustellen und standen am nächsten Tag auf der ersten Seite der Süddeutschen Zeitung. Das hat eine Anfragewelle von Journalisten aber auch Investoren ausgelöst. An diesem Punkt wurde uns klar: Da steckt mehr dahinter. Das ist nicht nur eine Einzelentwicklung für ausgewählte Firmen, sondern ein skalierbares Kassensystem.

Wie habt ihr die Produktentwicklung für das P1 finanziert?

Die ersten Kosten für Rechner und Server haben wir selbst finanziert. Das waren ein paar Tausend Euro. Einer unserer Entwickler und Mitgründer unserer Vorgesellschaft kam vom Hasso-Plattner-Institut in Potsdam. Dort haben wir einen Businessplan erstellt und 20.000 Euro Gründungsgeld bekommen. Zudem kam noch ein Bankkredit von 70.000 Euro. Damit hatten wir gut 100.000 Euro zur Verfügung und konnten so das erste Produkt bauen.

Anschließend gründeten wir eine Aktiengesellschaft, die alle Rechte der Vorgesellschaft übernahm. Die Seed-Investoren gaben knapp 400.000 Euro in die AG, damit wir uns ein kleines Büro mieten, die ersten Mitarbeiter einstellen und so an Fahrt gewinnen konnten.

Warum fiel die Wahl auf die Gesellschaftsform Aktiengesellschaft?

Carlo Kölzer, Geschäftsführer der Devisenhandelsplattform 360T und erfolgreicher Unternehmer, berät uns in diesem Bereich. Er meinte: „Klar, eine AG ist aufwendiger als eine GmbH, aber der Mehraufwand erzieht euch zur Sauberkeit. Es gibt beispielsweise keine komischen Nebenabmachungen zwischen den Eigentümern, sondern eine hundertprozentig klare Struktur. Das ist investorenfreundlich."

Wie habt ihr die Seed-Investoren gefunden?

Wir fanden sie über unser persönliches Netzwerk. Dazu zählt Thomas Hoffstiepel vom Kassenhersteller Automatics Boss. Er hat uns nicht nur mit Kapital, sondern auch mit seinem Knowhow unendlich weitergeholfen. Und natürlich Carlo Kölzer, der uns in der Gründungsphase und bei den folgenden Entscheidungen und Finanzierungsrunden sehr unterstützte. Dazu kommen weitere Seed-Investoren aus New York und San Francisco.

Mit der Seed-Finanzierung war klar: Das Berlin-New-York-Setup funktioniert nicht mehr. Ich zog also nach Berlin. Zudem holten wir noch Patrick Brienen ins Gründungsteam. Er arbeitete in seiner Münchner Zeit als Key-Account- und Projektmanager in einer Marketingagentur. Anfang 2011 haben wir dann zu dritt die orderbird AG gegründet.

Umzug von New York nach Berlin. War das eine einfache Entscheidung?

Das war kein leichter Schritt. Ich war vier Jahre in New York, unheimlich happy und nun sollte ich das alles aufgeben? Aber ich hatte auch den Drang nach einer Selbstständigkeit. Die Idee war gut, und wir hatten ein super Team – es fühlte sich einfach gut an. Dann ging es recht schnell. Innerhalb weniger Wochen vermietete ich meine Wohnung, packte die Koffer und flog nach Berlin. Anfangs hatten Patrick, Bastian und ich eine Dreier-WG in einer Zwei-Zimmer-Wohnung – überall stapelten sich die Kisten und Koffer. Aber wir wollten einfach loslegen. Alles andere war unwichtig. Meine Freundin blieb noch für ein Jahr in New York. Als sie nach Berlin kam, war es mit der WG vorbei und wir nahmen uns eine eigene Wohnung.

Kundensegmentierung

Anfangs hatten wir keine klare Kundensegmentierung. Wir hatten große, kleine und mittlere Kunden. Klar, wir waren über jeden Kunden froh. Es stellte sich heraus, dass einige Kunden sehr individuelle Ansprüche formulierten, die bei uns sehr viel Aufwand verursachten. Das lässt sich durch eine klare Fokussierung auf definierte Kundensegmente vermeiden. Darauf würde ich heute von Beginn an Wert legen.

Wie habt ihr die ersten 50 Kunden gewonnen?

Das ging schnell. Es gibt Startups, die viel Zeit in die Entwicklung eines umfangreichen Produktes stecken und erst dann den Vertrieb starten. Bei uns war es genau umgekehrt: Wir entwickelten möglichst schnell die minimalste Produktversion und starteten den Vertrieb so früh wie möglich. Im April 2011 habe ich das Produkt drei- oder vier Mal zur Babanbè-Bar in Berlin Kreuzberg mitgenommen – unserem ersten Kunden. Dem Besitzer gefiel es und wir bezogen ihn bei der Weiterentwicklung eng mit ein. Daraus ist mittlerweile eine echte Freundschaft entstanden.

In dieser Zeit hatten wir zwar eine Website, aber keinen aktiven Vertrieb. Dennoch kamen wöchentlich ein oder zwei neue Kunden dazu. So wuchs unser Kundenstamm bis September 2011 auf 50 Kunden an. Im September 2011 veröffentlichten wir unsere App offiziell im Apple AppStore. Damit konnten uns potenzielle Kunden gezielt finden und wir starteten mit dem aktiven Vertrieb.

Anfangs hatten wir keine klare Kundensegmentierung. Wir hatten große, kleine und mittlere Kunden. Klar, wir waren über jeden Kunden froh. Es stellte sich heraus, dass einige Kunden sehr individuelle Ansprüche formulierten, die bei uns sehr viel Aufwand verursachten. Das lässt sich durch eine klare Fokussierung auf definierte Kundensegmente vermeiden. Darauf würde ich heute von Beginn an Wert legen.

Seid ihr einer Startup-Methode gefolgt, wie beispielsweise Lean Startup?

Ja, wir sind der Lean-Startup-Methode gefolgt. Zudem haben wir uns Geoffrey Moores Buch „Crossing the Chasm" sehr zu Herzen genommen. Wir überlegten uns: „Wie gewinnen wir die Innovatoren, die Pragmaten, und wie bereiten wir den Sprung über den Chasm vor? Was ist unsere Nische und wie können wir uns darauf fokussieren?" Nach der ersten Euphoriewelle begannen uns diese Themen zu beschäftigen.

Eine iterative Entwicklung und das Einbeziehen der Kunden sind zentrale Elemente der Lean-Startup-Methode. Wie habt ihr das umgesetzt?

Bastians Philosophie war es, von Anfang an eng mit den Kunden zusammenzuarbeiten. Bis heute skizzieren wir viel auf Papier und arbeiten mit Prototypen. Vor einer Veröffentlichung holen wir uns das Feedback aus einem Kreis Testnutzer ein. Teilweise arbeiten unsere Mitarbeiter sogar als Kellner beim Kunden und erleben so das Produkt in der Praxis. Regelmäßig befragen wir auch Kellner zu ihren Erfahrungen oder führen hier bei uns Workshops durch. Dafür haben wir extra ein Showroom-Café bei uns im Büro eingerichtet.

2011 habt ihr eine Finanzierung durch die Investitionsbank Berlin gesichert. Wie kam es dazu?

Mit dem Seedfunding konnten wir das erste Wachstum finanzieren. 2011 war das Geld fast verbraucht. Es war von Anfang an klar, dass wir nicht innerhalb eines Jahres profitabel sind. Dafür mussten wir zu viel Geld in die Entwicklung stecken, zumal wir uns dafür entschieden hatten, erst für das fertige Produkt zu kassieren.

Andere Gründer empfahlen uns die Gründerförderung „ProFIT" von der Investitionsbank Berlin: 500.000 Euro Darlehen und knapp 200.000 Euro Innovationsförderungen. Die Beantragung war zwar aufwendig, aber das Paket überzeugte.

Mit diesem Mittelschub konnten wir unser Produkt ausbauen und fingen an, auch in den Vertrieb zu investieren. Es wurden zwei Vertriebsmanager, ein Mitarbeiter für den Innendienst und ein Marketingspezialist eingestellt. Wir bauten einen Shop auf und benötigten zum Kundenmanagement schon bald ein CRM-System. Zudem mussten wir noch ein neues ERP-System einbauen. Plötzlich lief da eine ganze Maschinerie an, und wir merkten: Wir bräuchten alles, und zwar jetzt.

UNDER PROMISE, OVER DELIVER.

Zur Kundengewinnung habt ihr ein Callcenter eingesetzt. Warum? Und welche Erfahrungen habt ihr damit gemacht?

Wir haben das Callcenter eingesetzt, um unser Wachstum zu beschleunigen. Online sind wir zwar stark präsent und gut aufgestellt, aber nur eine begrenzte Anzahl an Kunden sucht online nach einem neuen Kassensystem. Das Potenzial ist irgendwann ausgeschöpft, uns war aber klar: Der Markt ist größer. Darum rufen wir aktiv potenzielle Kunden an, um zusätzliches Wachstumspotenzial zu erschließen.

Ein externes Callcenter dafür zu engagieren, ist nicht günstig. Bis aber eigene Mitarbeiter eingestellt sind und die Telefonanlage installiert ist, vergehen locker zwei Monate. So viel Zeit wollten wir nicht verstreichen lassen. Ein weiterer Vorteil eines externen Partners ist, dass wir keine Mitarbeiter unter Vertrag haben, falls der telefonische Vertrieb nicht klappen sollte.

Wir entschieden deshalb, eine dreimonatige Testphase mit einem externen Callcenter durchzuführen. So konnten wir den Einsatz eines Callcenters testen und am Ende entscheiden, ob wir ein eigenes aufbauen wollen. Der Test verlief erfolgreich und nun haben wir selbst ein kleines Callcenter etabliert. Unsere Caller vereinbaren Beratungstermine, zeigen unser Produkt über Screensharing oder verkaufen orderbird direkt.

Ist das Callcenter das Kernstück eurer Vertriebsstrategie?

Nein. Den größten Teil des Wachstums erzielen wir über Incoming – das heißt, Kunden sprechen uns proaktiv an. Aber wir wollten Outcoming – das heißt, wir sprechen Kunden an – stärker forcieren. Insbesondere wollen wir potenzielle Kunden ansprechen, die nicht aktiv suchen, sich aber trotzdem von einem guten Kassensystem überzeugen lassen. Aber der Online-Kanal steht schon im Zentrum des Vertriebs und damit erzielen wir auch die meisten Abschlüsse. Der Außendienst trägt seinen Teil bei, ist aber recht teuer und darum setzen wir ihn nur in den Millionenstädten ein.

Auch im Marketing sind wir aktiv. Eine Aktion war beispielsweise die Abwrackprämie für Kassen. Wir boten 250 Euro für das Abwracken einer alten Kasse. Man musste dafür nur ein kleines Video davon erstellen. Die Kassenbesitzer waren teilweise sehr kreativ und haben die Kasse mit der Motorsäge zerlegt oder sind mit einem Bagger drübergefahren. Anfangs fragten wir uns schon: „Ist das nicht zu zerstörerisch und erzeugt ein negatives Image?" Doch wenn man es mit der richtigen positiven Ausstrahlung kommuniziert, geht es schon. Unsere Message war: „Hey, das Alte muss raus, damit es Platz für orderbird gibt."

Wie habt ihr das Team auf 45 Mitarbeiter ausgebaut. Welche Herausforderung gab es dabei?

Transparenz zu schaffen, war eine zentrale Herausforderung. Alle Teams und Mitarbeiter wissen, woran die anderen arbeiten. Eine weitere Herausforderung war, die Balance zwischen Regel- und Zielvorgaben sowie Freiheit für die Mitarbeiter zu finden. Schließlich wollen wir kein Corporate Business aufbauen, sondern ein Unternehmen mit flachen Hierarchien, das etwas Neues verkörpert.

Im Vertrieb standen wir vor der Herausforderung, dass keiner ein iPad-Kassensystem kannte. Das war auch eine Hürde, die wir nehmen mussten. Wir waren schließlich die ersten und mussten anfangs viel erklären. Das ist heute deutlich einfacher. Die meisten sagen: „Ja, haben wir schon einmal irgendwo gesehen."

Teamaufbau

Die Balance zwischen Regel- und Zielvorgaben sowie Freiheit für die Mitarbeiter zu finden war eine Herausforderung beim Teamaufbau.

Wie haben sich deine Aufgaben als CEO verändert?

Anfangs habe ich mich stärker auf das Marketing fokussiert. Heute liegt mein Schwerpunkt darin, Investor Relations, KPIs im Auge zu behalten oder das Team auszubauen – ab einer gewissen Größe ist das Führen eines Unternehmens ein Fulltime-Job.

In der zweiten Runde habt ihr Carsten Maschmeyer als Investor gewonnen. Wie lief das ab?

Carsten Maschmeyer fand uns über die Berichterstattung in den Medien und sprach uns an. Ich war die letzten Jahre im Ausland und kannte ihn nicht. Da habe ich ihn zuerst einmal gegoogelt ... und ja, aufgrund der gemischten Berichterstattung waren wir auch skeptisch, bis wir ihn dann persönlich trafen: „Ich kann mit euch kurzfristig oder langfristig planen. Das ist ein Vorteil meines Family Offices gegenüber einem *Venture* Capitalist, kurz VC. Ein VC möchte innerhalb von drei bis fünf Jahren mit Gewinn wieder aussteigen. Mit meinem Family Office können wir aber langfristig planen und ein großes Unternehmen aufbauen." Und weiter meinte er: „Ihr habt einen starken Aufsichtsrat. Wenn ihr wollt, halte ich mich aus operativen Angelegenheiten raus. Aber ich bringe gerne meine Sales-Kompetenzen beispielsweise durch operative Sales-Schulungen ein." Das überzeugte uns. Er investierte 2,4 Millionen Euro und schult seitdem unser Vertriebsteam.

Ist das Investment an konkrete Ziele gekoppelt?

Ja, die Investition ist in zwei Tranchen aufgeteilt: Die erste gab es bei Vertragsschluss und die zweite beim Erreichen einer definierten Kundenzahl.

Was ist eure Produktvision? Hat sich diese seit der Gründung verändert?

Die ursprüngliche Produktvision war ein mehrplatzfähiges Kassensystem basierend auf der Online-Datenzentrale my.orderbird mit Analysefunktion und Payment Tool. Zudem sollte der Kunde über eine Gäste-App selbst bestellen können. An der Vision hat sich bis heute nichts Grundlegendes geändert.

Wie setzt ihr die Produktvision um?

Uns war klar, dass mehrere Umsetzungsschritte nötig waren. Ende 2012 sollten diese abgeschlossen sein. Es hat letztlich viel länger gedauert, da wir unser Produkt früh auf den Markt brachten und viel mit Kunden testeten. So gewannen wir schnell Kunden, bekamen wertvolles Feedback und konnten unsere Marke aufbauen, auf der anderen Seite verlangsamte dies den Entwicklungsprozess. Trotzdem kann ich rückblickend sagen: Es war definitiv der richtige Ansatz, wenn auch manchmal schmerzhaft. Beispielsweise gingen wir von sechs Monaten Entwicklungsdauer aus und haben das unseren Kunden versprochen. Nach acht Monaten mussten wir wieder zurückrudern: „Sorry, wir brauchen noch einmal vier Monate." Das verunsichert Kunden und die Mitarbeiter im Vertrieb. Die Entwickler geraten unter Druck und müssen entsprechend motiviert werden. Mittlerweile haben wir uns in der Entwicklung verlässlicher Pläne verbessert. Die Maxime lautet: „Under promise and over deliver. "

Wie wichtig ist Fokussierung für euch?

2011 ist durch die Awards, den CEBIT-Auftritt und die Medienberichterstattung ein Hype entstanden. Plötzlich kamen große, namhafte Firmen auf uns zu. Die ersten zwei Monate nahmen wir fast alle Gesprächseinladungen an. Wir diskutierten Erweiterung für Lieferdienste, Couponing oder Tischreservierungen und vereinbarten Tests und Folgetermine mit Produktmanagern. Im Gegenzug versprachen sie, 500 oder 1 000 Lizenzen abzunehmen. Aber irgendwann rannten wir vier oder fünf losen Enden hinterher – das verzögerte wieder unsere Produktentwicklung und verwirrte die Mannschaft. Wenn das Management anfängt, links und rechts zu springen, dann springt das ganze Team mit und alle verlieren die Richtung. Also zogen wir die Reißleine und

Für uns waren Mentoren immer Gold wert. (…) Warum sollte man sich beispielsweise keinen Rat beim Aufbau des eigenen Vertriebsprozesses holen? Der richtige Mentor hat das schon mehrfach in der Praxis gem und kann einen Bauplan aus der Tasche ziehen.

stoppten die Erweiterungen. Nun galt: 100 Prozent Fokus auf unser Kassensystem. In diesem Bereich gab es ja mit der Online-Datenzentrale my.orderbird oder der Payment-Lösung zwei große Projekte.

Wie schützt ihr euch vor Nachahmern?

In Europa und USA gibt es ein paar Firmen mit ähnlichen Produkten. Ein Patent haben wir aber nicht. Das Konzept lässt sich nicht schützen. Ich glaube, wir haben einen riesen Wettbewerbsvorteil, weil wir einfach einer der ersten waren und den größten Kundenstamm haben. Zudem ist unser Service ausgezeichnet und wir kommunizieren aktiv mit unseren Kunden. Das wird im Markt wahrgenommen. Aber wir müssen weiterhin schnell sein und das Kassensystem zu einer offenen Plattform erweitern. So könnten beispielsweise Konsumenten ihre Bestellhistorie abrufen. Der Plattformgedanke existiert seit der ersten Stunde von orderbird und unser Kundenstamm ist natürlich eine sehr gute Basis zur Umsetzung. Das ist ein klarer Vorteil gegenüber unseren Wettbewerbern.

Hattet ihr einen Mentor?

Verschiedene Leute begleiteten uns. Unsere Seed-Investoren waren immer Sparringpartner für uns. Durch den Award von Hasso Plattner Ventures bekamen wir ein regelmäßiges Mentoring. Carlo Klözer ist ebenfalls einer unserer frühen Mentoren und jetzt Aufsichtsratsvorsitzender. Er und die anderen Mitglieder im Aufsichtsrat unterstützen uns.

Ihr seid ein Tech-Startup, aber keiner aus dem Gründungsteam der orderbird AG hat einen Technologie-Background. Wie funktioniert das?

Bastian ist sehr technologieaffin. Er ist zwar kein Entwickler, bringt aber Ideen zur Produktgestaltung, sein grundlegendes Verständnis von Technologie und von Kundenbedürfnissen ein. Gemeinsam mit den beiden ersten Entwicklern hat er so angefangen, unser Produkt zu erstellen. Die Entwickler waren von Anfang an mit an Bord und sie halten auch heute noch Anteile an der Firma. Sie kamen frisch von der Uni und waren recht fit. Im Nachhinein muss man allerdings sagen: Vielleicht waren sie doch zu jung und hatten eben keine Führungserfahrung. Nach einem Jahr holten wir uns einen erfahrenen *Chief Technology Officer* (CTO), der Managementaufgaben wahrnahm und ebenfalls an der Firma beteiligt wurde. Es ist schon ein Vorteil, von Anfang an einen erfahrenen CTO im Gründerteam zu haben.

Wie habt ihr euren CTO gefunden?

Über eine Recruiting-Agentur.

Wie gestaltet ihr eure Company Culture?

Wir stecken unheimlich viel in unsere Mitarbeiter – etwas anderes passt auch nicht zu einem Tech-Startup. Früher war die Frage: Was erwartet das Unternehmen vom Mitarbeiter? Mittlerweile ist es umgekehrt, besonders in Städten wie Berlin oder San Francisco, wo gute Entwickler sich ihre Jobs aussuchen können. Bei uns dürfen, sollen und müssen alle aktiv mitgestalten. Jeden Mittwoch treffen sich alle Mitarbeiter zum Frühstück, um das sich zwei Abteilungen kümmern. Beispielsweise müssen die Entwickler zusammen mit den Vertrieblern Baguettes besorgen, Spiegeleier braten oder das Müsli zubereiten. Zudem bekommen sie ein kleines Budget für ein gemeinsames Lunch bei einem unserer Kunden in Berlin mit der Aufgabe, den Kunden zu befragen. Beim nächsten gemeinsamen Frühstück berichten sie dann, womit der Kunde zufrieden ist und was wir verbessern können.

Darüber hinaus findet immer donnerstags von 8 Uhr bis 9 Uhr ein Yoga-Kurs statt, oder hin und wieder schauen wir uns auf der Terrasse Themenfilme wie zum Beispiel über Technologie an. Das motiviert.

Wie hoch ist deine durchschnittliche Wochenarbeitszeit?

Rund 50 Stunden arbeite ich im Büro. Dabei versuche ich, nach spätestens neun Stunden wieder rauszukommen. Aber klar, abends sitze ich noch ein, zwei Stunden am Rechner oder arbeite Dringendes am Wochenende ab. In Summe sind es wohl 60 bis 70 Stunden in der Woche. Zudem bilde ich mich gezielt in neuen Aufgabenfeldern weiter. Das kommt noch oben drauf.

Das sind jetzt meine Schaffensjahre. Da will ich etwas erreichen, ohne es natürlich zu übertreiben. Ich muss schon aufpassen, dass ich nicht abends heimkomme, nur eine Kleinigkeit esse und dann direkt wieder an die E-Mails gehe. Hin und wieder sage ich mir bewusst: „Okay, jetzt einen Gang zurückschalten" und dann nehme ich mir den halben Freitag frei. Ich entspanne auch gerne mit meiner Freundin und meiner Family.

Welche Tipps und Ratschläge hast du für Gründungsinteressierte?

Für uns waren Mentoren immer Gold wert. Mit Sicherheit gibt es Fehler, die man selbst machen muss, aber nicht alle. Insbesondere bei langfristigen Vorhaben machen sich Mentoren bezahlt. Warum sollte man sich beispielsweise keinen Rat beim Aufbau des eigenen Vertriebsprozesses holen? Der richtige Mentor hat das schon mehrfach in der Praxis gemacht und kann einen Bauplan aus der Tasche ziehen. Dafür sind Mentoren unheimlich wichtig.

Die Company Culture ist in einem jungen Unternehmen ein wichtiger Erfolgsfaktor. Sie hilft, die letzten Prozente der Mitarbeiter abzurufen und sorgt für Loyalität. Dann gilt es noch, die richtigen Mitarbeiter zu finden und nicht Hals über Kopf einzustellen, nur weil der erste Eindruck stimmt. Die richtigen Talente für orderbird zu finden, stellt eine weitere Herausforderung dar …

… woran siehst du, ob es ein Talent für orderbird ist?

Das beurteile ich nicht alleine. Erst einmal muss ein Talent aus unserem Team die fachlichen Fähigkeiten des Bewerbers checken. Ein Mitarbeiter aus einer zweiten Abteilung prüft, ob die zwischenmenschliche Ebene stimmt. Und im letzten Schritt checke ich, ob die Person zu unserer Company Culture passt. Mit diesem Vorgehen haben wir bisher sehr gute Erfahrungen gesammelt.

Jakob, wir danken dir für das Gespräch.

Literaturtipps von Jakob Schreyer

Tony Hsieh (2010); *Delivering Happiness: A Path to Profits, Passion, and Purpose;* Business Plus

RatioDrink AG und Rapskernoel.info
Rafael Kugel

Risikolos gründen

Ein Gründer, zwei Firmen – bislang. Entstanden sind die Geschäftsideen für Rapskernoel.info und RatioDrink AG beim Ideen-Ping-Pong mit dem Berliner Professor für Entrepreneurship Günter Faltin und Rafael Kugel setzt bei seinen Unternehmen die Theorie des Konzept-kreativen Gründens in die Tat um.

Rapskernoel.info ging 2005 an den Start. Der Kerngedanke: Öl in höchster Qualität wird in Großpackungen via Internet bestellt und direkt vom Hersteller zum Endkunden geliefert. Das Unternehmen funktioniert ausschließlich durch die Verkettung externer Dienstleister. Damit sind keine Angestellten notwendig. Hinter dem Fokus auf nur ein Produkt steckte von Tag eins an eine Strategie: simpel anfangen, viel lernen.

Das gewonnene Wissen floss bereits kurze Zeit später in Gründung Nummer zwei ein: die RatioDrink AG, gegründet nur ein Jahr nach dem Start von Rapskernoel.info. Die Leitdevise hieß hier: selbst anpacken statt dick (r)auftragen. In der Produktionskette setzt Kugel erneut auf externe Dienstleister. Damit sinken die Fixkosten gegen null und ab dem ersten Produkt wird Gewinn erzielt. Risikofrei gründen – so funktioniert es. Statt auf Fragen der Mitarbeiterführung oder Optimierung von Betriebsabläufen konzentriert sich Kugel auf strategische Fragen. Weicht er von seinen Kernaufgaben einmal ab, bringt ihn Günther Faltin, sein Mentor und Aufsichtsrats-vorsitzender der RatioDrink AG, wieder zurück auf Linie.

• •

Herr Kugel, wollten Sie schon immer Unternehmer werden?
Schon immer reizte es mich, Dinge zusammenzubringen und damit Neues zu erschaffen. Zudem wollte ich gerne Freizeit und Beruf verbinden und mein eigener Chef sein. Als Schüler nannte ich diesen Wunschberuf „Organisator", da ich keine bessere Bezeichnung dafür hatte.

Ich stamme aus Konstanz am Bodensee. In der Schulzeit fing ich an, Tagesausfahrten zum Skifahren und Snowboarden zu organisieren. Mein Preis für Skipass und Busfahrt lag unter dem normalen Verkaufspreis für einen einzelnen Skipass im Skigebiet. Das realisierte ich durch einen Mengenrabatt und erwirtschaftete einen Gewinn dabei. Nach mehreren Ausfahrten hatte ich zehn Stammkunden. Sie durften gratis mit, sofern sie jeweils zehn weitere Personen akquirierten. Es funktionierte und mein Organisationsaufwand sank erheblich. Ich musste nur noch in den Bus steigen, verbrachte einen tollen Tag mit meinen Freunden und verdiente gutes Taschengeld.

Nach dem Abitur war mein Entschluss klar: Beruflich sollte es in diese Richtung gehen. Nur, wie ich es angehen soll, das wusste ich nicht genau. Dann saß ich einem Trugschluss auf. Ich dachte, dass ich BWL studieren muss. Sonst gründe ich, und wenn es schief geht, müsste mich mir vorwerfen, dass mein Scheitern mit kaufmännischem Fachwissen vermeidbar gewesen wäre.

Stahlwerk

Im ersten Semester meinte der Rechnungswesen-Professor: So, stellen Sie sich vor, sie haben ein Stahlwerk. Wie verbuchen Sie den Wareneinkauf? Die Frage, wie ich zum Stahlwerk komme, beantwortete keiner.

Also schrieb ich mich zum BWL-Studium an der Freien Universität (FU) Berlin ein. Im ersten Semester sagte der Rechnungswesen-Professor: „So, stellen Sie sich vor, Sie haben ein Stahlwerk. Wie verbuchen Sie den Wareneinkauf?" Die Frage, wie ich zum Stahlwerk komme, beantwortete keiner. Es wurde einfach vorausgesetzt, dass Stahlwerke existierten. Das fand ich schade.

Ich hatte das Gefühl, dass die Bereitschaft, zu gründen, innerhalb des Studiums stetig abnimmt. Möglicherweise weil einem vorgeführt wird, mit welcher Komplexität sich Buchhaltung betreiben lässt. Um alles richtig zu machen, müsste man sich ja zehn Jahre ausschließlich damit beschäftigen. Und daneben gibt es noch weitere Themen wie beispielsweise Steuergesetze.

Nach sechs Semestern schloss ich mein Studium erfolgreich ab. Ich überlegte: Promotion, Gründung oder doch eine Festanstellung? 2000 ging ich eher lustlos zu einer Absolventenmesse. Vier von fünf Gesprächen waren totale Flops. Einzig der Vertreter von KPMG überzeugte mich. Für drei Jahre arbeitete ich an der Schnittstelle zwischen Prüfung und Beratung. Das war eine spannende Zeit. Ich sah, dass Unternehmen auch nur mit Wasser kochen – häufig mit recht brackigem dazu. Das hat mir etwas die Angst vor der Gründung genommen.

In dieser Zeit hörte ich von Günter Faltin (Professor für Entrepreneurship an der FU Berlin). Er beantworte die Frage, wie ich zu dem Stahlwerk – oder einem innovativen Unternehmen – komme. Zufälligerweise hatte er eine halbe Assistentenstelle frei und stellte mich ein. So wurde ich einerseits dafür bezahlt, dass ich von ihm lerne und hatte genügend Zeit, selbst zu gründen. Neben der Institutsarbeit war der wirklich spannende Teil der Abend. Bei einer guten Flasche Wein spielten wir „Ideen-Ping-Pong", das heißt, wir haben die unterschiedlichsten Geschäftsideen entwickelt, verworfen und neu zusammengesetzt. Aus dieser Zeit stammen die Ideen für Rapskernoel.info und die RatioDrink AG.

Was war die Motivation hinter der Gründung von Rapskernoel.info?

Seriengründer sagen gerne: Die erste Gründung ist die schwierigste, die zweite geht etwas einfacher und bei der dritten weiß man, wie es geht. Wenn die erste Gründung die schwierigste ist, dann suche ich mir doch die strukturell einfachste Geschäftsidee. Der Lerneffekt ist so am höchsten und das Risiko minimiert. Bei der zweiten Gründung kann man dann ein komplexeres Unternehmen gründen. Mit Rapskernoel.info wollte ich meine erste Gründung erfolgreich umsetzen.

Die Kernüberlegung von Rapskernoel.info war: Man könnte doch Öl in Großpackungen direkt vom Hersteller zum Endkunden bringen. Dann fallen sämtliche Kosten für den Zwischenhandel weg. Und liefert man das beste Öl, muss der Endkunde zu keinen Alternativen greifen. Uns reizte es, zu zeigen, dass diese Theorie auch in der Praxis funktioniert.

Eine weitere Motivation war, Erfahrung mit dem Gründen in Komponenten zu sammeln (Anmerkung d. Redaktion: siehe Kopf schlägt Kapital von Günter Faltin für weiterführende Informationen zum Gründen in Komponenten) Die Idee ist radikal: Ich nehme bestehende Dienstleistungen und setze daraus meine Unternehmen zusammen.

Welches sind die wichtigsten Komponenten zum Betrieb von Rapskernoel.info?

Das sind der Öllieferant, der Abfüller, der Verpackungshersteller und der Websitebetreiber. Zudem habe ich einen Buchhalter, der die Aufträge aus dem Online-Shop übernimmt. Er hat auch Zugriff auf die Konten und sieht, ob die Zahlung eingetroffen ist. Entsprechend wird ein Lieferschein ausgestellt oder ein Mahnverfahren angeschoben. Die Bags mit dem Rapskernöl stehen in einer Lagerhalle. Sobald der Lieferschein kommt, wird die Ware an den Kunden verschickt.

Ihr Rapskernöl beziehen Sie von der Teutoburger Ölmühle – dem „Champagner unter den Rapsölen". Wie konnten Sie das Unternehmen als Lieferant gewinnen?

Komponenten

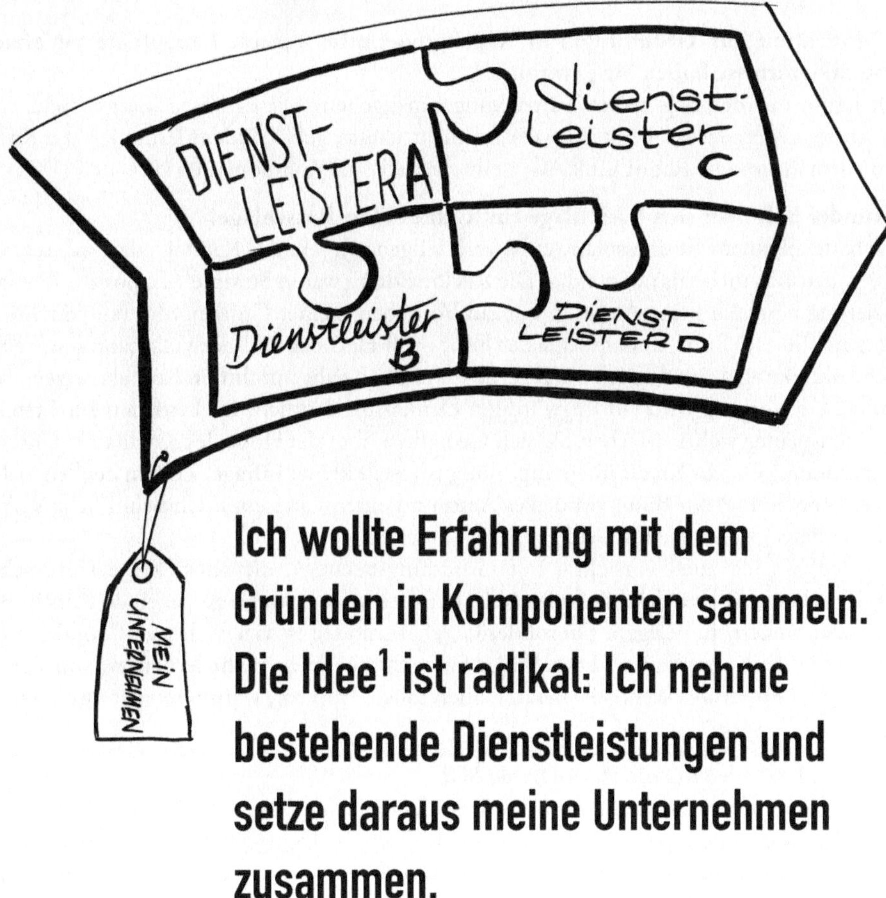

Ich wollte Erfahrung mit dem Gründen in Komponenten sammeln. Die Idee[1] ist radikal: Ich nehme bestehende Dienstleistungen und setze daraus meine Unternehmen zusammen.

[1] Siehe: Günter Faltin, Kopf schlägt Kapital, 2012, Deutscher Taschenbuch Verlag

Die Teutoburger Ölmühle wurde 2000 gegründet. Sie ist eine Ausgründung aus der Uni Essen und basiert auf einem neuartigen Verfahren zur Herstellung von Rapskernöl. Der Gründer war neuen Ansätzen gegenüber wohl aufgeschlossen. Ich rief ihn an und sagte, ich sei ein Spinner aus Berlin und er könne in fünf Minuten auflegen, aber vielleicht habe ich einen tollen Vorschlag für ihn. Er meinte dann, „Ja, Spinner aus Berlin, aber lass uns da doch weiterreden." Wir vereinbarten einen Besuch und ich konnte ihn für die Idee gewinnen.

Wie viele Mitarbeiter beschäftigen Sie bei Rapskernoel.info?

Keinen. Das Unternehmen funktioniert ausschließlich durch die Verkettung externer Dienstleister.

Eine Motivation zur Gründung von Rapskernoel.info war es, Lerneffekte zu erzielen. Welche Erkenntnisse haben Sie gewonnen?

Ich lernte mit der Bag-in-Box-Verpackung umzugehen. Dieses Verpackungssystem entwickelte ich so weiter, dass es beim Postversand nicht kaputt geht. Zudem lernte ich die Komponenten einzusetzen. Die RatioDrink AG greift ebenfalls auf Komponenten zu.

Als Gründer holt man sich Ratschläge ein. Gab es Flop-Ratschläge?

Ich hatte an einem Businessplanwettbewerb teilgenommen. Als Kapitalbedarf gab ich 5.000 Euro an – deutlich mehr als notwendig. Die Rückmeldung war in Summe sehr positiv. Einzig von Finanzierung hätte ich keine Ahnung. Für ein Vorhaben meiner Größenordnung bräuchte man mindestens 100.000 Euro. Zudem legte der Juror – ein Herr der Berliner Volksbank – seine Karte mit der Anmerkung dazu, dass ich mich gerne für einen Kredit mit ihm in Kontakt setzen könne.

An diesem Vorgang wird ein fragwürdiges Denkraster deutlich. Im Leitfaden zur Erstellung von Businessplänen steht: „Machen Sie sich Gedanken über die Höhe des Kredits zur Unternehmensgründung." Ob ein Kredit überhaupt nötig ist, stellt keiner infrage. Zudem denken viele, sie bräuchten erst einmal ein Büro, ein dickes Auto und einen Chefsessel. Und zum Schluss stellen sie sich die Frage, womit sie ihr Geld verdienen möchte.

Generell bin ich auch vorsichtig mit Gründungsberatern, die selbst keine Unternehmen gegründet haben. Die erzählen häufig Bullshit. Beispielsweise raten sie gerne, einen Kurs in Buchhaltung oder Steuern zu belegen. Ein solides Geschäftsmodell ist viel wichtiger. Gründer müssen sich mit Gründern unterhalten. Da können Sie wahrscheinlich mehr lernen als von der IHK Fachberatung Gründung. Wenn ein Berater einen tollen Tipp hat, warum setzt er ihn dann nicht selbst um?

Wie entstand die Idee für die RatioDrink AG?

Es war einer dieser Abende im Jahr 2006, an dem ich mit Günter Faltin Geschäftsideen diskutiert habe. Wir stellten fest, dass 90 Prozent der Säfte in Deutschland aus Fruchtsaftkonzentrat bestehen. Der Safthersteller nimmt Fruchtsaftkonzentrat, mischt es mit Wasser und verkauft das als Fruchtsaft an die Kunden. Kurz gesagt: Fruchtsaftkonzentrat + Wasser = Saft. Nur, warum kann ich kein Konzentrat pur kaufen? Man könnte doch Transportwege und vieles mehr weglassen. Ich fing an, zu recherchieren, um eine realistische Einschätzung der Lage zu bekommen.

Was waren die wichtigsten Schritte von der ersten Idee zum marktreifen Produkt?

Zunächst wollte ich das Mischen selbst ausprobieren. Ich schrieb drei Keltereien an, um an Konzentrat zu kommen. Keine antwortete. Beim nächsten Anlauf gab ich mich als Agent eines Großkunden aus, der aktuell noch nicht genannt werden wollte, und einen Lieferanten für 100 Tonnen Fruchtsaftkonzentrat sucht. Auf fünf Anfragen bekam ich ein Angebot. Das Angebot beinhaltete eine genaue Spezifikation von Fruchtsaftkonzentrat. Erstmals hielt ich ein Dokument in der Sprache der Keltereien in der Hand. Bei den nächsten Anfragen verwendete ich

Gründungskredit

Im Leitfaden zur Erstellung von Businessplänen steht:

„Machen Sie sich Gedanken über die Höhe des Kredits zur Unternehmensgründung."

Ob ein Kredit überhaupt nötig ist, stellt keiner infrage.

dieses Spezifikationsdokument einfach als Vorlage. Endlich erhielt ich konkrete Angebote. Einem Anbieter schrieb ich zurück: „Super Angebot! Aber mein Kunde möchte zunächst selbst die Qualität prüfen. Können Sie mir bitte ein drei Kilogramm Muster schicken?" So kam ich zu meinem ersten Konzentrat und konnte das Mischen selbst ausprobieren.

In dieser Zeit war das Labor für Entrepreneurship aktiv – eine Lehrveranstaltung von Günter Faltin. Wir probierten das Mischen von Konzentrat und Wasser als Pausenunterhaltung aus. Das Feedback der 25 teilnehmenden Studenten zur Alltagstauglichkeit unseres Produkts war positiv. Ich gab der Kelterei Rückmeldung: „Qualitätsprüfung bestanden." Bevor wir allerdings in Großproduktion gehen können, bräuchten wir noch einmal 150 Kilogramm, um zu testen, ob unsere Maschinen mit dem Konzentrat umgehen können. Das ist übrigens der erste Zeitpunkt, an dem wir Geld in die Hand nahmen. Nebenbei hatte ich eine Abfüllanlage gefunden, die in kleiner Stückzahl das Konzentrat in die Bag-in-Box-Verpackung abfüllen konnte. Wir erstellten noch ein paar schwarz-weiße Etiketten, druckten sie aus und brachten sie mit einem Klebestift auf. Dann standen die ersten 50 Prototypen vor uns.

Als nächsten Schritt haben wir einen Markttest durchgeführt. Die Überlegung war, wenn ich es schaffe, die Prototypen im näheren Umfeld zu einem marktüblichen Preis zu verkaufen, dann besteht eine reelle Chance für eine flächendeckende Vermarktung. Ich kannte nun die ungefähren Kostenpositionen und konnte damit einen realistischen Verkaufspreis bestimmen. Auf einer Veranstaltung zum Labor für Entrepreneurship boten wir die Prototypen an und fanden zahlende Kunden. Damit bauten wir unsere ersten Stammkunden auf. Und die Studenten erzählten ihren Freunden und Bekannten von unserem Projekt. Produkt- und Marktentwicklung liefen parallel – mit geringem Ressourceneinsatz.

Eine Umfrage halte ich für keinen verlässlichen Markttest. Da bekommt man kein ehrliches Urteil. Die Studenten beantworten die Frage, ob sie das Produkt kaufen würden, nach Sympathiewerten. Eine realistische Einschätzung ist das nicht.

Welches waren die wichtigsten Professionalisierungsschritte?

Neben farbigen Etiketten war es wichtig, einen sich-selbst-kontrollierenden Vertriebsprozess zu etablieren. Zudem wollten wir qualitativ hochwertigeres Konzentrat anbieten und unser Sortiment um weitere Geschmacksrichtungen erweitern.

Im Vertriebsprozess verknüpfen Sie Dienstleistungen mehrerer Anbieter, ohne selbst dabei aktiv zu werden. Wie funktioniert dieser sich-selbst-kontrollierende Prozess?

Die zentrale Frage ist: Wie können sich die Prozessstufen gegenseitig kontrollieren? An den Schnittstellen zwischen den Prozessstufen muss der Empfänger der Ware die Einhaltung definierter Qualitätskriterien kontrollieren. Erst dann geht die Verantwortung der Ware auf ihn über. Eine dritte Instanz prüft stichprobenartig die Einhaltung der Qualitätskriterien.

Die einzelnen Prozessschritte können jeweils zwei Lieferanten erbringen. Damit minimiere ich das Risiko, dass einer seine Preise verdreifacht oder aus anderen Gründen die Leistung nicht mehr erbringt. Durch die doppelte Auslegung wird der Prozess auch skalierbar. Sprich, wenn die Nachfrage steigt, schalte ich einfach einen weiteren Lieferanten dazu. Damit lassen sich Flaschenhälse im Prozess vermeiden.

Dieser Automatismus funktioniert von „Kunde bestellt" bis „Kunde erhält die Ware". Alles außerhalb dieser Aktivitäten ist meine Aufgabe. Ich beschäftige mich mit Fragen wie beispielsweise: Wo wollen wir in fünf Jahren stehen? Wie erhöhe ich den Bekanntheitsgrad? Welche neuen Marketing-Aktionen sind sinnvoll?

Proof-of-Concept

Die Überlegung war, wenn ich es schaffe, die Prototypen im näheren Umfeld zu einem marktüblichen Preis zu verkaufen, dann besteht eine reelle Chance für eine flächendeckende Vermarktung.

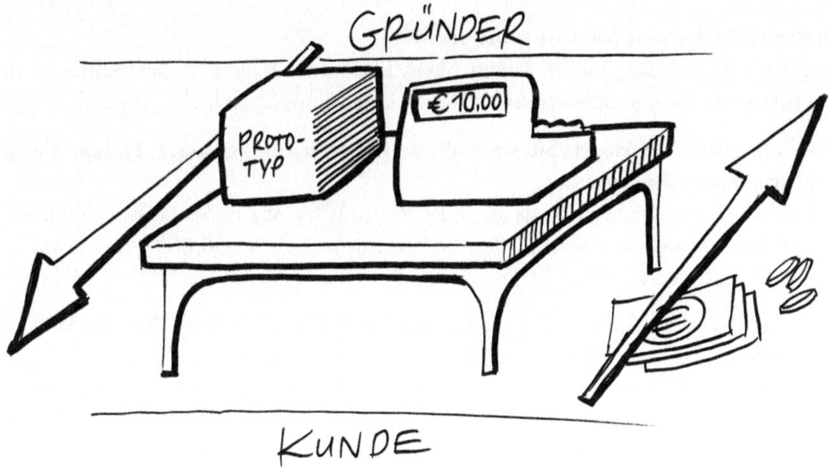

Welche Überlegungen leiteten Sie beim Ausbau Ihres Produktsortiments?

Wir starteten mit Apfelsaftkonzentrat. Dann kam Apfel naturtrüb dazu. Wir überlegten, weitere Geschmacksrichtungen anzubieten wie beispielsweise Himbeere, Johannisbeere oder Kirsche. Diese Säfte sind als Konzentrate recht sauer. Handelsübliche Säfte verwenden meist Zucker als Basis. Das wollten wir nicht, da wir ein Gegenentwurf zum Zuckerwasser von Coca-Cola sind. Darum entwickelten wir eine Basis aus Apfel, die die Süße mitbringt, geschmacklich aber im Hintergrund steht. Eine weitere Frucht – beispielsweise Johannisbeere – wird zugeführt und steht geschmacklich im Vordergrund. Damit bauen wir schrittweise unser Sortiment aus.

Günter Faltin ist ihr Mentor und Mitgründer. Welches waren seine wichtigsten Ratschläge?

Hin und wieder komme ich in die Versuchung, ausgelagerte Aufgaben selbst betreiben zu wollen. Mein Mentor stupste mich da wieder zurück. Er hilft mir erstens, meine Ziele klar zu formulieren und zweiten, den Fokus auf die Ziele zu halten. Auch animiert er mich, hin und wieder über den Tellerrand zu schauen. Das kann in der täglichen Arbeit untergehen. Die Gefahr ist, dass ich anfange, im Unternehmen zu arbeiten, und die Arbeit am Unternehmen vernachlässige. In diesen Bereichen gibt mir Günter Faltin Hilfestellung.

Familie und Freundeskreis sind für mich ebenfalls wichtige Ansprechpartner. Sie haben einen Außenblick und können einem helfen, Dinge realistisch einzuordnen. Das ist wichtig, denn irgendwann sieht alles aus wie Apfelsaftkonzentrat.

Wie finde ich den passenden Mentor?

Schwierig. Wer will schon Mentor sein? Es kostet viel Zeit und man muss sich Probleme anhören, die einen nicht direkt betreffen …

… wie kann der Gründer den Mentor motivieren?

Mentoring gegen Beteiligung ist eine Möglichkeit. Die Schwierigkeit ist, den richtigen Modus zu treffen. Allerdings glaube ich, dass im Frühstadium Beteiligungen zu locker abgegeben werden.

Beteiligung ist ein gutes Stichwort. Sie sind ohne Finanzierung gestartet. Haben Sie später eine Finanzierung dazugenommen?

Nein. Sowohl das Raspkernoel.info als auch die RatioDrink AG sind aus dem eigenen Geldbeutel finanziert. RatioDrink ist eine AG. Zur Gründung braucht es 50.000 Euro Kapital. Das haben Günter Faltin und ich eingebracht und konnten so starten.

Bei der Gründung und dem Aufbau des Unternehmens fallen viele Aufgaben an. Wie haben Sie die Arbeit zwischen den Gründern aufgeteilt und organisiert?

Bei der RatioDink AG bin ich Vorstandsvorsitzende und übernehme alle operativen Tätigkeiten. Günter Faltin ist Vorsitzender des Aufsichtsrats und hat damit eine Kontrollfunktion inne. Zudem ist er mein Ideen-Sparringspartner. Das ist sehr wertvoll, denn irgendwann wird es schwierig, jemanden zu finden, mit dem man über die Probleme im Unternehmen vertrauensvoll sprechen kann.

Die Rechtsform der RatioDrink AG verlangt mindestens einen Mitarbeiter. Mehr haben wir auch nicht. Grundsätzlich halte ich das Einstellen von Mitarbeitern für ein zweischneidiges Schwert. Gute Mitarbeiter bringen enorm viel. Aber man hat auch mittelmäßige Mitarbeiter. Und Mitarbeiter, die doppelt so alt sind, wie man selbst. Hin und wieder muss man sie zurechtweisen und gleichzeitig motivieren. Das sind unterschiedliche Rollen, die am Unternehmer hängen. Ein Gründer muss aber nicht zwingend Mitarbeiter führen können. Von dieser Annahme muss man Gründer befreien.

Serial Entrepreneurship

Seriengründer sagen gerne: Die erste Gründung ist die schwierigste, die zweite geht etwas einfacher und bei der dritten weiß man, wie es geht. Wenn die erste Gründung die schwierigste ist, dann suche ich mir doch die strukturell einfachste Geschäftsidee.

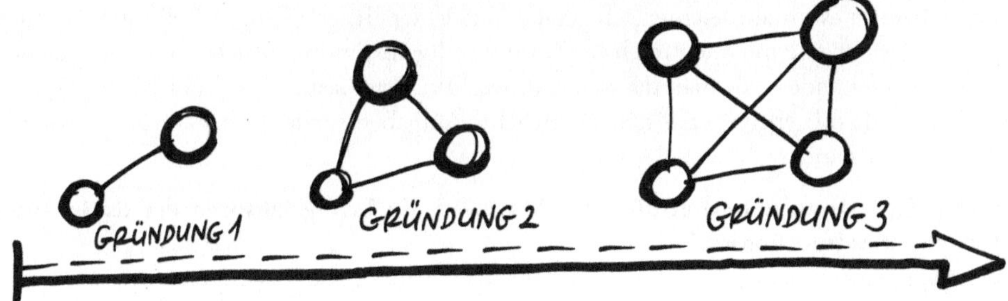

Wenn Mitarbeiterführung keine notwendige Qualifikation eines Gründers ist, welche Fähigkeiten muss er dann mitbringen?

Eine innovative Denkweise. Er muss erkennen, wie sich bestehende Lösungen, Dienstleistungen und Denkmuster zu neuen Geschäftsansätzen kombinieren lassen. Und er muss die Fähigkeit mitbringen, diese Einzelteile in der Realität zu einer funktionierenden Lösung zusammensetzen – Lösen statt labern. Ich hatte lange das Wort „Tun" an meiner Pinnwand hängen, um den Übergang in die Handlung zu priorisieren. Das ist eine spannende Zeit – wie bei der „Sendung mit der Maus". Beispielsweise schaut man sich die Rapskernöl-Produktion an.

Zudem muss ein Gründer an die eigene Idee glauben und hartnäckig dranbleiben, andererseits darf man auch nicht beratungsresistent und realitätsfern sein. Hier gilt es, die richtige Balance zu finden. Und man muss aber auch den Mut haben, den Stecker zu ziehen, falls keine Kunden kommen.

Eine weitere Voraussetzung ist auch die Erkenntnis, nicht in allen Aufgabenbereichen glänzen zu können. Für diese Bereiche muss man sich professionelle Hilfe holen. Und zwar möglichst keinen Berater, der dir beibringt, wie man tolle BWL macht, sondern jemanden, der selbst tolle BWL macht. Mit anderen Worten, ich suche mir jemanden, der die Aufgabe übernimmt und ich schaue nur noch, ob die Aufgabe auch erledigt ist.

Zudem muss man die richtigen Personen kennen …

… bedeutet das Netzwerk?

Ein stückweit ja. Wobei es fraglich ist, ob dort immer die richtigen Leute sitzen. Neulich benötigte ich einen Anwalt. Der Anwalt aus dem Freundeskreis hat hier versagt. Der Anwalt aus dem Freundeskreis hat totalen Mist gebaut. Dann kontaktierte ich einen Fachanwalt aus dem Telefonbuch, und der hat einen sehr guten Job gemacht. Nur weil jemand aus dem eignen Netzwerk und Freundeskreis stammt, ist er oder sie nicht automatisch die richtige Person für die Aufgabe. Das gilt wahrscheinlich auch, wenn man mit Freunden gründet.

Nach welchen Kriterien würden Sie Ihr Gründerteam zusammenstellen?

Einige gehen sicher davon aus: Im Team verteilt sich die Verantwortung auf mehrere Schultern und deshalb ist es für alle leichter. Ich glaube, dies ist ein Trugschluss. Die Nachteile werden übersehen. Beispielsweise muss ich mich im Team ständig abstimmen. Auch reagieren Personen unter Druck häufig anders, als man das gewohnt war. Im Team sehe ich sowohl Nach- als auch Vorteile. Ich würde mir eher Spezialisten für einzelne Aufgaben suchen. Aber warum müssen es gleich Mitgründer sein?

Ihre beiden Gründungen sind erfolgreich. Was sind die Erfolgsfaktoren der RatioDrink AG? Warum hat es funktioniert?

Das Erfolgsgeheimnis liegt in der Struktur der Idee. Nahezu alle Kostenpositionen sind variabel. Damit entstehen nur echte Kosten, wenn ein echter Kunde einen echten Preis bezahlt. Der Preis ist so kalkuliert, dass jedes verkaufte Produkt profitabel ist. Damit bin ich mit jedem verkauften Produkt erfolgreich. Falls ich keine Kunden finde, fallen auch keine Kosten an. Ich muss beispielsweise keine großen Maschinen abschreiben. Damit geht mein Insolvenzrisiko gegen Null. In die Verlustzone könnte ich höchstens durch einen schleichenden Aufbau von Fixkosten geraten. Mit dieser Struktur kann das Ergebnis also nur neutral oder positiv sein. Nicht aber negativ.

Die Struktur der Idee macht auch den Businessplan hinfällig, da ich keinen Break-Even berechnen muss. Mit meinem Modell bin ich von Anfang an Break-Even. Woran messe ich jetzt den Erfolg? Die Bekanntheit und generelles Feedback sprechen für einen echten Nutzen. Die Bestandskunden bestellen wieder und Neukunden kommen ständig hinzu. Damit ist das System

Solo- vs Teamgründung

Einige gehen sicher davon aus: Im Team verteilt sich die Verantwortung auf mehrere Schultern und deshalb ist es für alle leichter. Ich glaube, dies ist ein Trugschluss.

stabil. Es entsteht ein echter Unternehmenswert, das heißt, ich könnte die RatioDrink AG verkaufen. Ein netter Nebeneffekt: Ich kann komplett davon leben.

Wo liegen die Unterschiede zwischen dem Job als Gründer und einer Anstellung bei einem etablierten Unternehmen? Was sollte man berücksichtigen, wenn man einen Job bei einem etablierten Unternehmen hat, aber mit dem Gedanken spielt, zu gründen?

Wenn man als Angestellter projektbezogen arbeitet, geht das schon in die Richtung der Aufgaben, die man als Unternehmer hat. Ich würde empfehlen, nicht den harten Schnitt zu machen und heute den gutbezahlten Job beim etablierten Unternehmen zu kündigen, um ab morgen nur noch am Startup zu arbeiten. Dadurch bringt man sich möglicherweise ohne Zwang in eine Situation, die nicht notwendig gewesen wäre. Eine Alternative ist es, einen Grundjob als Einnahmequelle für die eigenen Lebenshaltungskosten zu suchen. Mit der freien Kapazität kann man die Gründung vorantreiben. Sobald das Startup genügend Geld abwirft, kann man den Grundjob an den Nagel hängen.

Von den Aufgaben her ist man natürlich sehr frei. Ich entscheide mich, ob ich arbeite oder doch lieber segeln gehe. Aber es gibt auch Momente, in denen man sich selbst in den Hintern treten muss. Schließlich sagt keiner: Auf jetzt – mach das mal!

Wie motivieren Sie sich in diesen Augenblicken?

Da hilft mir der berühmte Tipp von Beppo dem Straßenkehrer aus „Momo": „Statt das Ende der langen Straße zu beachten, immer nur das nächste Stück zu sehen." Step by Step.

Einer meiner Lieferanten beeindruckt mich da immer wieder. Er stammt aus einer alten Generation, Internet ist nicht sein Ding. Wenn er ein Problem lösen muss, ruft er Personen aus seinem Netzwerk an und gelangt über diesen Diskurs zur Lösung. Ich denke, entscheidend ist nicht nur, im stillen Kämmerlein das Problem zu wälzen, sondern mit anderen darüber zu sprechen. Idealerweise entsteht durch die Lösung eine echte Win-win-Situation für alle an der Lösungsfindung Beteiligten. Dann freuen sich die Beteiligten auch, beim der nächsten Gelegenheit wieder gemeinsam Probleme zu lösen.

Herr Kugel, wir danken Ihnen für das Gespräch.

Literaturtipps von Rafael Kugel

Faltin, Günter (2012), *Kopf schlägt Kapital*; Deutscher Taschenbuch Verlag

Kawasaki, Guy (2004); *The Art of the Start: The Time-Tested, Battle-Hardened Guide for Anyone Starting Anything*; Portfolio Hardcover

Gratzon, Fred (2003); *The Lazy Way to Success: How to Do Nothing and Accomplish Everything*, Soma Press

Suter, Martin (2002); *Business Class: Geschichten aus der Welt des Managements*; Diogenes Verlag

simpleshow
Jens Schmelzle

Gründerteam: Jens Schmelzle, Adrian Thoma, und Kai Blisch (von links)

Die Erklär-Experten

Bei Stuttgart denken viele bis dato nur an Porsche, Daimler und Bosch. Es sind die etablierten Platzhirsche, die vor Jahrzehnten gegründet worden sind. Jens Schmelzle, Adrian Thoma und Kai Blisch, die Macher der simpleshow, gehören zu der neuen Generation, die daran arbeitet, die Gründertradition der Schwabenmetropole wiederzubeleben.

Sie starteten mit einem Plattenlabel und angeschlossener Medienagentur. Ob Homepage, Imagefilm oder TV-Spot – für neue Aufträge erarbeiteten sie stets neue Konzepte. So auch für den Auftrag: Erklärvideo. Was dann geschah, überraschte das kreative Trio: Weitere Kunden wollten ebenfalls dreiminütige Erklärvideos. Individueller Sprecher, Zeichenstil und Musik waren nicht entscheidend. Viel wichtiger war den neuen Kunden die Lösung ihres Erklärproblems. Das war die Geburtsstunde der simpleshow.

Die Gründer beschlossen, das Erklärvideoformat als Standardprodukt von der Stange zu definieren, zu einem Pauschalpreis anzubieten und dazu eine Marke aufzubauen. Innerhalb von nur wenigen Monaten generierte das Team mit seinem Angebot siebenstellige Umsätze und konnte dabei den Aufbau seines Unternehmens aus dem eigenen Cashflow finanzieren.

Zielstrebig entwickelten Sie die Kompetenz zur Lösung von Erklärproblemen, bauten ein schlagkräftiges Team auf und führten standardisierte Prozesse ein. Damit schufen sie die Basis für den nächsten Entwicklungsschritt: die internationale Skalierung. Dafür etablierten sie Strukturen, um standardisiert neue Erklärvideo-Startups in anderen Ländern zu gründen. Mit Erfolg: Mittlerweile sind sie auf drei Kontinenten zu Hause und haben Standorte unter anderem in Berlin, London, Miami, Tokio, Hongkong oder Singapur.

. . . .

Wie ist die Idee für die simpleshow entstanden?

Wir hatten nie den Plan, ein globales Unternehmen für Erklärvideos aufzubauen. Es kam, wie so vieles im Leben, durch Zufall.

Ich habe an der Hochschule der Medien in Stuttgart studiert und dort den Abschluss als Diplom-Ingenieur für Audiovisuelle Medien gemacht – bin also kein Kaufmann. Während des Studiums habe ich zwei Kommilitonen kennengelernt – Adrian Thoma und Kai Blisch. Adrian und ich haben gemeinsam in einer Band gespielt und hatten den Plan, Musiker zu werden und gemeinsam ein Plattenlabel zu gründen. Dann trafen wir irgendwann zufällig Christoph Bertsch, einen jungen Stuttgarter Unternehmer. Er hatte schon einige Firmen gegründet und pushte uns: „Ein Plattenlabel?! Macht das!" Allerdings wussten wir nicht so richtig, wie wir anfangen sollten, und schon gar nicht, wie das Ganze finanziert werden sollte. Christoph meinte, alles was wir bräuchten, sei ein bisschen Startkapital, und das könnten wir uns doch schnell selbst verdienen. Er hat uns ein weißes Blatt Papier hingelegt und uns aufgefordert, aufzuschreiben, mit welchen unserer Fähigkeiten wir Geld verdienen könnten. Es war eines der wichtigsten Aha-Erlebnisse meines Lebens. Zum ersten Mal dachte ich: Ich muss nicht mehr als Teilzeitkraft beim SWR arbeiten, um als Musiker über die Runden zu kommen. Ich kann selbst etwas machen. In diesem Moment ist wirklich ein Knoten geplatzt.

Über Nacht habe ich mit Adrian dann ein Modell entworfen: Wir gründen das Unternehmen MARIA. Es hat zwei Bereiche: Plattenlabel und Medienagentur. Mit der Medienagentur verdienen wir Geld und subventionieren damit das Plattenlabel. Wir nehmen also das Geld der Unternehmen dieser Welt und stecken es in die Musik, ein bisschen im Robin-Hood-Stil. Zu diesem Zeitpunkt hatte unsere Idee noch nichts mit Erklärvideo, Startup oder gar internationalen Wachstumsplänen zu tun.

Mit der Medienagentur haben wir im Prinzip alles gemacht. Fragte ein Kunde, ob wir ihm eine Homepage bauen, haben wir gesagt: „Ja, klar!" Und zur Not haben wir in unserem Netzwerk die richtigen Leute zusammengezogen, um Anfragen umzusetzen. Heute würde ich sagen, unsere Agentur war eine klassische Ente: Die kann ja irgendwie laufen, schwimmen und fliegen, aber nichts davon kann sie richtig.

Und wie hat sich daraus die simpleshow entwickelt?

Die Anfänge waren dem Zufall geschuldet. Nach einigen Monaten kam ein Unternehmen zu uns, das eine Media-Asset-Management-Software herstellt. Media-Asset-Management? Keiner weiß, was das ist. Und genau dieses Problem hatte das Unternehmen beim Kunden. Das Team hatte hervorragende Entwickler, aber wenig talentierte Erklärer. Ihre Anfrage an uns lautete, ob wir ihren Kunden in drei Minuten erklären könnten, welchen Nutzen ihre Software hat. Unsere Antwort war: „Ja, klar!" Wir hatten zu diesem Zeitpunkt allerdings noch keine Ahnung, wie wir das anstellen sollten.

Wir haben dann hin und her überlegt. Die Optionen der üblichen Broschüren und Powerpoint-Folien haben uns nicht überzeugt. Unser Gedanke war: Es muss doch einen Weg geben, das Produkt ohne technische Möglichkeiten bei einem Gespräch in einer Bar auf einer Serviette erklären zu können. Auf diesem Weg sind wir auf das Papierthema gekommen.

Wir haben dann eine Freundin gefragt, ob sie uns ein paar Zeichnungen machen könne. Diese haben wir ausgeschnitten, sind 250 Kilometer zu einem ehemaligen Kommilitonen nach München gefahren, der eine Kamera und Scheinwerfer hatte, und haben in seinem Studentenzimmer den ersten Papierclip gedreht. Danach haben wir auf dem Balkon gegrillt, sind wieder heimgefahren, haben den Film vertont und fertig abgeliefert.

Damit war das Projekt Papierclip für uns zunächst erledigt. Wir waren ja eine klassische Medienagentur, das heißt: Jede neue Anfrage bekommt auch eine neue Idee. Doch dann passierte etwas Unerwartetes: Nach zwei Wochen rief der Kunde an. Er war super glücklich mit dem Clip. Ein Geschäftspartner hatte den Film gesehen und wollte auch einen haben. Der Stil dürfe derselbe sein, wichtig sei nur, dass er sein Produkt erklären müsse. Wir sagten wieder schulterzuckend: „Ja, klar!" Riefen wieder die Freundin an, fuhren nach München, drehten, grillten und lieferten Papierclip Nummer zwei ab.

Von diesem Zeitpunkt an wurde das Format zum Selbstläufer. Christoph meinte damals sofort, dass es ein großes Ding werde und gab uns schließlich einen Vorschuss für die erste eigene Kamera. Eine tolle Unterstützung, denn für uns war das damals eine Riesen-Investition.

Wie ging es dann weiter?

In den nächsten Wochen und Monaten kristallisierten sich zwei Dinge heraus: Es gibt einen großen Bedarf an einfachen Erklärungen per Videoclip und das für die unterschiedlichsten

Themen und Branchen. Und: Wir als Kreative waren immer davon ausgegangen, dass wir vielfältige Sprecher, Illustrationsstile und Musiken zur Auswahl stellen müssen. Das Gegenteil war der Fall. Am Anfang haben wir drei Sprecher zur Auswahl vorgestellt. Passiert ist dann immer das Gleiche: Der Kunde war sich unsicher, wollte unseren Rat und am Ende haben wir immer den ersten Sprecher genommen. Auswahlmöglichkeiten wurden von den Kunden gar nicht gewünscht. Sie haben das ganze Projekt stattdessen unnötig verkompliziert. Also haben wir überlegt und sind zu einem einfachen Schluss gekommen: das Erklärvideoformat als Standardprodukt von der Stange zu definieren, zu einem Pauschalpreis anzubieten und dazu eine Marke aufzubauen. Das war ein völlig neuer Ansatz – und die Geburtsstunde der Simpleshow.

Was waren die ersten Schritte beim Aufbau von simpleshow?

Zunächst haben wir das Geschäftsmodell hinter den Erklärvideos gestaltet. Die Produktion der Legetrickfilme ist gar nicht das Entscheidende, sondern es kommt darauf an, das jeweilige Erklärproblem richtig zu erfassen und zu lösen. Außerdem steckt in einem Pauschalpreis ein Risiko für eine Agentur. Schließlich hast du ein Produkt, das individuell für den Kunden erstellt werden muss. Die nötige Arbeitszeit lässt sich oft nur schwer abschätzen – und jede Korrekturschleife kostet uns Geld und den Kunden Zeit. Um das in den Griff zu bekommen, haben wir standardisierte und skalierbare Prozesse geschaffen. Bereits nach dem vierten, fünften Film haben wir festgestellt, dass wir Scribbles wie Sprechblasen oder Ausrufezeichen wieder verwenden können. Über die Zeit konnten wir ein Scribble-Archiv aufbauen, was natürlich zu einer Zeitersparnis führt.

Auf diese Art und Weise haben wir versucht, Abläufe und Strukturen zu schaffen. Wir wollten zwar die Individualität jedes Erklärproblems abbilden, aber gleichzeitig die Voraussetzungen schaffen, eben nicht nur fünf Filme im Monat zu machen, sondern mehrere hundert, wie es heutzutage auch der Fall ist. Mit einer klassischen Medienagentur hat diese Form des Arbeitens nur noch wenig gemeinsam.

Was war die erste große Herausforderung?

In kurzer Zeit stapelten sich die Anfragen auf unserem Tisch. Unser Team, die drei Gründer und eine Handvoll Mitarbeiter, kamen einfach nicht mehr hinterher. Damit standen wir vor dem ersten Wachstumsproblem. Wenn ich neue Mitarbeiter einstelle, muss ich ihnen erst einmal die simpleshow-Methodik beibringen, die wir uns ja selbst beigebracht und entwickelt hatten. Nur, worin besteht eigentlich diese Methodik? Wie bringe ich sie zu Papier? Das war die erste große Herausforderung.

Wir haben dann eine Forschungs- und Entwicklungsabteilung gegründet – die simpleshow academy. Sie hatte zwei Aufgabenbereiche. Erstens: In Zusammenarbeit mit Universitäten sollte in der academy unser Format erforscht werden. Kernfragen: Was passiert im Gehirn, wenn man einen Film sieht? Was ist das richtige Tempo, was die richtige Länge? Wie müssen Symbole gestaltet sein? Dazu haben wir Eye-Tracking-Tests und Nutzerbefragungen durchgeführt. Außerdem haben wir ein internes Ausbildungsprogramm für Konzepter, also unsere Filmautoren, gestartet. Dies war nötig, da wir sehr schnell festgestellt haben, dass nicht jeder Erklärprobleme schnell erfassen und erfolgreich lösen kann. Auf diese Weise wollten wir früh filtern. Inzwischen ist daraus ein Rekrutierungsprogramm geworden. Der angehende Konzepter wird über mehrere Monate evaluiert und muss mehrere Tests absolvieren. Auf den ersten Blick sieht das vielleicht etwas übertrieben aus, aber es ist notwendig, wenn du bei einem schnellen Wachstum höchste Qualität beibehalten willst. Es ist nach wie vor einer der aufwendigsten und wichtigsten Prozesse im Unternehmen.

MIT WELCHEN DEINER
FÄHIGKEITEN
KANNST DU SELBST
GELD VERDIENEN?

Wie findet ihr eure Mitarbeiter?

Zunächst lief alles über unser persönliches Netzwerk und unsere Website. Dann fingen wir an, auch über Internetplattformen und -portale wie Xing und Stepstone zu suchen. Bei Stellen, die wir regelmäßig besetzen, haben wir heute allerdings nicht mehr das Problem, dass wir zu wenige Bewerbungen haben. Es geht vielmehr darum, aus den Bewerbungen die Richtigen herauszupicken.

Wie habt ihr den Aufbau der simpleshow finanziert?

Ein Funding hatten wir nicht. Wir sind von Tag eins an aus dem eigenen Cashflow gewachsen und konnten Umsatz und Mitarbeiterzahl jedes Jahr verdoppeln. Es ging alles ziemlich schnell. Was wir bei der Entwicklung nicht vorhergesehen hatten, war, dass sich in einer solchen Wachstumsphase auch die Strukturen sehr verändern müssen. Eine große Firma ist keine große Ausgabe einer kleinen Firma. Das weiß ich heute. Damals dachte ich: flache Hierarchien, jeder kann mitbestimmen und am Nachmittag wird zusammen gegrillt. Anfangs lief es genau so. Und es funktionierte prima mit fünf Mitarbeitern. Mit 50 Mitarbeitern funktioniert es allerdings nicht mehr. Jede Wachstumsphase benötigt unterschiedliche Strukturen. Und die Mitarbeiter und Führungskräfte benötigen unterschiedliche Skill-Sets.

Welche Skill-Sets braucht man in der frühen Phase?

Am Anfang war es sehr wichtig, dass jeder von uns alles konnte. Das heißt: Ich bin zu einem Kunden gefahren und habe die simpleshow vorgestellt, den Kunden beraten und das Angebot geschrieben. Sobald der Auftrag eingegangen war, habe ich das Projektmanagement übernommen, den Film konzipiert, mit daran gebastelt und die Vertonung gemacht. Am Ende habe ich den Film ausgeliefert und dann auch noch die Rechnung selbst geschrieben. Und das hat jeder von uns so gemacht. Diese Flexibilität war sicherlich die wichtigste Fähigkeit im Gründerteam und der Mitarbeiter der ersten Stunde.

Heute sieht das anders aus. Die simpleshow mit 120 Mitarbeitern braucht Spezialisten für die einzelnen Produktionsschritte statt flexible Generalisten. Ein Cutter muss kein Konzept mehr schreiben. Natürlich muss jeder über seinen Tellerrand schauen und den gesamten Produktionsablauf verstehen, aber wichtiger ist, dass die Spezialisten auf ihrem Gebiet einen guten Job machen.

Pro Film sind bei uns heute über zehn Spezialisten im Einsatz. Da muss man natürlich sicherstellen, dass die Schnittstellen funktionieren. Es sind Strukturen erforderlich, die den Informationsfluss zwischen den Spezialisten sicherstellen. Anfangs war das überhaupt nicht wichtig – im Zweifelsfall hat man einfach über den Schreibtisch hinweg gefragt.

Eine Schwelle erreichte die Organisation, als wir die 50-Mitarbeiter-Marke überschritten haben. In diesem Moment funktionierten viele Prozesse nicht mehr reibungslos. Bis dahin waren wir ohne Marketing, ohne Vertrieb, ohne richtige Kundenverwaltung und nur mit einer Halbtags-Buchhaltungskraft unterwegs. Das war sehr kosteneffizient und wir konnten dennoch einen siebenstelligen Umsatz erzielen. Aber unsere Wachstumsfähigkeit stieß an Grenzen. Alle wichtigen Entscheidungen liefen über das Gründerteam. Wir waren total überlastet. Bildlich gesprochen: Wir waren zu diesem Zeitpunkt „mit 200 Sachen in einem Kettcar auf der Rennstrecke unterwegs", doch unser Fahrzeug war dafür einfach nicht ausgelegt. Also haben wir einen radikalen Schritt gemacht. Wir wussten: Wir müssen mit dem Kettcar jetzt in die Box fahren – und einen richtigen Rennwagen daraus bauen.

Was habt ohr verändert?

Gerade beim Stichwort Finanzen sind wir Gründer an unsere Grenzen gestoßen. Wir sind eben keine ausgebildeten Kaufleute. Natürlich hatten wir im Studium ein Semester BWL-Grundlagen

EINE GROßE FIRMA IST KEINE GROßE AUSGABE EINER KLEINEN FIRMA.

belegt. Aber eigentlich war das nicht unser Thema. Auch wenn wir mehrere Tage in der Woche in Themen wie Cash-Planung oder Bilanzanalyse investierten, waren wir uns immer unsicher, ob wir auch an alles gedacht hatten. Keine Frage: Ein Fachmann kann das schneller und besser.

Außerdem überlegten wir, ob man die Firma nicht viel besser voranbringen könnte, wenn sich jeder auf die Gebiete konzentriert, die er sehr gut kann. Auch bei Gesprächen mit unserem Gesellschafter Christoph Bertsch wurde deutlich, dass die Expertise eines Fachmanns nötig ist, um das weitere Wachstum zu steuern. Damit war die Entscheidung, einen erfahrenen Finanzgeschäftsführer einzustellen, gefallen.

Wir haben dann eine Vertriebsmannschaft samt Außendienst aufgebaut, daneben eine Marketingabteilung und eine Buchhaltung mit mehreren Mitarbeitern. Durch diese Schritte wollten wir die Basis für eine skalierbare Firma legen.

Welche konkreten Probleme sind an der 50-Mitarbeiter-Schwelle noch aufgetreten und wie habt ihr sie gelöst?

Es gab nicht den einen großen Knall, vielmehr war es eine Reihe an Problemen, die wir angehen mussten. Zum Beispiel das Thema Umsatz-Forecast. Im letzten Monat des Jahres haben wir wahnsinnig viele Rechnungen geschrieben, weil am Ende des Jahres einfach so viele Projekte fertiggestellt wurden. Wir hatten zuvor den Überblick beim Forecast ein wenig verloren. Ein hoher Umsatz ist zwar grundsätzlich schön, aber wir hätten das besser vorhersehen müssen, um noch Investitionen zu tätigen. Heute haben wir ein deutlich transparenteres Forecast-System und wissen genau, wie viele Projekte sich in welchem Stadium befinden und wann sie voraussichtlich abgerechnet werden können.

Auch das Stichwort Cashflow war ein großes Thema. Plötzlich stellst du fest, dass dein Unternehmen, dem es auf dem Papier gut geht, sehr schnell Liquiditätsprobleme bekommen kann. Besonders dann, wenn du für große Kunden arbeitest. Sie fordern 60 oder 90 Tage Zahlungsziel für Rechnungen. Also haben wir Anzahlungen eingeführt.

Einmal haben wir uns ziemlich auf die Nase gelegt, weil wir im August zu viele Mitarbeiter gleichzeitig in den Urlaub gelassen haben und plötzlich unerwartet viele Anfragen bekamen. Bis dato hatte die Urlaubsplanung bei uns auf Zuruf funktioniert. In einer Situation, in der du 24 Stunden am Tag, sieben Tage die Woche arbeitest, mit den Kundenprojekten kaum hinterherkommst, und jeder jedem vertraut, machst du dir wenig Gedanken zum Thema Urlaubsplanung. Die Konsequenz war, dass wir dann doch ein wenig Bürokratie aufbauen mussten und beispielsweise Urlaubsanträge eingeführt haben. Leider. Aber es ging nicht mehr anders.

Was waren weitere nötige Schritte in der Professionalisierung?

Wir wollten weiter wachsen. Doch damit das klappte, mussten wir sehr gut prognostizieren, wie viele Filme wir verkaufen werden und wie viele Mitarbeiter wir dazu benötigen. Wenn die Vertriebsprognose zu hoch ist und du zu viel Personal einstellst, bekommst du ein Problem mit den Personalkosten. Wir haben uns dadurch geholfen, dass wir einen zertifizierten Freelancer-Pool aufgebaut haben. So konnten wir je nach Auftragslage flexibel reagieren. Es war zwar etwas teurer, aber es hat uns Sicherheit gegeben.

Auch unsere Prozesse mussten weiter verbessert werden. Wir hatten eine Wachstumsrate von 100 Prozent pro Jahr. Dabei hat sich die Faustregel bewährt: Funktioniert der Prozess auch noch, wenn wir doppelt so viele Filme machen? Hilfreich ist es auch, sich zu überlegen, wie man den Prozess und das Team auf der grünen Wiese aufbauen würde, um möglichst effizient die doppelte Anzahl Filme zu erstellen – unabhängig von den bisherigen Abläufen. Und: Sobald du einen neuen Prozess darstellst, an dem von nun an mehrere Personen arbeiten, taucht natürlich die Frage nach der Abstimmung zwischen den Beteiligten auf. Beispielsweise muss die Buchhaltung wissen, welche Leistungen im Erstellungsprozess erbracht wurden, um die Rechnung zu schreiben. Irgendwann sind IT-Systeme dann unausweichlich.

Allein das Wort IT-Systeme klingt für ein Startup natürlich ziemlich unsexy. Aber sobald die Prozesse über IT-Systeme liefen, hatten wir Daten und konnten unser Unternehmen besser verstehen. Wir konnten Projektdurchlaufzeiten messen, analysieren, wie viel Umsatz unsere Kunden machen, wie sie sich entwickeln, und wo wir stärker reingehen müssen. Und eines kann ich sagen: Gerade an diesem Punkt trügt manchmal das Bauchgefühl. Durch die Analysen haben wir unsere Fähigkeit, Entscheidungen zu treffen, verbessert. Wobei man natürlich auch immer aufpassen muss, Daten nicht falsch zu interpretieren. Optimal ist deshalb aus meiner Sicht eine gute Kombination aus Daten und Intuition.

Auch in der Organisation hat sich einiges getan. Wir haben alle Unternehmensbereiche neu aufgestellt und eine zweite Führungsebene eingeführt. Dadurch gab es plötzlich klare Hierarchien. Für unsere Mitarbeiter war das eine Umstellung. Sie konnten die Alltagsthemen nicht mehr mit den Gründern besprechen, sondern hatten nun einen Teamleiter dafür. Da ging ein Stöhnen durch das Team. Wir haben gelernt, wie wichtig es ist, Entscheidungen zu erklären. Es gab Antworten auf die Fragen, warum wir diese Entscheidung getroffen haben, und dass wir einer Strategie folgen. Und man muss ja auch sagen: Mitarbeiter möchten sich schließlich auch entwickeln und mehr Verantwortung übernehmen. Aber das geht eben nur, wenn ein Unternehmen wächst. Letztlich braucht Veränderung schlicht Zeit. Vieles spielt sich irgendwann ein.

Ihr habt dann einen Standort in Berlin eröffnet. Wie kam es dazu?

Wir betreiben ein beratungsintensives Geschäft und wollten näher bei unseren Kunden sein. Nicht alles lässt sich per Telefon abwickeln. Deswegen war klar, dass wir einen weiteren Standort in Deutschland brauchen. Als wir uns unsere Kundenstruktur angeschaut haben, wurde deutlich, dass nur die Ballungszentren infrage kommen. Es konzentrierte sich schnell auf Nordrhein-Westfalen, Hamburg, München und Berlin. Nordrhein-Westfalen und München können wir gut von Stuttgart aus anfahren, blieben also noch Hamburg oder Berlin. Letztendlich gab es dann zwei Argumente, die den Ausschlag für Berlin gaben: Das Rekrutieren von kreativen, internationalen Mitarbeitern ist in Berlin leichter, und unser Finanzgeschäftsführer hatte seinen Wohnsitz ebenfalls dort. Damit war die Standortwahl entschieden.

Die Entscheidung hat allerdings wieder neue Fragen und Probleme aufgeworfen: Baust du ein Team an einem oder an zwei Standorten auf? Wie funktioniert das Zusammenspiel zwischen zwei Standorten?

Wie habt ihr diese Fragen für euch beantwortet?

Wir haben uns dafür entschieden, in Berlin ebenfalls Vertriebspersonal, Projektmanager und Konzepter zu etablieren, die Marketingabteilung sitzt ausschließlich in Berlin. Die Storyboards sollten aber weiterhin ausschließlich in Stuttgart produziert werden. Also mussten wir die Übergabe eines Storyboards von Berlin nach Stuttgart definieren.

Damals hatten wir auch schon im Hinterkopf, international wachsen zu wollen. Und es war klar, dass wir nicht in jedem Land ab dem ersten Tag ein eigenes Studio haben werden. Der Plan war, in jeder Region und in jeder Zeitzone möglichst zentral ein Studio anzusiedeln. Dies würde es uns erlauben, schlank in neue Märkte vorzustoßen – mit lokalem Vertrieb, Projektmanagement, Konzeption und zentraler Produktion. Deshalb mussten wir die Prozesse für das Zusammenspiel ohnehin entwerfen und testen.

Als wir das Londoner Büro eröffnet haben, wussten wir schon, wie wir es aufsetzen müssen. Die Londoner Storyboards werden ebenfalls in Stuttgart produziert. Von den Prozessen gibt es zwischen den Büros in London und Berlin kaum einen Unterschied. Abgesehen von der Sprache ist alles identisch. Das hat unsere Expansion enorm erleichtert. Allerdings stießen wir auch auf das Problem, dass Mitarbeiter nicht mitbekommen, was gerade in Berlin, Stuttgart oder anderswo läuft, weil vieles per E-Mail kommuniziert wird. Wir haben daraufhin die interne E-Mail abgeschafft und durch ein firmeninternes soziales Netzwerk ersetzt. Anfangs war das eine große Umstellung, heute ist es nicht mehr wegzudenken. Alles wird transparent. Natürlich haben unsere Mitarbeiter eine gewisse Holpflicht. Jeder muss in die Nachrichten seiner Gruppen hineinschauen und relevante News abonnieren. Aber das klappt sehr gut. Diese Form der internen Kommunikation hat die Zusammenarbeit von Teams deutlich verbessert.

Wir haben im Laufe der Zeit wirklich gelernt, wie wichtig es ist, früh die richtigen Entscheidungen zu treffen, um sich für die Zukunft aufzustellen, auch wenn die Schritte aktuell überdimensioniert erscheinen mögen. Unser Scribble-Archiv ist so ein Beispiel. Anfangs war es einfach nur ein Ordner, der auf unserem zentralen Fileserver lag. Relativ früh haben wir dann ein System eingeführt, um Scribbles in der Cloud abzulegen, zu verschlagworten und zu durchsuchen. Heute ist es eines der Kernsysteme unserer Internationalisierung. Illustratoren arbeiten damit von Japan bis in die USA.

Wie kam es zur Internationalisierung?

Auch da kamen wieder mehrere Faktoren zusammen. Erklärvideos waren ein wahnsinniges Trendthema. Davon haben wir natürlich unheimlich profitiert und wir haben gesehen, dass wir auch im weltweiten Wettbewerb ziemlich gut dastehen. Außerdem hat der Boom extrem viele Nachahmer in Deutschland hervorgebracht. Jede Woche taucht ein neuer Wettbewerber auf. Grundsätzlich habe ich kein Problem mit Wettbewerb. Jeder hat das Recht, so etwas zu machen. Aber zum Teil wurden wir lediglich dreist kopiert. Es werden wirklich manchmal Grenzen überschritten.

Hast du dafür ein Beispiel?

Einmal hat ein Wettbewerber ein Fake-Projekt mit uns gemacht. Zwei Monate später hat er denselben Service angeboten wie wir, dabei fanden wir unsere Unterlagen und Prozesse, nur minimal verändert, auf dessen Webseite wieder. In einigen Templates hatte er sogar vergessen, unseren Firmennamen auszutauschen – ein Armutszeugnis. Die Eintrittsbarrieren sind natürlich relativ gering, weil die Videoproduktion so einfach erscheint. Dass der Kern unserer Dienstleistung nicht in dem Format, sondern in der Lösung des Erklärproblems liegt, müssen wir den meisten Kunden erst erläutern.

Aber zurück zu den Gründen für die Internationalisierung: Wir hatten schon vor ein paar Jahren in 50 Sprachen gearbeitet, unsere Filme wurden beispielsweise bereits in Japan, Skandinavien und Afrika eingesetzt. Dadurch haben wir gesehen, dass das Format weltweit funktioniert. Langsam entwickelten sich in den USA und Indonesien dann auch Startups für Erklärvideos. Wir kamen zu dem Schluss, dass wir durch unsere standardisierten Prozesse einen Vorteil gegenüber den entstehenden Wettbewerbern hatten und uns als erster Global Player positionieren könnten. Darum beschlossen wir, schnell zu internationalisieren. Um diese Internationalisierung aus eigener Kraft stemmen zu können, hätten wir bestimmt 20 Jahre gebraucht. Also hielten wir nach möglichen Partnern Ausschau und haben Investoren an Bord geholt.

KETTCAR
RENNWAGEN
RENNSTALL

Neben Investoren gibt es beispielsweise noch Banken als Finanzierungsmöglichkeit. Warum habt ihr euch für Investoren entschieden?

Der Hauptgrund war, dass wir nicht nur Kapital, sondern auch Know-how im Team haben wollten. Zum Beispiel ein Management, das bereits Erfahrung bei der Internationalisierung einer Marke hat. Außerdem sollten die handelnden Akteure mit im Risiko sein. All diese Komponenten haben wir im aktuellen Setup gefunden.

Wie seid ihr bei der Investorensuche vorgegangen?

Wir haben die Netzwerke aller Gesellschafter genutzt, und die Suche hat einige Monate gedauert. Neben dem formalen Due-Diligence-Prozess war das persönliche Kennenlernen sehr wichtig. Als die Firma durchleuchtet wurde, haben sich die Investoren Zeit genommen. Sie haben uns regelmäßig vor Ort besucht und uns zunächst lange zugehört, anstatt gleich Tipps zu geben. Auf persönlicher Ebene hat es von beiden Seiten sehr gut gepasst. Letztendlich waren es einige glückliche Zufälle, bis wir bei der finalen Konstellation mit mehreren Investoren aus Asien und Luxemburg gelandet sind.

2013 haben wir dann eine internationale Holding als neue Zentrale in Luxemburg angesiedelt. Dazu gibt es Subholdings für den amerikanischen Kontinent, für Europa und für Japan – und kleinere Ländergesellschaften. Außerdem haben wir Strukturen geschaffen, um standardisiert neue Erklärvideo-Startups in anderen Ländern zu gründen. Nach dem Wandel vom Kettcar zum Rennwagen ging es nun darum, einen Rennstall aufzubauen.

Welche Strukturen sind nötig, um standardisiert neue Startups zu gründen?

In erster Linie geht es dabei um Marken- und IP-Rechte, dokumentierte Prozesse, Unterlagen, Ausbildungs- und Produktionsstandards, aber auch um IT-Systeme in der Cloud.

Nach welchen Kriterien wählt ihr Länder für neue Erklärvideo-Startups aus?

Die Hauptkriterien sind Marktattraktivität, Marktpotenzial und Zugänglichkeit. Wir haben außerdem die Flexibilität, verschiedene Lizenzierungsmodelle zu fahren. Je nach Land bietet sich eher das eine oder das andere an.

Was hat sich für dich und deinen Arbeitsalltag durch euer Wachstum verändert?

Die größte Veränderung für mich ist, dass ich nicht mehr nur Deutschland im Blick habe. Ich denke jetzt bei wirklich jedem Prozess sofort darüber nach, ob er auch international funktioniert. Das ist eine ziemliche Umstellung, die ihre Zeit braucht. Eine weitere Veränderung ist, dass die Entscheidungswege länger geworden sind. Früher ging bei uns alles immer sehr fix, heute müssen wir viele Entscheidungen in Luxemburg treffen und an viele Märkte denken – beispielsweise bei der Einführung neuer Preislisten oder Produkte. Und das ist eben zwangsläufig komplizierter.

Seit 2014 ist die academy eine eigene Firma. Ich bin aus dem Tagegeschäft der simpleshow ausgestiegen, um mich um die simpleshow academy GmbH zu kümmern. Es geht vor allem um Forschung, das internationale Onboarding und die Qualitätssicherung. Außerdem treibe ich unsere Entwicklung hin zu einem Erklärdienstleister voran. Erklärvideos sind zwar unser Kernprodukt, aber die zentrale Kompetenz unseres Unternehmens liegt im Lösen von Erklärproblemen und nicht im Format.

Welche weiteren Formate und Produkte bietet ihr an?

Neben dem Standardformat „simpleshow classic" haben wir noch die Produkte „simpleshow custom" und „simpleshow premium" im Angebot, bei denen wir mit digitalen Animationen arbeiten. Darüber hinaus haben wir noch das Produkt „simpleshow interactive" im Portfolio. Das sind Lernkurse mit interaktiven Elementen, zum Beispiel Quizfragen. Über die Produktpalette hinaus bieten wir Beratungsleistungen an, schulen Führungskräfte darin, Dinge einfach zu erklären und halten Vorträge. Inzwischen ist aus diesen Aktivitäten ein zweiter Revenue-Stream geworden. Außerdem können wir uns beim Kunden als Erklärungsexperten positionieren. Diese Entwicklung war vor vier oder fünf Jahren nicht absehbar.

Wenn ich jetzt zurückblicke, haben wir vieles von dem durchgemacht, was man im Lean-Startup-Ansatz wiederfindet, beispielsweise Fail Early & Adapt oder Pivots. Wir haben uns vom Plattenlabel und von der Medienagentur zum Nischenanbieter für Erklärvideos verändert. Und jetzt folgt die neue Wandlung hin zum Erklärungsdienstleister.

Worauf führst du zurück, dass ihr die fortlaufende Transformation eures Geschäftsmodells erfolgreich gemeistert habt?

Wir haben uns auf die Reise eingelassen. Wer mir direkt nach meinen Abschluss gesagt hätte, „Du, in ein paar Jahren machst du standardisierte Videos, die für jeden Kunden gleich aussehen und verkaufst diese weltweit", den hätte ich für verrückt erklärt und gesagt: „Das braucht doch kein Mensch!"

Nach dem Lean-Startup-Ansatz ist das Schreiben eines Businessplans Verschwendung. Was meinst du dazu? Welche Bedeutung hatte ein Businessplan beim Aufbau von simpleshow?

Ob ein Businessplan sinnvoll ist, kommt sehr auf das Startup an. Da will ich nicht generalisieren. Wir waren anfangs nicht auf Investorensuche, deshalb brauchten wir keinen Businessplan. Wir hatten einen Liquiditätsplan, um zu sehen, wie lange unser Geld reicht. Später wurde daraus ein Jahresplan, über den wir kalkuliert haben, wie viele Mitarbeiter wir brauchen, wenn das Wachstum kontinuierlich weitergeht. Damit hat sich das Ganze dann schon in Richtung Businessplan entwickelt. aber eher aus der Situation heraus, um den nächsten Schritt meistern zu können.

Ich kann jetzt nicht sagen: „Macht keinen Businessplan!" Er ist sicher ein gutes Mittel, um alle Szenarien zu kalkulieren und Reaktionsmöglichkeiten durchzuspielen. Nur: Wer einen macht, sollte sich darüber bewusst sein, dass die Zahlen kaum so eintreffen werden.

Also ein Businessplan als Startup-Turngerät?

Genau! Er gibt Orientierung, weil du dein Business besser verstehst. Die Kosten sind nicht mehr lediglich ein großer Block, der dich erschrickt, weil – gefühlt – monatlich viel Geld verbrannt wird. Durch die Übersicht bekommt man einen differenzierteren Blick, wo das Geld hingeht. Allerdings ist es auch wichtig, nicht stur an einem Plan festzuhalten. Man muss loslassen können, wenn die Reaktion der Kunden es verlangt. Und das ist wahnsinnig schwierig. Denn man ist natürlich in sein Baby verliebt.

Wie lernt man, einzuschätzen, was fix bleiben sollte und was man verändern muss?

Die Vision, die Werte und die Kundenorientierung müssen stabil bleiben. Der Weg aber kann sich ändern, falls er nicht funktioniert. Ich würde empfehlen, der Lean-Startup-Idee zu folgen: sehr schnell einen Beweis finden, ob das Vorhaben funktionieren könnte, dann einen Schritt weitergehen. Wenn du bemerkst, dass deine Ideen beim Kunden nicht ankommen und beispielsweise keiner etwas für dein Produkt bezahlen möchte, rede es dir nicht schön. Nimm stattdessen Anpassungen vor. Aus neuen Erkenntnissen kann etwas Neues entstehen. Man muss es nur zulassen. Ich weiß, das ist einfacher gesagt als getan.

Worauf führst du euren Erfolg zurück?

Uns hat sicher geholfen, dass Videos in unserer Startphase zunehmend zu einem Trendthema wurden, weil auf einmal die technischen Möglichkeiten dafür verfügbar waren. Bei der Filmproduktion haben wir Hände und Handbewegungen genutzt, weil es für uns zum Start schlicht der einfachste Weg war, Dinge zu bewegen. Gleichzeitig kehrten durch den Tablet-Markt die eigenen

Hände als Gesten-Steuerungselement sehr in das Bewusstsein der Leute zurück. Damit waren wir schon auf zwei Trendgebieten unterwegs.

Allerdings können sich auch äußere Umstände, die uns bei simpleshow in die Hände gespielt haben, genauso schnell gegen dich wenden. Adrian und ich haben 2011 noch ein zweites Unternehmen gegründet. Es heißt Sellaround und ist ein Social-Commerce-Unternehmen. Die Kernidee ist, dass der Webshop zu dir kommt. Verkäufer können ein kleines Widget erstellen und im Netz verteilen. Der Verkaufsprozess findet direkt über das Widget statt. Konkret heißt das: Man sieht in seinem Facebook-Stream ein Verkaufs-Widget und kann das Produkt direkt im Widget kaufen, ohne Facebook zu verlassen. Und du kannst es teilen und dir eine Provision verdienen, wenn einer deiner Freunde es kauft.

Wir hatten Sellaround deutlich systematischer geplant als die simpleshow. Es gab ein durchdachtes und skalierbares Produkt und auch schon eine Finanzierungsrunde. In dieses Startup ist drei Jahre lang viel Herzblut geflossen. Und aus meiner Sicht haben wir sehr vieles richtig gemacht. Funktioniert hat es in den ersten Jahren aber nicht so, wie wir uns das erhofft hatten. Warum? Zum Beispiel, weil zeitgleich zwei Wettbewerber in den USA eine zweistellige Millionensumme eingesammelt haben. Damit war Sellaround für einige Partner, mit denen wir bereits über eine potenzielle Investition gesprochen hatten, nicht mehr interessant. Der Faktor Zufall war also auch hier ein großes Thema. Aber diesmal zu unseren Ungunsten.

Welche weiteren Faktoren haben euch zum Erfolg verholfen?

Wichtige Grundfaktoren sind sicherlich Begeisterung und Leidenschaft. Unser Format und das, was wir tun, begeistern uns jeden Tag. Vielleicht auch, weil es sich im Laufe der Zeit verändert. Ganz ehrlich: Heute bin ich nicht mehr so scharf darauf, einen Film zu scheiden. Es gibt im Zuge unseres Wachstums aber viele neue Dinge, die mich faszinieren. Die Internationalisierung zum Beispiel, oder die simpleshow foundation. Das ist unsere Stiftung, die sich für freie Bildungsmaterialien einsetzt. Auch ist es interessant, zu sehen, was man mit dem Format alles machen kann und wie unsere Kunden die simpleshow einsetzen, um ihre Kommunikation zu verbessern. Das begeistert mich nach wie vor.

Ich glaube, wenn mich das Produkt nicht mehr überzeugt, würde ich aufhören. Dieser Antrieb ist für mich unheimlich wichtig. Für mich gehört dazu auch, dass ich meinen eigenen Anspruch nicht herunterschraube. Ich kann mich nicht belügen und sagen: Eigentlich verkaufen wir Mist, aber dem Kunden gaukele ich vor, dass das Produkt super ist. Für mich funktioniert das nicht.

Was sicherlich auch noch wesentlich ist: Man muss einen langen Atem haben. Hartnäckigkeit und Zielstrebigkeit gehören dazu. Und man darf sich von Rückschlägen nicht entmutigen lassen. Fallen, wieder aufstehen, weitermachen. Ich glaube, die Erfahrungen aus der Musikszene waren dafür eine gute Schule. Wir waren zehn Jahre lang mit vielen verschiedenen Bands unterwegs und haben immer versucht, daraus etwas wachsen zu lassen. Wenn du auf Tour gehst, musst du eine Menge organisieren. Du musst Klinken putzen, um Auftritte zu ergattern, die Gage verhandeln, nebenher noch Songs schreiben und proben – und bist dir immer darüber bewusst, dass dich eigentlich kaum jemand hören will. Du spulst am Wochenende hunderte von Kilometern auf der Autobahn herunter, spielst vor zwei Leuten in irgendeinem Jugendzentrum in Sachsen und lädst nachts um Vier im strömenden Regen wieder den Sprinter aus. Aber du glaubst an deine Musik. Deshalb stehst du immer wieder auf, und das über Jahre hinweg. Du willst weitermachen, willst dich entwickeln, strebst danach, größere Konzerte zu spielen – das alles, ohne deine Seele zu verkaufen, sondern mit deiner Musik.

Meiner Meinung nach gibt es unheimlich viele Parallelen zwischen der Musik- und der Startup-Welt. Allerdings wissen das die meisten nicht. Adrian und ich waren in unseren Bands und der Musikerwelt immer die Macher, die Geschäftsleute, die einen gewissen Pragmatismus an den Tag gelegt haben. Wir wollten immer etwas schaffen, sei es eine Tour zu organisieren oder das Plattenlabel gründen. Auf der anderen Seite, in der Geschäftswelt, waren wir immer die Rock ‚n' Roller. Wir haben auf keine Seite so richtig gepasst, waren immer die anderen.

Und dann habt ihr durch die simpleshow das Beste aus beiden Welten zusammengebracht?

Wir haben es zumindest versucht. Diese beiden Welten sprechen nicht richtig miteinander und denken, sie seien völlig verschieden. Ich sehe das anders, beide Welten haben sehr viel gemeinsam, vor allem, was Zielstrebigkeit angeht, Hartnäckigkeit und den Glauben an eine gemeinsame Sache. Es gibt aber einen großen Unterschied: Wenn du Musik machst und damit auch noch Geld verdienen musst, bist du immer in einem Interessenskonflikt. Mit der Musik möchtest du etwas genau so ausdrücken, wie du selbst als Künstler es für richtig hältst. Du willst dich nicht verbiegen. Aber am Ende bist du davon abhängig, ob es dem Publikum gefällt. Das ist das Geschäftsmodell. Und das kann ganz schön bitter sein.

Bei einem Startup muss dir dein Produkt natürlich auch gefallen. Aber wenn es den Kunden nicht anspricht und niemand dafür bezahlt, dann ist es einfach kein gutes Produkt. Der Erfolg deines Unternehmens wird von Anfang an genau dadurch bestimmt, ob es dir gelingt, ein überzeugendes Produkt zu entwickeln – oder nicht. Das ist der Deal. Einen Interessenskonflikt gibt es dabei nicht. Anders ausgedrückt: Kundenorientierung ist für mich als Unternehmer das A und O – für mich als Musiker hingegen überhaupt nicht – ganz im Gegenteil.

Deswegen ist es für mich leichter, meinen Lebensunterhalt als Unternehmer zu verdienen. Und an die Musik geht es nur in der Freizeit. Dabei muss ich nun nicht mehr drauf achten, ob das, was ich da mache, jemandem gefällt außer mir. Ich bin in dem, was ich tue, völlig frei und kann mich musikalisch verwirklichen.

Jens, herzlichen Dank für das Gespräch.

Literaturtipps von Jens Schmelzle

Ries, Eric (2012); *Lean Startup: Schnell, risikolos und erfolgreich Unternehmen gründen;* Redline Verlag
Dobelli, Rolf (2011); *Die Kunst des klaren Denkens: 52 Denkfehler, die Sie besser anderen überlassen;* Carl Hanser Verlag GmbH & Co. KG
McCloud, Scott (1994); *Understanding Comics: The Invisible Art;* William Morrow Paperbacks

17

Stockpulse

Stefan Nann und Jonas Krauß

Börsenkurse mit Social-Media-Daten vorhersagen

Mit Social Media am Puls des Marktes: Kaum ein Markt ist derart von Stimmungen abhängig wie der Finanzmarkt. Keine Medien transportieren mehr Stimmung als Twitter, Facebook und Co. Eine gute Kombination, dachten sich Jonas Krauß und Stefan Nann und gründeten im Jahr 2011 das Startup StockPulse. Die Idee: StockPulse analysiert Social Media-Daten. Stimmungen, Gerüchte und Trends werden in Echtzeit erfasst und damit von Börsenkursen prognostiziert.

Dass ihre Idee funktioniert, bewiesen die beiden Wirtschaftsinformatiker bereits als Studenten. 2008 prognostizierten sie die Oscarpreisträger mit Social-Media-Daten aus Filmforen. Das Ergebnis: Bei neun von zehn Gewinnern lagen sie richtig. Dieser wissenschaftliche Erfolg trug Früchte: Krauß und Nann arbeiteten und forschten danach einige Jahre in der Schweiz und am renommierten Massachusetts Institute of Technology an der amerikanischen Ostküste.

• •

Wie kam es zur Gründung von Stockpulse?

Jonas: Ich kenne Stefan aus dem Wirtschaftsinformatikstudium der Uni Köln. Wir schrieben zusammen eine Seminararbeit über die Vorhersagbarkeit der Oscarverleihung auf Basis von Social-Media-Daten der Internet Movie Database. Einem Schweizer Gastdozenten gefiel die Arbeit, und wir veröffentlichten sie wissenschaftlich. Er machte uns außerdem das Angebot, zu promovieren und gleichzeitig in sein Startup – ein Unternehmen zur Auswertung von Social-Media-Daten – einzusteigen. Wir sagten zu und es ging es für drei Jahre in die Schweiz und für einige Forschungsaufenthalte an das Massachusetts Institute of Technology (MIT) in Boston.

In dieser Zeit konnten wir extrem viel Erfahrung sammeln, gute und schlechte. In jedem Fall war es eine gute Ausgangsbasis für eine eigene Gründung und wir haben uns gesagt: „Okay, jetzt machen wir es selbst und versuchen es anders zu machen."

Was genau wolltet ihr besser machen – oder was lief schief?

Jonas: Es gab keinen Fokus und es fehlte ein klares Geschäftsmodell sowie eine gemeinsame Unternehmensvision. Wir wollten ganz allgemein ein Softwaretool zur Auswertung von Social Media entwickeln, und genau diese Allgemeinheit war das Problem. Eine Kundenanfrage ging um Bienensterben und eine andere um Fußballtalente. Da stecken jeweils ganz andere Analyseverfahren dahinter. Und damit ein ordentliches Ergebnis erzielt wird, muss man in beiden Fällen viele Grundlagen neu schaffen. Die zentralste Lehre war: Fokus!

Stefan: Es ist natürlich schon sehr verlockend, wenn namhafte Unternehmen anklopfen. Und unsere Verbindung zum MIT war der absolute Türöffner. Man hätte sich allerdings sehr verbiegen müssen, um alles zufriedenstellend abzuarbeiten. Wir haben das des Öfteren angemerkt, es war jedoch schwierig, sich jedes Mal durchzusetzen. Das war für mich ein wichtiges Learning.

FOKUS

Jonas: Jede Idee für sich genommen war wirklich gut und hätte als Basis für ein eigenes Startup getaugt. Beispielsweise haben wir zur gleichen Zeit als die Personensuchmaschine 1-2-3-people – einer Art Google für Personen – startete, an einem ähnlichen Projekt gearbeitet. Mit unserem Tool konnten wir Daten aus XING, Facebook und dem Web einzelnen Personen zuordnen und ein aggregiertes Profil erstellen. Das war schon recht gut. Das Projekt haben wir vielleicht vier Wochen verfolgt, dann wurde eine andere Anfrage bearbeitet. Dort wäre viel Potenzial drin gewesen.

Stefan: Eine klare Fokussierung hat ja auch den Vorteil, dass man keine 24-Stunden-Schichten schieben muss. Natürlich muss man – je nachdem was ansteht – auch mal länger oder am Wochenende arbeiten. Das ist schon okay. Aber eine klare Fokussierung hilft enorm, die eigenen Aufgaben zu priorisieren.

Wie kam es dann zur Gründung?

Stefan: Uns war klar: Wenn wir das machen, dann in Vollzeit. Jobs würden uns nur ablenken. Bis November 2010 arbeiteten wir noch bei dem Startup in der Schweiz. Danach ging es los. Wir sind zurück nach Köln und hatten zu diesem Zeitpunkt noch keine Förderung. Das EXIST-Stipendium war beantragt, aber das dauerte. In dieser Zeit lernten wir den Informatikprofessor Schrader von der Uni Köln kennen, der uns direkt Unterstützung angeboten hat. Beispielsweise stellte er uns – obwohl wir das Stipendium noch nicht hatten – Büros zur Verfügung. Es war immer sehr unkompliziert mit ihm. An dieser Stelle ein riesen Dankeschön an ihn! Das war schon ein glücklicher Moment.

Jonas: Ja, Professor Schrader hat uns sehr weitergeholfen. Er hat uns auch nach dem EXIST-Stipendium in den Uni-Büros arbeiten lassen. Im Mai 2011 erfolgte dann die offizielle Gründung.

Social-Media-Auswertungen sind in vielen Bereichen möglich. Warum der Fokus auf Finanzen?

Jonas: Stefan hatte schon in seiner Diplomarbeit über Predictive Analytics auf Basis von Social-Media-Daten geschrieben. Wir hatten immer im Hinterkopf, dass das eine der spannendsten Anwendungsmöglichkeiten im Bereich Social-Media-Auswertung ist. Darauf wollten wir uns fokussieren. Das war einfach klar. Wir bekamen auch Kundenanfragen aus anderen Bereichen, die wir aber schließlich abgelehnt haben. Wir wussten ja, dass eine klare Fokussierung wichtiger ist, als umgehend etwas Geld zu verdienen. Und das ziehen wir bis heute durch.

Stefan: Fokussieren ist ein Prozess und auch für uns noch nicht abgeschlossen. Anfangs war unsere Idee, dem Nutzer ein Dashboard zu geben, womit er sich selbst die gewünschten Ansichten und Auswertungen zusammenstellen kann. Das sehen wir heute nicht mehr ganz so. Der Fokus liegt stark auf Signalen, die dem Nutzer direkt sagen, was er tun soll. Es ist ein iterativer Prozess. Ich glaube, dass es sehr schwer ist, schon bei der Gründung ein Produktkonzept zu haben, das perfekt zum Markt passt. Wir probieren viel aus und lernen dazu.

Welche Bedeutung hat für euch Kunden-Feedback?

Jonas: Eine zweite, wichtige Erfahrung aus der Zeit beim Schweizer Startup ist: zügig umsetzen und möglichst schnell mit einer ersten Lösung am Markt zu sein. Nur so bekommt man ein brauchbares Feedback. Bei unseren Geschäftspartnern kommt die schnelle Umsetzung von Feedback gut an. Die meisten sind überrascht und sagen: „Das ist ja schon auf eurer Website live. Dabei haben wir es euch doch eben erst gesagt." Das ist einfach möglich, da Stefan und ich selbst programmieren.

Stefan: Ich höre immer wieder, dass Startups Angst davor haben, mit ihrer Lösung online zu gehen, weil es noch den einen oder anderen Fehler gibt oder ein Button die falsche Farbe hat. Aber du kannst es sowieso nie perfekt machen. Das ist ähnlich wie bei einer Diplomarbeit, die

Markt & Produktkonzept

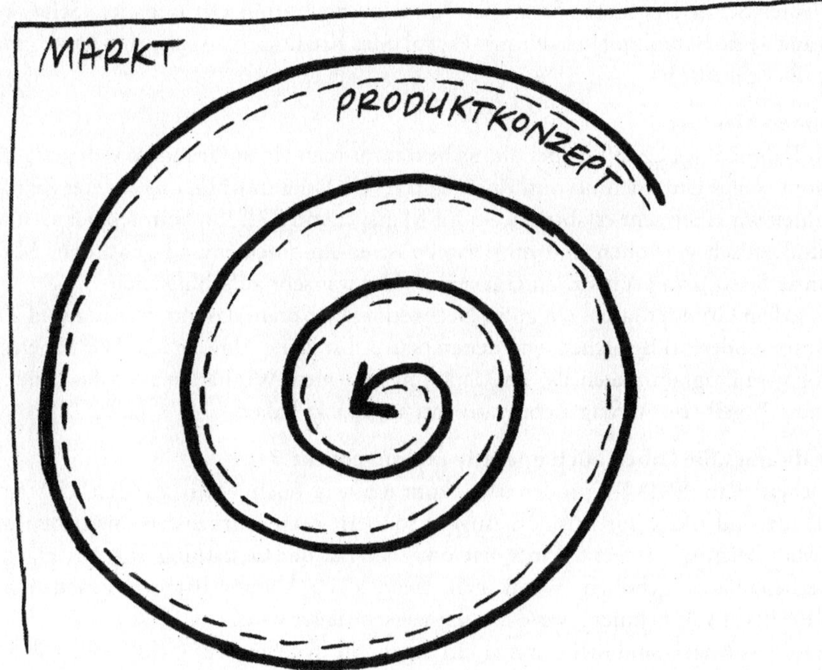

Ich glaube, dass es sehr schwer ist, schon bei der Gründung ein Produktkonzept zu haben, das perfekt zum Markt passt. Wir probieren viel aus und lernen dazu.

lässt sich auch endlos verbessern. Irgendwann muss man online gehen – und das ist für viele schwierig. Aber nur so bekommt man Feedback. Und dann muss man schnell darauf reagieren. Das haben wir von Anfang an so gemacht.

Und wie habt ihr die ersten Testnutzer gewonnen?

Jonas: Wir haben es dann online über unsere privaten Facebook- und XING-Netzwerke vermarktet. Dann kamen Freunde und Kollegen von Freunden dazu. Zudem schrieb die Süddeutsche Zeitung einen großen Artikel über uns. Der hat uns auch vorangebracht. So konnten wir mit vielen kleinen Schritten unseren Stamm an Kunden und Testnutzern aufbauen. Seit Oktober 2012 gab es auch eine Bezahlmöglichkeit mit PayPal oder Kreditkarte. Aber es hat lange gedauert bis wirklich einer gekauft hat.

Hattet ihr einen Mentor?

Jonas: Im Rahmen des EXIST-Stipendiums bekommt man einen Gründercoach gestellt, beispielsweise vom Neues Unternehmertum Rheinland (NUK) hier in Köln. Aus unserer Zeit in der Schweiz kannten wir einen sehr erfahrenen Senior Manager von SAP. Ihn konnten wir als unseren EXIST- Gründercoach gewinnen und mittlerweile ist er ein guter Freund geworden. Mit ihm haben wir unser Startup von A bis Z durchleuchtet. Das war sehr aufschlussreich.

Ich kann jedem Gründer raten, ein gutes Netzwerk aufzubauen, das ihm mit Rat und Tat zur Seite steht. Insbesondere in Bereichen, von denen man selbst keine Ahnung hat. Wir haben sicher mehr Ahnung vom Programmieren als von Marketingstrategien. Wir hatten auch das Glück, dass unsere Business Angels von Anfang an operativ mit angepackt haben.

Was meinst du mit „Sie haben auch operativ mit angepackt"?

Jonas: Neben dem EXIST-Gründercoach konnten wir noch einen zweiten Unterstützer gewinnen. Beide sind nicht nur Business Angels, sondern auch Journalisten. Sie haben uns in ihrem Netzwerk bekannt gemacht. Einer hat uns sehr bei der Gestaltung von Verträgen und Gesellschafterbeschlüssen geholfen. Wenn man davon keine Ahnung hat, muss man sich vielleicht einen Rechtsanwalt nehmen, was dann schnell sehr teuer wird.

Stefan: Business Angels sind nicht immer ein Segen. Sie bringen zwar Geld, wollen aber auch viel entscheiden. Glücklicherweise haben wir sehr früh die richtigen Entscheidungen getroffen. Wir wollten nicht nur stille Teilhaber, sondern operative Unterstützung. So haben wir es auch immer offen kommuniziert und in einem „Letter of Intent" ausdrücklich festgehalten.

Jonas: Ein funktionierendes Team ist enorm wichtig. Ich sehe das bei einem Bekannten, der gerade in Berlin gründet. Sein ursprüngliches Team hat nicht funktioniert und er muss jetzt einen neuen Teamkollegen finden. Das wirft ihn um ein halbes Jahr zurück.

Wie habt ihr euer Team aufgebaut?

Jonas: Während des EXIST-Stipendiums haben wir Stockpulse zu zweit gemacht. Dann stieß der erste Business Angel dazu. Im Februar 2012 folgte der Schweizer Investor Next Generation Finance Invest (NextGFI). Thomas – ein Vollzeit Programmierer – arbeitet seit März 2012 bei uns.

Wie seid ihr auf NextGFI aufmerksam geworden?

Stefan: Die Startups im NextGFI Portfolio adressieren hauptsächlich den Endkundenmarkt. Wir sind auch mit diesem Ziel angetreten. Das gefiel NextGFI. Sie haben uns angemailt und ein Vorstellungsgespräch per Skype vereinbart. Danach hatten wir regelmäßig Kontakt und sie auf dem Laufenden gehalten über aktuelle Entwicklungen.

Jonas: Es war immer unsere Devise, nicht im stillen Kämmerlein zu arbeiten, sondern möglichst viele Gespräche nach außen zu suchen. Wir hatten viele Kontakte, mit denen wir uns intensiv über unser Geschäftsmodell unterhalten haben – auch kritisch.

Stefan: Auch das Timing war optimal. Das EXIST-Stipendium lief im Februar 2012 aus und im März 2012 hatten wir die Finanzierung von NextGFI gesichert. Wir wussten natürlich schon im Juni 2011, dass unser Stipendium endlich ist und hatten uns frühzeitig um eine Anschlussfinanzierung gekümmert. Es gab auch einige EXIST-Startups, die sich nicht um eine Anschlussfinanzierung bemüht haben. Da war dann Schluss.

Wie habt ihr NextGFI letztlich überzeugt?

Jonas: NextGFI ist weder klassischer Business Angel noch Risikokapitalgeber. Sie stehen irgendwo dazwischen. Sie sind nicht wie klassische Risikokapitalgeber über verschiedenste Branchen diversifiziert, sondern setzen klar auf den Finanzmarkt. Zudem wollen sie ihre Investitionen zehn bis 15 Jahre halten und nicht nach drei Jahren aussteigen und Kasse machen. Das hat sehr gut zu unseren Vorstellungen gepasst. Der Vertragsschluss war recht unkompliziert. Im Grunde lief das wie bei den Business Angels ab.

Stefan: Wir haben auch keinen Businessplan mit einem riesen Hockeystick präsentiert. Aufgrund der Größe des Marktes gibt es den bei uns nicht. Ich halte nichts davon, Zahlen einfach zu verdoppeln, wie man es vielfach als Empfehlung auf Businessplan-Seminaren hört.

Jonas: Wir haben uns immer gegen riesige Phantasiezahlen gewehrt. Man weiß ja nicht, was in den nächsten drei Jahren passiert. Wir haben immer versucht, realistisch zu sein, und das kam auch sehr gut an. Die Kunst ist wohl, nicht zu übertreiben und sich aber auch nicht unter Wert zu verkaufen.

Worin unterscheiden sich die Pitches beim Business Angel und Risikokapitalgeber?

Jonas: Ein Business Angel ist viel früher involviert und schaut, ob das Geschäftsmodell grundsätzlich Sinn macht. Zudem würde ich eher das Team in den Vordergrund stellen und im besten Fall den Business Angel ins Team aufnehmen. Risikokapitalgeber dagegen haben meist eine standardisierte Checkliste, die sie abarbeiten. Da müssen einfach gewisse Kennzahlen stimmen.

Anfang 2012 habt ihr Tweettrader – eine Microblogging Community – akquiriert. Warum? Und wie lief das ab?

Jonas: Timm Sprenger hat Tweettrader im Rahmen seiner Doktorarbeit an der TU München entwickelt. Seine Promotion ging zu Ende, er wollte das Projekt nicht weiterbetreiben und da hat er ein neues Dach für Tweettrader gesucht. Wir kannten uns und so hat er gefragt, ob wir es nicht übernehmen wollen.

Tweettrader ist ein kostenfreier Service und etwas verspielter als unser Angebot. Das hat sich gut ergänzt und die Nutzerbasis ist natürlich sehr wertvoll für uns. Zudem war das Projekt sehr professionell aufgebaut. Beispielsweise war die Dokumentation vorbildlich. Das hat die Übernahme vereinfacht.

Stefan: Es gibt auch nicht viele Unternehmen in Deutschland, zu denen Tweettrader gepasst hätte. Wir haben nur wenig Wettbewerber.

Auch wenn es nur wenige Wettbewerber gibt, wie schützt ihr euch vor ihnen?

Stefan: Also wir schützen uns nicht explizit. Wir haben alle Programme – von der Datensammlung bis zur Auswertung – selbst geschrieben. Da stecken gut fünf Jahre Entwicklungsarbeit drin. Das ist unser eigentlicher Schutz. Man kann nicht einfach ein Team in Indien anwerben und die Technologie aus dem Boden stampfen oder gar von der Stange kaufen.

Jonas: Die meisten Wettbewerber sind auch wieder vom Markt verschwunden. Es ist offenbar nicht so einfach, das Geschäft aufzubauen.

Und ihr verbessert auch laufend eure Technologie. Wie macht ihr das?

Stefan: Zur Verbesserung unsere Algorithmen führen wir Backtests durch. Dafür ist eine umfassende Datenbasis eine wichtige Voraussetzung, und diese bauen wir seit drei Jahren gezielt auf. Von Twitter – einer unserer Datenquellen – bekommt man beispielsweise rückwirkend keine Daten. Die sind weg oder man kauft sie zu sehr hohen Preisen. Das ist ein weiterer Schutz vor Wettbewerbern. Übrigens fragen Händler aus allen Ländern mittlerweile sogar historische Daten für Backtests bei uns an.

Wie ging es weiter? Was war 2012 sonst noch wichtig?

Jonas: Bis dato hatten Stefan und ich alles selbst programmiert. Im März 2012 kam mit Thomas ein echter Informatiker ins Team. Mit seiner Expertise konnten wir die Datenverarbeitung vom stündlichen Rhythmus auf Echtzeit verbessern. Zudem haben wir das Backend von PHP auf Java umgestellt. Das war eine sehr große Veränderung und hat fast drei Monate länger gedauert als ursprünglich geplant. Richtig rund lief das neue Backend ab September 2012.

Wie habt ihr die Vermarktung vorangetrieben?

Stefan: Als Internet-Startup müssen wir natürlich im Internet sichtbar sein. Auf Google Adwords haben wir anfangs verzichtet. Dafür hätten wir ein großes Budget aufwenden müssen. Deswegen haben wir auf Presseartikel und auf die Präsenz auf anderen Webseiten gesetzt. Wir konnten OnVista für eine Kooperation gewinnen und arbeiten mit Ayondo und Gekko – ebenfalls zwei Unternehmen aus dem NextGFI Portfolio – zusammen. Eine weitere Kooperation haben wir mit Admiral Markets in Indien. Zudem haben wir ein Affiliate-Programm gestartet. So treiben wir schrittweise die Vermarktung voran …

Jonas: … aber es geht schon langsamer, als wir das gerne hätten. Eine Kooperation mit einer etablierten Großbank würde uns enorm weiterbringen. Banken verschicken beispielsweise täglich Newsletter über Finanzprodukte. Da würden unsere Informationen sehr gut hineinpassen und man könnte sie als White-Label-Angebot integrieren. Wir sind da auch dran und hatten schon einige konkrete Zusagen …

… woran scheitert es?

Jonas: Bei den Banken gehen 95 Prozent des Budgets in die Umsetzung von regulatorischen Änderungen. Und um die verbleibenden Innovationsbudgets kämpfen natürlich noch andere Unternehmen.

Zudem ist die Zielgruppe in Deutschland recht klein – man muss sich nur die umgesetzten Volumen an Aktien oder Derivaten anschauen. USA, Großbritannien oder Australien sind größer. Wir sind eben ein internationales Produkt und müssen entsprechend unsere Vermarktung anpassen.

Um unsere Internationalisierung voranzutreiben, kooperieren wir jetzt mit QuantConnect. Das Unternehmen bietet eine Backtesting-Plattform und sitzt in New York. Auf der Plattform können die Kunden an ihren Finanzmodellen tüfteln und unsere Daten zur Optimierung verwenden.

Das klingt nach einem neuen Geschäftsfeld.

Jonas: Genau. Über QuantConnect werden neue Kunden auf uns aufmerksam und kommen dann direkt zu uns. Amerikaner sind sehr an unserem Service interessiert.

Get-out-of-the-building[1]

Es war immer unsere Devise nicht im stillen Kämmerlein zu arbeiten, sondern möglichst viele Gespräche nach außen zu suchen.

[1] Siehe Steve Blank; steveblank.com

Ist Deutschland vielleicht nicht der richtige Standort für euch?

Jonas: Als Internet-Startup spielt der Standort keine große Rolle. Es ist wichtiger, in den richtigen Ländern präsent zu sein. Beispielsweise, indem wir Berichterstattung auf lokalen Newssites sicherstellen. Zudem arbeiten wir als Gastautoren an einem Buchprojekt in Großbritannien mit. Letzten Monat war ich bei Torque Research in London zu Besuch, um mich in die Finanzszene „hinein zu networken". Es ist wichtig, den richtigen Zugang zu finden, da haben wir in der jüngsten Vergangenheit noch einmal dazugelernt. Jetzt sind wir auf einem guten Weg.

Was waren die wichtigsten Meilensteine im Jahr 2013?

Zum einen der Umzug am 1. Januar in die Büros in der Venloer-Straße – jetzt haben wir sogar Domblick. Und dann natürlich Mitte des Jahres die zweite Finanzierungsrunde.

Wie kam es dazu?

Stefan: 2012 hatten wir hauptsächlich unser Produkt entwickelt und den Fokus geschärft. Da hätte es keinen Sinn gemacht, umfassend in die Vermarktung zu investieren. Das war auch so mit den Investoren besprochen. In der zweiten Finanzierungsrunde hat NextGFI das Investment erhöht. Nun wollen wir den Vertrieb forcieren. Ziel ist es, deutlich mehr Bezahlkunden zu gewinnen.

Wie wollt ihr das Vertriebsziel erreichen?

Stefan: Wir haben Technik und Vermarktung getrennt. Jonas, Thomas und ich sind die Technikabteilung, eine neue Mitarbeiterin und ein Praktikant bilden die Marketingabteilung. In einem Vertriebsplan haben wir die Ziele für die nächsten sechs bis zwölf Monate festgelegt. Jedes Team hat noch einen kurzfristigen Plan. Da wir noch relativ klein sind, lässt sich das Ganze noch ohne umfangreiche Projektpläne organisieren.

Jonas: Es wird keine Werbekampagne in den Massenmedien geben. Das passt nicht zu unserem Markt. Wir wollen beispielsweise auf der World-of-Trading-Messe vertreten sein und dort Kontakte knüpfen., zudem wollen wir unsere Kooperationen mit großen deutschen Finanzportalen ausweiten. Das ist Gratiswerbung und diese Kunden sind wertvoller, als solche, die wir über Google Adwords gewinnen könnten. Aber wir wollen auch Google Adwords ausprobieren, das ist unser Vertriebsansatz.

Jonas und Stefan, wir danken euch für das Gespräch.

Literaturtipps von Jonas Krauß und Stefan Nann

Isaacson Walter (2011); *Steve Jobs: Die autorisierte Biografie des Apple-Gründers;*
C. Bertelsmann Verlag

18

Teekampagne
Professor Dr. Günter Faltin

Entrepreneurship für Professor an der Freien Universität Berlin, Gründer der Teekampagne und Business Angel

Professor Dr. Günter Faltin baute den Arbeitsbereich Entrepreneurship an der Freien Universität Berlin auf. Seit 2013 lehrt er als Gastprofessor an der Universität Chiang Mai in Thailand.

1985 gründete er die Projektwerkstatt GmbH mit der Idee der „Teekampagne" als Modell für Entrepreneurship. Das Unternehmen wurde zum weltgrößten Importeur von Darjeeling Tee.

Faltin initiierte das Labor für Entrepreneurship und ist Business Angel erfolgreicher Startups, darunter eBuero, RatioDrink und PaperC. Die Price-Babson-Foundation, Boston, verlieh ihm den Award „For Bringing Entrepreneurial Vitality to Academe". 2001 errichtete er die Stiftung Entrepreneurship mit dem Ziel, eine offenere Kultur des Unternehmerischen zu fördern. Für die Teekampagne erhielt er 2009 den Deutschen Gründerpreis. Als „Pionier des Entrepreneurship-Gedankens in Deutschland" zeichnete ihn 2010 der Bundespräsident mit dem Bundesverdienstorden aus.

● ●

Professor Faltin, Sie sind Hochschulprofessor und Entrepreneur. Wie kam es, dass Sie selbst gegründet haben?

Gerade beim Entrepreneurship geht es nicht nur um Theorien, sondern auch um Praxis. Und ich war der Ansicht: Wenn ich über Unternehmensgründungen lehre, muss ich auch selbst gründen. Mindestens einmal, wenn nicht sogar öfter. Diesen Gedanken hatte ich bereits Anfang der 80er- Jahre. Die große Frage war nur: Was gründen? Kollegen und Freunde haben mir übrigens dringend davon abgeraten. Deshalb war es umso wichtiger, genau darüber nachzudenken, was ich gründe. Ich wollte mich schließlich nicht blamieren. Mein Fokus lag deshalb auf der Idee, dem Konzept. Allerdings hatte ich auch den Anspruch, nicht einfach nur eine Firma zu gründen, sondern etwas zu machen, was besser ist als das, was es schon gibt. Die Praxis besser machen als andere, das war mein Ziel. Und deshalb habe ich sehr lange überlegt, mit welchem Konzept ich in den Markt gehen will. Schließlich bin ich auf etwas gestoßen, von dem ich zunächst gar nichts verstand: Tee. Denn ich bin eigentlich Kaffeetrinker. Von Tee verstand ich damals wirklich nichts. Aber ich hatte das Gefühl, dass der Teemarkt das aussichtsreichste Feld für mich ist, besser als beispielsweise Mode oder der Handel mit Kaffee.

Wie lange hat es gedauert, bis das Konzept für die Teekampagne stand?

Der Prozess dauerte mehrere Jahre. In der Regel vergeht viel Zeit von einem ersten Einfall hin zu einem tragfähigen Konzept. Manche Menschen verwechseln Einfall mit einem ausgearbeiteten Konzept.

Das deutsche Wort „Idee" ist hier auch nicht eindeutig, denn es kann einen Einfall oder ein Konzept beschreiben. Ich verwende das Wort Idee deshalb nur ungern, sondern spreche lieber vom „Konzept". Man könnte es so erklären: Auch ein Künstler hat zunächst nur einen Einfall. Aber vom ersten Einfall hin zu etwas, was jemand seinen Stil nennen kann, bei dem er sich selbst ausdrückt und gleichzeitig sich auch andere Menschen davon angesprochen fühlen, braucht Zeit. Es reicht nicht, einen Farbbeutel an die Wand zu werfen und zu sagen: Das ist jetzt Wurf-Art. Einen eigenen Stil zu entwickeln braucht Zeit. Von „Konzepten", die lediglich Einfälle sind, halte ich deshalb nicht viel. Denn oft zeigt sich später, dass der Einfall nicht viel taugt. Mir war es dagegen wichtig, mir etwas auszudenken, was wirklich Hand und Fuß und Aussicht auf Erfolg hat. Als ich lange genug über Tee recherchiert hatte, hatte ich auch ein Konzept, wie man es besser machen kann. Tee ist ein gutes, gesundes Produkt, und es gab viel Potenzial, es besser zu machen als die etablierten Unternehmen im Teemarkt.

Wie genau sah das Konzept der Teekampagne aus?

Ein wichtiger Aspekt war, auf eine so hohe Einkaufsmenge zu kommen, dass man diese direkt beim Erzeuger einkaufen kann. Ich hatte herausgefunden, dass das teuerste am Tee der Zwischenhandel ist. Dazu war es notwendig, sich radikal zu beschränken und lediglich auf ein Produkt zu fokussieren. Während andere Teehändler bis zu 300 Teesorten anbieten, hatten wir nur eine einzige Sorte im Angebot: Darjeeling. Das war das ökonomische Grundprinzip der Teekampagne: Direkt bei den Erzeugern einzukaufen, um den Zwischenhandel umgehen zu können. Das zweite Grundprinzip war, Großpackungen zu verwenden. Es war verwunderlich, dass Tee bis dato nur in kleinen Verpackungen verkauft wurde, während die Standardpackung Kaffee 500 Gramm schwer war. Dabei hält sich Tee viel länger als Kaffee. Bei Tee ist die Standardpackung aber nur 100 Gramm. Das schien mir völliger Unfug, einfach nur eine Konvention, ohne vernünftigen Grund. Die Überlegung war: Die Teepackung muss größer sein als die Kaffeepackung. Ich bin ein konservativer Ökonom. Die Aufgabe der Ökonomie ist es, gute Produkte preiswert anzubieten. Heute wird diese Aufgabe zunehmend aus den Augen verloren. Stattdessen wird viel Geld für Marketing ausgegeben und werden Marken aufgebaut. Wir haben hingegen versucht, das Produkt besser zu machen: Bessere Qualität – Darjeeling ist das höchstgelegenste Teegebiet der Welt und produziert ein einzigartiges Aroma. Wir wollten einen fairen Preis an die Erzeuger zahlen; außerdem sollte der Tee keine Chemierückstände enthalten. Um Letzteres sicherzustellen, haben wir vor jedem Tee-Einkauf Rückstandsanalysen durchgeführt. Das war damals noch etwas sehr Exotisches. Die Diskussion um Chemierückstände fing zu diesem Zeitpunkt erst an. Tee galt als besonders reines Lebensmittel. Doch das stimmte leider nicht. In den Tees waren bis zu 20 verschiedene Chemierückstände enthalten. Unser großes Ziel war es, einen Tee mit weniger Chemierückständen anbieten zu können, später möglichst in Bio-Qualität. Es gibt einen weiteren Aspekt, der für mich entscheidend war: Tee ist ein Fertigprodukt. Kaffee muss erst noch geröstet und gemahlen werden, beim Tee kaufe ich direkt an der Plantage ein Endprodukt. Dieses muss ich nur noch verpacken. Alles in allem konnten wir am Ende einen sensationellen Preis anbieten. Wir hatten keine Abgaben an Zwischenhändler und verkauften in Großpackungen. Auch die anderen Vorteile, wie Fair Trade und die Rückstandskontrollen, waren für uns und die Kunden wichtig. Und das besonders Schöne dabei ist: Kunden müssen diese Vorteile nicht extra bezahlen. Normalerweise verteuern ja Fair Trade und Bio-Qualität das Produkt. Wir sparen an anderer Stelle viel und können dafür an diesen Stellen großzügig sein. Auch die Finanzierung war Teil des Konzepts. Wir haben den Tee im Versand ausschließlich per Vorkasse verkauft. Normalerweise geht da kein Mensch gerne darauf ein. Das konnten wir machen, weil wir eben etwas Besonderes angeboten haben: hohe Qualität, niedriger Preis, dazu noch Fair Trade und rückstandskontrollierter Tee. Durch die Vorkasse bekamen wir das Geld, lange bevor wir die Teerechnung bezahlen mussten. Dadurch war die Finanzierung zum großen Teil sichergestellt. Und wir hatten immer Cash. Das hätte gereicht, um gleichzeitig eine Bank zu gründen.

Das Konzept ist überzeugend. Hat es in der Umsetzung auch funktioniert?

Unsere Vorteile waren so groß, dass wir uns ziemlich sicher waren, dass es klappen wird. Schließlich hat unser Tee nur ein Drittel von dem gekostet, was im Handel üblich war. Und das ist natürlich ein immenser Vorteil. Wenn mich die Leute nach Marketing fragen, sage ich immer, dass wir kein Marketing brauchen. Unser Marketing ist der Preisvorteil, der Kampfpreis. Und die Antwort ist: Ja, es hat funktioniert. Die Leute standen Schlange. Nach vier Wochen waren wir ausverkauft. Dabei hatten wir keine Werbung gemacht. Normalerweise denken die Leute bei so einem Preis: Da stimmt etwas nicht. Aber die Teekampagne war von Anfang an sehr transparent. Es war für jedermann ersichtlich, wie wir auf diesen Preis kommen. Wir haben unsere komplette Kalkulation bis auf den letzten Cent veröffentlicht.

Sie sagen, Sie haben kein Marketing gemacht. Wie ist die Teekampagne zu ihrer Bekanntheit gekommen?

Es funktionierte tatsächlich hauptsächlich durch Mundpropaganda. Ein Beispiel dazu: Irgendwann hat ein Bremer Lehrer durch Zufall in Berlin von der Teekampagne erfahren. Seine Schule gab einmal im Jahr eine Großbestellung bei einem alteingesessenen Versandhändler auf. Der Lehrer erzählte, den gleichen Tee gebe es in Berlin zu einem Drittel des Preises. Alle dachten natürlich zunächst, dass das nicht sein könne und der Tee nichts tauge. Aber dann hat die Schule einen Test gemacht: der bisherige Tee gegen den Tee der Teekampagne. Und die Meinungen waren gleich verteilt, es konnte kein Unterschied festgestellt werden. Damit schwenkte die gesamte Bremer Schule zur Teekampagne um. Wir bekamen auf einen Schlag eine Bestellung in der Größenordnung von 800 Kilogramm – wir sind fast in Ohnmacht gefallen. Das war toll. Und die Geschichte machte natürlich die Runde. Das Kollegium hat dann Lehrern von anderen Schulen davon erzählt und so fing sich das Rad an zu drehen.

Das heißt also: Das Konzept war so gut, dass das Marketing allein durch das Konzept getragen wurde?

Genau. Und das ist ein Punkt, der für alle Nicht-Ökonomen von Bedeutung ist. Wenn man ein gutes Konzept hat, kann man an anderen Stellen schwach sein, zum Beispiel im Management. Ich bin ein schlechter Manager und vom Management her war die Teekampagne ein Desaster. Beispielsweise haben wir bei uns im Wandregal eines Tages einen Karton entdeckt, der voll mit Verrechnungsschecks im Gesamtwert von mehr als 10.000 D-Mark war. Aufgefallen ist das vorher niemandem. Und vermisst hat die Schecks auch keiner. Dieses Beispiel war nicht die einzige Management-Katastrophe. Wir waren wirklich schlechte Manager und hatten schlechte Kontrollen. Trotzdem sind wir nie in finanzielle Schwierigkeiten geraten. Es hat funktioniert, weil das Konzept so gut war, dass es solche Katastrophen ausgehalten hat.

Sie haben – auch aus den Erfahrungen mit der Teekampagne heraus – das Buch „Kopf schlägt Kapital geschrieben". Darin beschreiben Sie das sogenannte konzept-kreative Gründen, bei dem das Konzept ein zentraler Aspekt der Philosophie ist. Warum ist das so wichtig?

Das Konzept ist eine wesentliche Säule des konzept-kreativen Gründens. Es ist so wichtig, weil es die eigentliche Funktion des Gründers beschreibt. Es ist nicht die Business Administration – einen Manager kann man einstellen, das muss man nicht selbst tun. Larry Page und Sergey Brin, die

Die drei Säulen konzept-kreativen Gründens[1]:

– Konzept

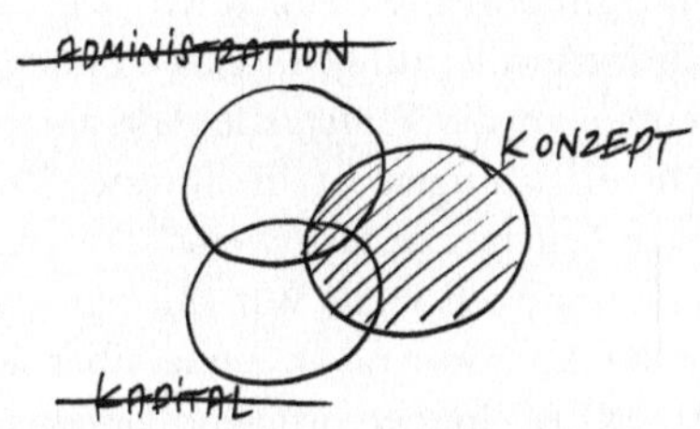

– Komponenten

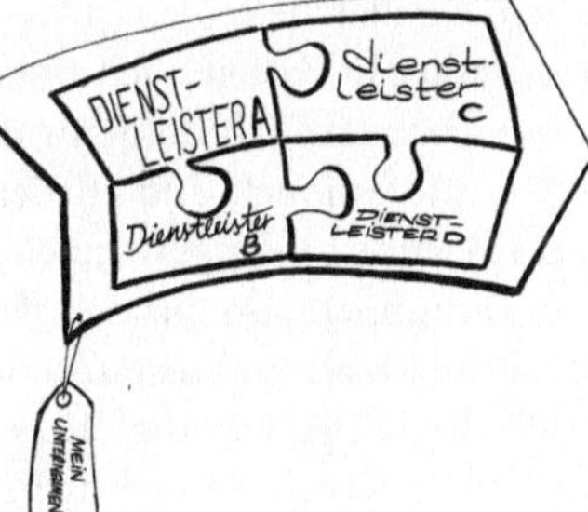

– Proof-of-Concept

[1] Siehe: Günter Faltin, Kopf schlägt Kapital, 2012, Deutscher Taschenbuch Verlag

beiden Gründer von Google, beispielsweise konzentrierten sich völlig auf die Suchmaschine, das Management gaben sie ab. Es ist auch nicht das Kapital, denn das ist heute nicht mehr der Engpass. Heute brauchen Gründer viel weniger Kapital; es geht schließlich nicht mehr darum, ein neues Stahlwerk zu bauen. Entweder kann man sein Unternehmen selbst finanzieren, oder man tut es mit Hilfe von Freunden oder der Familie. Zur Bank müssen heute nicht mehr viele Gründer gehen. Was ich sagen möchte: Wenn das Konzept gut ist, kann man sich eher Schwächen an anderer Stelle leisten. Dafür reicht es aber nicht, mit einem Einfall zu gründen, sondern es braucht eben ein wirklich gut durchdachtes Konzept. Und das heißt auch: Gründe nicht zu schnell!

Was ist neben dem Konzept wichtig?

Die zweite wichtige Säule heißt: mit Komponenten gründen, also professionelle Dienstleister heranziehen. Anstatt als dilettantischer Anfänger alles selbst machen zu wollen, sollte ich mir professionelle Komponenten einkaufen. Ich denke beispielsweise an die Logistik, die Buchhaltung oder Bürodienstleistungen. Das können andere viel besser, meist auch preiswerter, vor allem wenn man die Fehler, die Anfänger machen, mit einrechnet. Und die Verfügbarkeit solcher Dienstleistungen ist in jüngster Zeit stark gewachsen. Das macht diesen Ansatz überhaupt erst möglich. Die Sichtweise, dass man als Entrepreneur ein Alleskönner sein und alles wissen muss, finde ich fatal. Wir müssen von dieser Vorstellung Abschied nehmen. Ingvar Kamprad, der IKEA-Gründer, hat einmal über sich gesagt, er sei ein katastrophaler Organisator. Trotzdem ist IKEA ein hervorragend organisiertes Unternehmen. Der beste Beweis dafür, dass Komponenten funktionieren sind auch Serial-Entrepreneurs, also Menschen, die mehrere Unternehmen parallel betreiben. Das schaffen sie nur, weil sie Aufgaben abgeben. Komponenten haben immense Vorteile. Ich brauche kein Kapital, um mir eine eigene entsprechende Infrastruktur aufzubauen. Ich hole mir das Know-how von Experten ins Haus und bin dadurch von Anfang an professionell und effizient. Ich muss die Komponenten lediglich koordinieren können und ich muss in der gewonnenen Zeit am Unternehmen und nicht im Unternehmen arbeiten. Ich kann mich also auf das Wesentliche konzentrieren. Das ist ja auch genau das Schöne an der Funktion des Entrepreneurs: Sie können als Chef das abgeben, was Ihnen nicht liegt und behalten sich die Dinge vor, die Sie gerne machen. Als Gegenargument höre ich oft, dass man sich professionelle Komponenten nicht leisten könne. Dann sage ich immer: Ja, wenn Sie sich Professionalität nicht leisten können, dann versuchen Sie es doch mal mit Unprofessionalität. Jeder weiß sofort, dass das noch teurer ist. Ein Konzept muss so ausgereift sein, dass ich mir professionelle Komponenten von Beginn an leisten kann.

Andere aktuelle Lehren über Startups – wie das Buch Lean Startup – heben vor allem das frühe Testen der Idee hervor. Welche Rolle spielt das Austesten in Ihrer Philosophie des konzept-kreativen Gründens?

Das, was im Englischen „Proof-of-Concept" heißt, ist sehr wichtig und ist die dritte wesentliche Säule des konzept-kreativen Gründens. Bei der Entwicklung eines Konzepts gibt es immer Annahmen, die man testen sollte. Beispielsweise: Wie viel Teetrinker gibt es überhaupt? Wie viele davon trinken Darjeeling-Tee? Was man nicht machen sollte ist, anzufangen und erst dann zu testen. Man sollte das Testen bereits im Prozess der Konzeptentwicklung tun, also den Proof-of-Concept von Anfang an suchen. Alles andere ist Gründen als Roulette-Spiel. Nehmen wir an, Sie wollen ein ägyptisches Restaurant eröffnen. Sie kaufen die Küche, die Einrichtung und stellen das Personal ein. Dann öffnen Sie die Tür, machen Marketing und hoffen, dass Gäste kommen. Das ist für mich das Gleiche, wie in eine Spielbank zu gehen. Ich würde so nie gründen. Wenn ich das Gründen als eine Art Wette betreibe, verliere ich in den meisten Fällen. Stattdessen würde ich die Annahmen vorher testen und zwar sehr konkret, das heiß, nicht nur

Meinungen zu ägyptischem Essen erfragen, sondern selbst ägyptisch essen gehen und beobachten, wie viele Leute es auch tun. Man muss so früh wie möglich und so intensiv wie möglich testen. Bei einem Produkt ist die Frage „Würden Sie dieses Produkt kaufen?" kein harter Test. Vielleicht sagen die Befragten nur aus Höflichkeit ja. Besser ist es, wenn sich die Leute auf eine Liste eintragen müssen, um das Produkt zu erhalten und einen Vorschuss zahlen. Das ist ein harter Test. Mein Rat ist, einen Test lieber zu übertreiben, als ihn zu „weich" zu machen. Es geht darum, alle erkennbaren Risiken zu adressieren. Oft wird gesagt: Wir brauchen mehr risikobereite Unternehmer. Aber es ist doch viel besser, sich gut vorzubereiten und das Risiko zu minimieren. Ein Restrisiko bleibt ohnehin immer. Kürzlich habe ich Glorianna Davenport gehört, die Mitgründerin des berühmten MIT Media Lab. Sie erzählte, dass 80 Prozent der MIT-Startups scheitern. Es überleben also nur 20 Prozent der Gründungen, obwohl viele von der technologischen Seite her hervorragend sind. Davenport sagt außerdem, dass von den 20 Prozent, die überleben, wiederum nur 20 Prozent wirklich sehr erfolgreich sind, also nur vier von 100 an die Spitze kommen. Das sind die, die dann in aller Munde sind. Die anderen, die überleben, verdienen Geld, sind aber nicht spektakulär erfolgreich. Woran es krankt, ist sicher nicht die Technologie, sondern es ist das Businessmodell. Technologie ist der Rohstoff. Daraus etwas zu machen, was ankommt, ist eine ganz andere Sache. Selbst Glorianna Davenport meinte, dass sie dies am MIT unterschätzt haben. Sie glaubten, dass es allein mit der besten Technologie funktionieren wird. Das Businessmodell haben sie vernachlässigt. Aber genau da muss man viel tun. Die drei Säulen: Konzept, professionelle Komponenten und ein möglichst frühzeitiger Proof-of-Concept sind meiner Meinung nach unabdingbar bei einer Gründung. In meinem Umfeld hat es bislang keine Insolvenz gegeben. Zwar gab es Konzepte, die nicht realisiert wurden oder Entrepreneurs, die rechtzeitig wieder aufgehört haben, weil der Proof-of-Concept nicht gelang – aber keine Insolvenz. Im Vergleich zu den eben genannten Zahlen ist das schon bemerkenswert.

Wie gelingt es, ein tragfähiges Konzept zu entwickeln?

Um es vorweg zu sagen: Ein gutes Konzept zu entwickeln, ist nicht einfach. Es funktioniert nicht nach Lehrbuch. Sie wissen nicht, ob es überhaupt jemals zu einem Ergebnis kommt. Ich vergleiche das immer mit einem Puzzle – sie haben einige Teile in der Hand, aber es fehlen noch ganz viele. Bei einem herkömmlichen Puzzle wissen sie, was herauskommen soll, wie das Bild aussieht. Bei der Suche nach einem Konzept weiß man dagegen nicht, wie das Bild letztendlich aussehen wird. Das Ergebnis ist völlig offen. Sie müssen aus den Puzzleteilen etwas herausbekommen, das zu etwas Sinnvollem führt. Und das wird nicht immer funktionieren. Ich selbst hatte neben der Teekampagne noch einen anderen, wie ich fand, guten Einfall, nämlich Flaschen als Baumaterial zu nutzen. Den Getränkeflaschen aus Glas eine Form geben, dass sie als Baustein verwendet werden können. Quasi ein zweites Leben der Glasflasche. Altglas als Baumaterial. Glas ist ein toller Werkstoff: hell, isolierend – und kostenlos. Doch ich bin dazu bis heute nicht auf ein tragfähiges Konzept gekommen. Es scheitert immer an Details wie beispielsweise der deutschen Bauaufsicht. Der Fall, dass es trotz eines vielversprechenden Einfalls zu keiner Realisierung kommt, kann immer eintreffen. Das sollte man im Hinterkopf haben. Man kann an dieser Stelle übrigens eine Parallele zur Kunst ziehen. Modernes Entrepreneurship hat viel mit Kunst zu tun. Es macht Sinn, Dinge mit den Augen eines Künstlers zu betrachten und nicht nur mit BWL-Augen. Es eröffnet neue Sichtachsen. Grundvoraussetzung für ein gutes Konzept ist es, ein Thema genau zu verstehen. Nur dann kann ich die richtigen Ansätze finden und Dinge besser machen. Um ein solch tiefes Verständnis zu haben, braucht es Zeit, es muss reifen. Wenn man sich aber einmal für ein Thema entschieden hat, hat man auch den nötigen Fokus. Bei mir drehte sich irgendwann alles um Tee. Überall, wo etwas mit Tee war, habe ich sehr genau hingesehen. Wenn in der Zeitung etwas über Tee stand, habe ich das natürlich gelesen. Meinen Urlaub habe ich in Darjeeling in Indien verbracht und nicht auf Mallorca. Ich habe mir den Hafen in Kalkutta angeschaut und mit den Leuten gesprochen, weil ich wusste, dass ich kein Experte bin und mich genau informieren musste, um keine fundamentalen Fehler zu begehen. Gleichzeitig habe ich damit von Anfang an auf professionelle Komponenten gesetzt. Beispielsweise: Mit welchen Experten für den Transport sollte ich zusammenarbeiten? Bei welchen Tee-Auktionen lohnt sich der Besuch? Ich lokalisierte die Komponenten, die ich brauchte, um keine Anfängerfehler zu machen. Und ich musste aufpassen, nicht zu idealistisch an die Sache heranzugehen. Ich wurde zu der Zeit häufig als Idealist oder Spinner abgetan. Man darf nicht naiv an ein solches Unterfangen herangehen und muss aufpassen, nicht von Profis und „Geschäftshubern" ausgenommen zu werden.

Sie sagen: Die Konzeptentwicklung ist nicht vorhersagbar, eher künstlerisch. Gibt es trotzdem eine Systematik, um zu einem guten Konzept zu gelangen?

Es gibt schon Aspekte, die sich systematisch abarbeiten lassen. Zunächst braucht es immer eine Anfangsidee und dann Techniken, um die Idee abzuklopfen. Ich habe sieben Techniken identifiziert: Potenzial in Vorhandenem entdecken, Vorhandenes neu kombinieren, mehr als nur eine Funktion erfüllen, Probleme als Chance verstehen, Arbeit in Spaß und Unterhaltung verwandeln, Visionen Wirklichkeit werden lassen und Funktion statt Konvention, also Konventionen zu brechen und Funktionen zu erfüllen. Wie ich bereits erwähnt habe, war es eine Konvention, Tee in kleinen Packungen zu verkaufen. Aber das war nur deshalb normal, weil sich einfach alle daran gewöhnt hatten. Besser ist es aber, von den Funktionen her zu denken und sich zu fragen, ob alle mit der üblichen Art und Weise verbundenen Prozesse überhaupt notwendig sind. Im Falle der Teekampagne war die Antwort: nein. Und sie führte zum Direktverkauf von Großverpackungen. Der nächste Schritt ist, die einzelnen Puzzleteile zu finden und möglichst früh die Annahmen zu testen. Wichtig ist hierbei auch die Offenheit der Situation, die Ambivalenz auszuhalten. Schließlich wissen sie nicht, was am Ende herauskommt – oder ob überhaupt etwas herauskommt. Ob aus den einzelnen Puzzleteilen irgendwann ein Ganzes wird. Dass das Konzept stimmig zur Person ist, aber auch stimmig zum Markt, ist ein ganz wichtiger Punkt. Ich werde oft gefragt, wie man die Stimmigkeit zur Person herausfinden kann. Denn: Sich selbst zu erkennen. ist nicht einfach. Wo ist man glücklich? Wo ist man selbstvergessen, arbeitet, ohne es als Arbeit zu empfinden? Nicht wenige Menschen gehen an dem, was sie gut können, vorbei. Eben weil es ihnen so leichtfällt. Dabei ist genau das die Ecke, in die man genau hinsehen sollte. Was ist sonst noch wichtig? Sich neue Sichtachsen zu legen, in Komponenten zu denken und die Ökonomie der Aufmerksamkeit zu beachten. Denn Marketing muss Teil des Konzepts sein. Konventionelle Werbung kommt meistens nicht infrage, weil sie zu teuer ist. Sie müssen versuchen, aufzufallen. Das kann durch das Produkt gelingen oder durch den Unternehmer selbst. Karl Lagerfeld ist ein perfektes Beispiel. Er hat es durch sein Auftreten geschafft, eine Weltmarke zu sein. Ein Vorteil gegenüber großen Spielern im Markt können Sympathie und Authentizität sein. Wer diese Attribute erarbeitet, kann sie ausspielen.

Sie heben die Stimmigkeit zur Person hervor. Warum ist es so wichtig, seine eigene Person zu berücksichtigen, anstatt lediglich auf gute Gelegenheiten am Markt zu schauen?

Die Stimmigkeit zur Person ist extrem wichtig, da sie sonst die Energie nicht aufbringen können, die für den Aufbau eines Unternehmens nötig ist. Der Vorrat an Disziplin ist begrenzt, stattdessen braucht es Leidenschaft. Und die entwickelt sich nur, wenn die Unternehmung zur Person passt. Wenn Sie mich fragen, kann man Entrepreneurship in einem Wort zusammenfassen: Passion. Also Leidenschaft für eine Sache. Nur so haben wir es geschafft, Weltmarktführer für Darjeeling-Tee zu werden und Firmen wie Lipton, Twinings und Teekanne zu überholen.

FUNKTION STATT KONVENTION

Der Bezug zur Person wird in vielen Ratgebern übersehen. Es geht darin immer nur um die „guten Gelegenheiten", den klassische Ansatz der sogenannten „Opportunity Recognition". Doch es wird nie gefragt, ob das Vorhaben denn auch zu der Person passt. Die „Opportunity Recognition" könnte zum Beispiel ergeben, dass in Berlin Zehlendorf ein Copyshop fehlt und dieser gute Geschäfte verspricht. Mag sein. Aber nicht jeder will für den Rest seines Lebens in Zehlendorf in einem Copyshop stehen. Ich rede lieber von „Opportunity Creation". Ich muss mir etwas schaffen, das zu mir passt. Das ist nicht einfach, denn dafür muss ich wissen, wo ich hingehöre und was ich wirklich machen will. Ich muss mich also vorab selbst erkennen.

Meiner Meinung nach kann jeder Entrepreneur sein, der die richtige Ausdauer mitbringt. Es gibt viele empirische Untersuchungen über Charaktereigenschaften von erfolgreichen Gründern. Sie führen zu keinem klaren Ergebnis. Der Bildungsgrad korreliert nicht, der Familienhintergrund auch nicht. Einzige Ausnahme ist die Ausdauer. Hier ist eine Korrelation vorhanden, zwar schwach, aber immerhin. Diese Ausdauer muss aus einem selbst kommen. Und deshalb ist die Leidenschaft so wichtig.

Woher kam Ihre Leidenschaft für die Teekampagne. Sie waren ja Kaffeetrinker …

Die Leidenschaft war zunächst nicht der Tee. Das hat sich erst später entwickelt. Mein Punkt war ein anderer: Ich wollte beweisen, dass man von der Universität aus eine bessere Praxis entwerfen kann. Ich gehöre nicht zu denjenigen, die einen Gast von Siemens einladen, der von der Praxis erzählt. Entrepreneurship ist für mich auch mehr als nur Business machen. Es ist kreative Zerstörung a lá Schumpeter. Ich will kein Geschäftshuber sein. Die Hauptsache ist auch nicht der Profit. Profit ist für mich lediglich der Treibstoff, damit die Maschine läuft. Ich wollte schlicht etwas machen, das besser ist als das Bestehende. Das Entrepreneurship war also bei mir die Passion.

Ihre Philosophie des konzept-kreativen Gründens hat großen Anklang gefunden. Es gibt inzwischen weitere Gründungen a lá Teekampagne …

Es gibt ein gutes Netzwerk und eine große Fangemeinde, die von der Teekampagne als Modell ausgehen. So gibt es beispielsweise die zwei Olivenölkampagnen, eine Weinkampagne, eine Gewürzkampagne, eine Laktasekampagne, und sogar eine Sockenkampagne. In manche bin ich als Business Angel involviert. Es sind Gründungen, die sich direkt an der Teekampagne orientiert haben. Dann gibt es Unternehmen, die einzelne Elemente von uns übernommen haben, zum Beispiel indem sie professionelle Komponenten anwenden. Es gibt aber natürlich auch andere Gründungen. IT-Startups und Softwareentwicklungen scheinen beispielsweise ein anderes Feld zu sein.

IT-Startups und das konzept-kreative Gründen passen also nicht zusammen?

Es passt eigentlich zusammen. Aber aus irgendeinem Grund nennen es die Softwareentwickler nicht konzept-kreativ. Konzept-kreativ grenzt sich von denjenigen ab, die der Meinung sind, dass das Wichtigste das Management ist. Es gibt immer noch Leute, die sagen, dass die Idee nicht relevant ist, sondern lediglich die Geschäftsabwicklung, also dass das Management zählt. Ich habe diesbezüglich Zweifel. Ich erwähnte ja schon, dass die Teekampagne ein Beispiel dafür ist, dass allein das Konzept funktioniert hat, obwohl das Management katastrophal war. Damit unterscheidet sich die Teekampagne von der Tradition, wie Gründen früher betrachtet wurde. Und diese Vorstellung gibt es immer noch: dass ich als Gründer eben viel Kapital brauche und etwas von BWL verstehen muss. Die Idee sei nicht so wichtig. Mir leuchtet dieser Ansatz nicht ein. Und die Zahlen sprechen ja auch eine andere Sprache, denn die Statistik besagt, dass 80 Prozent aller Neugründungen nach fünf Jahren nicht mehr vorhanden sind. Das ist ja nun wirklich ein katastrophales Ergebnis. Stellen Sie sich mal vor, in einer Fabrik würden 80 Prozent Ausschüsse erzeugt. Oder in der Schule würden 80 Prozent durchfallen. Das ist nicht akzeptabel. Doch beim Gründen wird eine

Opportunity Recognition Opportunity Creation

Der Bezug zur Person wird in vielen Ratgebern übersehen. Es geht darin immer nur um die „guten Gelegenheiten", den klassische Ansatz der sogenannten „Opportunity Recognition". Doch es wird nie gefragt, ob das Vorhaben denn auch zu der Person passt. (…) Ich rede lieber von „Opportunity Creation". Ich muss mir etwas schaffen, das zu mir passt.

solche Quote akzeptiert. Dabei liegt es meiner Meinung nach viel an den schwachen Konzepten. Es gibt auch Beispiele dafür, dass man mit einer schlechten Idee und guter „Execution" erfolgreich sein kann. Aber ich empfehle, nicht der Konvention zu folgen, sondern auf ein gutes Konzept zu setzen: Gerade denjenigen, die nicht viel Geld haben und keine Management-Ausbildung oder Talent zum Management mitbringen. Und das sind die meisten. Viele können noch nicht einmal ihr eigenes Leben managen, geschweige denn ein Unternehmen.

BWL-Wissen hilft also nicht SO SEHR VIEL weiter. Wie sähe denn eine ideale Gründer-Grundausbildung aus? Wie könnte ein Curriculum an der Universität gestaltet werden?

Einem solchen Gedanken stehe ich skeptisch gegenüber. Letztlich läuft es in der Praxis leider immer darauf hinaus, dass BWL gelehrt wird. Dabei sollte man sich die historische Entwicklung der BWL vor Augen halten. BWL ist durch das Wachstum von Großunternehmen entstanden, bei denen man mit einfachen Daumenregeln nicht mehr zurechtkam. Also brauchte es eine Art Management Science. Konzeptentwicklung kommt bei diesem Ansatz nicht vor. Dann aber zu glauben, dieser Ansatz eigne sich für Gründer, ist ein Irrtum. Natürlich brauche ich BWL. Aber ich brauche BWL nicht in der Art wie sie für Großunternehmen entwickelt worden ist. Am Anfang reicht für die Buchhaltung beispielsweise ein Student. Ich brauche mich nicht selbst in die GmbH-Buchhaltung einzuarbeiten, die ziemlich komplex ist. Meiner Meinung nach ist die Fachdisziplin, die Ausbildung, die jemand macht, irrelevant. Egal ob jemand Theologie, Philosophie oder was auch immer studiert – er kann Entrepreneur werden. Ich habe meine Zweifel an klassischen Ausbildungsinhalten. Ich würde sehr vieles über Komponenten lösen und versuchen, eine Detail-Spezialisierung zu vermeiden. Die Details sind natürlich wichtig, aber wenn ich mich um alles kümmern muss, werde ich erschlagen und komme nicht zum wesentlichen Teil, dem Konzept.

In den vergangenen Jahren hat sich interessanterweise Einiges geändert. Heute reden alle vom Businessmodell; das hat vor zehn Jahren noch niemand getan. Heute wird anders gegründet; heute steht das Konzept viel stärker im Mittelpunkt als früher. Der Business Model Canvas, entwickelt von Alexander Osterwalder, ist für die Visualisierung der Geschäftsidee sehr populär geworden.

Wichtig finde ich aber auch, sich die Frage zu stellen: Was willst du bewirken? Was ist deine Philosophie? Willst du dich für ein Anliegen einsetzen? Willst du die Welt besser machen? Diese Aspekte kommen viel zu wenig vor. Der Anspruch ist oft verlorengegangen im heutigen Fokus auf Profit, Finanzierungsrunden und einen gelungenen Exit. Ich gönne es natürlich jedem, der es schafft. Aber die Anzahl der Erfolgreichen ist eben verschwindend gering. Es gibt eine Studie von McKinsey, die besagt, dass nur jede 100. Gründung Venture Capital erhält.

Venture Capital ist ein gutes Stichwort: Was halten Sie davon?

Trotz der Präsenz in der öffentlichen Diskussion: Ich würde nicht anstreben, Venture Capital zu bekommen. Zunächst einmal ist es eher unrealistisch. Die Chancen sind, wie eben gehört, sehr gering. Ich rate aber noch aus einem weiteren Grund davon ab. Sobald Sie Venture Capital beziehen, sind Sie nicht mehr Herr im eigenen Haus. Sie werden schneller als Sie denken zum Angestellten Ihrer eigenen Gründung, der in der Hamstermühle herumläuft und versucht, die Ziele, die Milestones, die ihm gesetzt wurden, zu erreichen. Manchmal kommen Leute zu mir und erzählen stolz, dass sie eine Million Venture Capital bekommen haben. Das hört sich erst einmal gut an. Aber wenn man sich die Verträge anschaut, steht dort im Grunde, dass sie eine Million bekommen, wenn sie zwei Millionen erwirtschaften. Venture-Capital-Geber sind Profis mit einem Heer an Rechtsanwälten. Fazit: Aus statistischen, aber auch aus inhaltlichen Gründen würde ich Venture Capital nur mit äußerster Vorsicht anfassen.

ENTREPRENEURSHIP in einem Wort zusammengefasst: PASSION.

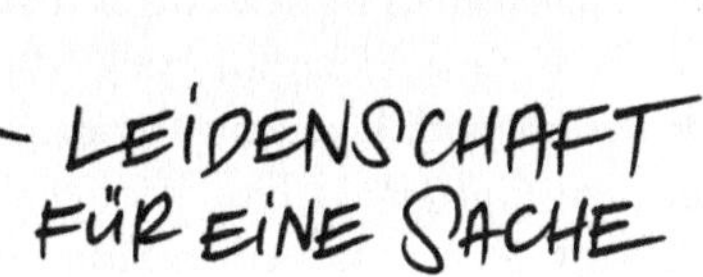

Sie haben selbst gegründet und sind als Business Angel aktiv. Worauf sollten Gründer bei der Zusammenstellung ihres Teams achten?

Zunächst einmal sollten sie sehr vorsichtig sein. Viele haben ein euphorisches Erlebnis, wenn sie in einer Gruppe arbeiten. Das ist zweifellos toll. Aber viele solcher Gruppen gehen schief, oft fürchterlich schief. Freundschaften werden zu Feindschaften. Ich habe wirklich schon viele Teams erlebt, die sehr bitter auseinandergegangen sind. Ich möchte deshalb jedem dazu raten, nicht unüberlegt Freunde, Familienmitglieder oder Bekannte heranzuziehen, sondern auf professionelle Begleiter zu setzen. Eine Grundregel ist, Teams immer mit unterschiedlichen Qualifikationen zu besetzen. Jeder sollte seinen Bereich haben, in dem er sich entfalten kann und nicht mit anderen konkurriert. Und wer für welche Aufgaben zuständig ist, gehört dabei klar definiert. Bei der Frage, wer der Lead Entrepreneur ist, muss Einigkeit herrschen. Überhaupt: Wem was gehört, muss eindeutig geklärt sein. Wer wie viele Unternehmensanteile hat, sollte aufgeschrieben werden. Selbst wenn sich das Team nicht finanziell einbringt, dann doch mit Wissen und Zeit. Ein Team ist etwas Großartiges, wenn es funktioniert. Doch ich warne davor, zu optimistisch heranzugehen. Es gibt viele Menschen, die arbeiten besser allein oder als Chefs mit Untergebenen.

Zum Abschluss: Haben Sie noch einen Rat für Gründungsinteressierte?

Zunächst einmal: Mir selbst ist es wichtig, die Bedeutung von Entrepreneurship hervorzuheben. Entrepreneurship hat einen emanzipatorischen Hintergrund, es ist ein Stück Gesellschaftspolitik. Das Anliegen von Entrepreneurship ist es, Menschen die ökonomische Unabhängigkeit zu geben. Entrepreneurship ist also weit mehr als eine weitere Karrieremöglichkeit. Für den Einzelnen ist Entrepreneurship natürlich eine wunderbare Option, die sehr viel Spaß machen kann. Ich kann nur sagen: Probieren Sie es aus, fangen Sie an, ein Konzept zu entwickeln. Nehmen Sie die Herausforderung an.

Viele Menschen haben irgendwann das Gefühl, aus dem eigenen Leben nicht genug gemacht zu haben. Dieses Gefühl, man hätte vielleicht mehr Herausforderungen annehmen können und hat es nicht getan, ist sehr schmerzhaft. Entrepreneurship ist eine Form der Selbstverwirklichung Das Materielle ist dabei nur ein angenehmer Nebeneffekt. Henry Ford war nicht so erfolgreich, weil er Dollarzeichen in den Augen hatte, sondern weil er mit Leidenschaft bei der Sache war. Sich für etwas einzusetzen und sich lebendig zu fühlen – das allein ist bereits immens viel wert. Es gibt den Begriff Überzeugungsgründung, den ich sehr schön finde. Selbst der berühmte Management-Guru Peter Drucker hat sinngemäß gesagt: Es geht bei Entrepreneurship nicht um Management. Es geht um einen Sinn, um die Überzeugung für eine Sache.

Herr Faltin, herzlichen Dank für das Gespräch.

Literaturtipps von Günter Faltin

Faltin, Günter (2012); *Kopf schlägt Kapital;* Deutscher Taschenbuch Verlag
Kawasaki, Guy (2013); The Art of the Start: *Von der Kunst, ein Unternehmen erfolgreich zu gründen;* Vahlen
Fried, Jason und Heinemeier Hansson, David (2010); *Rework;* Crown Business
Osterwalder, Alexander (2010); *Business Model Generation: A Handbook for Visionaries, Game Changers, and Challengers;* John Wiley & Sons
www.entrepreneurship.de – viele Lernvideos und Texte zum kostenlosen Download

True Fruits
Nicolas Lecloux, Katia Winter

Gründerteam: Gründerteam: Nicolas Lecloux, Marco Knauf und Inga Koster (von links)

Drei Studenten erobern mit true fruits als erster Smoothie-Anbieter den deutschen Markt

2006 von drei Freunden gegründet, branchenfremd und mit kaum Kapital gestartet, eroberte true fruits als erster Smoothie-Anbieter den deutschen Markt. Mit mittlerweile sechs unterschiedlichen Smoothies, drei Sorten frischen Saft und 19 Gefährten ziehen sie ihr Ding konsequent durch – mit Erfolg: Produktdesign und Qualität wurden bereits mehrfach national und international ausgezeichnet. Leidenschaft statt Industrie, Qualität statt Zusatzstoffe und allen voran das Prinzip: 100% Frucht – no tricks. Nicht mehr, aber eben auch nicht weniger.

. . . . .

Nicolas, wie entstand die Idee für True Fruits?

Nicolas: Die Gründergeschichte hat gar nicht mit mir begonnen, sondern mit Inga und Marco, meinen beiden Mitgründern und damaligen Kommilitonen. Beide waren im Auslandssemester in Schottland und haben dort diese bunten Fläschchen mit Frucht – die Smoothies – entdeckt. Sie haben sich sofort verliebt und ihnen war direkt klar: „Hey, bei uns in Deutschland hat das irgendwie noch keiner gemacht." Die Idee hat sie dann nicht mehr losgelassen, und sie haben mich nach ihrer Rückkehr mit ihrer Begeisterung angesteckt und mit ins Boot geholt.

Wie ging es dann weiter?

Nicolas: Uns war klar, dass wir die Idee weiterverfolgen wollten, wussten aber zunächst nicht wie. Zwar hatten wir alle BWL studiert, wussten aber trotzdem nicht, wie man ein Unternehmen gründet. Unsere FH Hochschule Bonn-Rhein-Sieg bot zum Thema Entrepreneurship damals nicht viel. Trotzdem sind wir mit einem One-Pager zum Dekan gegangen und haben versucht, ihn zu begeistern. Am Ende fand er die Idee interessant und hat uns angeboten, ein Praxisprojekt draus zu machen. Im Rahmen der Praxisprojekte bearbeitet ein interdisziplinäres Studententeam eine Praxisaufgabe. Unser Projekt hieß „Herstellung und Vertrieb von hochfruchthaltigen Ganzfruchtsaftgetränken" und wir haben dies im Plenarsaal allen Professoren und Studenten vorgestellt. Die erste Reaktion der meisten Zuhörer war „Hä – was?", da keiner das Produkt verstand und die anderen Projekte normalerweise bei renommierten Großkonzernen durchgeführt wurden. Wir haben es trotzdem durchgezogen und ich glaube, das ist auch der Punkt, der den Gründer vielleicht vom Gründungsinteressierten unterscheidet. Es ist eben der „way to action", auch mal Dinge zu versuchen, die es noch nicht gibt. Jedenfalls hat es bei uns funktioniert und wir konnten einige Chemiker und Biologen für unser Projekt gewinnen.

Wie habt ihr euch organisiert und wo welche Prioritäten im Praxisprojekt gesetzt?

Nicolas: Uns selbst zu organisieren und die nächsten Schritte festzulegen, war schon eine Herausforderung. Natürlich galt als Erstes auch, den Businessplan zu schreiben, wichtiger war es aber zunächst, die grundlegenden Fragen der Herstellung zu klären. Wo kriegen wir die Früchte her, wie schält man z. B. eine Ananas, sollen wir das selber machen oder machen lassen? Wir haben das Praxisprojekt dafür genutzt, die Masse solcher grundlegenden Fragen, die sich zwangsläufig ergaben, als wir näher an das Thema heranrückten, zu klären.

Wann hattet ihr dann euren ersten Prototypen fertig und wie habt ihr das Produkt weiterentwickelt?

Nicolas: Unseren ersten Prototypen haben wir dann Anfang 2006 auf dem Gründercampus der Hochschule Bonn-Rhein-Sieg vorgestellt. Die Abfüllung haben wir gerade noch rechtzeitig hinbekommen. Das Geld für die Früchte hatten wir uns zusammengeliehen. Die Smoothies waren damals noch sehr dickflüssig, eher wie Baby-Brei. Dort standen wir also mit unseren chaotisch abgefüllten „Baby-Brei-Smoothies" in vier verschiedenen Sorten. Die Resonanz war aber durchweg positiv und das war für uns eine wichtige Bestätigung und Ermunterung weiterzumachen.

In der Produktweiterentwicklung hat uns, glaube ich, unsere Offenheit geholfen. Wir haben kein Geheimnis aus unserer Idee und den offenen Fragen gemacht. Man muss sich vorstellen, dass das Thema in den USA seit 1970 ein Multi-Millionen-Business und seit über zehn Jahren in Großbritannien ein Riesen-Business war – und in Deutschland hat es noch keiner angefasst. Das Produkt hatte also einerseits ein großes Potenzial, andererseits war es schon verwunderlich, dass es noch keiner in Deutschland versucht hatte und wir fragten uns „Gibt es vielleicht einen Grund, den wir nicht kennen?" Hinzu kam, dass wir keinen im Team hatten, der sich mit Lebensmittelverarbeitung auskannte. Unsere Strategie war also, offen mit dem Thema umzugehen und viel zu fragen. Wir haben dadurch viel Hilfe erfahren, vielleicht auch aufgrund der Tatsache, dass wir als „naives" Studentenprojekt auftraten. In jedem Fall ist das auch ein Learning, was wir gerne mal weitergeben: Wenn ihr irgendwie nicht weiterwisst – fragt!

Wen habt ihr um Rat gefragt?

Nicolas: Wir hatten viele offene Fragen in Bezug auf Herstellung, also haben wir uns auf die Suche nach dem Experten gemacht, dem Boss im Fruchtsaftbereich, der sich wirklich auskennt. Die Koryphäe in dem Bereich war damals Professor Dr. Binnig. Als wir nach langer Wartezeit endlich einen Termin mit ihm bekommen haben und wir ihm unser Smoothie-Konzept vorgestellt haben, hat er zunächst nur den Kopf geschüttelt und uns für verrückt erklärt. Am Ende hat er uns dann aber in vielen Fragen weitergeholfen und Ratschläge gegeben, z. B. von Anfang an die Produktion outzusourcen. Seine Empfehlung, auf Plastikflaschen zu setzen, anstatt auf Glas, haben wir uns allerdings nicht zu Herzen genommen, da dies zentraler Bestandteil unserer Produktvision war …

… wie sah denn eure Vision aus?

Nicolas: Wir hatten schon immer den Anspruch, ein tolles Produkt im Premium-Segment zu machen. Unser Fokus lag also auf der Qualität und nicht auf dem Price Leadership. Für uns war dieser Fokus wesentlich spannender und hat uns mehr motiviert, denn wir waren selber von dem Produkt begeistert und wollten etwas ultimativ Cooles produzieren. Deswegen war für uns auch klar, dass unser Smoothie nicht in Plastik sondern in Glas verkauft wird, wir besondere exotische Früchte verarbeiten und keine Konzentrate verwenden.

Diese Vision durchzusetzen, erforderte allerdings auch Trotz, da nicht alle diese Vision teilten, wie z. B. unser Fruchtsaft-Experte. Wir wurden oft für verrückt erklärt, Glas zu verwenden, da es wesentlich teurer als Plastik ist. Auch wurden wir gefragt: „Warum nehmt ihr keine Konzentrate?

Das ist viel billiger und den Unterschied schmeckt doch sowieso keiner." An ein paar Stellen sind wir immer wieder auf Widerstand gestoßen, haben uns aber entgegen dieses Widerstands durchgesetzt und das ist der Grund, warum wir heute immer noch existieren.

Ihr hattet also eine klare Vision, einen ersten Prototypen und wesentliche technische Fragen geklärt. Wann war der Zeitpunkt, wo es mehr als ein Studentenprojekt wurde und ihr euch für True Fruits als Full-Time Job entschieden habt?

Nicolas: Wir haben das Projekt ja schon quasi Fulltime gemacht. Die Diplomarbeit lief noch nebenher, aber einen Großteil der Energie haben wir für unser Projekt aufgebracht. Inga hat mir ihrer Diplomarbeit den Businessplan für uns fertiggestellt. Es gab also nicht einen Entscheidungspunkt, sondern es war eher ein fließender Übergang. Ein wegweisender Moment war aber sicherlich das positive Feedback bei der ersten Verkostung auf dem Gründercampus. Wir waren alle bereit, durchzustarten, und ich hab mir natürlich schon die Frage gestellt: „Ja und was machst du? Machst du da jetzt weiter mit?" Ich weiß noch, wie Marco mir diese Frage stellte. Es war in einem Café – da wo Omas mit ihren Dackel hingehen, um ihr Stück Käsekuchen zu essen – und er hat mich gefragt: „Hey, willst du mitmachen?" und es war irgendwie klar, wir machen das, denn ich fand die Aussicht, ein eigenes Produkt auf den Markt zu bringen, sehr spannend. Irgendwann habe ich es dann auch meinen Eltern erzählt.

Okay, im nächsten Schritt musstet ihr euch dann mit dem Vertrieb auseinandersetzen. Wie habt ihr den Erstkontakt mit dem Markt grundsätzlich empfunden?

Nicolas: Es war definitiv sehr anstrengend und schwieriger als erwartet. Zwar hatten wir weiteren Zuspruch durch den zweiten Platz im NUK Businessplan-Wettbewerb bekommen, doch die Realität im Markt war nochmal eine andere Nummer. Wir haben selbst die ganze Zeit gezweifelt – weil es noch keiner gemacht hat, kann dir auch keiner sagen, wie es geht. Also für mich war das die größte Erfahrung in der Anfangszeit, zu lernen, selbst zu denken. Die meiste Zeit im Leben wird man geschult und glaubt die Dinge in der Regel auch. Hier waren wir nun gezwungen, Dinge infrage zu stellen, gegen Widerstände zu kämpfen und neue Lösungen zu suchen. Das war sehr anstrengend, vor allem vom Handel ständig abgelehnt zu werden. Niemand bereitet dich schließlich auf Kalt-Akquise im Vertrieb vor, da wirst du – und ich glaube daraus lernst du fürs Leben – zum Köter.

Wie genau sah eure Vertriebsstrategie aus?

Nicolas: Auch hier hatten wir eine steile Lernkurve. Zunächst haben wir eine hochwertige Distributionsstrategie verfolgt: Lifestyle Locations wie Bars, Clubs oder Fitnessstudios. Wir haben jedoch relativ schnell gemerkt, dass der Aufwand, die Gastronomie zu aktivieren, zu hoch wäre. So sind wir glücklicherweise schnell auf den Einzelhandel gekommen. Als Einstieg haben wir uns für die Tankstellen – im Marketingdeutsch „Convenience-Kanal" genannt – entschieden. Über diesen Weg ist schließlich auch Red Bull groß geworden. Wir haben uns folglich an den zentralen Logistiker der Tankstellen gewandt und auch einen Termin bekommen. Leider konnten wir den Herrn dort nicht überzeugen. Er äußerte Bedenken, da er keine Ahnung hätte, wie wir das herstellten, wohlmöglich sogar in der heimischen Badewanne, und er würde lieber warten, bis Produkte von einem großen Marmeladeproduzenten in drei Monaten auf den Markt kämen. Dieses definitive „Nein" war der erste massive Widerstand. Wir hatten richtig Angst um das Projekt als Ganzes, denn für uns war aber nach wie vor klar: Wir müssen in die Tankstellen. Also versuchten wir, einen anderen Weg und hatten Glück bei XING mit der direkten Ansprache eines Food & Beverage Managers einer Tankstellenkette. Nach vier hartnäckigen Nachrichten rief er uns an und sagte: „Also ihr geht mir auf die Nerven, ich bin am Wochenende in Bonn und da seid ihr besser im Büro." Auch wenn wir uns nicht wohlfühlten mit der Stalker-Masche, waren wir froh,

Ein Punkt, der den Gründer vielleicht vom Gründungsinteressierten unterscheidet:

The Way To Action

und eben auch mal Dinge zu versuchen, die es noch nicht gibt.

einen Termin mit einem echten potenziellen Kunden zu haben. Und tatsächlich schienen ihm das Produkt und unsere offene Art zu gefallen, und er hat sich auf einen Test in zehn Tankstellen eingelassen.

War der Test in den ersten zehn Tankstellen erfolgreich?
Nicolas: Der Test lief sensationell gut. Wir haben in vier Wochen so viele Smoothies abgesetzt wie ein damals ähnliches Fruchtprodukt in einem ganzen Jahr! Wir hatten damit eine tolle Referenz, mit der die Tür zum zentralen Logistiker wieder offen stand.

Ihr musstet dann die Kapazitäten hochfahren? Wie habt ihr dies finanziert?
Nicolas: Die ersten Smoothies haben wir noch selbst in der Küche hergestellt, haben die Produktion dann aber schnell abgegeben. Wir brauchten dafür Kapital. Durch einen Zeitungsartikel, in dem wir erwähnten, dass wir Kapital suchen, haben wir diverse Anfragen von Business Angels bekommen. Die Business-Angel-Szene war damals, in 2006, noch sehr digital ausgerichtet und es schien leichter, eine Millionen Euro zu bekommen als 100.000 Euro. Wir haben auch viele schlechte Erfahrungen gemacht und Forderungen wie, „wir müssen dann schon die Mehrheit an Ihrem Unternehmen bekommen". Am Ende hatten wir Glück mit einem Bonner Unternehmer-Duo, das heute immer noch Teilhaber ist.

Du hast gerade von schlechten Erfahrungen gesprochen. Wie erkenne ich ein dubioses Angebot von einem Investor?
Nicolas: Das ist schwierig. Es gab Beispiele, bei denen ich zugesagt hätte, und Marco mich für verrückt erklärt hat. Das ist der Vorteil, wenn man zu dritt ist, man kann Entscheidungen diskutieren. Gerade Marco war in der Hinsicht kompromisslos. Keine Kompromisse bei der Flasche, keine Kompromisse bei der Finanzierung. Das hört sich jetzt so einfach an, aber wir hatten natürlich auch den Stress im Nacken und waren auf das Geld angewiesen. Und da ist Konsequenz schon ein gewisser Luxus und erfordert Mut. Insbesondere wenn du schon mehreren Investoren abgesagt und kein weiteres Gespräch in Aussicht hast – du weißt ja nicht, ob jetzt überhaupt noch ein weiterer Investor kommt. In unserem Fall hat sich das Abwarten zum Glück immer ausgezahlt.

Wann seid ihr dann im großen Stil in den Markt eingestiegen?
Nicolas: Mit dem Erhalt des Geldes haben wir zunächst die Flaschenform beauftragt, das eigene unverwechselbare Design. Wir wollten eben keine Standardflasche. Das war elementarer Bestandteil unserer Strategie, auch wenn dies den Start nochmal um drei Monate verzögert hat. Trotzdem sind uns die vielen Kunden, die wir in der Zwischenzeit akquiriert hatten, treu geblieben. Der Handel hat sich im Nahhinein als ein fantastischer Booster herausgestellt. Zwar war es sehr schwierig, hineinzukommen, und bei Nicht-Erfolg wären wir auch sehr schnell wieder aus dem Sortiment geflogen, doch wenn das Produkt funktioniert, ist der Handel ein sehr guter Multiplikator. Bei uns ging entsprechend die Post ab, wir sind im November 2006 gestartet und haben im ersten vollen Kalenderjahr 2007 bereits 2,1 Millionen Flaschen verkauft. Das war für uns sensationell. Trotz des starken Wettbewerbs durch die zwei neuen großen Player Innocent und Chiquita verlief unsere Entwicklung auch in den folgenden Jahren extrem gut.

Wie verlief parallel dazu die Skalierung der Produktion? Ab wann habt ihr Mitarbeiter eingestellt?
Nicolas: Dadurch, dass wir viel an große Systempartner outgesourct hatten, konnten wir sehr gut skalieren. Wir waren z. B. von Anfang an bei einem großen deutschen Kühl-Spediteur. Für solch ein Unternehmen spielt es keine Rolle, ob es eine oder 100 Paletten ausfährt. Wir waren immer lieferfähig – ich erinnere mich an eine Situation, in der wir keine Ananas mehr hatten.

WARTEN
BIS DIE KINDER
GRÖSSER SIND
ERSPARNISSE
AUFBAUEN
CONDITIONS ARE
NEVER IDEAL
ERST
STUDIUM
BEENDEN
ERSTE
ERFAHRUNGEN
IM JOB SAMMELN
NOCH EINE
BEFÖRDERUNG
MITNEHMEN

Dann haben wir diese für sehr viel Geld direkt einfliegen lassen und haben bestimmt sechs Monate nichts an dem Produkt verdient. Aber gerade für uns als neuer Player im Handel war es geradezu ein Mantra, immer lieferfähig zu sein.

Mit dem starken Wachstum in 2007 haben wir schließlich den Punkt erreicht, wo das Gründerteam nicht mehr selbst alle Aufgaben stemmen konnte, und wir haben angefangen, einzustellen. Unser erster Mitarbeiter war sehr gut im Strukturieren und hat uns extrem geholfen, dringend notwendige Strukturen aufzubauen.

Wie habt ihr weitere Mitarbeiter rekrutiert? Welchen Kriterien und welche Kanälen spielten eine Rolle?

Nicolas: Wir haben immer darauf geachtet, dass die Leute ins Team passen, den entsprechenden Spirit mitbringen und eine Begeisterung für das Produkt zeigen. Am Anfang haben wir zunächst Freunde und Bekannte rekrutiert. Wir haben das in der Vergangenheit nicht mehr gemacht, da wir teilweise Rollenkonflikte erlebt haben und uns von einigen Mitarbeitern auch wieder trennen mussten. Jetzt rekrutieren wir zielgerichteter und mit einem richtigen Bewerbungsprozess. Schließlich sind wir am Ende des Tages für das Geschäft verantwortlich und auch wenn wir keine despotischen Herrscher sind, wollen wir, dass die Dinge in unserem Sinne geregelt werden. Dies läuft mit einem vom Markt rekrutierten Mitarbeiter meist professioneller ab. Von der Organisation her reicht bei unserer Größe von aktuell 19 Mitarbeitern immer noch eine oberste Führungsebene. Den Tipping Point, also die Teamgröße, die neue Strukturen erforderlich macht, sehen wir noch vor uns.

Das heißt, ihr geht von weiterem Wachstum aus. In letzter Zeit stagniert der Smoothie-Markt und es sind neue Konkurrenten hinzugekommen, wie beurteilt ihr den Markt und die Wachstumschancen?

Nicolas: Allgemein ist die Fruchtsaftbranche etwas gebeutelt. Rein technisch hätten sie ohne viel Aufwand auch Smoothies anbieten können. Ich habe mit einigen aus der Branche gesprochen, die sagten: „Das kann ja wohl nicht sein, dass uns die Studenten vormachen, wie wir eine echte Innovation an den Markt kriegen." Und das ist nicht die erste Innovation, die sie verschlafen haben. Apfelschorle z. B. wird von den Mineralwasserherstellern gemacht. Über all die Jahre ging es im Fruchtsaftbereich nur darum, billiger zu werden. Apfelsaft wurde zu einem Standardprodukt ohne Geschmacksunterschiede. Deshalb war das auch in gewisser Weise mutig, was wir gemacht haben, weil wir dieses Low-Involvement-Produkt Fruchtsaft zu einem attraktiven Produkt gemacht haben – gesund und sexy. Die Produkte in den Naturkostläden waren viel zu bieder, nicht attraktiv. Mit unserem Produktkonzept heben wir uns also von der klassischen Fruchtsaftbranche ab und differenzieren uns aber auch immer noch von unseren direkten Konkurrenten Wir sind noch stärker qualitätsorientiert und das Produkt für Qualitätsfetischisten. Mit dieser Differenzierung glauben wir, weitere Marktanteile zu gewinnen und weiter zu wachsen.

Stichwort Mentoren. Ihr hattet ja alle noch keine Erfahrung im Gründungsbereich. Hattet ihr Leute, bei denen ihr Rat gesucht habt?

Nicolas: Zunächst war es schon hilfreich, dass wir zu dritt waren. Ich habe großen Respekt vor Leuten, die alleine gründen, da die Gründer sich all die quälenden Fragen selbst beantworten müssen. Wir konnten uns unter den Gründern gegenseitig Ratschläge geben.

Eine Art Mentor war natürlich auch Professor Binnig, der uns in Fruchtsaftfragen sehr geholfen hat. Trotzdem haben wir ihn nie als solchen tituliert, dazu war er zu stark auf die Sachfragen fokussiert. Einen Mentor stelle ich mir anders vor. Es ist jemand, mit dem ich neben fachlichen Problemen auch Persönliches besprechen kann.

BEWARE OF FREQUENTLY UNASKED CONSULTANCY (FUC)

Man muss unterscheiden können welche Ratschläge einen weiterbringen und welche nicht. Die große Kunst ist es aus den Ratschlägen die richtigen Schlüsse ziehen.

Wie war die Arbeitsaufteilung zwischen euch Gründern? Würdest du sagen, eure Skills sind komplementär?

Nicolas: Ja. Darum hat das auch immer so gut funktioniert. Inga ist extrem gut darin, Probleme zu verstehen und zu lösen. Wir nennen sie immer Mrs. Wolf – den Cleaner (Anmerk. d. Red.: in Anlehnung an einen Charakter aus Pulp Fiction). Sie ist sehr analytisch, sehr strategisch und denkt schon mal drei Schritte voraus. Ich sehe mich eher als den Kreativen oder die Rampensau, wenn man so will. Und Marco ist eher der Kopf unserer Bande. Entsprechend haben wir uns aufgeteilt. Inga macht Produkt und Finanzen, Marco den Vertrieb und die Strategie und ich Marketing und Singen (bei Geburtstagen und so).

Glaubt ihr denn, dass ihr jetzt in diesem Job mehr Freiheiten habt? Könnt ihr euch vorstellen, in einem Konzern zu arbeiten?

Nicolas: Ich glaube, keiner von uns kann wirklich zurück in ein Angestelltenverhältnis. Wenn ich mir vorstelle, ich werde bezahlt dafür, dass ich mich noch einmal ins Zaumzeug legen lasse – selbst wenn ich wollte, wäre dies nicht mehr mein Ding. Ich glaube auch, die anderen hätten Schwierigkeiten, wieder Fuß in der „normalen" Berufswelt zu fassen.

Was die Freiheit angeht – natürlich können wir jetzt nicht einfach mal ein langes Sabbatical einlegen. Und Mitarbeiter in modernen Konzernen genießen ja auch immer Freiräume und Flexibilität. Aber der Vorteil hier ist eben, dass du dein eigener Herr bist. Es ist tatsächlich diese Freiheit, sich auszudrücken und zu sagen, ich tue das, was ich tun möchte. Und im besten Fall hinterlasse ich noch etwas, das ist schon großartig.

Ein anderer Aspekt ist ja noch die Abhängigkeit von Investoren, die einem ein Stück der Freiheit rauben können. Wie ist euer Finanzierungsbedarf heute?

Nicolas: Wir sind seit circa einem Jahr komplett selbst finanziert und schuldenfrei. Eine relativ angenehme Situation also. Klar, könnten wir jetzt theoretisch noch zehn Millionen aufnehmen, um eine TV-Kampagne umzusetzen, aber wir sind da vorsichtig. Wir haben gesehen, wie Wettbewerber viel Geld z. B. in TV-Kampagnen gesteckt haben, und das war nicht unbedingt effektiv. Wir könnten es jetzt besser machen, aber trotzdem glauben wir, dass der Invest, um über Werbung im TV einen gewissen Wirkungsgrad zu erreichen, so hoch wäre, dass sich das heute mit Smoothies kaum in einer vernünftigen Zeit zurückverdienen ließe. Wir setzen lieber auf die Produktivität der kleinen Schritte, auch wenn sich das etwas konservativ anhört. Wir investieren aktuell in neue Produktideen und in den Vertrieb. Das können wir alles aus eigener Kraft stemmen.

Wenn nicht TV, welche anderen Marketingkanäle nutzt ihr?

Katia: Neben der klassischen Öffentlichkeitsarbeit betreiben wir auch ein aktives Award Management, das bedeutet, wir bemühen uns aktiv um renommierte Awards mit Strahlkraft. Das wirkt Wunder, wir haben viel Coverage und Aufmerksamkeit bei relativ wenig Aufwand. Für jeden gewonnenen Award gibt es eine gezielte PR-Aktivierung. Dabei schreiben wir passende Medien an, die dann darüber berichten. Beispielsweise haben wir mit unseren Flaschen bereits mehrere Design-Auszeichnungen erhalten und darüber berichten dann auch die Zeitschriften. Ein anderes Beispiel ist die Produktion eines nahezu kostenlosen Werbevideos, das eine große Werbeagentur für uns produziert hat. Der Hintergrund war, dass die Agentur einen Spot für ein Werbefilm-Festival benötigte. Und da bieten wir mit unserem Produkt natürlich einen schönen Aufhänger. So haben wir jedenfalls einen professionellen Spot, kostenlose PR und am Ende einen tollen Award bekommen.

Ist eine Kampagne auch mal fehlgeschlagen?

Nicolas: Nein, nicht wirklich. Eine lustige Anekdote ist aber unsere Kampagne „Frequently Unasked Consulting (FUC)", die damit spielte, nicht alle Ratschläge bezüglich unseres Produkt einfach anzunehmen. Der lustige Part hierbei ist, dass wir die Kampagne an einem Ort präsentiert haben, an dem man nicht unbedingt für Lebensmittel wirbt – den Pissoirs/Toiletten in Tankstellen und Raststätten. Wir haben das aus Trotz durchgezogen, außerdem ist das der einzige Ort, an dem du noch zehn Sekunden ungeteilte Aufmerksamkeit bekommst.

Habt ihr noch Ratschläge für angehende Gründer?

Nicolas: Ja, ein paar „Weisheiten" aus unserer eigenen Erfahrung wollen wir gerne weitergeben. Erstens: „Conditions are never ideal", das heißt, es wird nie den idealen Zeitpunkt geben, z. B. erst noch zuende studieren, erst mal Geld sparen etc. Wenn du die Idee hast, dann musst du dich dazu bekennen und Gas geben. Der zweite Punkt: fragen, fragen, fragen – insbesondere sollte man sich nicht scheuen, Fragen zu stellen, wenn man keine Ahnung hat. Drittens: „Beware of frequently unasked consultancy (fuc)" – sprich, man muss unterscheiden können, welche Antworten und Ratschläge einen weiterbringen und welche nicht. Die große Kunst ist es, aus den Ratschlägen die richtigen Schlüsse zu ziehen. Viertens: Seid ausdauernd und hartnäckig. Denn, wenn alles so einfach wäre, hätte es wahrscheinlich schon vor euch jemand gemacht. Es muss also logischerweise einen Widerstand geben. Ihn zu knacken, erfordert Ausdauer und Hartnäckigkeit. Der fünfte Punkt ist Offenheit. Das hat sich in unserem Fall bewährt. Wir waren immer schonungslos offen und haben dadurch enorm gepunktet. Die Leute fanden es gut, dass da drei Leute einfach offen die Karten auf den Tisch legen. Offenheit ist nun Teil unserer Unternehmenskultur. Beispielsweise werden Änderungen am Produkt offen kommuniziert und das hilft uns sicherlich in einer für Trickserei berüchtigten Lebensmittelbranche. Also einfach nett und authentisch sein. Meist lässt sich eine Maskerade sowieso nicht lange aufrechterhalten.

Nicolas, herzlichen Dank für das Gespräch.

Literaturtipps von Nicolas Lecloux

Ries, Eric (2011); The *Lean Startup: How Today's Entrepreneurs Use Continuous Innovation to Create Radically Successful Businesses;* Crown Publishing

Vapiano
Gregor Gerlach

Pasta, Pizza und Salate – frisch zubereitet, selbst abgeholt und in lockerer Atmosphäre konsumiert

„Chi va piano, va sano e va lontano"
– „Wer alles im Leben locker und gelassen angeht, lebt gesünder und länger"
Italienische Redensart und Philosophie bei Vapiano

Pasta, Pizza und Salate – frisch zubereitet, selbst abgeholt und in lockerer Atmosphäre konsumiert. Auf diesen Grundpfeilern fußt die Idee von Vapiano. Das erste Restaurant der unkonventionellen Systemgastronomie eröffnete am 22. Oktober 2002 in Hamburg, zwei Jahre später startete ein weltweites Franchise-System. Die Gründer von Vapiano sind Gregor Gerlach, Friedemann Findeis, Klaus Rader und Mark Korzilius; ein wenig später kommt Kent Hahne hinzu, nur Gerlach ist bis heute noch mit an Bord. Alle vier kommen aus der Gastro-Szene. Im Jahr 2009 kaufte die Darmstädter Unternehmerfamilie Sander Firmenanteile des Unternehmens, 2011 übernahmen die Tchibo-Erben Günter und Daniela Herz knapp 45 % der Vapiano-Gruppe. Mitte 2014 gibt es 150 Vapianos in 28 Ländern auf vier Kontinenten. Der Systemumsatz in 2013 betrug 336 Millionen Euro.

Unternehmer zu sein, war das schon immer Ihr Ziel?

Ich komme aus einer Unternehmerfamilie, da wächst man mit Unternehmergeist auf. Dennoch habe ich zunächst einige Jahre bei McKinsey gearbeitet. Es war eine spannende Zeit, in der ich viel herumgekommen bin und interessante Firmen und Menschen kennenlernen durfte. Aber irgendwann kam der Wunsch auf, nicht nur vom Beifahrersitz aus zu beraten, sondern selbst am Steuer zu sitzen.

Von welchen Erfahrungen aus Ihrer McKinsey-Zeit können Sie heute profitieren?

Ich habe bei McKinsey vermittelt bekommen, strukturiert und systematisch zu denken. Außerdem habe ich gelernt, selbst bei großen Projekten oder Problemen nicht in Schockstarre zu verfallen, sondern die Themen stattdessen anzugehen. Auch im Umgang mit Menschen habe ich einiges mitgenommen. Als Berater hat man keine Weisungsbefugnis, im Gegenteil, teilweise wollen die Mitarbeiter der Kunden nicht mit den Externen zusammenarbeiten. Um zu einem Ergebnis zu kommen, muss man als Berater die Menschen im Unternehmen für sich gewinnen.

Wie fand sich das Gründerteam für die Idee Vapiano?

Ich hatte gerade das Projekt SIDE Hotel mit dem Designer und Architekten Matteo Thun beendet. Ich kannte Matteo Thun durch Mark Korzilius, mit dem ich in München studiert hatte. Zum Projektabschluss vom SIDE Hotel lud ich zum Abendessen nach Hamburg ein, auch Mark

Korzilius war dabei. Irgendwann am Abend sagte er: „So, jetzt seid ihr mit eurem Projekt fertig, welches Projekt machen wir jetzt zusammen?" Ich fragte zurück: „Was willst du denn machen?". Mark erklärte, dass er ein richtig gutes italienisches Restaurant eröffnen wolle. Da ich aus der Hotelbranche kam, war meine Reaktion zurückhaltend – „Um Gottes Willen, ein Restaurant. Aber wenn, dann bitte kein klassisches."

Ich hatte zwei Bedingungen: Erstens, die Nudeln und Soßen müssen frisch zubereitet werden. Und zweitens, es darf keine Bedienung geben. Dann stieß Klaus Rader zum Team. Auch er hatte eine Bedingung: Es sollte nicht nur Pasta, sondern auch Salate und Pizza verkauft werden. Über Klaus Rader kam schließlich noch Friedemann Findeis mit an Bord. Klaus Rader kannte ihn aus seiner Zeit bei McDonald's. Zudem konnten wir noch Herrn Schrott als reinen Finanzinvestor gewinnen. Wir hatten alle Branchenbezug und jeder hat auf den Tisch geworfen, was er glaubte, was für die Gäste wichtig sei. Wir haben nicht wirklich systematisch geforscht und entwickelt.

Das erste Restaurant öffnete im Herbst 2002. Wie waren die Reaktionen der Kunden und – auch nicht unerheblich – die anderer Gastronomen?

Das Essen schmeckte und die Gäste waren begeistert. Allerdings haben wir uns zu dieser Zeit noch wenig Gedanken über effiziente Prozesse im Restaurant gemacht und uns vor allem auf das Produkt konzentriert. Es hat teilweise sehr gedauert, bis die Gäste ihr Essen hatten. Die Schlangen waren lang. Aber: Das war am Ende des Tages ein gutes Zeichen, denn die Leute waren bereit, sich anzustellen. Der Umsatz war natürlich nicht so, wie wir ihn uns vorgestellt hatten. Der Durchsatz stimmte nicht. Die anderen Gastronomen haben schon geunkt, dass wir in drei Monaten wieder weg sind. Unterm Strich: Das Produkt war sehr gut, der Rest sehr chaotisch.Im Jahr 2004 haben Sie die erste Franchise-Lizenz vergeben. Wie wurde aus dem chaotischen Laden in der Hamburger Bleiche ein Franchise-System?

Wir haben uns sehr bewusst zunächst zwei Jahre Zeit genommen. Wir wollten nicht nur ein gutes Produkt anbieten, sondern auch die Prozesse optimieren und eine gleichbleibende, hohe Qualität sicherstellen.

Am Anfang hatten wir viele leckere Rezepte. Aber wir mussten feststellen, dass es Rezepte gab, die schlicht zu lange dauerten. Sie waren einfach unpraktisch. Diese mussten wir rausnehmen oder verändern. Dann gab es Rezepte, die sehr schwierig zu kochen waren. Es war sehr abhängig vom jeweiligen Vapianist, wie das Essen gerade schmeckte. Kleine Abweichungen hat man natürlich immer, aber es gab Gerichte, bei denen die Schwankungen doch sehr groß waren. Deshalb haben wir auch diese rausgenommen oder verändert. Auf diese Art und Weise haben wir versucht, uns innerhalb von zwei Jahren von einem guten Produkt hin zu einem System zu entwickeln.

Ein dreiviertel Jahr nach der ersten Eröffnung kam Kent Hahne zum Team. Mark Korzilius war ein Kreativer, aber die Prozesse waren nicht sein Thema. Deshalb hatten wir jemanden gesucht, der uns auf dieser Ebene helfen kann. Kent hatte diesbezüglich viel Erfahrung aus seiner Zeit bei McDonald's. Mark Korzilius ist daher nach kurzer Zeit auch wieder ausgestiegen.

Insgesamt haben wir in diesen zwei Jahren eigentlich nicht wirklich viel am Produkt geändert, sondern uns darauf konzentriert, Prozesse und interne Abläufe zu optimieren, um in die Gewinnzone zu kommen. Denn: Am Anfang haben wir Umsatz gemacht, aber kein Geld verdient. Lediglich die Gäste waren glücklich, aber wir nicht. Also haben wir daran gearbeitet, dass die Gäste glücklich bleiben und wir auch glücklich sind.

Wie haben Sie ihre Franchisenehmer gefunden?

Irgendwann war klar, dass wir den nächsten Schritt gehen und ein weiteres Restaurant aufmachen wollen. Parallel zu diesen Gedanken kamen die ersten Anfragen, ob man Vapiano in Franchise machen könne.

Franchisenehmer findet man nicht auf Franchisemessen. Da laufen nur Leute rum, die am Morgen aufgestanden sind und noch nicht wissen, ob sie Staubsauger verkaufen, einen Kindergarten eröffnen oder ein Restaurant führen wollen. Und das ist eine denkbar schlechte Voraussetzung. Ein guter Franchisenehmer reagiert von sich aus, weil er das Produkt sieht oder das Produkt sucht. Er kommt ins Restaurant und sagt: Das finde ich gut, an wen muss ich mich wenden? Ich brauche bei der Suche nach Franchisenehmern also genauso wenig auf Messen zu gehen, wie ich in der Gastronomie Zeitungsanzeigen schalten muss. Die beste Werbung ist das Produkt im Restaurant. Wenn das überzeugt, kommen nicht nur die Gäste, sondern auch die Franchisenehmer. Und genauso lief es auch bei uns. Wir bekamen viele Anfragen und konnten die Besten auswählen

Nach welchen Kriterien ist die Entscheidung für die ersten Standorte gefallen?

Ganz einfach: In der Stadt, aus der ein interessierter Franchisenehmer kam, haben wir eröffnet. Wir hatten damals noch keine Expansionsstrategie. Wir haben nicht gesagt, „wir wollen jetzt München", sondern es kam jemand aus München auf uns zu und fragte: „Ich finde Ihr Konzept toll, können wir das in München machen?"

Wir schauen zunächst, ob der Franchisenehmer zu uns passt. Und dann fängt die Suche nach einer Immobilie an. Bei uns ist der Franchisenehmer Manager, Teamleiter und Motivator. Ob er schon an Tag eins die Immobilie hat oder nicht, ist uns egal. Auch wenn er nicht genug Geld hat, finden wir eine Lösung. Für uns ist Franchising ein Managementinstrument und keine Finanzierungs- oder Makleralternative.

Mitte 2007 wurden drei Restaurants in der US-Hauptstadt Washington eröffnet. War das der Startschuss zur Internationalisierung?

Die ersten internationalen Restaurants gab es 2006 in Wien und im Jahr 2007 in Zürich. Die USA waren das vierte Land. Kent Hahne hat einen amerikanischen Pass und einige Zeit drüben gelebt. Irgendwann sagte er: „Ich gehe jetzt dahin und mache Vapiano in Amerika."

Wenn man sagt, ich will das und das Land jetzt machen, egal wie, geht das jedoch häufig schief. Wenn wir heute drei, vier Länder als nächstes angehen möchten, schauen wir erst einmal, wo die passenden Leute für die Umsetzung sind. Erst dann folgt die Entscheidung für das Land. Ein fähiger Franchisenehmer steht wirklich im Mittelpunkt. Da kann man noch so viele strategische Überlegungen anstellen.

Klar, kann man ein bisschen gucken. Und gerade wenn es Corporate-Märkte sind, kann man auch mit einem Headhunter suchen. Aber am Ende muss es jemand sein, der vom Konzept überzeugt ist. Es macht keinen Sinn, jemanden nur mit Geld abzuwerben. Das Beste ist wenn jemand zwei Tage bei uns mitarbeitet. Entweder ist er danach begeistert und will einsteigen, oder er ist sowieso der Falsche.

Ich denke, man muss ein wenig kombinieren: Schauen, wo es gute Leute gibt und wissen, wo man hin will. Das haben wir am Anfang nicht sonderlich ausgewogen gemacht. Wir haben alle Gelegenheiten genutzt, egal ob sie sinnvoll waren oder nicht. Es gab sicherlich das ein oder andere Land in dieser wilden Phase, bei dem wir uns rückblickend fragen müssen, ob das hätte sein müssen – beispielsweise ein Vapiano im Libanon. Letztlich gehören solche Erfahrungen einfach zu einem Startup dazu.

Was hätten Sie heute in der wilden Phase anders gemacht?

Da gibt es natürlich viele Punkte, aber andererseits ist es immer auch ein Trade-off. Der Trade-off ist ein Dreieck zwischen Overhead-Kosten, Expansionsgeschwindigkeit und Fehlerquote. Da macht es keinen Sinn, einen Faktor besonders zu optimieren, sondern man muss versuchen, ein Gleichgewicht zu finden. Im Nachhinein kann man immer sagen: „Vielleicht hätte ich dort drei

Skalierung

Der Trade-off ist ein Dreieck zwischen Overhead-Kosten, Expansionsgeschwindigkeit und Fehlerquote. Da macht es keinen Sinn, einen Faktor besonders zu optimieren, sondern man muss versuchen, ein Gleichgewicht zu finden.

Prozent mehr oder weniger reinstecken sollen", aber am Ende des Tages haben wir diese Balance gut hinbekommen.

„Breaking the rules" ist ein Motto von Vapiano. Mit welchen Regeln und Konventionen haben Sie gebrochen?

Einige Wochen vor der Eröffnung in Hamburg erklärte ich Freunden und Bekannten immer wieder das Vapianokonzept. Ein italienisches Restaurant mit frischer Pasta und Soßen, aber ohne karierte Tischdecken, sondern im modernen Design von Matteo Thun. Das kam hervorragend an. Die Kombination mit der Selbstbedienung erntete allerdings nur Kopfschütteln. Irgendwann habe ich dann aufgehört, die Idee zu erklären.

Das ist auf den ersten Blick nachvollziehbar, denn die Gastronomie basiert auf dem Paradigma: Geringe Essenqualität geht mit geringem Serviceniveau einher und hohe Essenqualität mit hohem Serviceniveau. Mit diesem Paradigma haben wir gebrochen. Wir bieten hochwertiges Essen und Design zu einem günstigen Preis. Dies gelingt uns, weil wir an anderen Stellen optimiert haben und dazu gehört, dass sich die Gäste bei uns das Essen selbst holen. Den Begriff des Fast Food vermeiden wir. Bei Fast Food gibt es zwar auch Selbstbedienung, aber es klingt nach Essen aus der Mikrowelle und minderwertiger Qualität.

Es ist anfangs eine große Herausforderung gewesen, im Restaurant alles frisch zu zubereiten. Auch wenn wir heute neue Country- oder Area-Manager einstellen, merken wir, dass das immer noch ein Thema ist. Beim ersten Interview reden wir über die Bedeutung von Produktfrische und alle sagen, dass Frische oberste Maxime ist. In der Regel arbeiten die Bewerber dann zwei Tage im Restaurant, damit wir sehen, wie sie mit dem Team zurechtkommen. Nach dieser Probearbeit kommen viele wieder und sind ganz überrascht, dass wir wirklich alles frisch machen.

Wie gelingt es, die Frische-Maxime im Arbeitsalltag umzusetzen und dabei profitabel zu sein?

Es ist sehr aufwendig. Jeden Tag gehen viele Stunden nur in die Vorbereitung im Restaurant. Das rechnet sich nur bei unseren 1 000 Gästen am Tag. Der normale Italiener an der Ecke, der vielleicht 100 bis 200 Gäste hat, kann sich das gar nicht leisten, egal wie seine Preise sind. Wir sind an die Frische-Idee am Anfang sicher etwas naiv herangegangen, denn der Faktor Frische macht sehr viel mehr Arbeit, als wir einkalkuliert hatten. Aber er hat uns zum Glück auch sehr viele Gäste gebracht. Und dann macht es wieder Sinn.

Das beste Beispiel ist die Pasta. Das Zeitaufwendigste ist das Reinigen und Zusammensetzen der Maschine. Das dauert einige Stunden am Tag und dabei ist es egal, ob wir Pasta für 100 oder 1 000 Gäste herstellen. Die Zutaten treiben die Kosten nicht in die Höhe, auch wenn man qualitativ hochwertigen Hartweizengrieß verwendet. Allerdings: Man hat enorme Fixkosten. Allein die Pastamaschine kostet 20.000 Euro. Eine solche Investition macht nur Sinn, wenn täglich 1 000 Gäste kommen. Und auch das haben wir gelernt: Über die hohe Gästeanzahl bekommen wir die Chance, frisch zu kochen und das nicht nur bei der Pasta, sondern auch bei den Soßen. Vieles wird bei uns in jedem Restaurant in der Vorbereitungs-Küche frisch zubereitet und das ist sicher einer der großen Punkte, die andere Gastronomen überraschen.

Und wie waren die Reaktionen auf das zweite No-Go: Selbstbedienung statt Service und freie Platzwahl statt zugewiesener Tisch?

Es ist heute noch so, dass uns Franchisenehmer in neuen Ländern sagen, dass es bei ihnen keine hochwertigen Restaurants ohne Bedienung gibt. Klar, das ist bei uns in Deutschland eigentlich genau so. Das nächste Argument, das dann immer kommt: „Bei uns wollen die Gäste allein sitzen, die setzen sich nicht mit Fremden an diese hohen Tische." Auch hier mein Gedanke: Ist bei uns in Deutschland eigentlich genau so. Die Franzosen haben daraufhin viele niedrige

Paradigmenbruch

Geringe Essenqualität geht mit geringem Serviceniveau einher und hohe Essenqualität mit hohem Serviceniveau. Mit diesem Paradigma haben wir gebrochen.

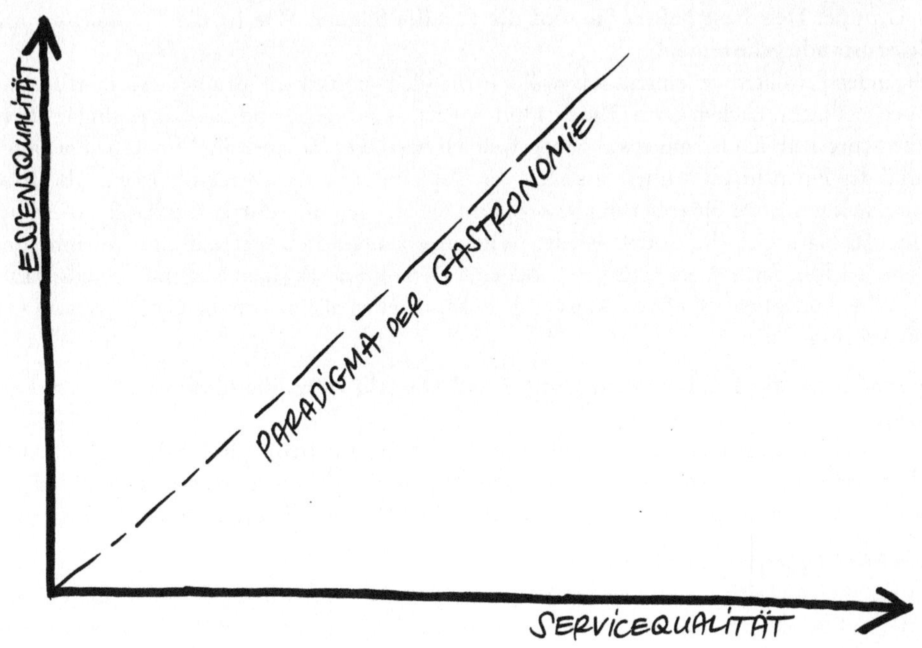

Vierer-Tische gebaut und das Ergebnis war, dass Vapiano plötzlich ein ganz normales Restaurant war. Und siehe da, plötzlich fragten die Gäste: „Wo ist denn hier der Service?"

Bei uns in Deutschland finden unsere Gäste dieses Mischen und das Leute Kennenlernen gerade gut, es ist unkompliziert. Gerade deswegen vermissen unsere Gäste die klassische Bedienung nicht. Außerdem sind unter unseren Gästen viele Singles, und die sitzen nicht gerne alleine an Vierertischen. Und an jedem Vierertisch, an dem nur ein Gast sitzt, gehen drei Plätze verloren.

Der Bruch mit dem Gastronomie-Paradigma geht auf die Zusammensetzung des Gründerteams zurück. Ich hatte bis Vapiano die Luxus-Hotellerie-Perspektive, die Themen Frische und Qualität habe ich traditionell vermittelt bekommen. Klaus Rader kam aber eben aus der McDonald's-Ecke. Es waren zwei Welten, die da aufeinander getroffen sind. Aber es hat sich gut ergänzt und vielleicht ist genau das die Wurzel des Erfolgs.

Vapianos Erfolgskurve ging steil nach oben: 2010 lag der Umsatz über 160 Millionen Euro, es gab 81 Restaurants mit circa 5 000 Mitarbeitern. Im Jahr 2011 haben Friedemann Findeis, Klaus Rader und Kent Hahne dann ihre Anteile veräußert. Wie kam es dazu?

Eigentlich müssen Sie diese Frage den anderen stellen. Vielleicht, weil wir nie eine Dividende bezahlt haben. Alles, was die Firma verdient hat, ist wieder investiert worden. Ich war der jüngste Gesellschafter, die anderen wollten vielleicht die Früchte ihrer Arbeit ernten. Und wenn einer geht, löst das schon einmal einen Schneeballeffekt aus.

Seit Sommer 2011 hält die Beteiligungsgesellschaft Mayfair knapp 45 Prozent an der Vapiano-Gruppe. Den Rest halten Sie und die Familie Sander. Wie ist die Transaktion mit Mayfair zustande gekommen?

Die anderen wollten verkaufen. Ich wollte gerne bleiben, weil ich glaubte, dass man aus der Idee noch viel mehr machen kann. Die drei führten erste Gespräche und das Ganze ging in Richtung Heuschrecken. Ich bekam etwas Panik, weil ich bei dieser Variante die Minderheit gehalten habe und der Finanzinvestor über den Kurs von Vapiano hätte entscheiden können. Also habe ich mir eine kurzfristige Finanzierung besorgt und den Dreien die Anteile abgekauft. Allerdings hatte ich das klare Ziel, die Anteile wieder weiterzuverkaufen. Letzteres war eine Vereinbarung mit Hans-Joachim Sander, der natürlich lieber eine Demokratie als einen Mehrheitsgesellschafter haben wollte. In der heutigen Dreierkonstellation kann keiner alleine entscheiden, es müssen sich immer zwei einig sein.

Wie konnten Sie die Tchibo-Erben Günter und Daniela Herz, die hinter Mayfair stehen, überzeugen?

80 Prozent ihrer Fragen betrafen die Marke und die Internationalisierung von Vapiano. Natürlich waren auch die Kosten ein Thema, aber nur am Rande. Im Kern ging es um die Marke und das war mir sehr sympathisch. Ich glaube, Marke und Potential haben letztendlich überzeugt.

War ein Börsengang auch eine Option?

Ich habe damals einige Gespräche dazu geführt. Aber es war eine Option, die aus verschiedenen Gründen schwierig war. Sicherlich hätte es eine Weile gedauert, den Börsengang vorzubereiten. Und sobald man an der Börse ist, wird man in ein Laufrad getrieben. Hans-Joachim Sander war davon auch nicht sehr begeistert. Also haben wir uns schnell dagegen entschieden.

Im Zuge der Transaktion wurden Sie Geschäftsführer. Im September 2011 sind Sie angetreten. Welche Prioritäten hatten sie in den ersten 100 Tagen?

Die ersten 100 Tage haben viel länger gedauert als 100 Tage. Ich glaube, sie sind erst heute, zwei Jahre später, zu Ende. Als ich antrat, gab es ein sehr starkes deutsches Geschäft, der Rest der Welt war wild gewachsen, ohne Struktur und ohne System. Deshalb war eine erste Priorität, bewährte Prinzipien aus dem deutschen Markt auf den Rest der Welt zu übertragen und dabei beispielsweise eine vernünftige Betreuung der Franchisenehmer aufzubauen. Die zweite Priorität war der Aufbau der internen Marketingkompetenz. Wir hatten zwar eine interne Marketingabteilung, jedoch wurde die Markenstrategie bislang von einer externen Marketingagentur entwickelt. Nach zehn Jahren hatten wir das Gefühl, dass wir uns weiterentwickeln müssen. Wir haben zwei große Initiativen gestartet. Die eine ist ein neues Design von Matteo Thun. Die zweite Initiative betrifft die Weiterentwicklung unseres Produktangebots.

Die Feuertaufe für das neue Design war die Eröffnung des 100sten Vapiano-Restaurants in Wien im November 2011. Hier wurde der neue Look erstmals präsentiert. Wie entwickeln und testen Sie neue Ideen?

Wien war zugleich Pilotprojekt für das neue Design. Bei unseren Gästen kam es gut an, aber als wir das nächste Pilotprojekt gemacht haben, mussten wir feststellen, dass die Architekten Schwierigkeiten bei der Umsetzung hatten. Also haben wir Workshops und Schulungen organisiert, um den Architekten zu zeigen, worauf sie achten müssen.

Neue Produkte lassen wir natürlich von unseren Gäste testen. Wir fragen, welches Restaurant testen will, und lassen das Produkt in zwei Restaurants zwei lang Monate laufen. Das ist der häufigste und sinnvollste Weg.

Was sind die Dos und Don'ts für eine erfolgreiche Skalierung?

Ein Don't ist, wild zu wachsen. Am Anfang sollten Gründer nicht zu geldgierig sein, sondern auch einmal nein sagen – vor allem, wenn der Falsche nach einer Franchiselizenz fragt. Es ist verführerisch zu denken, „der Typ ist ja vielleicht gar nicht so schlecht", aber dann quält man sich und es geht prompt schief. Das Schlimmste ist, zu euphorisch zu sein. Wir hatten Phasen, in denen wir Franchisenehmer haben unterschreiben lassen, die wir nicht hätten unterschreiben lassen sollen. Es gab Locations, die wir gemietet haben, die wir nicht hätten mieten sollen. Und so weiter. Man denkt, dass man unbesiegbar ist, und das ist nicht gut. Wie man das verhindert, weiß ich allerdings auch nicht. Euphorie ist eine menschliche Eigenschaft.

Ein Do ist sicherlich, den eigenen Grundwerten treu zu bleiben. Ein Fehler, den wir gemacht haben, ist, beim Eintritt in neue Länder unsere Grundwerte zu schnell zu verändern. Zu unseren Erfolgsfaktoren gehören das Anderssein, die fehlende Bedienung, die hohen Tische und natürlich die Frische. Und dahinter stehen Werte. Das ist zum einem die Frische, das sind aber auch Atmosphäre und die kommunikative Umgebung. Unser Konzept fußt auf diesen drei Säulen. Es gibt Länder, in denen Frische nicht so viel zählt, in denen auch Atmosphäre nicht so viel zählt. Dann ist es auch egal, wie das Restaurant eingerichtet ist. Aber: Atmosphäre und Frische sind bei uns Erfolgsfaktoren. Wenn diese nicht ankommen, sollten wir uns nicht verbiegen und nicht auf ein solches Land einlassen. Natürlich sind die Geschmäcker lokal verschieden und man muss auf lokale Begebenheiten eingehen. Ein Beispiel dafür sind die USA. Dort sind die meisten Gerichte auf Sahne basiert, in Deutschland eher auf Tomaten. Das geht durchaus. Es hat nichts mit den Grundwerten zu tun. Beides lässt sich frisch zubereiten. Aber an den Grundwerten darf man eben nicht drehen.

Worauf man auch achten muss, ist rechtzeitig die richtigen Mitarbeiter zu finden und auszubilden. Nur so funktioniert das Wachstum. Unabhängig davon, ob es 50, 100 oder 1 000 Restaurants sind – ich kann nicht in jedem selber kochen. Dafür brauche ich ein gutes Team. Je größer die Firma wird, desto mehr muss man Aufgaben delegieren und Verantwortung übergeben. Mit der Zeit sieht man dann auch, dass einige sehr gut mitwachsen, sich weiter entwickeln. Andere bleiben dagegen stehen. Es ist am Anfang gar nicht leicht zu bemerken, wer stehen bleibt und wer weiter geht. Aber man muss darauf reagieren. Entweder entwickelt sich das Team, oder man muss sich neue Spieler suchen. Das ist wie beim Fußball. Wenn ein Club in die nächste Liga aufsteigt, gibt es etliche, die sich mitentwickeln. Und es gibt die, die nun nicht mehr zum Team passen. Diese Veränderungen sind manchmal schmerzlich, aber notwendig.

Hatten Sie einen Mentor?

Nein, aber ich lege Wert darauf, von Freunden Feedback zu bekommen. Mir ist es wichtig, im Freundeskreis das Gefühl zu haben, auch einmal etwas ausdiskutieren zu können. Solches Feedback hilft weiter. Ich finde es immer interessanter, was Menschen auf gleicher Augenhöhe denken und sagen.

Haben Sie noch Ratschläge an Gründer?

Ich bekomme jede Woche 20 Businesspläne zugeschickt. Wenn ich mir einmal die Zeit nehmen kann, hineinzulesen, finde ich es erschreckend, wie viel Energie die Gründer schon im ersten Businessplan in Excel-Modelle stecken und versuchen, den Umsatz in fünf Jahren zu berechnen. Teilweise habe ich das Gefühl, dass das Produkt nicht im Zentrum steht. Stattdessen wird eine Restaurantidee gesucht, die in einem anderen Land erfolgreich ist. Dann wird viel Zeit in den Businessplan gesteckt. Eigentlich muss es andersherum sein. Man muss sich mit dem Produkt beschäftigen und rausarbeiten, warum das Produkt Potential hat. Ich glaube, wenn ein Produkt erfolgreich ist, ergibt sich der Rest von selbst. Dann findet man Investoren, macht Umsatz und verdient Geld.

Sie wünschen sich also einen stärkeren Fokus auf das Produkt?!

Ja! Wenn jeden Tag 1 000 Gäste kommen und ich jedes Jahr zehn Restaurants eröffne, lässt sich darauf ein solides Unternehmen aufbauen. Dafür brauche ich aber keine ausgefeilten Excel-Modelle. Die Kernfrage ist doch: Warum glaube ich, dass 1 000 Gäste kommen?

In einem Jahr, soll es weltweit 250 Restaurants geben. Was sind die wichtigsten Meilensteine, um dieses Ziel zu erreichen?

Es ist sicherlich ist eine große Herausforderung, zu einem globalen Unternehmen zu werden. Auf Teamseite haben wir das schon ganz gut geschafft. Die Restaurants sind aber hauptsächlich immer noch in Deutschland und Österreich. Unser Fokus liegt jetzt darauf, neue Länder zu erobern und vor allem, in den Ländern, in denen unsere Idee schon funktioniert, noch mehr Gas zu geben. Damit meine ich jetzt auch aber nicht nur Deutschland. England ist beispielsweise ein sehr vielversprechender Standort. Beide Restaurants dort laufen phänomenal. Deshalb müssen wir jetzt noch mehr daraus machen.

Herr Gerlach, herzlichen Dank für das Gespräch.

Kernfrage

Wenn jeden Tag 1 000 Gäste kommen und ich jedes Jahr zehn Restaurants eröffne, lässt sich darauf ein solides Unternehmen aufbauen. Dafür brauche ich aber keine ausgefeilten Excel-Modelle. Die Kernfrage ist doch: Warum glaube ich, dass 1 000 Gäste kommen?

YOU IS NOW
Dr. Torsten Oelke

Startup-Inkubator und Accelerator der Scout-Gruppe

YOU IS NOW ist ein Startup-Inkubator, der im Jahr 2010 von ImmobilienScout24 ins Leben gerufen wurde, um Startups in der Immobilienszene anzusprechen. Zwei Jahre später entwickelte sich dieser Ansatz einen Schritt weiter: Die Scout-Gruppe etablierte YOU IS NOW im Hauptquartier in München und erweiterte das Themenspektrum des Inkubators. Scout24 bietet Gründern eine Infrastruktur und Plattform, um ihre Ideen umzusetzen. Es gibt zwei Programme, die Startups eine Finanzierung sichern.

Scout24 unterstützt in erster Linie Internet-Startups, die sich im Themenfeld der eigenen Angebotspalette tummeln: Immobilien, Mobilität, Dating und Finanzen.

. . . .

Torsten, wie kam es zu der Gründung von YOU IS NOW?

YOU IS NOW ist entstanden, um für ImmobilienScout eine Innovationsstrategie zu entwickeln. Als Vehikel, um Innovationen in YOU IS NOW hineinzuholen, habe ich das Format Inkubator vorgeschlagen. Wir sind relativ pragmatisch gestartet: Wir haben das Konzept grob skizziert und uns dann sehr schnell wie ein eigenes Startup aufgebaut. Unsere Aktivitäten waren zu diesem Zeitpunkt noch nicht öffentlich.

Wie habt ihr erste Startups für euer Konzept gewonnen?

In der Anfangsphase, 2010, haben wir Startups selbst angesprochen und sie gebeten, bei uns zu pitchen. Im Gegenzug haben wir eine gewisse Unterstützung angeboten. Das lief in Form von Sachleistungen, Know-how, dem Zugang zu Wissen sowie Partnerschaften bei ImmobilienScout. Das gemeinsame Ziel war, dass sich die Startups über neue Angebote positiv differenzieren können. Damals war die Vielfalt noch nicht so groß wie heute.

Wie lief ein Pitch ab?

Wir haben das in mehreren Runden gemacht und zwei, drei Mal zwei bis zu vier Startups eingeladen. Diese haben vor der Geschäftsführung ganz klassisch ihre Idee vorgestellt. Danach wurde diskutiert, die Idee strukturell bewertet und am Ende zu- oder abgesagt. Wir konnten meistens ein sehr spezifisches Feedback geben, da fast alle Ideen schon bekannt waren. Es gab sie natürlich noch nicht in der konkreten Umsetzung, aber in einer ähnlichen Ausprägung.

Wann habt Ihr YOU IS NOW öffentlich gemacht?

Wir haben YOU IS NOW auf der dmexco, der Fachmesse für digitales Marketing & Werbung in Köln, offiziell vorgestellt. Das war 2010. Dort haben wir uns als Inkubator-Programm präsentiert, das über eine gewisse finanzielle Ausstattung verfügt und diese für eine Förderung von zwölf Monaten einsetzen kann.

Wer waren die ersten zwei Unternehmen unter eurem Dach?

Die ersten beiden Firmen waren schon sehr reife Unternehmen, die weitentwickelt waren. Das eine war „umzug-easy", über die Umzugsunternehmen gefunden und Vergleichsangebote eingeholt werden können, das zweite war „dotproperty", ein geschlossener Online-Marktplatz für Investmentimmobilien ab fünf Millionen Euro. „umzug-easy" war bereits ein profitables Unternehmen, „dotproperty" hatte eine technisch fertig entwickelte Plattform und schon Pilot-Kunden, allerdings musste „dotproperty" noch stark die Marke aufbauen. Mittlerweile ist „dot-property" in den Gewerbebereich von ImmobilienScout24 integriert worden und heißt Immobi-lienScout Commercial Network.

Wir haben mit diesen Schritten zwei Gründer in das Unternehmen geholt. Dadurch bekamen wir viele neue Ansatzpunkte. Wie Gründer nun einmal sind, kreieren sie immer wieder neue Themen. Dadurch kommt ImmobilienScout kontinuierlich in Berührung mit neuen Innovationen.

Neben eurem Inkubator-Modell bietet ihr auch ein sogenanntes Accelerator-Modell an. Für wen ist dieses Modell gedacht? Und wo genau liegt der Unterschied zwischen Inkubator und Accelerator?

Wir haben dieses zusätzliche, dreimonatige Accelerator-Programm in 2013 etabliert. Damit sprechen wir Teams an, die sich in einem sehr frühen Stadium ihrer Entwicklung befinden. Es sind Teams, die sich manchmal noch gar nicht vollständig gefunden haben. Bei diesem kürzeren Programm gibt es finanzielle Unterstützung ohne Gegenleistung in Form von Anteilen. Es ist eine klassische Förderung.

Grundsätzlich kann man sagen: Accelerator ist für Startups, die in einem Status sind, in dem die Themen noch geformt werden können. Das Inkubator-Modell ist mehr für Startups, die thematisch schon etabliert sind, und wo es nun darum geht, den Markt auf einer gesicherten Basis anzugehen. Entsprechend sind die Kapitalbedürfnisse hier natürlich auch anders. Das reflektieren die Programme und es werden unterschiedliche Unterstützungsleistungen bereitgestellt. Die Ver-zahnung ist bei beiden Programmen aber ähnlich. Allerdings ist bei dem zwölfmonatigen Inku-bator-Programm der Austausch natürlich intensiver und längerfristiger.

Ihr verlangt für das Accelerator-Programm keine Gegenleistung. Was versprecht ihr euch dann davon?

Wir glauben, dass die Ideen in einem so frühen Stadium sind, dass allen Beteiligten zu diesem Zeitpunkt noch nicht klar ist, wo die Reise hingehen kann. Wenn man sich nun direkt daran beteiligen würde, was einige ja machen, hat man nachher vielleicht sehr viel Arbeit damit. Man müsste ein Portfolio managen, was man eigentlich noch gar nicht richtig managen kann, eben weil die Ideen dahinter noch nicht ausgegoren sind. Im Laufe dieser drei Monate kann sich außerdem herausstellen, dass zwar das Programm gut ist, aber die Beteiligten keinen Ansatz für eine weitere Zusammenarbeit sehen. Wenn man sich das genau durchrechnet, spart man im End-effekt Zeit und Geld. Wir sehen das Investment als eine Art Forschungs- und Entwicklungsleis-tung. Wir unterstützen beim Prozess der Erkenntnisgewinnung. Davon profitiert das Startup und auch wir. Der Lerneffekt ist gerade bei Ideen, die noch nicht ausgereift sind, groß.

Ihr habt auch in München ein Büro eröffnet. Was war der Grund dafür? Genügt Berlin als Startup Zentrum nicht?

Das YOU-IS-NOW-Programm ist 2012 innerhalb der gesamten Scout-Gruppe ausgerollt worden. Diese sitzt – außer ImmobilienScout – mit AutoScout, FriendScout, FinanceScout und der Scout Holding in München. Die Erfahrung hat gezeigt, dass eine enge örtliche Anbindung über den Erfolg des Programms entscheidet. Das Büro in München war also eine logische Konsequenz.

Ihr habt also den Fokus des Programms erweitert. Nun ging es nicht ausschließlich um Immobilien, sondern auch um Themen, die Bezug zum Rest der Scout-Gruppe hatten. Warum dieser Schritt?

Wir wollten unseren Fokus erweitern, um den Startups weiteres Potenzial zu bieten. Der Zugang zu Know-how ist sehr wichtig. Bleiben wir beim Beispiel ImmobilienScout. Das Unternehmen hat mehr als 600 Mitarbeiter, eine gigantische Marktstellung und natürlich viele Kontakte zu bestimmten Kundengruppen. Sie agieren im privaten und im gewerblichen Anbieterbereich von Immobilien, haben aber auch eine Bindung zu den jeweiligen Nachfragern. Dazu hat ImmobilienScout Wachstumsgeschäfte in Themen rund um die Immobilie: Immobilienbewertung, Baufinanzierung, Umzug und und und … Wir haben einen Bereich, der sich mit Datenprodukten auseinandersetzt. Dort werden die Daten, die ImmobilienScout über all die Jahre generiert hat, herangezogen. Zu diesem gesamten Fundus bieten wir den Zugang.

Welche Rolle spielen standardisierte Methoden bei euch, zum Beispiel zur Bewertung von Startups?

Methoden sind für uns sehr wichtig, aber wir sehen auch, dass die Entwicklungen sehr dynamisch sind und versuchen daher Methoden sehr flexibel einzusetzen. Grundsätzlich kommt es darauf an, dass die Methoden die Startups befähigen, mit einer Technologie sehr schnell am Markt zu sein und recht viel umsetzen zu können, zu testen und zu lernen. Gerade wenn man noch in einem sehr frühen Stadium ist, gilt es, das zu befördern. Technik, Markt, Businessplan – das sind alles Schlagworte, die zählen.

Wie kann ein Exit für ein Startup aussehen?

Der Standard bei uns ist die Abweichung. Wir haben für die Integration bislang immer sehr individuelle Lösungen gefunden, die vor allen Dingen den Bedürfnissen und auch dem Status des jeweiligen Startups entsprochen haben.

Möglich ist natürlich die Integration in die Scout-Gruppe. Was die Gründer dafür bekommen, ist die individuelle Verhandlung zwischen der jeweiligen Fachabteilung, dem Gründerteam und den Investoren, die manchmal schon dabei sind. Es gibt alle Varianten. Beim klassischen Kauf gibt es meistens eine Earn-Out-Klausel. Neben dem Basispreis wird ein erfolgsabhängiger Zusatzpreis vereinbart, der erst später fällig wird. Das Unternehmen kann komplett integriert werden.

Es gibt aber auch lockerere Partnerschaften. Ein Beispiel für diese Variante ist das Startup Energy Profiler, das Energieverbrauchsdaten von Immobilien analysiert. Es ist lediglich lose angebunden und stellt im Grunde eine Zusammenarbeit unter fremden Dritten dar. Aber es gibt auch Teams, die lassen sich finanzieren, nutzen die gute Infrastruktur, erbringen zunächst eine Agenturleistung und bauen dabei alleinverantwortlich an ihrem Thema weiter.

Wir haben die ganze Bandbreite der Optionen angewendet. Nicht nur theoretisch, sondern praktisch. Es hat sich bewährt, nicht nur mit einem klassischen Modell zu kommen, so nach dem Motto: „Das bieten wir an und sonst nichts", sondern individuelle Lösungen zu suchen. Wir von YOU IS NOW unterstützen bei diesem Prozess natürlich so gut wir das können. Wir kennen die

Gründereigenschaften

Ich glaube, viel HERZBLUT für die Sache auf der einen und OFFENHEIT FÜR KORREKTUREN statt blindem Festhalten auf der anderen Seite, das sind genau die Kerneigenschaften auf die es ankommt.

Scout-Gruppe und die Verantwortlichen inzwischen sehr gut. Am Ende ist es aber natürlich eine Entscheidung, die von den Akteuren im Haus gemeinsam mit den Startup-Teams getroffen wird.

Lass uns von der YOU-IS-NOW-Story zu der Startup-Szene allgemein kommen. Durch deine Arbeit hast du einen guten Überblick über die Branche. Was macht deiner Meinung nach eine tragfähige Businessidee aus, welche Kriterien muss sie erfüllen?

Aus der Perspektive von YOU IS NOW gesprochen: Neben dem finanziellen Engagement stellen wir uns vor allem die Frage, in wie weit wir inhaltlich unterstützen können. Es soll ein Wert geschaffen werden. Klassische Investoren schauen auf eine gewisse Größe. Sie klopfen den potenziellen Markt ab und brechen die Marktanteile herunter. Es geht ihnen um das Potenzial, das eine Businessidee hat, denn sie müssen natürlich wissen, ob sich das Investment überhaupt zurückverdienen lässt. Klassische Investoren schauen sich aber genauso das Team an und den Track-Record. Es geht vor allem darum, ob man es dem Team zutraut, den angedachten Weg erfolgreich umzusetzen. Manche Gründer können bereits auf Erfolge in der Vergangenheit hinweisen, das ist hilfreich. Andere hinterlassen durch gutes Auftreten den Eindruck, dass ihnen der Erfolg in kurzer Zeit gelingen wird. Das ist wichtig für Investoren, denn sie haben in der Regel nicht viel Zeit. Der genaue Blick auf das Team hat sich auch für uns immer bewährt. Vor allem beim Accelerator-Programm legen wir großen Wert auf diesen Faktor. Wir legen darauf mehr Wert als auf die große Businessidee und alle damit zusammenhängenden Fragestellungen.

Was sind deiner Meinung nach die zentralen Eigenschaften eines guten Teams?

Wir nutzen zur Einschätzung des Teams einen Test, den alle Teammitglieder durchlaufen müssen. Dadurch wird ein psychologisches Bild mit Stärken, Schwächen, Profilen und Charaktereigenschaften entwickelt. Ich glaube, es braucht die richtige Mischung aus einem emotionalen Gründer, der für seine Idee brennt, und solchen, die rational-pragmatisch an die Sache herangehen. Je weltverändernder die Idee ist, desto überzeugter muss ein Gründer sein, denn er muss seine Idee gegen Strömungen verteidigen können. Gleichzeitig muss das Gründerteam aber in der Lage sein, Situationen frei von Emotionen zu bewerten. Manchmal muss man einsehen können, dass der Markt etwas anderes sagt, als man es sich ausgemalt hatte, und dem muss ich dann auch mal glauben und entsprechend reagieren. Man darf sich beim Gründen nicht verrennen. Dabei hilft der Verstand oft mehr als der Bauch. Ich glaube, viel Herzblut für die Sache auf der einen und Offenheit für Korrekturen statt blindem Festhalten auf der anderen Seite, das sind genau die Kerneigenschaften auf die es ankommt. In der Reinheit dürfte dies so gut wie gar nicht zu finden sein. Aber das ist das Idealbild.

Wir wissen nicht mit Sicherheit, was einen erfolgreichen Gründer ausmacht. Wahrscheinlich weiß man viel mehr, was nicht zu einem erfolgreichen Business führt.

Nach welchem Kriterium sortiert ihr Businessideen am häufigsten aus?

Man merkt oft, dass das Thema Leidenschaft für sich allein in Anspruch genommen wird, und das auch in Themenumfeldern, die bereits von vielen Startups bearbeitet werden. Bestes Beispiel dafür sind die ganzen sozialen Netzwerke, die durch den Erfolg von Facebook aufgekommen sind. In dieser Ecke gibt es überproportional viele Ideen, bei denen man weiß, dass sie nicht erfolgreich werden. Natürlich gibt es Ausnahmen, was auch gut ist, aber grundsätzlich muss man gerade bei den Trendthemen sehr genau hinsehen. Die Kernfrage ist immer: Warum sollte sich gerade dieses Startup in solch einem starken Wettbewerb erfolgreich differenzieren können? Man beurteilt das Team sehr stark, analysiert, wie weit es im Vergleich zu anderen ist. Welche Investoren haben sie schon überzeugt? Wie gut sind ihre Netzwerke? Wie weit ist die Technologie? Wie valide ist das, was sie anbieten? Sind sie schon irgendwo im Markt? Haben sie bereits Showcases oder Kunden überzeugt? Wir versuchen, die hoch kompetitiven Themen zu identifizieren. Nur

Proof-of-Concept Phase

Investoren wollen alles, was im Business Plan geschrieben steht, bewiesen sehen. Sie wollen Fakten, nicht nur Annahmen. Die Proof of Concept-Phase ist also eigentlich dafür da, dass man alle wesentlichen Hypothesen beweist.

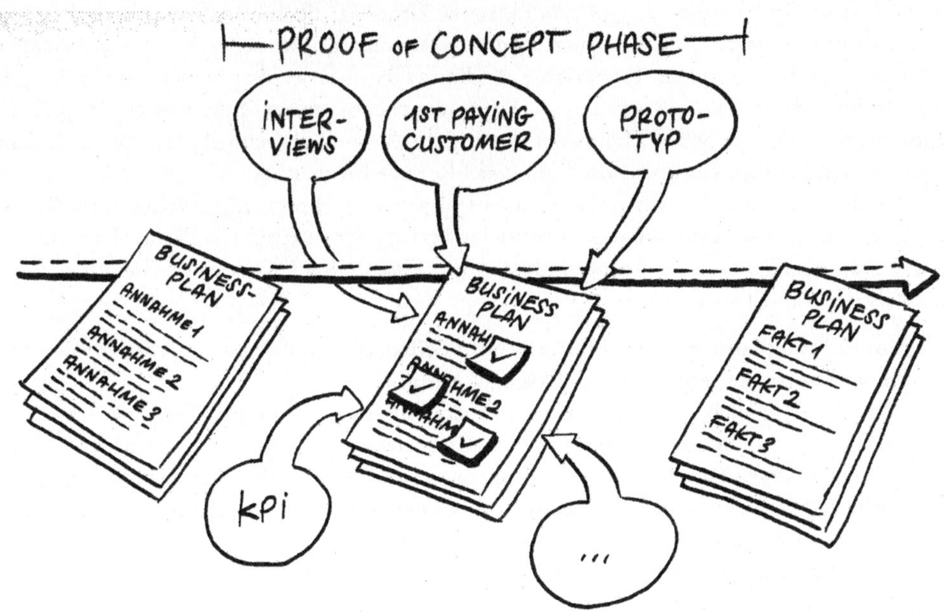

so können wir uns orientieren. Umgekehrt ist das übrigens auch eine Botschaft an die Gründer. Früher haben Gründer fast ein geschriebenes Buch abgeliefert und das wurde nach Kriterien bewertet. Heute ist es so, dass schon das halbe Ergebnis umgesetzt ist, oder die Entwicklung zumindest schon sehr weit ist.

Wie kann man dann die Businessideen testen? Wie gestaltet man ein wirklich überzeugendes Proof of Concept?

Ganz simpel: Indem man erste Kunden gewinnt – „First Paying Customers".

Wie gewinne ich damit einen Investor, sprich: Was gehört deiner Ansicht nach in eine überzeugende Investoren-Präsentation?

Wichtig ist, das Konzept zu belegen. Investoren wollen alles, was im Businessplan geschrieben steht, bewiesen sehen. Sie wollen Fakten, nicht nur Annahmen. Die Proof-of-Concept-Phase ist also eigentlich dafür da, dass man alle wesentlichen Hypothesen beweist. Die Investoren müssen ein klares Gefühl zu den Themen bekommen können. Markt, Team, Umsetzung, Produkt, all das ist relevant. Je näher man an der Realität ist, je klarer man seine Idee validiert hat, desto höher sind die Chancen, zu überzeugen.

Was sind häufige Schwachstellen in einem Proof of Concept?

Viele decken gar nicht alle nötigen Themenfelder ab. Meistens sieht man, dass es Stärken in einem bestimmten Sektor gibt, dafür aber andere Bereiche vernachlässigt werden. Das Stichwort Produkt ist der Klassiker. Es gibt produktstarke Gründer, die mit Spaß an ihre Sachen herangehen. Aber sie gewichten das Thema Produkt oft zu stark und behandeln andere elementare Aspekte nur nebensächlich. Interessante Produkte gibt es viele, aber braucht dieses Produkt eigentlich der Markt? Diese Frage vergessen sich manche zu stellen. Ein anderes Beispiel: Im Gründerteam sind starke Seller. Manchmal merkt man dann relativ schnell, dass zwischen dem, was überzeugend angepriesen wird und dem, was Realität ist, deutliche Unterschiede bestehen. Es werden uns manchmal Fakten verkauft, die beim genauen Hinsehen gar keine sind. Zusammengefasst: Eine gewisse Unausgewogenheit in den verschiedenen zentralen Themenbereichen ist etwas, was wir häufig sehen. Und ganz eindeutig: Ein First Paying Customer ist eben doch etwas anderes als eine Absichtserklärung.

Nach dem Proof of Concept und der Etablierung eines Repeatable-Sales-Prozess, wie kann ich dann am besten skalieren? Gibt es Dos und Dont's?

Meiner Meinung nach musst du an dieser Stelle eine Entscheidung treffen, wie schnell du dein Business groß machen möchtest. Ob es funktioniert, ist abhängig von verschiedenen Parametern wie beispielsweise der Finanzierung und von dem Risiko, das du bereit bist, in dem jeweiligen Wettbewerbsumfeld zu gehen. Das ist, glaube ich, eine ziemlich bedeutende Sache: Man muss wissen, wie viel Gas man auf der Rennstrecke geben kann, ohne dass es einen aus der Kurve haut oder man durch zu langsames Fahren zurückfällt. Dafür ein Gefühl zu haben, das ist enorm wichtig, bei jeder Runde, die man fährt.

Hast du ein Beispiel für ein Startup, bei dem die Skalierung erfolgreich funktioniert hat? Und wenn ja: Worauf führst du den Erfolg zurück?

Ich sage es mal so: Wenn es lediglich darum geht, möglichst schnell mit ausreichendem Funding den Markt zu besetzen, dann gibt es sehr viele erfolgreiche Beispiele. ImmobilienScout ist vor 15 Jahren so eine Erfolgsgeschichte gewesen. Die wussten, wie das Rennen zu fahren war. Sie haben stets sicher gelenkt: sowohl als sehr viel Geld da war, als auch in Zeiten, als so gut wie gar kein Geld da war. Ihre Rennstrategie ist aufgegangen.

Produkt & Markt

Interessante Produkte gibt es viele, aber braucht dieses Produkt eigentlich der Markt? Diese Frage vergessen sich manche zu stellen.

Was sollte man bei der Skalierung tunlichst vermeiden?

Ich glaube, bei vielen stimmt das Timing nicht. Viele agieren schon, obwohl sie noch gar nicht in der Skalierungsphase sind. Es wird beispielsweise Geld für Marketingmaßnahmen ausgegeben, obwohl man sich eigentlich noch in der Validierungsphase befindet. In dieser Situation muss man natürlich auch Marketinggelder einsetzen, nur viel gezielter. Es geht zu diesem Zeitpunkt primär darum, Learnings zu produzieren und nicht darum, Marktanteile zu gewinnen. Dies zu unterscheiden und zu wissen, wo man sich eigentlich gerade befindet, ist ein Thema, bei dem relativ viele Fehler machen und dadurch oft nicht wirklich erfolgreich werden.

Gründer skalieren also oft zu früh?

Ja, es fehlt oft das Bewusstsein, dass man theoretisch zwar skalieren kann, aber das dieser Schritt für den Markt häufig noch zu früh ist. Außerdem wird zu wenig darauf geachtet, dass pro Kunde sehr hohe Customer Acquisition Costs entstehen und es mit den Margen, die ich pro Kunde habe, sehr lange braucht, um diese zurückzugewinnen. Das kann sogar unattraktiv für zukünftige Finanzierungsrunden sein. Es wäre ratsamer, schon in der Validierungsphase zu erkennen, welch harter und teurer Prozess die Kundengewinnung ist. Man sollte ehrlich herangehen und sich klar machen, was es eigentlich heißt, zu wachsen. Wie kommen wir eigentlich dahin, wo wir hin wollen? Dann brauchen wir auch niemanden mehr nach Geld fragen, weil wir unsere Ziele rechtzeitig umsetzen können.

Torsten, herzlichen Dank für das Gespräch.

Literaturtipps von Torsten Oelke

Oelke, Torsten (2009); *Stars des Internets;* Redline Verlag

Danksagung

Unser besonderer Dank gilt den Gründern, die in diesem Buch zu Wort kommen. Sie waren alle bereit ein ausführliches Interview zu geben, uns offen ihre Geschichte zu erzählen und uns Einblicke in die Startup Welt zu gewähren. Ebenso gilt unser Dank allen Startup-Mitarbeitern, die den Interviewprozess an vielen Stellen aktiv unterstützt haben.

Wir bedanken uns herzlich bei Christiane Wohlhaupter. Sie ist mitverantwortlich für die Initialzündung des Projektes und hat uns mit ihren Ideen und journalistischer Expertise unterstützt. Auch bei der Journalistin Nora Schmitt-Sausen möchten wir uns bedanken, die uns bei der Editierung der Interviews unterstützt hat. Vielen Dank an Julian Jülich für die kreative Mitarbeit bei der Umsetzung der Illustrationen. Unser Dank gilt auch Mareike Holtkamp, die uns von Beginn an moralisch und mit gestalterischem sowie geisteswissenschaftlichem Sachverstand unterstützt hat.

Wir bedanken uns darüber hinaus bei allen, die sonst noch an diesem Buch mitgewirkt haben. Und es waren viele! Viele kluge Köpfe, die uns beim Networking unterstützt haben, Ideen beigesteuert und uns wertvolles Feedback gegeben haben.

Unser Dank gilt des Weiteren dem Springer Gabler Verlag, der uns bei der Umsetzung dieses Buchs mit dem gesamten Team unterstützte, vor allem unserer Lektorin Eva-Maria Fürst.

Über die Autoren

Christoph Warmer hat seit jeher eine ausgeprägte Leidenschaft für neuartige Ideen und unternehmerisches Handeln. Während des Studiums gründete er sein erstes Startup und arbeitete für ein Forschungsprogramm zum Transfer wissenschaftlicher Erkenntnisse in die Unternehmenspraxis. Aktuell ist er hauptberuflicher Managementberater bei einem globalen Beratungshaus. Er hält ein Diplom in Medien und Wirtschaft sowie einen Master in International Business.

Sören Weber gründete mit Beginn der Web 2.0 Startup Welle in 2006 sein erstes Internet Startup und ist seitdem in der Startup Szene aktiv. Aktuell ist er hauptberuflicher Unternehmensberater bei einem führenden Beratungshaus. Er hält einen Abschluss in Computer Science & Media sowie in Economics.